東洋古典譯註叢書 93

譯註 老子道德經注

注 王弼
譯註 金是天

전통문화연구회

東洋古典譯註叢書를 발간하면서

　우리의 古典國譯事業은 민족문화 진흥의 기초사업으로 1960년대부터 政府 支援으로 古文獻 現代化 작업을 추진하여 많은 成果를 거두었다. 당시 이 사업 추진의 先行課題로 東洋古典이라 일컬어지는 중국의 基本古典을 먼저 飜譯하여야 한다는 學界의 주장이 있었음에도 불구하고 우리 고전이 아니라는 일부의 偏狹한 視角과 財政 事情 등으로 인하여 배제되어 왔다.

　전통적으로 중국의 기본고전은 우리 歷史와 함께 숨쉬며 각종 교육기관의 教科書로 활용됨은 물론이고 지식인들의 必讀書가 되어 왔으며, 우리 文化의 基底에 자리잡고 거의 모든 방면의 體系와 根幹을 형성하여 왔다. 그래서 학문연구의 기본서 역할을 해 왔을 뿐만 아니라 오늘날에도 우리의 國學徒 및 東洋學 研究者들에게 같은 역할을 하고 있음은 주지의 사실이다. 그럼에도 불구하고 中國古典은 우리 것이 아니라 하여 專門機關의 飜譯對象에 포함하지 않음으로써, 대부분 原典에서의 직접 번역이 아닌 重譯이나 拔萃譯의 방식이 주를 이루면서 教養水準으로 出版되어 왔다.

　오늘날 東洋 三國 중에서 우리의 東洋學 연구가 가장 부진한 이유는, 東洋基本古典에 대한 폭넓은 이해의 부족과 漢文古典 讀解力의 저하에 기인함을 우리는 솔직히 인정하여야 한다. 따라서 이들 중국고전에 대한 신뢰할 만한 國譯이 이루어지는 것이 한국학 연구를 촉진시키는 시급한 先行課題라 할 수 있다.

　이에 韓國學 및 東洋學의 연구와 古典現代化의 基盤構築을 위해서는, 전문기관으로 하여금 동양고전을 단기간에 각 분야의 專門 研究者와 漢學者가 상호 협동하여 연구번역하여 飜譯의 傳統性과 效率性, 研究의 專門性을 높일 수 있도록 政策的 配慮가 있어야 한다.

　이에 本會에서는 元老 및 中堅 漢學者와 斯界의 專攻者로 하여금 協同研究飜譯하여 공부하는 사람들이 믿고 引用하거나 깊이 있는 註釋 등을 활용할 수 있게 하고, 知識人들의 教養을 증진시켜 줄 수 있는 東洋古典의 國譯書 간행을 지속적으로 추진해 왔다. 근래에 다행히 이 사업에 대하여 각계 지도층의 폭넓은 이해와 지원에 힘입어 2001년도부터 國庫補助

를 받아 東洋古典譯註叢書를 간행하게 되었다. 이를 계기로 우리 先學의 註釋과 見解를 반영하는 등 국역사업의 內實을 기하게 되었음을 이 자리를 빌려 衷心으로 감사드리며, 아울러 國譯에 參與하신 관계자 여러분의 勞苦에 깊은 謝意를 표한다.

끝으로 우리의 이러한 작업은 오랜 역사 위에 축적된 先賢들의 業績과 現代學問을 이어주는 튼튼한 架橋와 礎石이 되어 진정한 韓國學과 東洋學 발전에 기여할 것을 굳게 믿으며, 21세기를 우리 文化의 世紀로 열어 가는 밑거름이 되도록 우리의 力量을 本 事業에 경주하고자 한다. 江湖諸賢의 부단한 관심과 지원을 기대해 마지않는다.

社團法人 傳統文化硏究會 會長 李啓晃

解 題

金是天[1]

1. 東洋古典 ≪老子≫와 그 해석의 역사

≪道德經≫이라고도 부르는 ≪老子≫는 중국의 先秦時代에 출현한 이래, 동아시아의 전통사상과 문학, 예술, 종교 등 광범위한 영역에서 지대한 영향을 끼친 고전 가운데 하나이다.

특히 중국 최초의 본격적인 역사서라 할 수 있는 司馬遷의 ≪史記≫를 비롯한 여러 고대 문헌에서, 儒家의 聖人 孔子가 ≪노자≫의 저자로 숭앙되는 노자에게 禮를 물었다는 유명한 일화와 어우러져 ≪노자≫는 그 출발부터 역사와 전설의 공간을 넘나들며 수많은 이야기들을 남겼다.

때로는 성인 공자조차 禮를 물었을 정도로 지혜로운 고대의 賢人으로, 때로는 인간이라면 누구나 동경하는 不死의 仙人으로, 後漢 이래에는 교단화된 道敎의 神으로, 또 때로는 佛敎的 진리를 체현한 위대한 스승으로 추앙되면서 전설적 인물이 된 노자는, 그가 세상을 떠나 은둔하면서 남겼다는 ≪노자≫를 그만큼 신비로운 고전으로 자리잡게 하였다.

漢代의 文帝와 景帝時代를 거치며 '경전[經]'의 지위까지 오른 ≪노자≫는 '五千言'이라 불릴 정

老子像(文徵明(明))

---

1) 崇實大學校 哲學科 招聘敎授.

도로 짧은 문헌이지만, 그 문장의 간결함과 함축성 때문에 지극히 다양하게 해석되고 이해되어 왔다.

이미 후한시대에 班固가 지은 ≪漢書≫〈藝文志〉에는 ≪노자≫에 대한 3가지 주석서가 있었던 것으로 기록되어 있고, 이후 역대의 文人, 道士, 佛僧 등 다양한 출신 내력을 지닌 지식인들에 의해 대략 700여 종의 주석이 이루어졌던 것으로 추정되며, 현재 그 가운데 약 350여 종이 현존하는 것으로 알려져 있다.

또한 7세기 경에는 산스크리트어로 번역되고, 18세기에는 몇몇 선교사에 의해 라틴어로 번역되었으며, 이것이 19세기에 영국에 소개된 이후 1990년까지 서양어로 번역된 ≪노자≫는 250여 종을 넘는 것으로 알려져 있다. 번역된 숫자만으로 볼 때 ≪노자≫는 ≪성서≫ 다음으로 가장 많이 번역된 세계적인 고전이라 할 수 있다.

그런데 똑같이 수많은 주석이 이루어졌던 유가의 대표적인 고전 ≪論語≫와 비교해볼 때 ≪노자≫에 대한 주석서들의 성격은 분명한 차이가 있다.

≪논어≫의 경우 비록 시대와 학자마다 독특한 개성과 철학적 논리에 의해 새롭게 해석되어왔다고 하더라도 ≪논어≫의 주석이 보여주는 성격은 기본적으로 '누적적'이다. 달리 말하자면, ≪논어≫의 경우 특히 南宋의 朱熹 이후로는 先儒의 주석에 대한 엄밀한 검토와 평가가 수반되면서 ≪논어≫의 본래 의미에 가까이 다가가려는 끊임없는 노력이 이루어져 왔지만, ≪노자≫의 경우에는 그에 비견할 만한 전통이 뚜렷하게 드러나지 않는다. 그래서 ≪노자≫는 道教的인 해석, 佛教的인 해석, 儒家·性理學的인 해석이 아무런 마찰 없이 공존할 수 있었다.

예를 들어 ≪老子想爾注≫는 도교적이라 할 수 있고, 憨山의 ≪老子道德經解≫는 불교적이라 할 수 있고, 栗谷의 ≪醇言≫은 유가적 혹은 성리학적이라 말할 수 있다. 이들 주석서들은 ≪노자≫ 자체의 입장보다는 주석자 자신의 사상적 입장에서 ≪노자≫의 의미를 주석하고 있다. 이것은 ≪논어≫가 주로 士大夫 계층에 의해 주석되고 또한 과거 제도가 정착되면서 일종의 正經化가 이루어진 데 비해, ≪노자≫의 경우는 시대에 따라, 주석자의 출신이나 관심에 따라 지극히 다채롭게 주석되었기 때문이다.

그렇다면 우리가 '지금' '여기'에서 ≪노자≫를 읽는다는 것은 어떤 것이 되어야 하는 것일까? 과연 우리는 2000여 년을 훨씬 거슬러 올라가는 ≪노자≫라는 '텍스트'의 의미를 본래 저자의 의도대로 정확하게 이해할 수 있을까? 아니면 우리는 기존의 관행대로 ≪노자≫가 저술되었던 의도와는 상관없이 전혀 상이한 차원에서 우리 나름의 방식으로 읽어야 하는 것일까?

　만약 우리가 ≪노자≫에서 말하고자 했던 의도를 '지금' '여기'에서 아무런 장애 없이 그대로 이해할 수 있다면 수백여 종을 헤아리는 수많은 ≪노자≫ 주석서의 존재는 어떻게 이해하고, 그러한 주석서들 각각이 보이는 해석의 차이는 어떻게 설명할 수 있을까? 元代를 살았던 杜道堅도 이와 유사한 의문을 품었던 듯하다. 두도견은 그의 ≪道德玄經原旨≫에서 이렇게 말한다.

　　≪도덕경≫은 81장으로 이루어져 있는데 그에 주석한 자가 3,000이나 된다.……
　　주석가들은 그 시대가 숭상하는 것을 따랐으며 각기 스스로 자신의 주관적 입장
　　에서 다루었다. 따라서 漢나라 사람이 주석한 것은 '한대의 노자〔漢老子〕'가 되고,
　　晉나라 사람이 주석한 것은 '진대의 노자〔晉老子〕'가 되고, 唐나라 사람과 宋나라
　　사람이 주석한 것은 '당대의 노자〔唐老子〕', '송대의 노자〔宋老子〕'가 된다.[2]

　두도견의 이 문장은 그가 이미 전통 사회에서조차 ≪노자≫가 시대에 따라 다양하게 읽히고 해석되었다는 사실을 명확하게 인식하고 있었음을 보여준다. 다만 그 가운데 공통성을 찾는다면, '時代的인 노자 읽기' 또는 '歷史的인 노자 읽기'만이 있었을 뿐이다.

　두도견이 목도한 역사적인 ≪노자≫ 읽기의 실상은 전통 사회 내내, 그리고 오늘날까지 그대로 이어진다. 어떤 사람은 ≪노자≫ 속에서 삶의 위안을 찾으려 하고, 또 어떤 사람은 ≪노자≫를 兵書로 볼 것을 주장한다. 어떤 사람은 ≪노자≫에 나타나는 女性性에 대한 강조로부터 페미니즘과의 접목을 시도하고, 또 어떤 사람은 武藝의 원리를 연역해내려고도 한다. 다른 한편에서는 우리 사회 일부의 문화를 형성하고 있는 氣功이나 신비주의 체험의 수행서로 보기도 한다.

　오늘날 우리 학계의 ≪노자≫ 해석에 가장 큰 영향을 미치고 있는 저술은 ≪王弼老子注≫(이하 ≪老子注≫로 약칭)이다. 마치 ≪노자≫하면 왕필과 그의 ≪노자주≫를 연상하게 되는 것은 현재 우리의 ≪노자≫ 읽기에서 왕필과 그의 ≪노자주≫가 차지하는 무게를 잘 보여준다.

　사실 이것은 ≪노자≫를 우리가 오늘날 제도적으로 '哲學'이라는 학과와 그러한 학과적 성격 속에서 연구하는 접근 방식 또는 연구 풍토와 긴밀한 연관이 있다. 이것은 '철학'이

---

2) "道德八十一章　注者三千家……注者多隨時代所尙　各自其成心而師之　故漢人注者爲漢老子　晉
　人注者爲晉老子　唐人宋人注者爲唐老子宋老子"(杜道堅, ≪道德玄經原旨≫)

아닌 '宗敎'적 해석은 중시되지 않으며, 기타 다른 접근 방식에 대해 관용적이지 않다는 것을 함의한다. 이른바 理性의 반성적 사고에 의존하는 철학적 연구는 道敎 전통에서의 ≪노자≫ 이해나, 韓醫學에서의 ≪노자≫ 이해를 별개의 것으로 간주해왔다. 제도적인 구별이 ≪노자≫라는 텍스트의 해석과 이해에까지 일정한 구속력을 발휘한 것이다.

그러나 ≪노자≫라는 텍스트 자체는 본래 철학이나 종교 혹은 한의학의 어느 한 영역에서만 제한적으로 읽혀졌던 것도 아니며, ≪노자≫의 저자들이 이들 학과 가운데 어느 한 영역을 의식하면서 저술한 것도 아니다.

따라서 ≪노자≫의 해석이 반드시 '철학적'이어야 하는 것은 아니며, 더 나아가서 '철학적' 해석만으로는 ≪노자≫ 저자들의 原義를 온전하게 드러낼 수 없다. 이것은 ≪노자≫라는 문헌 자체가 다양한 傳承의 結集體이며, 오랜 시간에 거쳐 이루어진 저작이라는 점을 감안하여야 한다는 것을 의미한다.

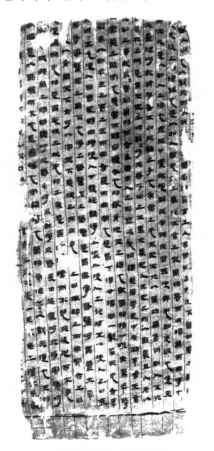

老子帛書(馬王堆漢墓)

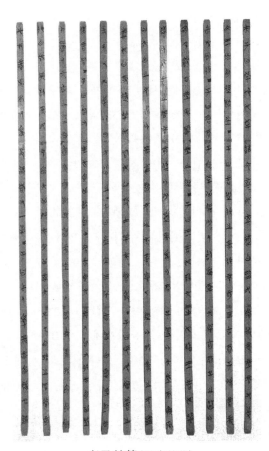

老子竹簡(郭店楚墓)

20세기 ≪노자≫ 관련 문헌의 발굴, 즉 ≪郭店老子≫나 ≪帛書老子≫ 甲・乙本의 출현은 통행본 ≪노자≫가 오랜 시일을 통해 편집과 수정을 거치면서 이루어진 문헌이라는 점을 잘 보여준다. 1973년에 湖南省 長沙 馬王堆에서 발굴된 ≪백서노자≫ 甲本(기원전 206~195년에 성립된 것으로 추정)・乙本(기원전 179~168년에 성립된 것으로 추정)은 통행본과 달리 ⟨德篇⟩이 ⟨道篇⟩의 앞에 오는 ≪德道經≫의 형식을 취하고 있어, 德이 더욱 중시되는 모습을 보이고 있다. 1993년에 湖北省 荊門市 郭店에서 발굴된 ≪곽점노자≫는 총 71매의 竹簡으로서 통행본 ≪노자≫의 1/3에 해당하는 분량으로 이루어져 있다. 특히 甲組・乙組・丙組 모두가 통행본의 편제와 일치하는 것이 거의 없어 해석상에서도 다양한 가능성을 내포하고 있다.

이렇게 볼 때, ≪노자≫는 하나의 단일 텍스트라기보다 그 존재 양식 자체가 '여러 개의 텍스트들(texts)'이라는 성격을 지니는 태생적으로 多義的인 문헌이다. 달리 말하자면, 저자로 상정되는 '노자'가 역사와 전설 속에서 수많은 얼굴을 지닌 복수의 인물이듯이 ≪노자≫ 또한 '하나의' 텍스트라기보다 그 출현과 이후의 존재 양식 자체가 '텍스트 집합체'라는 복수성을 지니는 다의적인 텍스트(multi-facial text)라고 할 수 있다.

이와 같은 성격으로 인하여, ≪노자≫에 대해서는 어느 하나의 해석 체계가 '정통적'이라거나 어느 특정의 방법론이 가장 '타당한' 접근 방식이라는 주장을 할 수 없다. 따라서 ≪노자≫ 해석의 세계는 다양한 '노자들'이 존재하는 해석의 자율성이 숨쉬는 공간이다.

수없이 다양한 주석과 그것들 각각이 고유한 논리와 사상을 보인다는 것은 우리가 ≪노자≫에 접근해갈 때 어떤 주석 텍스트를 선택하느냐에 따라 상이한 해석의 세계에 도달하게 된다는 것을 의미한다.

일반적으로 통행본 ≪노자≫의 3대 古本은 河上公本, 王弼本 그리고 傅奕本을 말한다. 이 가운데 부혁본의 경우는 北齊의 武平 5년(574)에 발굴된 것으로서 ≪곽점노자≫나 ≪백서노자≫와 같이 판본학적으로는 매우 중요하지만 주석본이 아니므로 구체적인 해석상의 성격을 규정하기가 어렵다.

또한 ≪노자≫ 최초의 해석서라 할 수 있는 ≪韓非子≫의 ⟨解老⟩와 ⟨喩老⟩, ≪淮南子≫ ⟨道應訓⟩은 ≪노자≫ 해석의 역사에서 중요한 문헌이지만 별개의 문헌을 이루고 있으므로 성격을 달리한다. 이외에 前漢 말로 추정되는 嚴遵의 ≪老子指歸≫, 後漢 말 五斗米敎의 유행과 함께 성립된 것으로 추정되는 ≪老子想爾注≫ 등은 모두 통행본 ≪노자≫와 편제가 달라 온전한 ≪노자≫ 텍스트라 할 수 없다.

따라서 통행본 ≪노자≫를 기준으로 할 때, 현존하는 ≪노자≫ 주석서 가운데 가장 오래된 것은 ≪老子道德經河上公章句≫와 王弼의 ≪老子注≫이다.

역자가 ≪노자주≫와 ≪노자도덕경하상공장구≫(이하 ≪河上公章句≫로 약칭)에 주목하는 이유는 바로 여기에 있다. 이 두 가지 ≪노자≫ 주석서들은 시대적으로 가장 이른 현존 ≪노자≫의 주석서들이면서 동시에 지극히 相異한 '노자 읽기'의 전형적 모습을 보여주고 있기 때문이다.

≪하상공장구≫는 漢初에 유행하던 황로학적 사유의 핵심이라 할 수 있는 '養生論'의 입장에서 ≪노자≫를 해석하였다면, ≪노자주≫는 魏晉時代 玄學의 분위기 속에서 義理論의 입장에서 ≪노자≫를 해석하고 있다. 이후 ≪하상공장구≫는 주로 도교와 한의학 전통에서 수용되고, ≪노자주≫는 주로 宋代 이후 문인들에게 수용되다가 淸末 이후 철학적 해석의 전형으로 받아들여지게 된다.

그런데 여기서 문제가 되는 것은 ≪하상공장구≫와 ≪노자주≫의 관계를 어떻게 볼 것인가 하는 점이다. 왜냐하면 ≪하상공장구≫와 ≪노자주≫로 대변되는 두 전통은 어느 한쪽에서 다른 한쪽으로 대체되는 전환의 관계로 볼 수 없기 때문이다.

≪하상공장구≫와 ≪노자주≫는 출현 이래 서로 다른 집단과 영역에서 수용되었다. 시대적으로 볼 때, 魏晉 이후 唐代에 이르기까지 가장 널리 통용된 ≪노자≫ 판본은 ≪하상공장구≫본이었고, 돈황에서 발굴된 ≪노자≫ 역시 대개가 ≪하상공장구≫본이었다. ≪노자주≫는 陸德明, 劉知幾와 같은 소수의 학자들에 의해 선호되다가 宋明時代에 이르면 新儒家에 의해 수용되어 淸末 이후에는 가장 중요한 ≪노자≫ 주석서로 간주되었다.

역사적으로 ≪노자주≫가 적극적으로 수용되기 시작한 것은 宋代 이후지만, 중요한 것은 양자 모두가 2000여 년 동안 커다란 갈등이나 논쟁이 없이 ≪노자≫를 해석하는 전통으로 수용되어 왔다는 점이다. 따라서 ≪하상공장구≫와 ≪노자주≫는 전환이기보다 '分岐' 이후 '共存'해왔다고 보는 것이 타당하다.

만약 ≪노자주≫의 해석만을 '정통'으로 간주하고 ≪하상공장구≫의 해석을 무시할 때, 後漢 이후의 도교 전통이나 한의학의 ≪黃帝內經≫, ≪東醫寶鑑≫과 같은 문헌에 수용된 하상공적 ≪노자≫ 해석의 전통은 이해되지 않는다. 마찬가지로 ≪하상공장구≫만을 취하고 ≪노자주≫의 해석을 무시할 때 불교가 수용되는 과정에서 성립된 '格義佛敎', 이후의 道佛의 교섭과 갈등은 제대로 이해되지 않는다.

그런데 19세기에 들어서면서 ≪하상공장구≫와 ≪노자주≫가 양립하던 전통은 새로운 전기를 맞이하게 된다. 서구와 조우하면서 전통에 대한 새로운 관심과 함께 諸子百家가 다시 주목받게 되었고, ≪노자≫ 또한 새롭게 각광받는 문헌으로 떠오르게 되었다. 특히 동아시아에 기독교를 傳敎하고자 했던 마테오 리치(Matteo Ricci) 등의 초기 가톨릭 선교사들이 儒敎經典에 주목하였던 반면, 개신교 선교사들은 道敎 전통에 주목하였다. ≪노자≫는 이러한 역사적 분위기 속에서 중요한 문헌으로 간주되었다.

특히 19세기 말부터 中國哲學을 정리하던 학자들은 ≪노자≫를 儒家와 더불어 가장 중요한 토착전통으로 강조하였는데, 이때 王弼의 ≪노자주≫가 道家哲學의 중요한 전통으로 강조되었다. 오늘날 일반적으로 ≪노자주≫를 기초 문헌으로 연구하게 된 배경은 20세기 중국철학의 성립 과정과 긴밀하게 연관된다.

2. 王弼의 生涯, 家系, 學問의 淵源

전설적인 인물에 의해 지어졌다고 하는 ≪하상공장구≫와 달리 ≪노자주≫는 주석자와 지어진 시대가 분명하다.

字를 輔嗣라 하는 王弼(226~249)은 사회적, 정치적으로 극히 혼란하였던 三國時代(220~265)를 살았다. 왕필의 가문은 後漢에서 曹魏時代까지의 유력한 명문 사대부 집안이었다.

그의 5代祖 王龔은 後漢 順帝(재위 125~144) 시대에 三公 가운데 하나인 太尉를 지냈으며, 그가 후원한 陳蕃(?~168), 黃憲(75~122) 등의 인사와 淸議를 주도하였던 인물이다. 그의 손자인 王謙은 왕필과 더불어 正始年間(240~249)의 名士이자 玄學의 지도자였던 何晏(190~249)의 조부 何進(?~189)의 아래에서 오랫동안 벼슬하였다. 특히 왕겸의 아들 王粲(177~217)은 曹操의 建安時代의 '建安七子' 가운데 하나로서 왕씨 가문에서 가장 유력한 인물이었다. 후

王弼(臺灣國立故宮博物院)

일에 魏 文帝의 주선으로 왕필의 아버지 王業은 왕찬의 양자로 들어가 그의 가계를 잇게 되는데, 왕필의 형 王宏의 자가 正宗이고, 왕필의 자가 輔嗣가 된 것은 바로 왕찬을 계승한다는 것을 암시하는 것이다.

王弼의 家系圖

본래 왕필의 祖父 王凱는 王粲의 족형제로서 황건적의 亂으로 荊州로 피하였는데, 그곳에서 劉表의 딸과 혼인하였다. 建安七子로 유명했던 족형제 王粲이 일찍 죽은 데다 그의 아들이 모반 사건에 연루되어 후손이 끊기게 되자, 왕필의 父親 王業이 王粲을 잇게 되었다. 王弼은 유표의 외손자이자 王暢의 후계 玄孫이 된 것이다. 이 때문에 왕필의 학문은 易學의 名家였던 왕창과 유표의 荊州學風을 모두 잇고 있는 것으로 평가받는다.

형주학풍은 자세히 알려져 있지는 않으나 林麗眞 등의 연구에 의하면 몇 가지 특징을 정리할 수 있다. 첫째는 《周易》과 《太玄經》을 중시하였다는 것, 둘째는 "부질없는 말을 깎고 번거로운 중복을 자르는 것"[3]을 학문의 정신으로 삼았다는 점, 셋째로 鄭玄의 학풍을 그대로 따르지 않고 독창적인 학풍을 창조하였다는 점이다. 이는 왕필의 《노자주》가 《주역주》와 더불어 그의 학문이 보여주는 특색과도 부합하는 내용이다.

왕필의 전기는 正史 《三國志》에는 실려 있지 않고, 〈鍾會傳〉의 裵松之 주석에 何劭가 지은 〈王弼傳〉이 인용되어 전한다. 〈왕필전〉의 기록은 크게 두 가지로 나눌 수 있는데, 한 가지는 왕필의 뛰어난 재주를 칭송하면서 그의 성품을 비난하는 내용이라면, 다른 한 가지는 왕필이 당시의 인사들과 나누었던 몇 가지 일화들이다. 〈왕필전〉에 따르면 왕필은 뛰어

---

3) "刪劃浮辭 芟除煩重"(《後漢書》〈劉表傳〉惠棟 注)

난 식견과 언변을 지닌 才士였지만 다소 오만한 성품의 소유자였다.

왕필은 어려서부터 매우 지혜롭고 영특하였다. 10여 세에 ≪老子≫를 좋아하
였고 辯論에 뛰어나고 말을 잘했다.……왕필의 천부적인 재질은 매우 탁월하였
다. 그가 타고난 재주는 아무도 따를 수가 없었다. 성격은 온화하고 理智的이며
놀이를 즐기고 音律에 해박하고 투호를 잘했다. 그가 道를 논하면 문장이나 말을
이용하는 것이 何晏과 같지 않아 자연히 하안보다 특출한 바가 많았다. 자주 자신
의 장기로 남을 비웃어 당시 선비들이 모두 미워하였다…….
왕필은 사람됨이 천박하고 물정을 제대로 알지 못했다. 처음에 王黎, 荀融 등과
친하게 지냈으나 왕려가 자신의 黃門侍郞 자리를 빼앗자 왕려를 원망하였고 순융
과도 끝까지 관계를 지속하지 못했다. 正始 10년 曹爽이 폐위되자 公事에서 면직
되었다. 그해 가을 몹쓸 병을 얻어 24세의 나이로 죽었는데 자식이 없었다.[4]

〈왕필전〉에서 그려지는 모습은 그다지 호의적이지 않다. 왕필은 천재적이라 할 정도로
뛰어난 논리력과 언변까지 좋아 누구나 부러워할 정도의 능력을 가졌던 모양이다. 이 이외
에 우리가 알 수 있는 왕필에 대한 구체적인 사실은 많지 않다. 나머지 내용은 대개가 그의
뛰어난 재주와 관련된 일화들이다.
이러한 일화들에서 나타나는 몇 가지 공통점은 그가 정치 활동에 강력한 관심을 드러낸
다는 점이다. 왕필이 아버지 王業이 尙書郞으로 있을 때 인사를 담당하던 부서의 吏部郞
裴徽를 찾아간 일, 또 傅嘏와 교분을 쌓으려 한 일, 왕려에게 黃門侍郞의 벼슬을 빼앗기자
그를 원망한 일, 처음 관직에 임용되어 벼슬에 나아가자마자 당시의 실권자였던 曹爽과 독
대를 했던 사실 등은 왕필을 단순한 철학자로 보는 것을 어렵게 한다.
왕필은 그의 뛰어난 재능에 비하면 관직생활에서는 운이 없었던 것으로 보인다. 正始年
間(240~249)에 왕필은 하안에 의해 黃門侍郞의 벼슬에 추천되었다. 이때 하안과 세력의
우열을 다투던 丁謐(?~249)이 王黎(?~248)를 천거하자, 조상은 왕필 대신 왕려를 황문시

---

4) "弼幼而察惠 年十餘 好老氏 通辯能言……弼天才卓出 當其所得 莫能奪也 性和理 樂游宴 解音
律 善投壺 其論道 附會文辭不如何晏 自然有所拔得多晏也 頗以所長笑人 故時爲士君子所疾……
然弼爲人 淺而不識物情 初與王黎荀融善 黎奪其黃門郞 於是恨黎 與融亦不終 正始十年 曹爽廢
以公事免 其秋 遇癘疾亡 時年二十四 無子 絶嗣"(〈何劭王弼傳〉(≪王弼集校釋≫ pp.639-641.))

랑으로 등용하고 왕필은 그보다 못한 臺郞으로 삼았다. 이 사건은 처음 벼슬길에 나아가던 20세 무렵의 청년 왕필에게 커다란 좌절을 안겨주었던 것으로 보인다. 실력자 조상과 독대하였음에도 다시 만족스러운 관직을 얻지 못하게 되자 결국 왕필은 벼슬에 대한 뜻을 버렸던 것으로 보인다.

알란 찬(Alan K.L.Chan)은 이와 관련된 여러 학자들의 주장을 살피면서 다음과 같이 정리한다.

소비에트의 학자 페트로프(A. A. Petrov)는 왕필이 '지배 계급의 성원으로서 靜寂主義(quietism)를 내버리고 강력한 중앙 정부의 정당성을 철학적 도가 안에서 찾고자 하였다.'고 주장한 바 있다. 페트로프에 따르면 왕필이 '철학적 도가'에서 찾아낸 것은 현상적 다수의 근저에 있는 일종의 一元論(monism)이었다는 것이다.

任繼愈와 湯用彤의 연구에서도 왕필의 이러한 정치적 연관성에 대해 아주 세세하게 다루고 있는데, 여기에서 왕필은 철학의 핵심을 통해 매우 다른 결론에 도달하고 있다. 이에 따르면 왕필은 진실로 확고한 지배 계급의 일부였다. 그러나 왕필은 스스로가 어떤 실질적인 권력을 갖지 못했었기에 자신의 안녕을 위해 그의 친구이자 후원자였던 하안에게 의존하였다. 하안은 새로 부상하는 司馬氏 일파와 대립하고 있었고 '그러기에' 왕필은 無爲와 自然이라는 도가적 개념에 토대하는 '個人主義' 이론을 제안하여 권력을 중앙집권화하려는 사마씨의 위협에 맞서고자 한 것이었다는 것이다…….

다만 여기서는 다른 사람들이 생각하듯이 왕필이 '무관심한', 특히 정치에 아무런 관심이 없는 사람으로 보이지는 않는다는 것을 아는 것으로 충분하다. 왕필이 정치에 관련되었을 가능성을 강조하는 것은 정당한 물음을 제기한 것이라고 나는 생각한다. 나는 이러한 견해들이 명백한 '마르크스주의적' 관점으로 인하여 그 즉시 거부될 수 있는 것은 아니라고 본다. 그들의 결론은 물론 논쟁의 여지가 있지만, 그들 또한 공정한 시각에서 논의되어야 마땅하다…….

우연하게도 그의 전기에는, 하안이 왕필을 추천하였던 그 직위에 그의 친구 王黎가 임용되자 그와의 우정을 끊었다는 이야기를 전해주고 있다. 만약 우리가 이 이야기를 있는 그대로 받아들인다면 야망 있는 청년에게 기대할 수 있는 방식으로 왕필이 적절한 통로를 통해 나아갔다는 것을 보여주는 것처럼 보인다. 실로 그의 죽음은 정치적 성격의 질병에 의해 초래되었을 수도 있을 것이다. 보다 최근에 노마 카즈노리(野間和則)도 마찬가지로 왕필은 기본적으로 정치 이론가로 보아 마땅하며, 강력한 중앙집권화된 정부를 선호하였던 강력한 귀족 가문의 통제력을 제한하는 데 관심을 두었다고 주장하였다. 이러한 견해는 페트로프와 아주 유사하며 또한 노마 카즈노리의 분석에서 마르크스주의적 흔적은 찾아볼 수가 없다.[5]

이와 같은 논의들은 왕필 철학의 성격을 규정하고 그의 ≪노자≫에 대한 주석을 검토할 때 그가 살았던 시대적 상황에 세심한 주의를 기울일 것을 요구한다.

≪노자주≫의 영역본을 낸 린(Richard J. Lynn)은, "왕필은 가문의 역사 속에서 그리고 삶의 체험 속에서 자신이 어려운 난세를 살아가고 있다는 것을 날카롭게 인식하고 있었기에 그의 ≪노자≫에 대한 주석은 일정한 수준에서 처세의 전략(a strategy for survival)으로 읽는 것도 꽤 가능한 일이다."라고까지 표현한다.

달리 말하자면 ≪노자주≫는 최소한 왕필이 그가 살았던 정치적, 사회적, 사상적 상황과의 대화의 흔적으로 읽어야 한다는 것을 의미한다. 역자는 이와 관련하여 ≪노자주≫와 관련된 두 가지 문제를 지적하고자 한다.

첫째, 왕필은 대개 何晏과 더불어 위진시대 '玄學'을 유행시킨 名士라는 점이다. 이때의 '玄'은 ≪노자≫의 제1장에 나오는 "玄之又玄"에서 온 말로서 지극히 추상적이고 도가적 사유의 전형을 표현하는 의미로 이해된다. 하지만 '玄'은 왕필 이전에 揚雄의 ≪太玄經≫에서도 중시되었고 일차적으로 ≪易經≫과 관계 있는 개념이다. 왕필 가문은 易學으로 유명한 집안이었다는 점에 유의할 때, ≪노자주≫의 성격 규정은 한대에서 위진시대에 이르는 넓은 범위에서 접근되어야 할 필요가 있다.

둘째, 현대 학자들의 위진 철학의 성격에 대한 규정 또한 일정하지 않다는 점이다. 전통적으로 도가의 전형으로 이해되어 왔던 것과 달리 1960년대에 찬(Wing-tsit Chan)은, 현학자들이 "形而上學에서는 道家였지만 사회, 정치철학에서는 儒家였다."고 평가한 바 있고, 국내에서도 정세근은 '도가적 유가'라고 규정하여 그 궁극적 지향이 유가라는 점을 강조하고 있고, 유동환은 '유가의 관점을 도가의 관점으로 소화한 것'으로 이해하는 등 현학의 기

---

5) Alan K.L. Chan, ≪Two Visions of the Way≫

본 성격 자체가 문제가 되고 있다.

이러한 배경에서 역자는 왕필이 역학을 통해 ≪노자≫를 해석하여 역학으로 나아갈 기초를 다진 후에 ≪주역주≫를 저술하였고 다시 이로부터 ≪논어≫로 나아가는 여정을 보여주는 것으로 이해한다. 그리고 ≪역경≫과 ≪노자≫의 해석에서 공통적으로 드러나는 왕필의 관점과 방법을 '義理學'이라 규정할 수 있다. 왕필의 의리학을 ≪老子注≫, ≪周易注≫, ≪論語釋義≫를 꿰뚫는 기본 개념으로 이해하고자 한 것이다.

왕필은 24세라는 짧은 생애 동안 ≪노자≫와 ≪주역≫, ≪논어≫라는 중국철학의 역사상 가장 영향력이 큰 세 가지 문헌에 뛰어난 주석을 하였다. 중국의 철학사가들은 일반적으로 왕필이 ≪周易注≫를 통해 漢代 이래 번쇄한 象數易에서 義理易으로 전환을 이룬 것으로 그 공적을 높이 평가하고 있다. 또한 ≪노자주≫는 도가 연구자들 사이에서 ≪노자≫의 宗旨를 가장 명쾌하게 밝힌 탁월한 주석으로 평가하고 있다.

3. 玄學과 ≪老子≫

중국의 철학사가들은 흔히 漢代의 經學, 唐代의 佛學, 宋明代의 理學 등으로 시대를 선도한 철학적 담론을 특화시켜 부르곤 하는데, 흔히 魏晉時代는 '玄學'의 시대로 불리곤 한다. 그런데 현학의 현학성을 규정하는 데에 대표격인 '玄'이란 용어는 ≪노자≫에 본격적으로 등장하는 용어로서 '그윽한' '어두운' '가물거리는' 등등의 의미를 갖는 말이며, 현학 사조에서는 '매우 심오하고 형이상학적이며 관념적인 것'으로 이 세계의 현상 배후의 그 무언가를 형용하는 말로 해석한다.

이는 현학 사조가 서구 세계에 '현묘한 학문(Mysterious Learning)' 또는 '형이상학파(Metaphysical School)'로 소개된다는 점에서 잘 드러난다. 그야말로 위진시대의 철학인 현학 사조는 오늘날의 의미에서 '철학(philosophy)'에 가장 잘 부합하는 학문 경향이라는 것이다.

현학은 또한 '新道家(Neo-Taoism)'라는 명칭으로 규정되기도 한다. ≪中國哲學史≫를 저술한 馮友蘭은 1946~1947년 사이에 미국의 펜실베니아 대학에 체재하던 중 서구의 일반 독자들이 보다 쉽게 접근할 수 있는 중국의 철학사 입문서를 집필해달라는 요구에 맞추기 위해 철학사를 구상하면서, 플라톤주의에 대한 신플라톤주의(Neo-Platonism), 칸트의 철학에 대한 신칸트주의(Neo-Kantianism)와 같이 철학적 연속성을 지칭하여 서술하는 전통에 착안하여, 宋明理學을 '新儒家(Neo-Confucianism)'로 魏晉玄學을 '新道家

(Neo-Taoism)'로 부르는 새로운 용어법을 도입하게 된다.

그런데 이러한 명칭은 아주 자연스럽게 곧 송명시대의 이학은 선진 유학의 정신을 계승하는 儒家의 철학이고, 위진시대의 현학은 선진시대의 노자와 장자를 계승하는 道家의 철학이라는 인상을 심어주게 된다. 달리 말하면 이학은 유가이고 현학은 도가가 되는 셈이다. 더욱이 전통적으로 위진시대에 유행하였던 ≪노자≫ ≪장자≫가 ≪주역≫과 더불어 3대 주요 현학 텍스트라는 '三玄經'으로 불려졌다는 사실은 이러한 철학사적 해석을 지지하기에 충분한 것처럼 보였다.

현학이란 선진시대 諸子百家 가운데 이른바 '도가'의 부활이며, ≪노자≫와 ≪장자≫의 유행은 반박할 수 없는 역사적 증거가 되는 것이다. 따라서 현학은 어떻게 규정하든 일차적으로는 도가의 철학적 문제 의식의 연장선상에서 해석되어야 할 것이 된다.

여기에 풍우란은 기원후 3~4세기가 魏 초기 名家의 사상을 잇고 있다는 주장을 더한다. 풍우란에 따르면 이들 '신도가'들은 이른바 惠施와 公孫龍을 연구하였으며 현학을 名理에 연결시켰는데, 이때의 명리란 '名詞(terms)의 구별과 원리의 분석〔辨名析理〕'으로서 공손룡파의 주장에 맞닿아 있다는 것이다.

≪世說新語≫에 나오는 樂廣의 일화는 이렇게 해석하기에 충분한 근거로 제시된다. 악광의 일화에 등장하는 주요 논제인 '손가락이 닿지 않는다.〔指不至〕'는 공손룡의 명제는, 풍우란에 따르면 서양의 普遍者(a universal)에 해당하는 철학적, 논리적인 사변의 표현이 되는 것이다. 풍우란의 이러한 현학 이해는 도가의 철학적 발전과 흡사한 면을 지니게 된다.

달리 말하자면, "노장 철학은 명가를 거치면서 동시에 그것을 극복한 것인데, 현학도 마찬가지로 노장 철학의 계승이며 명가로부터 출발했다는 것이 그의 기본적인 관점인 것이다."

그런데 이와 같은 풍우란의 관점에서 볼 때 위진시대의 현학자들이 공통적으로 숭상한 최고의 성인이 孔子라는 사실은 매우 불편한 역사적 사실이다. 유가에서는 공자와 孟子 혹은 荀子가, 도가에서는 노자와 장자가, 불가에서는 석가모니가 추앙되는 것은 중국의 사상 전통에서는 자연스러운 것으로서, 어느 철학적 거인을 자신의 '宗師'로 숭앙하는가는 그들 철학의 궁극적 관심을 드러내는 것이기 때문이다.

하지만 원칙적으로 도가의 계승자인 현학자들이 노자나 장자에 비해 공자를 더 높이 숭앙하였던 것은 이미 공자의 지위가 확고부동하였기 때문에 그리고 신도가들이 유가의 주요 경전을 점차 老莊의 정신에 입각하여 재해석한 결과로 해석한다. 달리 말하자면, 현학자들은 일종의 신도가로서 철학적 근본 입지가 도가 혹은 노장에 기반하고 있다는 사실은 부인될 수 없으며, 신도가가 공자를 노자보다 우위에 두었다는 사실은 이들이 유가 경전을 '수용'하였다는 데에서 비롯되는 것이다.

하지만 이런 동일한 사실에 대해 정반대의 해석도 가능하다. 정세근은 오히려 대부분의 현학자들이 공자를 숭앙하였다는 사실, 현실적으로 현학자들 대개가 제도권 내에서 정치업무를 관장한 인사들이라는 사실, 그리고 이들이 삼현경 이외에도 유가의 기본 경전인 ≪논어≫에 주해하였다는 사실에 기반하여 '도가적 유가'라고 규정하고자 한다.

즉 현학자들 가운데 竹林派와 般若派를 제외한 대다수는 기본적으로 유가적 체제를 옹호하였으며 그 옹호의 방법과 기술만이 도가적이었다는 것이다. 또한 제도를 반대한 것처럼 보이는 竹林派의 대표적인 사상가인 阮籍 같은 이조차 '仁을 펼치고 德을 세우는 것〔施仁樹德〕'을 강조하는 데서 보이듯이 매우 유가적인 모습을 드러내는 것을 볼 때, 이들의 속마음은 유가라는 평가이다.

90년대 이후 새롭게 등장한 정세근의 이와 같은 해석은 위진시대의 철학 사조의 성격 문제와 철학적 사유와 논쟁의 전개 과정, 그리고 그 가운데서 왕필의 철학과 그의 ≪노자주≫가 차지하는 위상을 평가하는 데 있어서, 풍우란과 그를 잇는 수많은 철학사 서술에서 위진 현학을 순수하게 도가적이고, 형이상학적인 '순수 철학'의 전형으로 간주하여 온 기존의 해석 방식이 지닌 근본적인 문제점을 잘 드러내준다.

이러한 물음에 답변하고자 할 때 우리는 아주 간단한 사실에서부터 회의하게 된다. 역사적으로 위진시대는 하나의 독립된 시대 단위로 구분되면서, 여기에 철학사적으로는 '현학'으로 특징지워져 온 것이다. 따라서 현학 시대의 서막을 알리는 왕필과 하안 같은 인물은 늘 그 이전 한대의 경학과는 구분되는 '위진'시대 '현학'의 틀 안에서 논의되었다는 것이다.

더욱이 왕필을 중심으로 문제를 생각할 때 이러한 문제는 더욱 복잡해진다. 첫째, 정세근이 현학의 사조를 名敎派, 竹林派, 般若派(格義派) 3대 유파로 구분하였듯이 이들의 철학적 입장은 균일하지 않다.

둘째, 같은 명교파로 구분되는 왕필과 郭象의 경우에서도 시대적인 거리가 있으며 그 중간에 불교의 본격적인 소개 등으로 인한 당시 철학적 개념들의 의미상의 굴절 과정에 대한 천착은 논의되지 않고 있다.

셋째, 현학의 범주에 들지 않는 사상가들은 위진 현학의 범주에서 제외되므로 거의 논의조차 되지 않고 있다. 다시 말해 왕필을 중심으로 하는 현학은 ≪노자≫와 ≪장자≫ 그리고

≪列子≫라는 이른바 도가 문헌에 대한 주석들만이 주로 通時的 관점에서 논의되고 있을 뿐 共時的 관점에서의 위진 사상계에 대한 전면적인 검토는 이루어지지 않는 폐단이 있다.

이들보다 더욱 중요한 것으로 넷째, 현학자들의 ≪논어≫와 ≪주역≫에 대한 관심이다. 하안의 ≪論語集解≫, 왕필의 ≪論語釋義≫, 곽상의 ≪論語隱≫과 ≪論語體略≫과 같이 현학자들이 ≪논어≫에 대해 관심으로 보인 것과, ≪주역≫이 '삼현경'의 하나로 가장 중시되었다는 점은 누차 강조되면서 현학과 ≪주역≫의 관계에 대한 체계적인 분석과 논의는 찾아보기 어렵다.

다섯째, 왕필을 둘러싸고 있는 학풍과 관련된 것이다. 왕필의 학문적 배경에 자리하고 있는 漢代 학술과의 관련성에 대해서는 아직 체계적인 논의가 없다고 보아야 할 것이다.

4. 王弼의 玄學과 ≪老子注≫

페이퍼(Jordan Paper)는 위진 현학이 탄생하게 된 사상적 배경을 후한시대의 古文經學派의 출현에서 찾는다. 물론 이러한 관점은 페이퍼가 처음 내놓은 시각은 아니다. 일찍이 湯用彤은 왕필의 ≪주역주≫가 나올 수 있었던 배경은 한대 今古文 경학의 논쟁을 遠因으로 하고, 近因으로는 荊州學派의 章句學의 '後定'으로부터 비롯된 것이라는 탁견을 제시한 바 있다.

페이퍼에 따르면 고문 경학자들은 번쇄한 금문학파의 학문 경향에 대해 비판하면서 선진 유가의 본래 정신으로 돌아가고자 하였으며, 이들의 대표자로 楊雄(B.C. 53~A.D. 18)과 王充(A.D. 27~A.D. 100)을 꼽는다. 일반적으로 현학에서 중시하였던 '삼현경'이 ≪노자≫, ≪장자≫, ≪주역≫이었다면 양웅이 가장 중시하였던 문헌은 ≪논어≫, ≪주역≫, ≪노자≫였다. ≪漢書≫에 따르면, 양웅은 "經 가운데 ≪역≫보다 위대한 것이 없다고 여겨 이를 본받아 ≪太玄≫을 지었고, 傳 가운데 ≪논어≫보다 위대한 것은 없다고 여겨 이를 본받아 ≪法言≫을 지었다."고 한다. 이것은 왕필이 주석을 가했던 세 문헌이 ≪주역주≫, ≪노자주≫ 그리고 ≪논어석의≫였다는 점과 묘한 일치를 보인다.

더욱이 양웅이 ≪주역≫을 본받아 지은 저술의 이름을 ≪태현경≫이라 칭한 것에 주목할 필요가 있다. 이것은 곧 양웅이 말하는 '玄'이 ≪주역≫과 직접적인 관련이 있음을 말하는 것이며, 또한 하안과 왕필을 명사로 하는 正始時代의 '玄風'이 단지 ≪노자≫에만 관련되는 것이 아니라 기본적으로 ≪주역≫과의 관련성을 재고해볼 수 있음을 의미한다. 여기서는 ≪주역≫과 ≪논어≫만이 언급되어 있지만, 양웅이 ≪노자≫를 중시하였다는 사실은 여러 증거를 통해서 확인할 수 있다.

예를 들어 〈太玄賦〉에서는 "나는 우주의 운행에서 위대한 ≪역≫의 損益의 이치를 관찰하고, 인간 세상에서 ≪노자≫가 말한 禍와 福이 돌고 돈다는 이치를 본다.〔觀大易之損益兮 覽老氏之倚伏〕"라고 말한다. 풍우란은 이 〈太玄賦〉를 인용하면서, "당시 讖書와 緯書가 성행하던 무렵에 양웅이 ≪노자≫와 ≪주역≫의 자연주의적 우주관과 인생관을 견지할 수 있었다는 사실은 실로 가히 혁명적 의미가 있었다고 할 수 있다. ≪노자≫와 ≪주역≫의 사상을 기초로 하여 양웅은 ≪太玄≫을 지었던 것이다."라고 평가한다.

본래 易學을 家學으로 하는 왕필의 출신 내력에 비추어볼 때 이러한 추측은 매우 당연한 것인지도 모른다. 양웅은 '玄'에 대해 다음과 같이 말한다.

> 玄이란 모든 사물을 그윽하게 전개시키면서도 그 형체를 드러내지 않는다. 허무에 의지하여 하늘〔規〕에서 생기고 신명을 규제하여 전범을 규정하고, 과거와 현재를 하나로 관통함으로써 사물의 類를 전개하고 陰陽을 베풀고 氣를 발산시킨다…….
>
> 우러러 쳐다보면 위에 있고, 머리 숙여 굽어보면 밑에 있으며, 발돋움해서 바라보면 앞에 있고, 버려두고 잊으면 뒤에 있으며, 거스르려고 해도 거스를 수 없고, 침묵하더라도 올바로 되는 것이 玄이다…….
>
> 陽은 陽만 주관하고 陰을 주관하지 않으며, 陰은 陰만 주관하고 陽을 주관하지 않지만, 陰도 주관하고 陽도 주관하며 평소 때도 주관하고 행동할 때도 주관하며, 어둠도 주관하고 밝음도 주관하는 것은 오직 玄이다.……무릇 玄이란 天道요, 地道요, 人道이다.[6]

양웅이 말하는 '현'이란 음양과 만물을 넘어서 있으면서 그것을 주관하는 것으로서, 天地人 三才의 도와 다르지 않다. 그리고 무엇보다 왕필이 '道'를 '無'로 해석하면서 '무의 쓰임〔無之用〕'을 강조하고 있는 논리는 양웅이 "玄은 쓰임의 극치〔用之至〕이다. 그것을 보고서 아

---

6) "玄者 幽攡萬類而不見形者也 資陶虛無而生乎規 攡神明而定摹 通同古今以開類 攡措陰陽而發氣……仰而視之 在乎上 俯而窺之 在乎下 企而望之 在乎前 棄而忘之 在乎後 欲違則不能 嘿則得其所者玄也……陽知陽而不知陰 陰知陰而不知陽 知陰知陽 知止知行 知晦知明者 其唯玄乎……〈太玄圖〉夫玄也者 天道也 地道也 人道也"(≪太玄經 太玄攡≫)

는 것은 지혜〔智〕이고, 보고서 아끼는 것은 仁이며, 단호하게 결정을 내리는 것은 용기〔勇〕이며, 두루 규제하여 널리 쓰는 것은 정의〔公〕이며, 능히 이것으로써 사물에 짝하는 것은 통합〔通〕이요, 매이거나 거리낌이 없는 것은 성스러움〔聖〕이며, 때에 맞추는 것과 못 맞추는 것은 命이다."[7]라고 말한 논리와 매우 유사하다.

왕필에게서 自然과 無爲는 무척 중요한 개념으로 ≪노자주≫에서 사용된다. 그런데 일반적으로 도가를 도가이게 하는 것은 이러한 자연과 무위를 주된 용어로 사용한다는 것만으로는 증거가 되지 못한다.

무엇보다 도가는 '氣論'의 선구자로서 기억되어야 한다. 비록 ≪노자≫의 경우 '기'는 단 3회만이 나오지만, ≪장자≫의 경우는 '기론적 세계관'이 없이는 그의 철학을 논하는 것이 불가능할 정도이다. 이것은 곧 도가의 세계관이 자연에 향해 있기에 '氣', '道'와 같은 우주론적 자연 철학적 용어가 頻出하는 반면, 유가는 인간 세계에 향해 있기에 '性', '仁', '禮'와 같은 용어가 주로 논의된다는 것에서처럼 유가와 도가를 판가름하는 중요한 지표 가운데 하나이다. 하지만 ≪노자주≫에서 '기'는 커다란 의미를 지니는 개념으로 사용되지 않는다.

≪노자≫에서 '氣'는 10장, 42장, 55장에 단 세 차례 출현하는데, ≪노자주≫의 경우는 단지 여기에 43장의 용례 단 한 차례만을 추가하고 있을 뿐이며, 그의 〈老子旨略〉과 ≪주역주≫에서도 전혀 언급이 없다. 달리 말하면 왕필의 관심은 도가의 자연주의 철학과는 다르며, 단지 그가 의도하고자 했던 '무위'와 '자연'이 매우 사회적, 정치적, 윤리적 함의를 갖는 것으로 해석할 수 있다는 점이다.

나는 이러한 왕필의 철학적 태도를 양웅의 학문과 더불어 왕충의 비판적 합리주의 정신에서 연원하는 것으로 이해하고자 한다. 이것은 마치 그가 ≪주역주≫를 통해 讖緯와 象數를 일소하고 철저하게 의리적인 해석으로 전환한 것처럼 ≪노자주≫에서도 그 이전의 기론적인 해석을 전환시킨 것으로 볼 수 있다.

5. 老莊傳統과 魏晉玄學

춘추전국시대에 등장한 諸子百家의 하나로서 '道家' 혹은 '道德家'에 대해 서구에서는 흔히 통칭하여 '道敎(Taoim)'라고 부르거나 '종교적 도교(Religious Taoism)'와 '철학적 道

---

7) "玄者用之至也 見而知之者 智也 視而愛之者 仁也 斷而決之者 用也 兼制而博用者 公也 能以偶物者 通也 無所繫軼者 聖也 時與不時者 命也"(≪太玄集注 太玄攡≫)

家(Philosophical Taoim)' 그리고 神仙術을 의미하는 '仙道敎(Hsien Taoism)'로 구분하는 등 다양하고 복잡한 용어와 개념을 적용해왔다. 이 가운데 대표적인 구분은 哲學으로서의 '道家'와 宗敎로서의 '道敎'를 구분하려는 입장과, 양자를 모두 '도교'로 포함시키려는 입장이라 할 수 있다. 이와 같이 서구적 학문 풍토에서 발생한 철학과 종교를 구분하려는 입장은 대개 '도가'를 '老莊'과 거의 동의어로 사용하는데, 광복 이후 한국 학계의 분위기는 대체로 이에 해당한다. 즉 철학과 종교는 명백하게 구분되는 영역이며, 따라서 철학적 전통에 해당하는 도가·노장과 종교적 전통에 해당하는 도교는 다르다는 것이다.

그런데 철학과 종교를 확연히 구분하였던 서구 학계의 경우 우리와는 다소 차이가 있다. 왜냐하면 이들에게는 'Taoism'이란 독특한 전통이 있기 때문이다. 물론 동아시아 학계의 인식을 대변하는 도가와 도교의 분리라는 구분이 받아들여져 'Philosophical Taoism'과 'Religious Taoism'이란 구분이 사용되기도 한다.

다만 여기서 양자를 구분하는 가장 중요한 차이는 의미상의 차이라기보다는 텍스트의 범위가 다르다는 점이다. 즉 ≪老子≫, ≪莊子≫, ≪淮南子≫, ≪列子≫로 대표되는 것이 '도가' 텍스트라면, ≪太平經≫이나 ≪老子想爾注≫, ≪抱朴子≫를 위시한 수많은 도교 경전이 '도교'의 텍스트에 해당하는 것이다. 그러나 최근에는 'Taoism' 속에서 도가를 도교에 포괄하여 이해하려는 경향이 두드러진 추세이다.

미국의 대표적인 도가 전통 연구자인 로스(Harold D. Roth)의 경우에 'Taoism'이란 ≪管子≫ 〈四篇〉, ≪莊子≫ 〈內篇〉에서 ≪老子≫, ≪呂氏春秋≫를 거쳐 ≪회남자≫로 이어지는 신비주의적 內修(the Inner-Cultivation) 전통을 의미하고, 프랑스 출신의 종교사가인 지라도(Norman J. Girardot)의 경우에는 ≪노자≫, ≪장자≫, ≪회남자≫가 주요 문헌이지만 여기에는 ≪楚辭≫, ≪山海經≫과 같은 중국의 고대 신화적 전통을 포함한다. 또한 크릴(H. G. Creel)은 이미 20세기 중반에 神仙 전통을 'Taoism'과 구분하여 'Hsien Taoism(仙道敎)'이라는 용어를 만들기도 하였으며, 최근 미국 학계의 지도적 도교학자인 콘(Livia Kohn)은 '老莊'이란 용어를 불교가 유입된 이후에 성립한 ≪노자≫와 ≪장자≫에 대한 주석 전통을 가리키는 제한된 의미로 사용한다. 그러면서도 이들 모두에게 종교와 철학은 분리되지 않고 모두 'Taoism'으로 지칭된다.

중국의 경우에도 90년대 들어서면서부터 텍스트 중심의 해석 경향을 보이고 있다. '老學'과 '莊學'이라는 용어가 상징적으로 웅변하듯이 원 텍스트와 주석서를 분리하여 이를 역사적으로 파악하려는 사상사적 인식이 확산되고 있는 것이다. 다시 말해 우리가 일반적으로 통칭하는 '노장'이라는 말이 ≪淮南子≫에 와서야 등장한다는 점이 강조되고, 새로 발굴된 문헌들의 사상사적 의미가 논구되면서 이전보다 더 세밀한 구분이 가능하다는 인식이 확산되고 있다는 말이다.

이것은 또한 先秦 사상사의 흐름에 대한 새로운 접근 방식을 표현하는 것이기도 하다. 하지만 우리 학계의 분위기는 아직 '도가'는 '노장'과 거의 동의어이며 이때 '노장'의 실질적인 의미란 ≪장자≫를 통해 해석하는 ≪노자≫와 도가를 해석하는 전통을 의미한다.

그런데 우리 학계의 일반적인 분위기처럼 '도가=노장'식의 이해의 근거는 어디에 있는 것일까? 일반적으로 '노장'의 병칭은 ≪淮南子≫〈要略訓〉"노장의 術을 상고해 증험한다. 〔考驗老莊之術〕"는 구절에서 비롯된 것으로 이야기한다. 그러나 ≪회남자≫ 문헌학사 연구를 바탕으로 '도가(Taoim)'의 원류를 추적하는 연구를 오랫동안 지속해온 로스(Harold D. Roth)에 따르면, 이는 상당히 의심스러운 구석이 있다.

> 나는 이 시대(A.D. 3세기) 이전의 '老莊'이란 용어는 ≪회남자≫에 단 한 번 나오는데, 이것은 新道家의 외양에 일치하도록 맞추어 수정된 것이라고 본다. 여러 다양한 작품들에 나오는 이야기들을 통해 ≪노자≫의 사상을 예증하고 있는 ≪회남자≫〈道應訓〉을 요약하면서 〈要略訓〉은 〈도응훈〉이 '노장의 術에 대한 증거를 검토한다.'고 말하고 있다. 그러나 ≪회남자≫〈도응훈〉은 ≪노자≫를 42차례에 걸쳐 직접 인용하고 있는 데 반해 ≪장자≫는 단 한 차례만을 인용하고 있을 뿐이다. 그러므로 나는 이 부분을 '老子之術'로 읽어야 하며, 위진 이후(post-Wei-Chin)의 편찬자들에 의해 바뀌어진 것이라고 본다.[8]

이러한 논의를 염두에 둘 때 일찍이 노장 병칭의 문제를 지적한 陳澧의 지적은 의미심장하다. "漢나라가 일어나자 黃老의 학이 성행하였고, 文帝·景帝는 이에 근거하여 나라를 다스렸다. 한나라 말에 이르러 玄虛를 숭상하는 기풍이 일자 비로소 '황로'라 일컬었던 것을 '노장'이라 일컫는 풍조로 변하였다. 陳壽의 ≪魏志≫〈王粲傳〉 후반에 '嵇康이 노장을 말하기 좋아하였다.〔好言老莊〕'고 하는데 '노장' 병칭은 여기에서 비롯되었다."[9]

---

8) Harold D. Roth, "Psychology and Self-Cultivation in Early Taoistic Thought", Harvard Journal of Asiatic Studies, Vol. 51, no. 2 (1991), pp.604-605.

9) "自漢興 黃老之學盛行 文景因之以致治 至漢末 祖尙玄虛 於是變黃老而稱老莊 陳壽魏志王粲

우리가 진례의 주장을 받아들인다면 로스의 분석은 매우 탁월한 견해라고 말할 수 있다. 혜강은 "노자와 장주는 나의 스승이다.[老子莊周 吾之師也]"라고 말할 정도로 노자와 장자를 같은 계열에서 이해하였다. 물론 이것은 이른바 위진시대의 사대부들에게서 흔히 볼 수 있는 경향이다. 이러한 논의들을 종합할 때 우리가 일반적으로 생각하는 '노장'이란 전통은 위진시대에서 본격화된 것이라 결론 짓는 것도 전혀 무리가 없을 것이다.

또 위진 이전에 '노장'을 말할 수 있는 유일한 가능성은 바로 司馬遷의 ≪史記≫〈老莊申韓列傳〉에서 노자와 장자가 같은 '열전' 안에 공존하고 있다는 사실과, 그곳에서 "장주의 학문은 노자의 학설을 근본으로 삼고 있다."라고 한 언급에서 찾을 수 있다. '노장'이 사마천에 의해 연결되어 지적되는 것과 ≪장자≫에서 ≪노자≫를 이야기하는 것은 유일하게 위진 이전의 '노장'을 말할 수 있는 예가 된다. 그러나 사상적 전통으로서의 위상을 확고하게 지니게 되는 것은 위진시대에 이르러서이다. 김홍경의 다음과 같은 지적에 필자는 동의한다.

"≪노자≫와 ≪장자≫가 다른 전통이었다고 한다면 이 둘이 결합된 것은 언제부터일까?……내 생각에는 바로 이 ≪장자≫〈外·雜篇〉이 가장 먼저 ≪노자≫와 ≪장자≫를 결합시키지 않았나 싶다.……〈天地〉의 堯임금·齧缺 고사가 보여주듯이 처음에는 ≪노자≫를 염두에 두지 않았으나 나중에 ≪노자≫의 反儒墨 취향을 끌어들여 훌륭하게 '장자 속의 노자'를 만들었다. 사마천은 주로 이것을 두고 ≪장자≫를 평가했던 것이다.……그렇지만 ≪노자≫가 漢初 황로학을 통해 한 시대를 호령하는 지위를 누린 데 비해 ≪장자≫는 한대의 지식인에게 거의 잊혀진 책이었다. 사마담이 처음으로 도가라는 말을 사용할 때 염두에 둔 것도 ≪노자≫였지 ≪장자≫가 아니었다. ≪장자≫가 적어도 사상으로서 대등하게 老·莊이 되기 위해서는 위진 현학의 대두를 기다려야 했다."[10]

하지만 여기서 말하는 ≪장자≫는 오늘날의 편제와 다른데, "장주의 저서는 대체로 寓言으로 되어 있으며 〈漁父〉,〈盜跖〉,〈胠篋〉편 등을 지어 공자의 무리들을 비방하고 노자의 학설을 천명하였다. 〈畏累虛〉,〈亢桑子〉편 등은 사실이 아닌 허구이지만……"이라 말하고 있어 〈내편〉 중심의 장자 이해와는 사뭇 다른 모습을 보이고 있다. 더욱이 뒤에 언급한 두 편은 오늘날의 ≪장자≫에는 들어 있지 않다.

그렇다면 사마천의 ≪사기≫〈노장신한열전〉은 '노장' 병칭의 근거로 이용하기에는 애매

傳末言 嵇康好言老莊 老莊竝稱 實始於此"(≪東塾讀書記≫ 권12 〈諸子書 老子條〉)
10) 김홍경, ≪노자 : 삶의 기술 늙은이의 노래≫(들녘, 2003), pp.413-415.

한 구석이 많은 문헌이 된다. 더욱이 ≪회남자≫와 ≪사기≫ 사이에는 漢 武帝에 의한 황로학 탄압이라는 커다란 사상사적 사건이 개입되어 있으므로 문제는 더욱 복잡해진다.

따라서 우리가 기댈 수 있는 것은 司馬談의 〈論六家要旨〉에서 말하는 '道家' 규정을 살피는 것이다. 사마담이 이해하고 있는 '도가' 혹은 '道德家'의 성격과 궁극적인 목적은 위진시대의 玄學的·老莊的 이해보다는 황로학적 해석의 경향을 담고 있다고 생각되는 ≪하상공장구≫의 해석에 가깝다. ≪하상공장구≫와 ≪노자주≫의 비교는 漢代의 황로학적 ≪노자≫ 해석과 다른 ≪노자≫ 해석의 변화를 분명하게 드러낸다.

지금까지의 논의를 정리해보면 우리는 먼저 '노장' 전통이라는 것이 본래부터 ≪노자≫와 ≪장자≫에 들어있던 고대적 전통이 아닌 역사적 산물이라는 것을 알 수 있다. 이른바 玄學이란 위진 당시의 사상계에서는 유가와 도가의 만남을 의미하는 것이면서, 유가와는 다른 도가 전통을 易學을 바탕으로 義理化 – 이것을 역자는 왕필 義理學의 특징으로 본다 – 한 것으로 이해할 수 있다.

宋代 이후 理學 사조가 체계화되면서 굳건해진 '老佛' 또는 '釋老'와 같은 용어로 대변되는 異端學, 혹은 斯文亂賊으로 낙인된 상황에서 고대의 정치사상으로서의 도가는 이른바 '노장 전통(the Lao-Chuang tradition)'으로서만 잔존할 수 있었다. 이때의 노장이란 이미 불교와의 언어적 소통이 자유롭게 된 것은 물론 철저한 私의 언어이지 公의 언어는 아니게 되었다. 이른바 '유가 안에서의 도가'적 비판 이론의 수단으로서만 존립하게 된 것이다. 이것은 마치 이른바 "나아가면 유가, 물러서면 도가"라고 하듯이 도가는 개인적인 차원에서, 주도적 담론이 아니라 주도적 담론이 부패한 상황에서 이를 보조하는 보조적 담론으로서의 역할만을 갖게 되었다.

그러다가 19세기의 西勢東漸의 상황에서 유학적 이념에 대한 회의는 제자백가에 대한 새로운 관심과 연구를 유발하고, 이로부터 도가적 이념은 새로운 전기를 마련한다. 그러나 이미 '儒敎化된 동아시아 전통'에서 도가가 차지할 수 있는 것은 형이상학, 존재론, 언어철학, 신비주의, 신화, 종교와 같은 비정치적인 차원에서 철학사의 전통으로서만 그 가치를 인정받고 있다.

따라서 20세기 도가철학은 이른바 '노장'이라는 이름으로 형이상학의 역사를 재구성할 수 있는 텍스트, 실존주의, 언어철학, 신비주의의 맥락에서 논의된다. 우리들의 '老莊學'이란 아직 그러한 자리에서 일어서지 못하고 있다.

6. ≪老子注≫의 易學的 性格

≪노자주≫의 성격은 어떻게 규정할 수 있는 것일까? 이에 대해서는 대체로 세 가지 입장이 있어왔다.

첫째, 왕필의 ≪노자주≫는 선진시대 도가의 宗師인 노자의 原義를 가장 잘 발휘한 도가에 속하는 문헌이라는 입장이다. 사실 이러한 관점은 역사적으로 왕필이 유가가 아닌 도가로 분류되는 준거틀이었으며, 이의 현대적 입장이 바로 '≪노자≫를 통해 ≪주역≫을 해석하는〔以老解易〕' 전통을 수립한 인물로 왕필을 본 것이다. 牟宗三이 대표적이라 할 수 있다.

둘째, 위진시대의 현학 곧 '노장' 전통의 성립 분위기 속에서 '≪장자≫를 통해 ≪노자≫를 해석한〔以莊解老〕' 문헌으로 보는 것이다.

마지막으로 왕필의 ≪노자주≫는 오히려 '≪주역≫으로 ≪노자≫를 해석한' 嚆矢로 보는 입장이다.

이 가운데 첫째와 둘째 입장은 기본적으로 ≪노자≫와 ≪장자≫를 동일한 사상 계보에 속하는 문헌으로 볼 경우 하나로 귀결된다. 사실 바로 이러한 입장이 오늘날 일반적인 '현학'의 규정을 낳은 해석 방식이며 가장 일반적인 관점이라 할 수 있다. 하지만 왕필의 철학을 도가나 노장 전통에 속하는 사유가 아닌 유가로 규정하고자 하는 사람들의 경우 이러한 태도는 견지될 수 없다.

여기서 필자는 몇 가지의 근거를 통해 ≪노자주≫가 실은 ≪노자≫ 자체의 의미를 천명하는 데 있지 않고, 오히려 ≪주역≫의 정신으로 전환하고자 하는 이른바 '≪주역≫으로 ≪노자≫를 해석하는〔以易解老〕' 길을 열었다는 입장을 지지하고자 한다. 그 근거는 세 가지 차원에서 접근이 가능하다.

우선 왕필이 ≪노자주≫를 통해 밝히고자 하는 '성인관'의 측면이다. ≪노자≫에서 말하는 성인은, 유가의 仁義를 비판하고 오히려 소박한 시대로의 회귀를 주장하는 원시주의적 성격의 治者이다. ≪노자≫의 성인은 우주의 근원적 질서이자 힘은 '도'와 '덕'에 근거하여 이를 사회 속에서 실현하고자 한다. 그런데 왕필은 먼저 ≪노자≫의 '聖人'을 ≪주역≫의 '大人'으로 슬며시 바꾸어놓는다. 왕필이 이해하는 ≪주역≫의 대인이란 乾卦〈文言傳〉에서 천지와 동등한 덕을 지닌 존재를 말한다.

≪노자≫ 성인은 어질지 않아 백성을 꼴과 개로 여긴다.〔聖人不仁 以百姓爲芻狗〕
≪노자주≫ 성인은 〈≪周易≫〈文言傳〉에서 大人에 대해 말한 바와 같이〉 천지

와 더불어 그 덕이 합치하기에 백성을 꼴이나 개에 견준 것이다.〔聖人與天地合其德
以百姓比芻狗也〕

《노자》의 '성인'은 여기서 《주역》 건괘 〈문언전〉에 나오는 '대인'의 맥락으로 슬며시
바꾸어진다. 본래 〈문언전〉에서 말하는 대인이란 九二와 九五 두 爻辭에 나오는 말로서 〈문
언전〉은 다음과 같이 설명한다. "대인이란 天地와 그 덕이 합치하고, 日月과 그 밝음이 합
치하며, 四時와 그 순서가 합치하며, 鬼神과 그 길흉이 합치한다. 그리하여 하늘에 앞서서
만 하늘조차 그를 어기지 아니하고, 하늘의 뒤에 서되 하늘의 때를 받든다. 하늘 또한 그를
어기지 아니하는데 하물며 사람이나 귀신이 어기겠는가."[11]
여기서 주의 깊게 볼 것은 왕필이 말하는 '대인'은 九二의 대인과 九五의 대인 모두를 포
함한다는 점이다. 왜냐하면 九五의 대인은 또한 '太上'으로 달리 지칭되기도 하기 때문이다.
그래서 《노자주》 17.1의 "太上 下知有之"에 대한 왕필의 해석은 다음과 같이 이어진다.
"여기서 '태상'이란 《주역》에서 말하는 '대인'을 말한다. 대인이 위에 있으므로 '태상'이라
고 한 것이다. 대인은 윗자리에서 無爲의 일에 거하고 말 없는 가르침을 행한다. 만물이
그에 의해 지어지면서도 먼저 시작하지 않는다. 이 때문에 아래 〈백성들이〉 그가 있다는
것만을 알 뿐이니, 이는 〈백성들이〉 윗사람을 따른다는 말이다.[12]
둘째로, 왕필이 말하는 '도'는 흔히 '무'로서 해석되는데 이때의 무는 형이상학적인 궁극
존재로서의 의미는 탈색이 되고, 현상 세계의 본원적 상태로서의 虛靜 또는 虛無이며 더
나아가서는 '玄', '元', '一'로 대체되어 결국 《주역》의 '태극'에 이른다. 《노자주》 47.2에
서 왕필은 "其出彌遠 其知彌少"에 다음과 같이 주석한다. "무란 바로 一에 있는 것인데 많은
것에서 찾기 때문이다. 도는 보아도 보이지 않고 들어도 들리지 않으며 만져도 만져지지
않는다. 만약 이를 안다면 문 밖으로 나가지 않으며, 이를 모르는 자는 나가서 더욱 멀어지
고 미혹될 것이다."[13] 여기서 '일'은 곧 '무'가 자리하는 곳이고, 이때의 일은 곧이어 '도'로

11) "夫大人者 與天地合其德 與日月合其明 與四時合其序 與鬼神合其吉凶 先天而天弗違 後天而
奉天時 天且弗違 而況於人乎 況於鬼神乎"(《周易》 乾卦 〈文言傳〉)
12) "太上 謂大人也 大人在上 故曰太上 大人在上 居無爲之事 行不言之敎 萬物作焉而不爲始 故
下知有之而已 言從上也"(《老子注》)
13) "無在於一 而求之於衆也 道視之不可見 聽之不可聞 搏之不可得 如其知之 不須出戶 若其不
知 出愈遠愈迷也"(《老子注》)

대체된다.

　여기서 우리는 자연스럽게 漢代 易學에서 오랫동안 논쟁되었던 大衍之數에 대한 해석을 떠올리게 된다. 본래 〈繫辭傳〉에 나오는 '대연의 수가 오십'이라는 설명은 실제 점치는 과정에서 쓰이는 산가지의 수가 49라는 것과 관련하여 매우 복잡다단한 해석을 초래한 문제였다. 그런데 이에 대한 왕필의 해석은 아주 간단하고 명료하다.

　　천지의 수를 펼칠 때 의지하는 것은 50이지만 그 가운데 쓰이는 것은 49이고 그 나머지 하나는 쓰이지 않는다. 〈왜냐하면 이 하나가〉 쓰이지 않음으로 해서 다른 49의 쓰임이 그 때문에 통하게 되고, 〈또한 그것이〉 수가 아니기에 다른 수들이 그 때문에 완성되는 것이다. 아마도 이것이야말로 ≪주역≫에서 말하는 태극일 것이다. 49란 숫자의 끝이다. '無'는 그 스스로는 밝힐 수가 없기에 반드시 '有'에 의지하여야 하는 것이다. 그래서 늘 사물의 끝에서 반드시 그 유의 으뜸되는 것을 밝혀야 하는 것이다.[14]

　여기서 자연스럽게 다음과 같은 상관관계를 추론할 수 있다. 왕필이 말하는 '도'는 보이지 않고 들리지 않는 '무'로서 '통하지 않는 것이 없고, 말미암지 않는 것이 없는'[15] 것이다. 그런데 그것은 결국 숫자로서의 하나도 아니고〔非數〕 또는 하나의 사물도 아닌 것〔非物〕으로서 그 자체는 쓰이지 않으면서 온갖 것을 쓰이게 만드는 것으로서 마치 바퀴통이 비어 있음으로 해서 바퀴살이 의지할 수 있고, 바퀴의 작용이 가능한 것처럼 나름의 작용이 있다. 그리고 이러한 '작용〔用〕'을 그 핵심으로 하는 道, 無는 결국 '一', '宗', '元'으로 치환되며 나아가 ≪주역≫의 '太極'으로 설명되는 것이다.

　여기서 왕필이 왜 흔히 우주발생론(cosmogony)으로 해석되는 ≪노자≫ 42장의 "道生一 一生二 二生三 三生萬物"을 다음과 같이 해석하게 되었는가를 이해하게 된다.

　　萬物과 萬形은 아마도 '하나〔一〕'로 돌아갈 것이다. 무엇을 말미암아 '하나'에 이

14)　"王弼曰 演天地之數 所賴者五十也 其用四十有九 則其一不用也 不用而用以之通 非數而數以之成 斯易之太極也 四十有九 數之極也 夫無不可以無明 必因於有 故常於有物之極 而必明其所有之宗也"(≪周易注≫)
15)　"道者何 無之稱也 無不通也 無不由也"(≪周易注≫ 〈繫辭傳 上〉)

르는가? 無를 말미암아서이다. 無를 말미암아 하나가 되니 〈그렇다면〉 이 하나를
無라 일컬을 수 있는가? 이미 그것을 하나라 일컬었으니 어찌 '말〔言〕'이 없다 할
수 있는가? 말이 있고 하나가 있으니 따라서 둘이 아니면 무엇이라 하겠는가? 하
나가 있고 둘이 있으니 셋을 낳기에 이른다. 無로부터 有로 나아감에 숫자는 여기
에서 다하였으니 이 셋을 지나 더 나아가면 도의 부류가 아니다.

　　그러므로 萬物이 생성할 때에 나는 그 주인을 알고 있는데, 비록 萬形이 있다
하더라도 沖氣로 하나가 된다. 百姓에게는 이 마음이 있어 나라와 풍속이 달라도
王侯 가운데 이 '하나(沖氣 또는 心)'를 얻은 자라야 그들의 주인이 된다. 이 하나로
주인이 되는데 그 하나를 어찌 버릴 수 있겠는가? 많아질수록 더욱 멀어지고 덜
어내면 그것에 가까워지니 그 덜어냄이 다함에 이르러야 이에 그 궁극을 얻는다.
이미 그것을 하나라고 일컬으면 오히려 이내 셋에 이르게 되니, 하물며 근본이 하
나가 아닌데 도가 가까워질 수 있겠는가? 덜어내면 채워지고 채우면 줄어든다는
말이 어찌 헛된 말이겠는가.[16]

　　왕필은 여기서 "도가 하나를 낳는다."는 말 자체에 대해서는 관심이 없다. 무를 통해 환원
되는 궁극적인 것은 언어로 표현되는 것이 아니며, 언어로 표현하고자 하는 그것은 오히려
도로부터 멀어지는 것이 된다. 이러한 왕필의 ≪노자≫ 해석은 천지 이전의 道로부터 생성
하는 우주론을 주장하는 ≪노자≫의 원의와 상관없이, ≪莊子≫⟨齊物論⟩의 논리를 원용하
여 ≪주역≫의 세계관으로 귀착하는 논법을 구사하고 있다.

　　그에게서 道는 일단 無로 해석되지만, 그 무에는 一이 자리하고 다시 이것은 玄, 元, 宗
등으로 바뀌어 결국에는 '태극'에 이른다. 당시의 儒道 통섭적인 분위기에서 왕필은 ≪노
자≫, ≪장자≫, ≪주역≫, ≪논어≫의 개념과 논리를 자유롭게 이용하면서 유가의 이념을
긍정한다는 점에서 '도가화된 유가'라 부를 수 있다.

　　마지막으로 ≪노자주≫의 정치, 사회적 지향으로 볼 때에도 그의 논의의 귀결처는 ≪주

---

16) "萬物萬形 其歸一也 何由致一 由於無也 由無乃一 一可謂無 已謂之一 豈得無言乎 有言有一
　　 非二如何 有一有二 遂生乎三 從無之有 數盡乎斯 過此以往 非道之流 故萬物之生 吾知其主
　　 雖有萬形 沖氣一焉 百姓有心 異國殊風 而王侯得一者主焉 以一爲主 一何可舍 愈多愈遠 損則
　　 近之 損之至盡 乃得其極 旣謂之一 猶乃至三 況本不一 而道可近乎 損之而益 益之而損 豈虛
　　 言也"(≪老子注≫)

역≫에 근거하고 있음이 드러난다. 이것은 그의 이상적 사회의 모습을 형용하는 논의들이 ≪주역≫에 근거하고 있기 때문이다. 왕필에 따르면, 이상적인 성인의 정치는 '무위'에 있는데 이것은 결국 '適用'으로 드러난다. 본래 이 적용이란 '각자가 제자리를 얻는 것〔各得其所〕'이며 이는 본래 ≪論語≫〈子罕〉에서 "공자가 말했다. '내가 위나라에서 노나라로 돌아온 후에 악곡을 정리하여 雅樂과 頌樂이 각각 제자리를 얻게 되었다.'〔子曰 吾自衛反魯 然後樂正 雅頌各得其所〕"라고 한 데에서 온 말이다. 그러나 왕필은 이를 성인의 정치의 궁극적 모습을 형용하는 데 사용한다.

  그런데 왕필에 따르면 성인이 자의적인 기준이나 교화를 베푸는 작위적 정치가 아닌 무위의 정치를 실행하는 근거는 '천지가 스스로 그러함에 맡기는〔天地任自然〕' 데에서 나오는데, 이것은 그 본래의 '常', '眞'을 회복하는 것이며 달리 말하여, '성명에 따르는 것〔順性命〕' 또한 '성명의 常을 얻는 것〔得性命之常〕'이기도 하다. 왕필이 이렇게 자신의 정치적 논리의 귀결점으로 강조하는 것은 ≪주역≫ 건괘 〈象傳〉에 나오는 말이다. 그 내용은 다음과 같다.

  "〈단전〉에서 말하였다. '위대하도다, 乾元이여. 만물은 이에서 시작하니 곧 하늘(형체 있는 것)을 거느리니라. 구름이 일고 비가 내리니 온갖 만물이 형체를 갖게 되는구나. 만물이 시작하고 마치는 이치를 분명하게 밝히면 여섯 爻의 자리가 때에 맞게 이루어지게 할 수 있으니 때맞추어 여섯 마리의 용을 타고서 하늘을 부리니라. 乾道가 변화하여 각각의 만물의 性命을 바르게 하니 크게 어울리게 하는 도를 보전하여 그에 맞게 해야 만물에 이롭고 바르게 될 수 있다. 뭇사람 가운데 왕이 먼저 나오니 만국이 다 평안하구나.'"[17]

  ≪노자주≫의 핵심적인 논리는 이와 같이 그의 ≪주역≫에 대한 이해[18]로 귀결되는 것을 볼 수 있다. 따라서 ≪노자주≫를 흐르고 있는 철학 정신은 '老學의 易學化'라고 부를 수 있겠다. 이것은 달리 말하면 한대의 황로학적인 ≪노자≫ 해석 방식에서 벗어나 이른바 의리의 정신으로 해석하는 것을 의미한다. 이러한 이유로 인하여 필자는 ≪노자주≫를 흐르는 정신을 '老學의 義理化'라 보고자 하는 것이다.

---

17) "象傳曰 大哉乾元 萬物資始 乃統天 雲行雨施 品物流形 大明終始 六位時成 時乘六龍 以御天 乾道變化 各正性命 保合太和 乃利貞 首出庶物 萬國咸寧"(≪周易≫ 乾卦〈象傳〉)
18) 특히 ≪易傳≫의 정신을 발휘한 그의 의리역 사상과 직접적으로 통한다. 그래서 왕필의 역학을 의리역이라 하고 또한 그의 ≪주역≫ 해석의 방식을 '전으로 경을 풀이한〔以傳解經〕' 방식이라 하는 것이다.

7. ≪老子≫가 韓國에 미친 영향

　現代 韓國人에게 ≪노자≫는 매우 친숙한 고전이다. 중고등학교 교과서에 실려 있을 정도로 '노자'라는 인물과 ≪道德經≫은 잘 알려져 있다. 그런데 5,000여 자로 이루어진 짧은 책인 ≪노자≫는 그 분량에 비해 해석과 번역은 놀라울 정도로 다양하다. 필자는 왕필의 주석서인 ≪老子注≫를 넘어서서, ≪노자≫라는 書物이 과거에서 현재에 이르기까지 우리 韓國에 어떠한 영향을 미쳤는가를 간략하게 개관하면서 本書의 〈해제〉를 마무리하고자 한다.

　韓半島의 오랜 歷史만큼이나 ≪노자≫가 전래되고 수용된 과정 또한 長久한 역사를 지니고 있다. ≪노자≫가 언제 한반도에 傳來되었는가는 정확하게 말할 수는 없지만, 이미 紀元前인 前漢 成帝(B.C. 33~B.C. 7 在位) 때부터 漢四郡 時期 이래로 中國과의 교류가 빈번해지면서 ≪노자≫가 流入되어 읽혀졌을 것으로 추정된다. 古代國家가 수립되었던 三國時代에 이미 太學과 같은 國學 기관에서 儒敎經典과 함께 諸子百家의 일부로 널리 읽혀졌을 것이다.

　특히 道敎의 일파 가운데 五斗米道가 일찍부터 信奉되었던 高句麗에서는 도교적 신앙과 함께 ≪노자≫가 널리 誦讀되었을 것으로 추정된다. 그리고 榮留王 때에는 唐 高祖가 新天師道 계통의 道士를 파견하여 ≪노자≫를 講論하였는데, 이때 國王을 비롯한 여러 사람들이 들었다고 한다. 또 統一新羅時代 孝成王 2년(738)에 이르면, 唐 玄宗이 使臣을 보내 ≪노자≫를 바쳤다는 기록이 ≪三國史記≫에 전한다. 한반도의 學人이 ≪노자≫를 講解한 최초의 기록은 高麗 睿宗 3년(1118)에 韓安仁이 講論하였던 것으로 보인다.[19]

　그러나 ≪노자≫가 學的 관심의 대상이 되었던 것은 麗末鮮初에 性理學의 受容과 더불어 시작되었다고 할 수 있다.[20] 이때에는 주로 '老莊' 사상으로 읽혀졌는데 가장 중요한 이해의 특징은 '유가적 입장에서 ≪노자≫를 해석하는[以儒釋老]' 방법이었다. 주로 유학의 눈으로 이해된 ≪노자≫는 세 가지 주된 해석적 특징을 보여준다. 첫째, ≪노자≫ 또한 유가와 다르기는 하지만 修己治人, 愛民治國으로 귀결된다는 점에서 단순히 배척해야 할 異端이 아니었다는 점이다. 둘째로 朝鮮의 여러 儒學者들은 ≪노자≫의 道를 太極이나 理로 이해하여 儒家와 크게 다르지 않다는 입장을 취했다. 셋째, ≪노자≫의 道德, 有無 등의 개념을 성리학의 體用으로 이해하여 一元論的 사고를 보여주었다는 점이다.

　물론 科擧試驗에서 ≪노자≫와 같은 異端書를 언급하는 것이 법적으로 금지되어 있었고,

---

19) 이상의 내용은 車柱環 著, ≪韓國道敎思想硏究≫(서울大學校出版部, 1978) 참조.
20) 송항룡・조민환, 〈朝鮮朝 老莊註釋書 硏究Ⅰ・Ⅱ〉(≪東洋哲學硏究≫ 제26-7집, 1998)

高麗 이래 王室의 주요 행사를 집전하던 昭格署 革罷를 둘러싼 첨예한 갈등이 있었던 것이 사실이지만,[21] 朝鮮 初期부터 ≪노자≫나 ≪장자≫가 국가적 후원 아래 널리 배포되었던 것도 사실이다. 그래서인지 성리학에 대한 이해가 원숙해진 16세기 이래 조선에서는 몇 가지 깊이 있는 주석서가 출현하기도 했다. 李珥의 ≪醇言≫, 朴世堂의 ≪新註道德經≫, 徐命膺의 ≪道德指歸≫, 洪奭周의 ≪訂老≫, 李忠翊의 ≪談老≫ 등이 그것이다.

율곡 이이로 대변되는 정통 성리학에 바탕한 해석으로부터 陽明學, 易學 등을 바탕으로 한 다양한 ≪노자≫ 해석은, 조선조의 ≪노자≫ 이해가 "배타적 거부로 유교사상의 醇正性을 고수하는 입장과는 달리, ≪노자≫와 유교의 상호이해와 소통의 가능성을 탐색하는 과정을 통해 유교사상 그 자체도 한 차원 더 깊고 폭넓게 이해할 수 있는 길을 열어주고 있다는 사상사의 소중한 성과를 이룬 것"[22]이라 평가받기도 한다. 이와 같이 삼국시대로부터 조선조까지 ≪노자≫는 한국문화를 풍부하고 다양한 사고를 여는 데에 상당한 매개적 역할을 해 왔다.

≪노자≫에 대한 해석의 다양성은 오늘날에도 여전하다. 19세기 이래 서구로부터 수입된 학문 방식인 '哲學'은 20세기에 '民族이나 國家의 靈魂'인 듯이 이야기되던 적이 있었다. 하지만 ≪노자≫나 ≪장자≫를 포함하는 道家 혹은 道敎는 그러한 지칭을 얻는 데에는 호의적으로 대접받지 못했다. 中體西用을 말하든 東道西器를 말하든 그것은 주로 '유학'에 해당하는 것이었다. 하지만 그럼에도 불구하고 ≪노자≫가 20세기 동아시아와 한국의 역사에서 나름 의미 있는 역할을 했다면, 그것은 바로 매개자의 역할이 아닐까 한다.

도가 혹은 도교는 서구의 과학과 종교를 수용하는 데에 커다란 역할을 했다. 예컨대 ≪노자≫의 道와 無爲가 삼국시대 이래 佛敎의 수용에서 커다란 역할을 했듯이, ≪노자≫의 언어와 개념들은 서양의 철학·과학과 종교를 수용하는 매개자적 역할을 했다. 달리 말해 정치와 윤리 이외의 영역에서 서양의 '文明'을 수용하는 창구의 역할을 했다는 것이다. 그리고 이러한 역할은 오늘날에도 여전히 진행형이다. 이러한 매개자의 역할을 관통하는 핵심은 문명과 마음이라고 할 수 있다. 바로 이 두 가지 개념이 20세기와 21세기 ≪노자≫ 읽기의 분수령을 이루는 중요한 코드이다.

오늘날 우리는 이른바 '동양철학(East Asian Philosophy)'이라는 학문 분야에 속하는 고전으로서 儒家와 더불어 동아시아 철학을 대표하는 도가 사상의 기본 텍스트라는 상식 위에

---

21) 정재서 지음, ≪한국 도교의 기원과 역사≫(이화여자대학교출판부, 2006)
22) 금장태 지음, ≪한국 유학의 노자 이해≫(서울대학교출판부, 2006) 머리말.

서 ≪노자≫를 읽는다. 그런데 19세기에서 20세기에 거쳐 오늘날까지 우리가 생각하는 '철학'이 서양의 'philosophy'에 상응하는 동일한 것이라고 간주하는 것은 곤란하다.

번역된 말 그대로에 의하면, '철학'이란 적어도 '필로소피아(philosophia)'로서 진리와 지혜에 대한 사랑을 뜻하며 매우 이성적이고 논리적인 탐구 활동을 의미한다. 그런데 ≪노자≫라는 책이 처음부터 그런 의도와 학문적 바탕 위에서 성립했던 것은 아니었다. 전통사회에서도 초창기에는 정치적 지침을 얻으려는 현실주의적 해석이 있었는가 하면, 종교화된 가르침으로 이해하려는 경향도 있었고, 철학적인 접근도 있었다. 철학적 이해는 언제나 종교적 이해와 공존하고 있었고, 때때로 더욱 중요한 이해는 신비주의적인 방식이었다.

아마도 오늘날 한국 사회에서 가장 주된 해석은 이 철학적 해석과 종교적 해석일 것이다. 철학적 해석이 주로 王弼의 ≪노자주≫로부터 연원하는 義理的 계통을 잇고 있다면, 종교적 해석은 주로 河上公에서 연원하는 道敎的 계통을 잇고 있다. 전자가 주로 學術的 차원에서 문명론적 해석을 중심으로 한다면, 후자는 보다 대중적 차원에서 신비주의적 해석의 경향을 띠고 있다. 서구의 대학에서 신학이나 종교학, 문학을 전공한 학자들에 의해 다양한 ≪노자≫ 연구서와 대중서가 저술되는 것은 이러한 상황을 반영한다.

여기서 우리는 마지막으로 생각해 볼 문제가 있다. 그것은 ≪노자≫ 해석의 다양성이 기대고 있는 더 큰 역사적 틀이라는 문제이다. 이를 위해 역자는 20세기 한국에서 정말로 다시 조명해야 할 필요가 있는 독특한 해석의 한 가지를 소개하고자 한다. 바로 다석 유명모의 풀이이다.

　　老子의 道는 예수의 얼(프뉴마, πνεμα), 석가의 法(Dharma), 中庸의 性과 같은 참나(眞我)를 뜻한다. 서양 사람들은 이를 잘 몰라 Tao라 음역하기도 하고 way로 의역하기도 한다. 노자가 얼나를 길의 뜻인 道라 한 데는 까닭이 있다. 이 멸망의 상대세계를 벗어날 수 있는 오직 한 길은 얼생명을 붙잡는 길밖에 없다. 그러니 얼이 길이요 길이 얼이다.

　　석가, 노자, 예수는 멸망의 제나에서 영생의 얼나(靈我)로 솟나라는 것이다. 영원한 생명인 얼나를 깨닫고 석가는 생노병사를 여의었다고 말하고, 예수는 사망에서 생명으로 옮겼다고 말하였다.[23]

---

23) 유영모・박영모 저, ≪노자, 빛으로 쓴 얼의 노래≫(두레, 1998)

독자 여러분은 이 해석에서 어떤 느낌을 갖게 되는가? 이 구절은 두 가지 차원에서 음미해 볼 필요가 있다. 우선 하나는 "서양 사람들은 이를 잘 몰라" 라는 부분이다. 우리는 도올 김용옥을 비롯하여 ≪노자≫가 대중적인 인기를 얻으며 각종 매체와 드라마에서 읽히고, 강의되는 것을 수없이 보아왔다. 도올 김용옥이 ≪노자≫를 통해 설파한 주제는 '문명'이었다. 문명 단위의 갈등과 융합은 20세기 한국의 중요한 시련 가운데 하나였다. 어떤 문명을 추구할 것인가? ≪노자≫의 도는 이와 관련하여 과거의 전통과 연결되는 새로운 길〔道〕이기도 했다.

다른 하나는 유명모의 글에서 석가, 노자, 예수가 함께 거명된다는 점이다. 이들은 모두 참나를 밝힌 위대한 성인들이라 묘사된다. 인도에서 온 석가, 서양에서 온 예수, 그리고 전통적인 노자 여기에 공자와 소크라테스를 더한다면, 이것은 20세기 한국인의 사유와 삶을 지배하는 원리들 모두를 아우르는 것에 해당한다. 그는 이렇게 말한다. 이 모든 것들이 다르지 않다. 다만 참나를 찾는 길일 뿐이다. 그렇게 그는 화해의 철학을 제창했던 것이다.

≪노자≫가 역사 속에서 취해 왔던 이러한 역사적 역할의 의미를 생각할 때, 우리는 유영모를 통해 노자철학을 '화해의 철학'이라 요약할 수 있다. 어떻게 이런 일이 가능한 것일까라는 차원에서 볼 때 가장 중요한 것은 ≪노자≫의 세계 혹은 도교의 세계에는 '정통'과 '이단'이라는 의식이 없었다는 점이다. 포용과 화해의 역사가 곧 ≪노자≫의 역사라는 말이다.

이러한 기이성은 ≪노자≫ 해석을 매개로 종교와 철학, 과학이 모두 만날 수 있었다는 사실이다. 예컨대 氣는 서양의 '물질' 개념과 '유물론'이 들어올 수 있었던 배경이 되었고, 또한 道는 '철학〔logos〕'과 '신(God)'이 수용될 수 있는 신비적 토대가 되기도 했다. 필자는 그러한 역사적 역할의 가장 두드러진 특징을 유영모와 함석헌에게서 찾아 볼 수 있다고 생각한다.

더 나아가 21세기로 넘어오면서 ≪노자≫는 일종의 '마음의 철학' 혹은 '치유의 철학'이라는 역할을 했다. 이때의 마음이란 동아시아인의 종교적 심성으로서 토착 종교의 토대를 이루는 종교적 신앙이었고, 다른 한편으로는 구체적이고 현실적인 삶을 살아야했던 민초들의 삶의 마음이었다. 이러한 분위기에서 ≪노자≫는 삶을 치유하는 철학으로 기능할 수 있었다. 아마도 이러한 분위기는 향후에도 어느 정도 지속될 것으로 보인다. 그런 의미에서 ≪노자≫는 결코 합리의 세계에만 관여하는 책이 아니라, 신비의 세계에 늘 한 자락을 걸치고 있는 고전이 되지 않을까 싶다.

參考書目

1. 底本

• 王弼(魏), ≪道德眞經注≫ 道藏12, 上海書店出版社, 1996.

2. 底本 관련 자료

• 德淸(明), ≪老子道德經解≫
• 董思靖(宋), ≪太上老子道德經集解≫
• 杜光庭(唐), ≪道德眞經廣聖義≫
• 范應元(宋), ≪老子道德經古本集註≫
• 傅奕(唐), ≪道德經古本編≫
• 司馬光(宋), ≪道德眞經論≫
• 河上公(漢), ≪道德經≫
• 焦竑(明), ≪老子翼≫
• 林希逸(宋), ≪老子鬳齋口義≫
• 李榮(宋), ≪道德眞經義解≫
• 陸希聲(唐), ≪道德眞經傳≫
• 陸德明(唐), ≪老子音義≫
• 呂惠卿(宋), ≪道德眞經傳≫
• 薛蕙(明), ≪老子集解≫
• 王安石(宋), ≪老子注≫

3. 韓國 譯書 및 硏究書

• 김형효, ≪사유하는 도덕경≫, 서울 : 소나무, 2004.
• 김홍경 지음, ≪노자, 삶의 기술 늙은이의 노래≫, 서울 : 들녘, 2003.

- 도올 김용옥, ≪노자≫, 서울 : 통나무, 1998.
- 박세당 지음, 김학목 옮김, ≪박세당의 노자≫, 서울 : 예문서원, 1999.
- 박영호 역·저, ≪노자, 빛으로 쓴 얼의 노래≫, 서울 : 두레, 1998.
- 서명응 지음, 조민환·장원목·김경수 역주, ≪도덕지귀≫, 서울 : 예문서원, 2008.
- 오강남 풀이, ≪도덕경≫, 서울 : 현암사, 1995.
- 이강수 옮김, ≪노자≫, 서울 : 도서출판 길, 2007.
- 이석명 지음, ≪백서 노자≫, 서울 : 청계, 2003.
- 이이 지음, 김학목 옮김, ≪율곡 이이의 노자≫, 서울 : 예문서원, 2001.
- 焦竑弱候 輯, 이현주 역, ≪노자익≫, 서울 : 두레, 2000.
- 최재목 역주, ≪노자≫, 서울 : 을유문화사, 2006.
- 최진석, ≪노자의 목소리로 들려주는 도덕경≫, 서울 : 소나무.
- 홍석주 지음, 김학목 옮김, ≪홍석주의 노자≫, 서울 : 예문서원, 2001.

4. 日本 譯書

- 福永光司 譯, ≪老子≫, 東京 : 朝日新聞社, 1978/9.
- 齋藤晌 編譯, ≪老子≫ 全釋漢文大系15, 東京 : 集英社, 1983(昭和58).

5. 英美 譯書

- Arthur Waley, tr., The Way and Its Power : Lao Tzu's Tao Te Ching and Its Place in Chinese Thought, New York : Grove Press, 1958.
- D. C. Lau, tr., Lao Tzu Tao Te Ching, London : Penguin Books, 1962.
- Edmund Ryden, tr., Laozi Daodejing, Oxford : Oxford University Press, 2008.
- James Legge, tr., The Texts of Taoism : The Tao Te Ching of Lao Tzu, New york : Dover Publications, Inc., 1962.
- Philip J. Ivanhoe, tr., The Daodejing of Laozi, Indianapolis/Cambridge : Hackett Publishing Company, Inc., 2002.
- Richard Wilhelm, tr., Tao Te Ching Lao Tzu, London : Penguin Arkana, 1989.

- Robert G. Henrics, tr., Te-Tao Ching Lao Tzu, New York : The Modern Library, 1993.
- Robert G. Henrics, tr., Lao Tzu's Tao Te Ching : A Translation of the Startling New Documents Found at Guodian, New York : Columbia University Press, 2000.
- Roger T. Ames and David L. Hall, tr., Dao De Jing : A Philosophical Translation, New York : Ballantine Books, 2003.
- Victor H. Mair, tr., Tao Te Ching Lao Tzu : The Classic Book of Integrity and the Way, New York : Bantam Books, 1990.
- Wing-tsit Chan, tr., The Way of Lao Tzu : Tao Te Ching, New York : Macmillan Publishing Company, 1963.

6. 연구 참고 자료

〔國文 자료〕

- 憨山 지음, 오진탁 옮김, ≪감산의 老子 풀이≫, 서울 : 서광사, 1990.
- 高懷民 지음, 신하령·김태완 공역, ≪상수역학 - 兩漢易學史≫, 서울 : 신지서원, 1994.
- ──────, 崇實大東洋哲學研究室 譯, ≪中國古代易學史≫, 서울 : 숭실대학교 출판부, 1994(재판).
- 郭沫若 지음, 조성을 옮김, ≪中國古代思想史≫, 서울 : 까치, 1991.
- 김갑수, 〈황로학에 대한 오해와 진실 - 황로학 제자리 찾기(1)〉, 한국철학사상연구회, ≪시대와 철학≫ 제18호, 1999/봄호.
- ───, 〈學派名으로서의 '道家'의 기원과 의미에 관하여 - 황로학 제자리 찾기(2)〉, 韓國道家哲學會, ≪道家哲學≫ 창간호, 1999.
- 金景芳·呂紹綱 지음, 한국철학사상연구회 기철학분과 옮김, ≪易의 철학 - 주역계사전≫, 서울 : 예문지, 1993.
- 김용옥 옮김, ≪老子 - 길과 얻음≫, 서울 : 통나무, 1989.
- ──────, 〈氣哲學이란 무엇인가 - 漢醫學 이론 형성 과정과 黃老之學〉, ≪도올논문집≫ 서울 : 통나무, 1991.
- 김인숙 지음, ≪중국 중세 - 사대부와 술, 약 그리고 여자≫, 서울 : 書景文化社, 1998.

- 김충렬 지음, ≪김충렬 교수의 노장철학 강의≫, 서울 : 예문서원, 1995.
- 김학목 옮김, ≪율곡 이이의 노자 – 醇言, 정통 주자학자의 노자 읽기≫, 서울 : 예문서원, 2001.
- 김항배 지음, ≪노자철학의 연구≫, 서울 : 사사연, 1997.
- 김현수, 〈≪老子道德經河上公章句≫ 硏究〉, 동국대학교 석사 학위 논문, 2000.
- 김홍경, ≪노자 : 삶의 기술, 늙은이의 노래≫, 서울 : 들녘, 2003.
- 富谷至 지음, 임병덕 · 임대희 옮김, ≪유골의 증언 – 古代 中國의 刑罰≫, 서울 : 서경문화사, 1999.
- 劉蔚華 · 苗潤田 저, 곽신환 역, ≪직하철학 – 稷下學史≫, 서울 : 철학과 현실사, 1995.
- 劉笑敢 지음, 최진석 옮김, ≪莊子哲學≫, 서울 : 소나무, 1998 개정판.
- 三石善吉 지음, 최진규 옮김, ≪중국의 천년 왕국 : 중국 민중의 지상 천국 사상≫, 서울 : 고려원, 1993.
- 박희준 평석, ≪백서도덕경 – 노자를 읽는다≫, 서울 : 까치, 1991.
- 벤자민 슈월츠(Benjamin Schwartz) 지음, 나성 옮김, ≪중국 고대 사상의 세계≫, 서울 : 살림, 1996.
- 브루노 스넬(Bruno Snell), 김재홍 옮김, ≪정신의 발견 : 서구적 사유의 그리스적 기원≫, 서울 : 까치, 1994.
- 앙리 마스페로(Henry Maspero), 신하령 · 김태완 옮김, ≪도교≫, 서울 : 까치, 1999.
- 양방웅 지음, ≪초간노자≫, 서울 : 예경, 2003.
- 오진탁 옮김, ≪감산의 老子 풀이≫, 서울 : 서광사, 1990.
- 劉劭 지음, 이승환 옮김, ≪인물지≫, 서울 : 홍익출판사, 1999.
- 윤찬원 지음, ≪도교철학의 이해 – 태평경의 철학 체계와 도교적 세계관≫, 서울 : 돌베개, 1998.
- —————, 〈後漢時代 初期道教 哲學思想에 관한 연구〉, ≪道教文化研究≫, 第14輯, 2000.
- —————, 〈道家 – 道教의 의미에 대한 철학적 고찰〉, ≪道教文化研究≫, 第16輯, 2002.
- 이강수 著, ≪道家思想의 研究≫, 서울 : 고려대학교출판부, 1989, 三版.
- 이동철, ≪黄帝四經의 哲學研究 – 先秦 道家思想의 새로운 理解와 관련하여≫, 高麗大學校大學院 博士學位 論文, 1996.

• 이석명, 〈漢代 道家의 內向的 轉化 - 《老子河上公注》의 養生 思想을 중심으로〉, 《道家哲學》 창간호, 1999.
• 이승환, 《유가사상의 사회철학적 재조명》, 서울 : 고려대학교출판부, 1998.
• 李珥 지음, 김학목 옮김, 《율곡 이이의 노자 - 醇言, 정통 주자학자의 노자 읽기》, 서울 : 예문서원, 2001.
• 이재권, 〈구양건의 언지의론〉, 《위진현학》, 예문서원, 2001.
• 임채우, 《왕필의 노자 - 無의 철학을 연 왕필의 노자 읽기》, 서울 : 예문서원, 1997.
• ───, 《주역 왕필주》(개정판), 서울 : 길, 2000.
• 임철규, 《왜 유토피아인가 : 유토피아, 문학, 이데올로기에 관한 비평》, 서울 : 민음사, 1994.
• 정세근, 《제도와 본성 - 현학이란 무엇인가》, 서울 : 철학과 현실사, 2001.
• ─── 엮음, 《위진현학》 서울 : 예문서원, 2001.
• ───, 《노장철학》, 서울 : 철학과 현실사, 2002.
• ───, 〈곽점 초간본 《老子》와 《太一生水》의 철학과 그 분파〉, 《哲學研究》 제58집, 2002.
• 조민환, 《유학자들이 보는 노장 철학》, 서울 : 예문서원, 1996.
• 박원재, 〈유목적적 세계상에 대한 반동〉, 《역사 속의 중국 철학》, 서울 : 예문서원, 1999.
• 풍우란 지음, 박성규 옮김, 《중국철학사》(상·하), 서울 : 까치, 1999.
• 한국도가철학회 엮음, 《노자에서 데리다까지 - 도가 철학과 서양 철학의 만남》, 서울 : 예문서원, 2001.
• 허준 엮음, 동의과학연구소 옮김, 《東醫寶鑑-內景篇》, 서울 : 휴머니스트, 2002.
• 황희경 풀어옮김, 《삶에 집착하는 사람들과 함께 하는 논어》, 서울 : 시공사, 2000.
• 郭沫若 지음, 김승일 옮김, 《역사소품》, 서울 : 범우사, 1994.
• 魯迅 지음, 전형준 옮김, 《아Q정전》, 서울 : 창작과 비평사, 1996.
• 董光璧 지음, 이석명 옮김, 《도가를 찾아가는 과학자들》, 서울 : 예문서원, 1991.
• 司馬遷 지음, 정범진 외 옮김, 《史記列傳》(上), 서울 : 까치, 1995.
• 鄭家棟 지음, 한국철학사상연구회 논전사분과 옮김, 《현대신유학》, 서울 : 예문서원, 1993.

• 酒井忠夫 外 지음, 최준식 옮김, ≪道敎란 무엇인가≫, 서울 : 민족사, 1990.
• 鎌田茂雄 著, 章輝玉 譯, ≪中國佛敎史 – 初傳期의 佛敎(1)≫, 서울 : 장승, 1992.
• Capra, F., 이성범・김용정 옮김, ≪현대 물리학과 동양 사상≫, 서울 : 범양사출판부, 1989 증보개정판.
• Smullyan, R. M., 박만엽 옮김, ≪도(道)는 말이 없다≫, 서울 : 철학과 현실사, 2000.

〔中文 자료〕

• 董恩林 著, ≪唐代老學 – 重玄思辨中的理身理國之道≫, 北京 : 中國社會科學出版社, 2002.
• 羅宗强 著, ≪玄學與魏晉士人心態≫, 臺北 : 文史哲出版社, 民國81.
• 牟宗三 著, ≪才性與玄理≫, 臺北 : 學生書局, 民國82, 修訂八版.
• 吳光, ≪黃老之學通論≫, 杭州 : 浙江人民出版社, 1985.
• 吳相武, 〈關於≪河上公注≫成書年代〉, ≪道家文化研究≫ 第15輯, 1999.
• 王明 著, ≪道家和道敎思想研究≫, 北京 : 中國社會科學出版社, 1984.
• 王淸祥 撰, ≪老子河上公章句之研究≫, 臺北 : 新文豐出版公司, 民國83.
• 王曉毅 著, ≪王弼評傳≫, 南京 : 南京大學出版社, 1996.
• 熊鐵基・馬良懷・劉韶軍, ≪中國老學史≫, 福州 : 福建人民出版社, 1995.
• 熊鐵基, ≪秦漢新道家≫, 上海 : 上海人民出版社, 2001.
• 李剛 著, ≪漢代道敎哲學≫, 四川 : 巴蜀書社, 1995.
• 李零, 〈說"黃老"〉, ≪道家文化研究≫ 第5輯, 上海 : 上海古籍出版社, 1994.
• 李澤厚, ≪中國古代思想史論≫, 北京 : 人民出版社, 1986.
• 張雙棣・殷國光・陳濤 著, ≪呂氏春秋辭典≫, 濟南 : 山東敎育出版社, 1993.
• 鄭世根, 〈王弼論"理"與"心"〉, ≪道家文化研究≫ 第十九輯, 2002.
• 丁原明, ≪黃老學論綱≫, 濟南 : 山東大學出版社, 1997.
• 趙吉惠, 〈論荀學是稷下黃老之學〉, ≪道家文化研究≫ 第4輯, 上海 : 上海古籍出版社, 1994.
• 胡興榮 著, ≪老子四家注研究≫, 南寧 : 廣西敎育出版社, 1999.
• 崔大華, ≪莊學研究≫, 北京 : 人民出版社, 1992.

〔英文 자료〕

• Ames, Roger T., The Art of Rulership : A Study of Ancient Political Thought, Albany, New York : State University of New York Press, 1994.

- Berthrong, John H., Transformations of the Confucian Way, Boulder, Colorado : Westview Press, 1998.
- Chan, Alan K. L., Two Visions of the Way : A Study of the Wang Pi and the Ho-shang Kung Commentaries on the Lao-Tzu, New York, Albany : State Univ. of New York Press, 1991.
- Chan, Wing-tsit, translated and compiled, A Source Book in Chinese Philosophy, New York, New Jersey : Princeton University Press, 1963.
- Chang, Leo S. and Yu Feng, The Four Political Treatises of the Yellow Emperor : Original Mawangdui Texts with Complete Translations and an Introduction, Honolulu : University of Hawaii Press, 1998.
- Chen, Chi-Yun, Hsün Yüeh(A.D. 148~209) − The Life and Reflections on an Early Medieval Confucian, Cambridge, New York : Cambridge University Press, 1975.
- Creel, H. G., What is Taoism? and Other Studies in Chinese Cultural History, Chicago and London : The University of Chicago Press, 1970.
- Erkes, Eduard, Ho-shang Kung's Commentary of Lao Tse, Ascona : Artibus Asiae, 1958.
- Fung Yu-lan, A Short History of Chinese Philosophy, New York : The Macmillan Company, 1948.
- Girardot, Norman J., Myth and Meaning in Early Taoism : The Theme of Chaos (hundun), Berkeley : University of California Press, 1983.
- ─────────, "Chaotic 'order'(hun-tun) and benevolent 'disorder' (luan) in the Chuang Tzu" Philosophy East & West 28, no. 3, 1978, The University Press of Hawaii.
- Graham, A. C., Disputers of the Tao : Philosophical Argument in Ancient China, La Salle, Illinois : Open Court Publishing Co., 1989.
- ─────────, tr., Chuang-Tzu : The Inner Chapters, Indianaplois, Cambridge : Hackett Publishing Company, Inc., 2001.
- Kohn, Livia & Michael LaFargue, ed., Lao-tzu and Tao-te-ching, New

York, Albany : State University of New York Press, 1998.

• ──────────, Early Chinese Mysticism : Philosophy and Soteriology in the Taoist Tradition, Princeton, N. J. : Princeton University Press, 1992.

• LaFargue, Michael, Tao and Method : A Reasoned Approach to the Tao Te Ching, New York, Albany : State University of New York Press, 1994.

• Lin, Paul J., A Translation of Lao Tzu's Tao Te Ching and Wang Pi's Commentary, Ann Arbor, Michigan : Center for Chinese Studies, The University of Michigan Press, 1977.

• Lynn, Richard John, The Classic of the Way and Virtue — A New Translation of the Tao-te ching of Laozi as Interpreted by Wang Bi, New York : Columbia University Press, 1999.

• ──────────, The Classic of Changes — A New Translation of the I Ching as Interpreted by Wang Bi, New York : Columbia University Press, 1994.

• Lopez, Donald S., Jr., Religions of China in Practice, Princeton, New Jersey : Princeton University Press, 1996.

• Major, John S., Heaven and Earth in Early Han Thought, New York : State University of New York Press, 1993.

• Mark Csikszentmihalyi and Philip J. Ivanhoe, ed., Religious and Philosophical Aspects of the Laozi, Albany, New York : State University of New York Press, 1999.

• Paper, Jordan, The Fu-Tzu — A Post-Han Confucian, Leiden and New York : E. J. Brill, 1987.

• Roth, Harold D., Original Tao — Inward Training and the Foundations of Taoist Mysticism, New York : Columbia University Press, 1999.

• ──────────, "Redaction Criticism and the Early History of Taoism" Early China 19 (1994), pp.1-46.

• ──────────, "Psychology and Self-Cultivation in Early Taoistic Thought" Harvard Journal of Asiatic Studies, vol. 51, no. 1 (1991), pp.599-650.

- Rump, Ariane, Commentary on the Lao Tzu by Wang Pi, Honolulu : The University Press of Hawaii, 1979.
- Wagner, Rudolf G., Language, Ontology, and Political Philosophy in China — Wang Bi's Scholarly Exploration of the Dark (Xuanxue), New York, Albany : State Univ. of New York Press, 2003.
- Welch, Holmes, Taoism : The Parting of the Way, Boston : Beacon Press, 1965.
- Yates, Robin S., Five Lost Classics : Tao, Huang-Lao, and Yin-Yang in Han China, New York, Ballantine Books, 1997.
- Yue, Ying-Shih, "Life and Immortality in the Mind of Han China" Harvard Journal of Asiatic Studies, 25, (1965), pp.80-122.
- ——————, "O Soul, Come Back! — A Study in the Changing Conceptions of the Soul and Afterlife in Pre-Buddhist China" Harvard Journal of Asiatic Studies, vol. 47, no. 2 (December, 1987), pp.363-395.

7. 전자 자료

- 한국고전종합DB (http://db.itkc.or.kr)
- 동양고전종합DB (http://db.cyberseodang.or.kr)
- 電子版 文淵閣四庫全書, 上海古籍出版社
- 상우천고 (http://www.s-sangwoo.kr)

凡 例

1. 본서는 王弼이 주석한 道藏本 ≪道德眞經注≫(道藏, 十二冊에 실린 명칭은 ≪道德眞經注≫이나 慣行上 ≪老子道德經注≫라는 명칭이 친숙하므로, 本 譯書의 제목을 ≪老子道德經注≫라고 하였다.)를 底本으로 하고, 여러 다양한 異本을 참고하여 校勘하고 譯註하였다. 특히 교감을 진행하는 과정에서 다음의 두 저서를 주로 참고하였다.

   • 王弼(魏) 著, 樓宇烈 校釋, ≪王弼集校釋≫(北京 : 中華書局, 1980)
   • Rudolf G. Wagner, A Chinese Reading of the Daodejing : Wang Bi's Commentary on the Laozi with Critical Text and Translation (Albany, NY : State University of New York Press, 2003)

2. 부록에 첨부한 왕필의 〈老子微旨例略〉은 道藏本을 底本으로 하였고, 〈老子列傳〉은 中華書局本 ≪史記≫를 底本으로 하였다.

3. 본서는 원전의 傳統性과 現代性을 구현하기 위해 노력하였다.

4. 原文에는 우리나라 전통방식으로 현토하였다.

5. 原文은 저본의 體制에 따라 經과 注를 구분하였다.

6. 原文은 저본의 分節을 따랐다.

7. 讀音이 특수하거나 僻字인 경우는 원문의 해당 글자 뒤의 ( ) 속에 한글로 音을 달아주었다.

8. 飜譯은 原義에 충실하게 하되 이해가 어려운 부분은 意譯 또는 補充譯을 하였다.

9. 飜譯文은 한글과 漢字를 混用하였으며, 맞춤법과 띄어쓰기는 한글 맞춤법과 표준어 규정을 따르는 것을 원칙으로 하였다.

10. 譯註는 校勘, 異說, 인용문의 出典, 故事, 전문용어, 難解語 등에 관한 사항을 밝혔다.

11. 校勘은 원문의 誤字, 脫字, 衍文, 倒文 등을 대상으로 하였다.

12. 本書에서 校勘에 참고한 主要 書目의 略稱은 다음과 같으며, 譯註에도 이 약칭으로 표

기하였다. 그 외의 저술은 譯註에서 書目을 밝혀두었다.
- 底本 : ≪道德眞經注≫, ≪正統道藏≫ 所載.
- 道藏集注本 : ≪道德眞經集注≫, ≪正統道藏≫ 所載.
- 道藏取善集本 : ≪道德眞經取善集≫, ≪正統道藏≫ 所載.
- 竹簡本 : 1993年 郭店 出土本.
- 帛書本 : 1973年 馬王堆 出土本.(甲本과 乙本으로서, 두 板本 사이에 차이가 있을 경우 '帛書甲本', '帛書乙本'으로 區分)
- 張之象本 : ≪老子道德眞注≫, ≪四部備要≫ 및 ≪諸子集成≫ 所載.
- 河上公本 : ≪老子道德經河上公章句≫, 中華書局本.
- 永樂大典本 : ≪老子道德經≫, ≪永樂大典≫ 所載.
- 武英殿本 : ≪老子王弼注≫, 日 文求堂書店 影印.
- 華亭張氏原本 : ≪老子道德經≫, ≪二十二子≫ 所載.

13. 각 章의 解題는 아래의 저서들을 참조하였다.
- 김홍경, ≪노자, 삶의 기술 늙은이의 노래≫(들녘, 2003)
- 이석명, ≪백서 노자≫(청계, 2003)
- Hans-Georg Moeller, ≪Dao De Jing≫(Open Court, 2007)
- Edmund Ryden, ≪Laozi Daodejing≫(Oxford, 2008)

14. 본서에 사용된 주요 符號와 略號는 다음과 같다.
- " " : 對話, 각종 引用
- ' ' : " " 안에서 再引用, 强調
- 〈 〉 : ' ' 안에서 再引用
- ( ) : 원문에서는 讀音이 특수한 글자나 僻字의 音, 번역문에서는 간단한 譯註
- ≪ ≫ : 書名, 出典
- 〈 〉 : 篇章名, 作品名, 補充譯
- 〔 〕 : 번역문과 뜻은 같으나 音이 다른 漢字 및 字句, 譯註에서 인용하여 번역한 原文, 저본의 脫字 補充
- ( )〔 〕 : (저본의 誤字)〔교감한 正字〕
- ( ) : 저본의 衍字

目 次

老子道德經注 下篇

老子道德經注　上篇

제1장

　제1장은 ≪老子≫를 유명하게 만든 "道는 〈문자로〉 표현하면 영원한 도가 아니고, 이름은 〈문자로〉 규정하면 영원한 이름이 아니다."라는 문장으로 시작한다. 이 구절은 동아시아 전통 사상의 形而上學과 言語哲學, 存在論 등 매우 다양한 학문 영역에서 논의되었고, 존재와 언어의 문제, 삶과 깨달음의 경지 등과 관련하여 인식론이나 경험적 차원에서도 논의되었다.

　일반적으로 20세기에 '道'는 우주의 궁극적 근원, 근본 실체, 우주적 원리 등등으로 규정지어져 왔다. 특히 서구 형이상학적 전통에 자극되어 '道'는 동아시아 전통 존재론과 형이상학의 기본 개념으로 논의되었다. 이러한 해석의 가능성이 모두 王弼로부터 비롯된 것처럼 여겨지지만 왕필의 논의는 이와 다소 차이가 있다.

　우선 ≪老子≫에서는 道가 말할 수 없는 영역에 속한다고 하는데, 실제로 왕필은 道를 문자로 표현하는 것은 어렵지만 象을 통해 드러낼 수 있고, 결국 言을 통해 이해될 수 있다는 생각을 갖고 있었다. 즉 言(문자적 표현)과 意(의도, 뜻)의 문제로 이해한 것이다. 특히 그것은 유가 경전 등에 담긴 언어와 그 의미에 관한 이해의 문제인 것이다. 이것은 말이 뜻을 온전히 드러낼 수 있는가 하는 '言意之辨'으로 논의되었다.

　이러한 논쟁의 맥락에서 보면 ≪老子≫의 첫 구절에서 '可道'와 '不可道'는 궁극적 실재를 문자로 표현할 수 있는가 없는가 하는 점이 아니라 經典의 말과 그 말에 담긴 뜻의 관계에 대한 논의이다. 왕필의 입장은 言이 意를 다 드러낼 수 없다고 보았지만 이러한 긴장 관계는 象을 통해 극복된다. 즉 經典에 담긴 성인의 意는 言을 통해 象을 얻고, 象을 통해 意를 얻는 방식으로 긍정된다. 이렇게 해서 王弼은 聖人의 意, 經典의 의미를 이해하는 것이 가능하다고 본다. 오로지 象數에 집착하던 漢代易學을 비판하면서 言을 중시하며 이를 통해 象을 해석하는 義理易을 주창한 사실과 통한다.

　왕필은 ≪周易略例≫〈明象〉에서 "象은 意를 드러내는 것이고, 言은 象을 밝히는 것이다. 意를 온전하게 드러내는 것은 象만 한 것이 없고, 象을 온전하게 드러내는 것은 言만 한 것이 없다. 言은 象에서 생기므로 言을 찾아서 象을 보고, 象은 意에서 생기므로 象을 찾아서 意를 본다.……그러므로 言은 象을 밝히는 수단이니 象을 얻으면 言을 잊고, 象은 意를 간직하고 있는 것이니 意를 얻었으면 象을 잊어야 하는 것이다.〔夫象者 出意者也 言者 明象者也 盡意莫若象 盡象莫若言 言生於象 故可尋言以觀象 象生於意 故可尋象以觀意……故言者所以明象 得象而忘言 象者 所以存意 得意而忘象〕"라고 하였는데, 이 논의에 기대어 생각해보면 王弼은 象을 통해 言을 다시 긍정한 것이다. 따라서 言에 집착하는 訓詁를 반성하고, 聖人의 意를 추구하려는 義理의 입장에서 나온 의미로 보아야 한다. 현대철학의 존재와 언어, 언어와 실재라는 맥락과는 분명 다르다.

"無名은 만물의 시작이요, 有名은 만물의 어미이다."라는 문장 또한 수많은 해석을 낳았다. 이는 구체적으로 제40장의 "天下의 萬物은 有에서 생겨나고 有는 無에서 생겨난다.〔天下萬物 生於有 有生於無〕"와 관련되는데, 東洋哲學의 宇宙發生論에 대한 독특한 이해를 보여주는 것으로 이해되었다.

특히 無를 강조하는 貴無와 有를 긍정하는 崇有의 입장이 대립한 魏晉時代에 왕필은 貴無를 주장하는 대표적인 학자로 여겨졌다. 그러나 그는 '有生於無'를 그대로 긍정하는 논리를 펴지 않고 '生'을 '始'로 바꾸어 이해하고, 有와 無의 관계는 '未形無名之時'와 '有形有名之時'의 관계로 대체하였다. 즉 天地 이전의 無로부터의 蒼生을 긍정하지 않고 天地 안에서 萬物이 形成되는 過程으로 파악한 것이다.

오히려 '有生於無'가 宇宙論的 차원의 논쟁으로 본격화되는 것은 佛敎가 수용되던 시기에 불교의 용어가 ≪老子≫의 哲學的 用語들로 번역되면서부터이다. ≪老子≫와 ≪莊子≫의 哲學的 槪念들에 의존하여 佛經을 해석하는 格義佛敎에서 空과 色은 처음에 ≪老子≫의 無와 有로 번역되었다. 이러한 과정을 거치면서 ≪老子≫의 有無는 보다 풍부한 철학적 의미를 갖게 되었다.

다른 한편 '有生於無'는 藝術의 영역에서 새로운 작품 창작의 이론과 실제에 관련하여 다양한 의미로 재해석되기도 하였다. 흰 여백의 종이 위에 山水가 그려지는 과정을 '有生於無'의 과정으로 파악하기도 한 것이다. 이렇게 제1장은 동아시아의 哲學과 宗敎, 藝術에 커다란 意味와 想像力을 제공해준 文章이라 말할 수 있다.

1.1 道는 可道면 非常道요 名은 可名이면 非常名[1]이라

1) 道……非常名 : 帛書 甲·乙本에는 '常'이 '恒'으로 되어 있으나, 뜻 차이는 없다. 이 구절은
≪莊子≫〈天道〉, ≪淮南子≫〈道應訓〉에서 桓公과 輪扁의 이야기를 통해 설명하고 있다.
　≪淮南子≫에서 수레바퀴를 깎는 匠人인 윤편은 齊 桓公에게 聖人이 남긴 글[書]은 결
국 실질적인 의미[實]는 사라지고 껍데기[糟粕]만 남은 것이고, 道는 가르칠 수도 배울 수
도 없다고 하면서 이 구절을 인용한다. ≪장자≫와 ≪회남자≫의 해석은 ≪老子≫의 이
첫 구절이 현대학자들이 선호하는 언어와 실재의 불일치라는 철학적 주제와 관련된 논의
라기보다, 道가 말로 표현하기 어려운 方法知(the knowing-how)에 속하는 것으로 이해
했음을 보여준다. 河上公의 경우에도 마찬가지이다. 즉 道는 문자로 전달될 수 없다는 점
을 강조하는 것이 초기의 주석이다. 그러나 王弼에 이르면 言(말 혹은 문자)이 意(뜻)를 온
전히 전달할 수 있다는 주장은 지속되지만, ≪周易≫의 象을 통해 言이 긍정되고, 다시 言
을 통해 意가 긍정되어 결국은 言을 통해 意를 얻을 수 있다는 논의로 전환된다. 그래서
王弼은 象보다 言을 중시하는 義理易이 가능해지는 것이다. 여기에 나오는 왕필의 논의는
그러한 큰 틀에서 이해하는 것이 바람직하다.

道는 〈문자로〉 표현하면 영원한 도가 아니고, 이름은 〈문자로〉 규정하면 영원한
이름이 아니다.

【注】 可道之道와 可名之名[1]은 指事造形[2]이니 非其常也라 故不可道요 不可名也라

1) 可道之道 可名之名 : ≪列子≫〈天瑞〉의 張湛 注에 "죽간이나 비단에 쓰거나 쇠붙이나
돌에 새겨서 다른 사람에게 전할 수 있는 것이 可道의 道이다.[大著於竹帛 鏤於金石 可傳
於人者 可道之道也]"라고 하였다. 이에 근거하면 '可名之名'은 죽간이나 비단에 쓰인 문
자를 통해 전한다는 뜻이니 可道는 '문자로 표현하면', 可名은 '문자로 규정하면'이라는
유사한 의미를 갖는다. 따라서 아래와 같이 번역하였다.
　王弼은 漢代의 文字 訓詁에 매이지 않아도 六經에 담긴 聖人의 진정한 뜻을 얻는 것
이 가능하다는 입장이다. 이것을 '義理學'이라 부른다. 따라서 왕필이 '可道'와 '可名'을
부정한 것이 文字를 통해 뜻[意]을 전달하는 것이 근본적으로 불가능하다는 입장은 아
니다.
2) 指事造形 : '指事'란 글자를 통해 표현된 구체적인 사물이나 사태를 가리킨다. 樓宇烈에
따르면, '指事'는 許愼의 ≪說文解字≫〈六書篇〉에서 漢字를 分類하는 데서 온 말이다.
指事字의 대표로는 '上'이나 '下'와 같은 한자가 있다.
　'造形'은 ≪周易≫〈繫辭傳 上〉 韓康伯의 注에서 '象'은 '日月星辰'에 해당하고 '形'은
'山川草木'에 해당한다고 했다. 따라서 '指事造形'은 눈으로 식별 가능한 형상을 지닌 구
체적 사물을 가리킨다. 여기의 대구를 따른다면 '道'는 '事', '名'은 '形'에 상응한다. 그리
고 王弼은 '有名'이란 말을 사용할 때에는 '有名有形'을 포함하여 말하는데 注1.1의 사례
가 대표적이다.

　　또 '造形'은 본래 ≪莊子≫ 〈徐无鬼〉에 나오는데 그 내용은 다음과 같다. "서무귀가 말했다. '좋지 않습니다. 백성을 사랑하겠다는 것이 도리어 백성을 해치는 첫걸음이고 정의를 위해 전쟁을 멈추겠다는 것이 도리어 전쟁을 시작하는 근본입니다. 임금께서 이같은 생각에서 그런 행위를 한다면 아마도 그것을 이루지 못하실 것입니다. 무릇 아름다움을 이루겠다는 것이 惡을 담는 그릇이니 임금님께서는 비록 仁義를 실천하려 하나 아마도 거짓이 되고 말 것입니다. 형식적 규범은 반드시 더 위선적인 형식적 규범을 만들며〔形固造形〕, 그 형식이 일단 성립되면 반드시 실패가 기다리며, 변동하는 마음이 일어나면 반드시 타인과 무력으로 다투게 됩니다.'" 여기의 표현을 볼 때 '形'은 외형적인 차원의 의미이고 '造形'은 더욱 형태화된 행동이나 규범을 의미한다.

　〈문자로〉 표현된 도와 〈문자로〉 규정된 이름은 〈구체적 사태를 가리키는〉 指事나 〈아주 구체적인 형태를 가리키는〉 造形에 해당하므로 영원한 것이 아니다. 그래서 〈문자로〉 표현할 수 없고 〈문자로〉 규정할 수 없다.

1.2 無名은 (天地)〔萬物〕之始[1]요 有名은 萬物之母라

　1） (天地)〔萬物〕之始 : 저본에는 '天地之始'로 되어 있으나, 帛書 甲・乙本, 傅奕本, 范應元本에는 '萬物之始'로 되어 있다. ≪史記≫ 〈日者列傳〉에 "무명으로 만물의 시작을 말한다.〔以無名說萬物始〕"고 했다. 王弼의 注文에도 '萬物之始'로 되어 있고, 또한 注21.7에서 "만물의 시작이 된다.〔爲萬物之始〕"라고 하였다. 이를 근거로 바그너(Rudolf G. Wagner)는 '萬物之始'로 교감하였는데 이를 따른다. 여기서 말하는 萬物의 始作이란 天地創造와 같은 神話的 太初의 의미가 아니라 形名의 시작이다.

　無名은 만물의 시작이요, 有名은 만물의 어미이다.

【注】凡有는 皆始於無[1]라 故未形無名之時는 則爲萬物之始요 及其有形有名之時는 則長之하고 育之하고 亭之하고 毒之하니 爲其母也[2]라 言 道는 以無形無名으로 始成萬物이로되 〔萬物〕[3]은 以始以成하여 而不知其所以〔然〕[4]하니 玄之又玄也라하니라

　1） 凡有 皆始於無 : 無名의 세계에서 有名의 세계의 출현을 의미한다. 이에 따르면 우리가 통상적으로 생각하는 '有生於無'는 세계의 창조라는 의미가 아니라 무형의 세계에서 유형의 세계의 출현을 의미한다. 王弼은 이를 '未形無名之時'의 始에서 '有形有名之時'로의 변화로 설명하고 있다. 이것은 기독교 전통에서 말하는 無로부터의 창조(creatio nihilo)와는 다르다. 經40.3의 "天下의 萬物은 有에서 생겨나고 有는 無에서 생겨난다.〔天下萬物生於有 有生於無〕"에 대해 왕필은 "天下의 만물은 모두 有로 해서 생

겨나는데 有가 시작되는 곳에서는 無를 근본으로 삼는다. 장차 有를 온전케 하려면 반
드시 無로 되돌아가야 한다.〔天下之物 皆以有爲生 有之所始 以無爲本 將欲全有 必反於無
也〕"라 하였다. 또 注21.8에서 "이것은 위에서 말한 것을 가리킨다. '내가 어떻게 만물
이 無에서 시작한다는 것을 알겠는가. 이것(도)으로써 알 뿐이다.'라는 말이다.〔此 上之
所云也 言吾何以知萬物之始皆始於無哉 以此知之也〕"고 한 것도 참고할 만하다.

2) 則長之……爲其母也 : 王弼은 經51.3의 "도가 높고 덕이 귀한 것은 대저 누가 명령하지
않아도 항상 자연스럽게 된다. 그래서 도는 만물을 낳고 덕은 만물을 기르고, 자라게 하
고 기르며 형체를 주고 의지할 곳을 주며 먹을 것을 주고 덮어준다.〔道之尊 德之貴 大莫
之爵而常自然 故道生之 德畜之長之育之亭之毒之養之覆之〕"를 이용하여 주석하고 있다. 단,
經51.3에서 낳는〔生〕 작용 이외의 것을 德에 돌리는 데 반해, 왕필은 여기서 모든 작용
을 道에 돌리고 있다는 점이 다르다. 그리고 注51.3에서는 "'命'은 '爵'으로 된 것도 있
다. '亭'은 각각의 형체를 품부한다는 뜻이고, '毒'은 각각의 바탕을 이루어준다는 뜻이
다. 각각 저마다 의지할 곳을 얻어 그 몸을 상하게 하지 않는다.〔命幷作爵亭謂品其形 毒
謂成其質 各得其庇蔭 不傷其體矣〕"라고 밝히고 있다.

3)〔萬物〕: 저본에는 '萬物'이 없으나, '萬物 2자는 중첩되어 있어야 한다.'라고 한 陶鴻慶
의 설에 따라 보충하였다.

4) 不知其所以〔然〕: 저본에는 '然'이 없으나, '所以 아래에 然자가 탈락되어 있다.'라고 한
陶鴻慶의 설에 따라 보충하였다. 注21.3에서는 "도가 무형으로 만물을 시작하고 매이지
않음으로 사물을 이루어주어 만물은 이것으로 하여 시작되고 이루어지지만 그렇게 된
까닭을 알지 못한다.〔以無形始物 不繫成物 萬物以始以成 而不知其所以然〕"고 하였다. 王弼
은 여기서 그 까닭을 알지 못하는 이유를 원인이나 원리를 알 수 없다는 뜻이 아니라 간
섭의 부재〔不繫〕로부터 찾고 있다.

무릇 有는 모두 無에서 시작한다. 따라서 〈만물이〉 아직 형체가 없고 이름이 없는 때
가 만물의 시작이요, 〈만물이〉 형체가 있고 이름이 있는 때에는 〈道가 만물을〉 자라게
하고 길러주며 형통케 하고 성장케 하니 〈만물의〉 어미가 된다. 이는 도가 형체가 없고
이름이 없는 상태에서 만물을 시작하고 이루어주지만, 만물은 〈그 도에 의해〉 시작되고
이루어지면서도 그 所以然을 알지 못하니 신비하고 또 신비하다고 했다.

1.3 故常無欲[1]이면 以觀其妙하고

1) 故常無欲 : 注34.2에서 "天下 사람들이 늘 욕심이 없을 때에는 만물이 각각 제자리를 얻으
나 도가 만물에 베푸는 게 없었다.〔天下常無欲之時 萬物各得其所 而道無施於物〕"라고 하였
으니, 왕필이 말하는 無欲의 상태는 개개인의 욕망 절제를 말하는 것이 아니라, 구성원 각
자가 자신의 능력에 맞는 신분과 직무를 얻어 사회 전체가 조화와 질서를 이룬 상태를 가

리킨다. 마치 음악을 좋아하는 사람이 음악가가 되면 조각가가 되려는 욕심을 내지 않는 것과 같다.

그러므로 항상 욕심이 없으면 그 신묘함을 보고,

【注】妙者는 微¹⁾之極也라 萬物은 始於微而後成하고 始於無而後生²⁾이라 故常無欲하여 空虛〔其懷〕³⁾하면 可以觀其始物之妙라

1) 微 : 王弼은 〈老子微指例略〉 2.2에서 "'微'라는 표현은 어둡고 작아 눈으로 볼 수 없다는 데에서 취한 말이다. 따라서 〈≪노자≫에서〉 道, 玄, 深, 大, 微, 遠 같은 표현들은 각각 나름대로의 의미가 있지만 그 궁극을 다 표현하지는 못한다.〔微也者 取乎幽微而不可覩也 然則道玄深大微遠之言 各有其義 未盡其極者也〕"고 했다.

2) 萬物……始於無而後生 : 통상 ≪노자≫의 '有生於無'는 독특한 審美的 宇宙論으로 해석되는데, 王弼은 이와 같이 문자 그대로의 '有生於無'를 지지하지 않고 오히려 '始於微而後成'으로 이해한다. 달리 말해 만물이 無에서 시작된다는 것을 微에서 시작된다는 것으로도 이해하고 있다는 말이다. 이는 결국 存在論的인 無를 인정하지 않았다는 것이 된다.

3) 空虛〔其懷〕 : 저본에는 '其懷'가 없으나 바그너는 道藏集注本, 道藏集義本, 永樂大典本을 근거로 '其懷'를 보충하였는데 이를 따른다. 日本의 學者 波多野太郎은 아래 注1.4에서 "故常有欲 可以觀其終物之徼也"라 한 것을 근거로 '空虛'를 衍文이라 보았는데 이 또한 충분히 참고할 만하다. 어느 쪽을 취하든 모두 마음에 품은 욕심을 비운다는 뜻이다.

'妙'란 지극히 '작다〔微〕'는 뜻이다. 만물은 지극히 작은 것에서 시작한 뒤에 성장하고, 無에서 시작한 뒤에 생장한다. 따라서 늘 욕심이 없어 그 마음을 텅 비워내면 그 시작하는 만물의 신비를 볼 수 있다.

1.4 常有欲이면 以觀其徼(교)하니라

항상 욕심이 있으면 그 돌아가는 끝을 본다.

【注】徼는 歸終也라 凡有之爲利면 必以無爲用¹⁾이요 欲之所本은 適道而後濟라 故常有欲이면 可以觀其終物之徼也라

1) 凡有之爲利 必以無爲用 : 王弼이 "有가 이롭게 되려면 반드시 無를 써야 한다."고 한 것은, 그가 易學에서 '大衍之數'를 無와 연결하여 이해한다는 점을 통해 보면 쉽게 이해된다. 왕필은 ≪周易注≫에서 "천지의 수를 펼칠 때 의지하는 것은 50이지만 그 가운데

쓰이는 것은 49이고 그 나머지 하나는 쓰이지 않는다. 왜냐하면 이 하나가 쓰이지 않음으로 해서 나머지 49의 쓰임이 통하게 되고, 또한 그것이 수가 아니기에 다른 수들이 완성되는 것이다. 아마도 이것이야말로 ≪周易≫에서 말하는 太極일 것이다. 49는 숫자의 끝이다. '無'는 그 스스로는 밝힐 수 없기에 반드시 '有'에 의지해야 한다. 그래서 늘 사물의 끝에서 반드시 그 有의 으뜸 되는 것을 밝혀야 하는 것이다.〔演天地之數 所賴者五十也 其用四十有九 則其一不用也 不用而用以之通 非數而數以之成 斯易之太極也 四十有九 數之極也 夫無不可以無明 必因於有 故常於有物之極 而必明其所有之宗也〕"라고 하였다.

　　이에 따르면 占을 칠 때 산가지 50개 가운데 하나는 남기고 나머지 49개로 점을 치는데 이때 남겨지는 하나가 바로 無이며, 근원의 수로서 一이 되는데 이것이 바로 易에서 말하는 太極에 해당한다는 의미이다. 산가지 하나를 남겨두어야 49개의 산가지가 활용되어 실질적인 占과 그에 따른 卦의 변화가 가능하다는 말이다. 이와 같이 無는 一과 太極으로 이어져서 이해된다.

　'끝〔徼〕'이란 돌아가 마치는 곳이다. 무릇 有가 이롭게 되려면 반드시 無를 써야 한다. 욕심의 뿌리인 〈마음은〉 도에 나아간 뒤에야 가지런해진다. 그러므로 항상 욕심이 있으면 마치고 〈돌아가는〉 만물의 끝을 볼 수 있다.

1.5 此兩者는 同出而異名으로 同謂之玄[1]이니 玄之又玄이 衆妙之門이라

1) 同謂之玄 : 王弼은 〈老子微指例略〉 5에서 '이름으로 부르는 것〔名號〕'과 '지칭하여 일컫는 것〔稱謂〕'을 구분한다. 왕필은 "道는 지칭하여 〈일컫는 것 가운데〉 가장 큰 것에 해당한다. '이름으로 부르는 것'은 〈만물의〉 형상에서 생기고, '지칭하여 일컫는 것'은 관련시키고 구하는 데에서 나온다.〔道 稱之大者也 名號生乎形狀 稱謂出乎涉求〕"라고 설명한다. 여기서 '涉求'에 대해 바그너는 'the being concerned with and the searching(연관 짓기와 찾기)'이라 영역하였고, 김학목은 '관련시켜 보고 구해보는 것'이라 옮겼는데 함께 참고할 만하다. 철학적으로 말하면 '名號'가 사물의 어떤 특징에 대한 인식을 바탕으로 규정하는 것이라면, '稱謂'란 무엇이라 규정할 수 없기에 더 나은 이해를 위해 지칭하여 말하는 것에 그친다는 뜻이다. 왕필은 道가 이런 稱謂에 해당한다고 풀이한 것이다.

　이 두 가지는 함께 나와 이름을 달리한 것으로, 함께 일컬어 '신비하다'고 하는데, 신비하고 또 신비한 것이 뭇 신비함이 나오는 문이다.

【注】兩者는 始與(無)〔母〕[1]也라 同出者는 同出於玄也요 異名은 所施不可同也니 在首則謂之始요 在終則謂之母라 玄者는 冥也니 默然無有也며 始母之所出也로 不可得而名이라 故不可言同名曰玄이로되 而言〔同〕[2]謂之玄者는 取於不可得而

謂之然也라 〔不可得而〕³⁾謂之然이면 則不可以定乎一玄이니 〔若定乎一玄〕⁴⁾而 已하면 則是名이요 則失之遠矣라 故曰 玄之又玄也라하니라 衆妙는 皆從同〔玄〕⁵⁾而 出이라 故曰 衆妙之門也라하니라

1) (無)〔母〕: 저본에는 '無'로 되어 있으나, 이는 '母'의 誤記이므로 바로잡는다.
2) 〔同〕: 저본에는 '同'이 없으나, 陶鴻慶의 설에 따라 '同'을 보충하였다. 經文에 '同謂之玄'이라 하였으니 '同'자가 누락된 것이다.
3) 〔不可得而〕: 저본에는 '不可得而'가 없으나, 앞의 문장을 다시 말한 것이므로 陶鴻慶의 설에 따라 보충하였다.
4) 〔若定乎一玄〕: 저본에는 '若定乎一玄'이 없으나, 樓宇烈이 道藏集注本에 근거하여 이를 보충한 것에 의거하여 보충하였다. 이 또한 앞 문장을 다시 말한 것이다.
5) 〔玄〕: 저본에는 '玄'이 없으나, 陶鴻慶의 설에 따라 보충하였다.

兩者란 '始'와 '母'이다. '함께 나왔다〔同出〕'는 것은 '함께 玄에서 나왔다'는 뜻이다. '이름이 다르다〔異名〕'는 것은 〈'始'와 '母'가〉 하는 일이 다르다는 뜻이다. 그래서 머리 쪽에 있으면 '始'라 일컫고, 끝 쪽에 있으면 '母'라고 일컫는다. '玄'은 깊고 어두운 것이니, 고요히 아무것도 없는 상태〔無有〕이며 '始'와 '母'가 나오는 곳으로서 〈이러한 玄에 대해〉 '이름〔名〕'을 붙일 수 없기 때문에 함께 '玄'이라고 이름을 붙여 말할 수 없다. 그런데도 '함께 일컬어 玄이라 한다.〔同謂之玄〕'고 말한 것은 그렇게 〈이름을〉 붙여 일컬을 수 없다는 데서 취한 것이다. 그렇게 〈이름을〉 붙일 수 없다면 '玄'이라는 하나의 〈글자로〉 확정할 수 없으니, 만약 '玄'이란 하나의 〈글자로〉 확정하면 이것은 곧 이름이요 〈본래의 뜻을〉 크게 잃은 것이다. 그래서 '신비하고 또 신비하다.〔玄之又玄〕'고 〈형용하는 의미로 중복하여〉 말한 것이다. 뭇 신비함이 모두 같은 玄에서 나오니, 이 때문에 '뭇 신비함이 나오는 문'이라고 했다.

제2장

　제2장은 크게 세 가지 주제를 다루고 있다. 첫 부분은 價値의 相對性에 관한 유명한 文章이다. 우리가 通常的으로 생각하는 美와 善은 실상 惡〔醜〕과 不善일 수 있음을 老子는 지적한다. 이것은 철학적으로 보면 분명한 相對主義에 해당한다. 하지만 老子의 맥락은 莊子처럼 相對主義를 철저하게 긍정하기보다, 아름답다고 생각하는 것이 추한 것일 수 있고 선한 것이 불선한 것일 수 있다는 逆說의 논리에 입각해 있다. 이것은 수단적 상대주의에 그치는 것이지 철저한 상대주의를 말하는 것과는 다르다. 예컨대 河上公이 해석하는 방식처럼 우리는 그 가운데 어느 하나를 선택함으로써 일종의 處世로 이용할 수 있는 가능성이 있기 때문이다. 예컨대 "有와 無는 서로를 낳는다."는 구절에 대해 하상공은 "있음을 보거든 없음을 행하라.〔見有而爲無也〕"는 처세훈으로 이해한다.

　둘째 부분에서는 유명한 聖人의 '無爲'와 '不言之敎'를 論한다. 無爲는 통상 道家의 고유한 사상으로 알려져 있으나 현대의 많은 학자들은 先秦 諸子百家 共通의 理想이라고 이해하는 傾向이 있다. 예컨대 ≪論語≫ 〈衛靈公〉에서 "공자께서 말씀하셨다. '無爲하면서 다스리신 분은 아마도 순임금일 것이다. 대체 어떻게 하였는가? 공손히 몸을 바르게 한 채 남면하였을 뿐이다.〔子曰 無爲而治者 其舜也與 夫何爲哉 恭己正南面而已矣〕"라고 하였는데, 이는 禮治 혹은 德에 의한 敎化의 이상이 실현된 상태로 볼 수 있다. 이러한 ≪論語≫의 이상은 王弼이 ≪老子≫의 無爲를 받아들일 수 있는 근거가 된다. 王弼의 無爲와 관련된 논의는 제3장에서 보다 분명하게 드러난다.

　이어지는 세 번째 부분에서는 功이 이루어져도 그것을 자신의 것으로 하지 말아야 공이 스스로를 보전하고, 그 공이 온전히 자기 것이 된다는 逆說을 논하고 있다. 이런 논의는 ≪老子≫가, 본래 취지가 스스로를 보전하는 道를 추구하였던 정치적 성격이 강한 문헌임을 보여준다.

2.1 天下 皆知美之爲美나 斯惡已[1]요 皆知善之爲善이나 斯不善已라 故[2]로 有

無相生하며 難易相成하며 長短相較[3]하며 高下相傾[4]하며 音聲相和하며 前後[5]相隨니라

1) 天下……斯惡已 : 저본, 河上公本에는 '斯'가 있으나 竹簡本과 帛書本에는 없다. 이 부분은 통상 아름다움의 상대성을 말하는 것으로 이해한다. 웨일리(Arthur Waley)는 이와 전혀 다른 시각에서 이해할 수도 있다고 본다. 웨일리는 현실주의자들 예컨대 法家의 경우에는, "국가가 권장하는 덕목들을 완벽하게 成文化하면 쉽사리 아름다운 것으로 이해될 수 있다."고 생각할 것이라는 해석이다. 즉 "사람들이 西施와 같은 미녀를 보게 되면 보자마자 그녀가 세상에서 가장 아름다운 여인이라는 것을 바로 알게 되지만, 훌륭한 사람 예컨대 힘은 장사이지만 유순해서 다루기 쉬운 사람을 보면 종종 얼뜨기라고 잘못 볼 수 있게 된다. 따라서 이러한 일을 피하기 위해서는 국가가 좋은 것이 무엇인지를 명확하게 규정해놓아야 한다."(≪The Way and its Power≫)는 것을 의미한다. 바로 이러한 생각(주로 法家)에 반대하는 것이 道家의 입장이며 이런 맥락을 전제할 때 ≪老子≫의 "아름다운 것이 추한 것이다."란 말의 의미가 훨씬 구체적으로 이해될 수 있다.
2) 故 : 저본에는 '故'가 있으나, 竹簡本, 帛書本에는 없다.
3) 較 : 저본에는 '較'로 되어 있으나, 竹簡本, 帛書本, 河上公本에는 '形'으로 되어 있다.
4) 傾 : 저본, 河上公本에는 '傾'으로 되어 있으나, 竹簡本에는 '涅', 帛書本에는 '盈'으로 되어 있다. 아마도 漢 惠帝 劉盈의 避諱로 보인다. 劉殿爵은 본래 '盈'이었다가 피휘로 '滿'으로 바꾸었다가 韻을 맞추기 위해 '傾'으로 다시 바꾼 것이라 보았다.(≪Tao Te Ching≫)
5) 前後 : 저본, 河上公本에는 '前後'로 되어 있으나, 竹簡本, 帛書本에는 '先後'로 되어 있다.

  天下가 모두 아름다운 것을 아름답다고 여길 줄 아는데 이것은 추한 것이다. 천하가 모두 선한 것을 선하다고 여길 줄 아는데 이것은 선하지 않은 것이다. 그래서 有(있음)와 無(없음)는 서로 낳고, 쉬움과 어려움은 서로 이루어주고, 깊과 짧음은 서로 비교되고, 높음과 낮음은 서로 기울며, 음악소리와 〈사람의〉 노랫소리는 서로 어울리고, 앞과 뒤는 서로 따른다.

【注】美者는 人心之所進樂[1]也요 惡者는 人心之所惡(오)疾也라 美惡은 猶喜怒也요 善不善은 猶是非也라 喜怒同根하고 是非同門이라 故不可得〔而〕[2]偏擧也라 此六者는 皆陳自然이니 不可得而偏擧之明數也[3]니라

1) 人心之所進樂 : 古逸叢書本에는 '樂進'으로 되어 있다. ≪老子≫에서 心은 "使民心不亂"(經3.1), "令人心發狂"(經12.1), "愚人之心"(經20.7), "聖人無常心"(經49.1), "爲天下渾其心"(經49.4)과 같이 많이 사용되지 않으며 대체로 부정적 뉘앙스를 갖는다. ≪노자≫에서 聖人은 常心이 없이 百姓의 心을 자신의 心으로 삼는다고 하면서도 "그 마음을 뒤

섞는다."거나 "그 마음을 비우라."고 말하듯이 통치의 수단이거나 행위의 대상인 경우가 많다. 하지만 王弼의 注에서는 훨씬 많은 용례로 쓰이면서 전통적인 儒學의 개념 즉 知的·情緖的 차원의 의미를 모두 갖는 마음으로 쓰인다. 그래서 린(Richard J. Lynn)은 정서적 차원과 지적 차원을 함께 지칭하기 위해 'heart·mind'라고 번역한다.

2) 〔而〕: 저본에는 '而'가 없으나, 樓宇烈이 道藏集注本에 근거하여 보충한 것에 의거하여 보충하였다.

3) 不可得而偏擧之明數也: 樓宇烈은 '明數'가 '有無'에서 '前後'까지 어느 하나만을 들어서 말할 수 없는 名에 해당하므로 의미상 '名數'로 보아야 한다고 보았다. 의미상 큰 차이는 없다. 즉 어느 하나만을 들어서 밝히는 방법으로 할 수 없다는 뜻이다.

왕필은 여기서 ≪장자≫의 논리를 원용하고 있지만 ≪장자≫와 같은 입장을 취하지는 않는다. "사람들은 毛嬙과 麗姬를 미인이라고 여기지만, 물고기가 그녀들을 보면 물속 깊이 숨어버리고, 새가 그녀들을 보면 하늘 높이 날아오르며, 순록이 그녀들을 보면 꽁지가 빠지도록 달아난다. 과연 이 네 가지 가운데 어느 누가 천하의 진정한 아름다움을 아는 것인가? 내가 보기에 仁義의 단서와 是非의 길은 번잡하고 어수선하며 혼란스럽다. 내가 어찌 그것들을 구별하는 법을 알 수 있겠나!"(≪莊子≫〈齊物論〉) 장자는 여기서 분명한 구분을 회피한다.

그러나 왕필은 美惡·喜怒, 是非·善不善은 언어적 개념들이고 상대적임을 말하면서도 그 근원이 모두 인간의 마음〔心〕에서 비롯되는 것임을 강조한다. 왕필은 이와 같은 인간의 마음 현상을 情으로 이해한다. ≪論語釋義≫에서는 이러한 情을 '自然'이라 하였는데, 여기서도 自然으로 표현하고 있다. 왕필은 ≪장자≫와 달리 세계의 상대성을 지적하는 데 멈추지 않고, '마음〔心〕'이라는 하나의 근원을 긍정한다. 왕필은 ≪노자≫의 이 문장에서 美惡·喜怒, 是非·善不善을 동일하게 '自然'의 층위에서 파악하고 있는데, 그에게 心은 오늘날 우리가 이성과 감성을 구분하는 것과 달리 자연스러운 情의 범주 안에서 통합적으로 이해하고 있음을 보여준다.

이와 같은 왕필의 논리는 신유학의 性情論을 예견하게 한다. 따라서 왕필이 말하는 '理恕'란 신유학에서 말하는 '仁義禮智의 본체로서의 仁'과 다를 바가 없다. 달리 말해 왕필의 사유는 漢代 경학을 주도하였던 '荀子的' 노선으로부터 '孟子的' 노선으로의 회귀를 암시한다. 왜냐하면 그가 근원적인 것으로 생각하는 '하나'는 ≪노자≫의 다양한 용어를 거쳐, ≪주역≫의 '太極'과 復卦의 '천지의 마음'을 경유하여 ≪논어≫의 '恕'로 차츰 대체되기 때문이다. 이것은 곧 성인의 도가 실현된 세상으로 다가가기 위해 가장 근원적인 것, 궁극적인 것이 인간의 마음속에서 자리 잡고 있는 '恕'의 정신이라는 점을 드러내준다. 그래서 ≪노자주≫에서 표현하는 가장 이상적인 사회의 모습은, "만약 六親이 저절로 조화를 이루고 국가가 저절로 다스려진다면 효도와 자애 충신이 제가 있어야 할 곳을 모르게 되는 것"인데, 이것은 ≪논어≫의 서술과 같은 분위기를 띠고 있다. "스스로 그러하게 부모를 사랑하는 것을 孝라고 하고, 이 사랑을 미루어 다른 사람에게까지

확대하여 실천하는 것을 仁이라고 한다.〔自然親愛爲孝 推愛及物爲仁也〕"(≪論語釋疑≫)
　　왕필에게서 유가 정신의 精華란 다름이 아닌 '사랑〔愛〕의 실천'이지만 그것은 禮의 가
식적인 실천이나 '억지로 仁한 척하는 것〔爲仁〕'과 달리 그것의 근본이 되는 것, 보다 궁
극적인 것으로서 孔子가 말하는 '恕'로 돌아가는 것에 있다. 이러한 '서'가 자연스럽게 부
모에게 행해질 경우 그것은 '효'이고, 이것이 확대되어 타인에게 확장되는 것이 바로 '인'
이다. 왕필에게 '서'는 모든 사랑의 궁극적 원리〔理恕〕를 의미한다.

아름다운 것은 사람의 마음이 진작하고 즐거워하는 것이요, 추한 것은 사람의 마음이
미워하고 싫어하는 것이다. 아름다움과 추함은 기쁨과 노여워함과 같고, 선과 선하지
않음은 옳음과 그름과 같다. 기쁨과 노여워함은 같은 뿌리에서 나오고, 옳음과 그름은
같은 문에서 나온다. 그래서 어느 한쪽만을 들어 말할 수 없다. 〈'있음과 없음', '쉬움과
어려움', '긺과 짧음', '높음과 낮음', '음악소리와 노랫소리', '앞과 뒤'〉 이 여섯 가지는
모두 자연스러움을 늘어놓은 것이니 어느 한쪽만을 들어 밝힐 수 없다.

2.2 是以로 聖人은 處無爲之事[1]하고

1) 處無爲之事 : 저본, 河上公本에는 '處'로 되어 있으나, 竹簡本, 帛書本에는 '居'로 되어 있
　다. 王弼本의 경우에도 '處'로 되어 있으나, 바그너는 注17.1에서 '居無爲之事'라 하였으니
　'處'를 '居'로 바꾸어야 한다고 했는데 참고할 만하다. 그러나 의미상의 차이는 없다.

이런 까닭에 聖人은 無爲의 일에 거하고

【注】自然已足이니 爲則敗也[1]라

1) 自然已足 爲則敗也 : 자연스럽게 되어 그것으로 이미 충분한데 거기에 간섭하거나 억지
　로 하려 들면 오히려 실패한다는 뜻이다. 왕필은 自然을 주로 "자연스러움에 맡김〔任自
　然〕"(注5.1), "자연스러움을 본받음〔法自然〕"(注25.12), "자연스러움을 해침〔傷自然〕"(注
　12.1)과 같은 방식으로 언급하는데, 이는 따르고 맡겨야 할 것으로 이를 어기면 해를
　입고 상하게 된다는 뜻으로 설명한다. 이러한 점을 참고하면 '爲'를 통상 우리말 번역에
　서 '억지로 하다' 혹은 '인위적으로 하다'는 투의 번역보다 "〈자연스러움에 거슬러서〉 하
　다."의 뜻으로 풀이하는 것이 더 낫게 보인다. 특히 注12.1에서 "타고난 性命을 따르지
　않고 도리어 〈본성의〉 자연스러움을 해친 격이다.〔不以順性命 反以傷自然〕"라고 한 것을
　보면 왕필이 '性命'과 '自然'을 같은 것으로 이해하고 있다고 볼 수 있다.

자연스럽게 되어 이미 충분하니 〈자연스러움에 거슬러〉 하면 실패하게 된다.

2.3 行不言之敎¹⁾하여

1) 行不言之敎 : 洪奭周는 ≪老子≫의 經57.3에서 "내가 하는 게 없으니 백성들이 저절로 교
화되고, 내가 고요함을 좋아하니 백성들이 저절로 바르게 되고, 내가 일삼는 게 없으니 백
성들이 저절로 부유해지고, 내가 하고자 하는 게 없으니 백성들이 저절로 소박해진다."라
고 한 것을 지적하며 "말하지 않는 가르침이란 말을 하지 않는다는 게 아니라 몸을 공손히
할 뿐인데 백성이 교화가 되니 말에 의지할 필요가 없다."는 뜻으로 풀이한다. 이 또한 王
弼의 견해와 통한다.

말하지 않는 가르침을 행하여,

【注】智慧自備하니 **爲則僞也**¹⁾니라

1) 爲則僞也 : '爲'는 일반적으로 '억지로 하다', '간섭하다'의 뜻으로 이해하지만 王弼의 脈
絡에서는 自然을 어기거나[違], 반하는[反] 방향으로 행하는 것을 말한다. 앞의 注2.2
참조.

지혜가 저절로 갖추어져 있으니 〈자연스러움에 거슬러〉 하면 거짓이다.

2.4 萬物이 作焉而不(辭)〔爲始〕¹⁾하며 生而不有²⁾하며 爲而不恃하며 功成而(弗)〔不〕居³⁾하나니

1) 萬物 作焉而不(辭)〔爲始〕: 저본, 河上公本에는 '作焉而不辭'라고 되어 있고, 竹簡本, 帛書
本에는 '作而不始'로 되어 있으나, 王弼의 注17.1에 '萬物作焉而不爲始'라 하였으므로 이를
따른다.
　　作은 范應元에 따르면 움직인다[動]는 뜻이다. '不爲始'는 "시작으로 삼지 않는다."는 뜻
으로서 ≪呂氏春秋≫ 〈貴公〉에서 "천지는 위대하구나. 낳으면서도 자식으로 삼지 않고 이
루면서도 소유하지 않는다. 만물이 모두 그 은혜를 입고 이익을 얻으면서도 그것이 어디에
서 시작되었는지 알지 못한다.〔莫知其所由始〕이것이 삼황오제의 덕이다."라 한 것과 통한
다. 成玄英처럼 '始'를 '앞서다[先]'로 보아 앞에 나서지 않는다는 뜻으로 보는 견해도 있
다.(≪老子義疏≫)
　　이와 달리 '作焉而不辭'를 그대로 받아들여 린(Richard J. Lynn)처럼 "만물(백성)은
〈성인의 행동을〉 모범으로 삼아 따르지만 성인은 〈백성들에게〉 그렇게 하라고 말하지 않
는다."라고 옮기기도 한다.(≪The Classic of the Way and Virtue≫)
2) 生而不有 : 저본, 河上公本에는 '生而不有'가 있으나, 竹簡本과 帛書本에는 없다. 聖人은 百
姓이 살아가도록 보살펴주기만 할 뿐 그들을 소유하지 않는다는 뜻이다.
3) 功成而(弗)〔不〕居 : 저본에는 '不'이 '弗'로 되어 있으나, 아래 注文에는 '不'로 되어 있으니

이에 따른다. 王弼에 따르면 功이 이루어지는 것은 다른 사람에게 맡겨서 되는 것이므로 그 공을 자기의 것으로 삼지 않는다는 뜻이다. 이는 다음의 注2.5에서 분명해진다.

만물(만백성)이 움직이더라도 억지로 시작으로 삼지 않고, 살게 두되 소유하려 하지 않고, 베풀면서도 자신이 베풀었다 하지 않고, 공이 이루어져도 〈그 공을〉 자처하지 않는다.

【注】 因物而用이니 功自彼成이라 故不居也니라

만물에 따라 〈그 각각의 쓰임새에 맞춰〉 쓰이니 功이 저것(萬物)으로부터 이루어진다. 따라서 〈그 공을〉 자처하지 않는다.

2.5 夫唯(弗)〔不〕居[1]니 是以不去[2]니라

1) (弗)〔不〕居 : 저본에는 '弗居'라고 되어 있으나, 앞의 注2.4에 따라 '不'로 바꾸었다. 王弼은 아래의 注에서 말하듯이 不居를 공을 자신의 것으로 삼지 않는다는 뜻으로 풀이한다. 洪奭周는 성인이 그 공을 자처하지 않으니〔不居〕 백성들이 떠나가지 않는다〔不去〕는 뜻으로 풀이하였는데 참고할 만하다.

2) 功成而(弗)〔不〕居……是以不去 : ≪淮南子≫〈道應訓〉에서는 이 부분을 子發과 宣王의 이야기를 통해 해설하는데 이 이야기는 ≪荀子≫〈彊國〉에도 나온다. ≪회남자≫에서는 子發이 蔡나라를 공격하여 승리하자 齊 宣王이 그에게 큰 상을 내리고자 한다. 하지만 자발은 "무릇 백성의 공로에 편승해 爵祿을 취하는 것은 仁義의 도가 아니다.〔夫乘民之功勞 而取其爵祿者 非仁義之道也〕"라고 말하며 끝내 사양한다. ≪회남자≫는 이 고사를 소개하면서 이 구절을 인용한다.

대저 오로지 공을 자처하지 않으니 〈그 공이〉 사라지지 않는다.

【注】 使功在己면 則功不可久也라

공을 자신의 것으로 하면 그 공이 오래 갈 수 없다.

제3장

　제3장은 竹簡本에는 없다. 이 章은 주로 老子의 政治思想의 핵심을 드러낸 부분으로서, ≪墨子≫ 이래 능력 있고 현명한 사람을 등용하여 다스리는 정치〔尙賢〕를 부정하고, 愚民政治를 옹호하는 것으로 無爲의 의미를 논하고 있다. 하지만 이러한 ≪老子≫의 文字를 그대로 풀이하는 주석자는 거의 없다. 오히려 많은 주석자들은 능력과 역량에 맞게 관직과 직책이 주어진다면 尙賢은 문제될 것이 없다고 이해한다. 예컨대 河上公은 세속에서 말하는 현명한 사람을 기용하는 것으로, 王弼은 孔子가 말했던 小人을 배제하고 공정하게 능력에 맞는 관직과 직책을 부여한다면 사람들이 다투고 경쟁하는 폐해가 사라질 것이라고 한다. 洪奭周는 능력과 직책이라는 名實이 일치하지 않은 데에서 오는 폐해라고 보며 오히려 尙賢은 治天下에 반드시 필요한 것이라고 적극적으로 해석하기도 했다.

　한편 愚民政策의 대명사처럼 여겨졌던 "백성들로 하여금 無知하고 無慾하게 하라"는 구절에 대해 현대학자 묄러(Hans-Georg Moeller)는 老子의 이 文章이 현대 사회의 욕망 충족이라는 문제와 관련하여, 만족의 기술을 주장한다고 보았다. "욕망은 기본적이고 일반적인 만족을 얻음으로써 충족시킬 수 있다. 일단 어떤 이가 음식을 먹으면, 그 사람은 '자연적으로' 먹고 싶은 욕망을 제거할 것이다. 사람들은 먹는 것을 통해 먹고 싶은 욕망을 간단히 제거한다. 사람들은 더 먹고 싶은 욕망이 생기지 않게 하려고 먹는다. 욕망은 사람이 만족할 만큼 먹지 않을 때에만 생겨난다. 아니면 다른 말로 욕망의 제거는 '만족의 정복(mastery)' 혹은 '중단의 통제'의 결과이다. 道家의 성인들은 그들이 언제 멈추어야 하는지 알기 때문에 '만족의 달인'들이다. 언제 멈춰야 하는지 모른다는 것은, 논리적으로 절대 만족하지 않는다는 뜻이다. 그러므로 욕망이 생겼다는 것은 만족을 적절하게 통제하지 못했다는 징후이다. 오직 만족되지 않은 사람들만이 욕망한다. 성왕들은 일반적인 만족을 불러일으키는 것을 목표로 한다. ― 그들 자신들뿐만 아니라, 그들이 통치하고 있는 나라를 위해서도 그렇다."(≪Daodejing≫)

3.1 不尙賢하여 使民不爭[1)]이요 不貴難得之貨[2)]하여 使民不爲盜요 不見可欲하여 使〔民〕心不亂[3)]이라

1) 不尙賢 使民不爭 : 저본, 河上公本에는 '尙'으로 되어 있으나, 帛書本에는 '上'으로 되어 있는데, 上과 尙은 通用하니 의미상의 차이는 없다.

　河上公에 따르면 '不尙'이란 "봉록을 주어 귀하게 하지 말고 관직을 주어 높이지 말라.〔不貴之以祿 不尊之以官也〕"는 뜻이다. '賢'은 '能'으로 王弼의 주석처럼 능력 있는 사람을 숭상하지 않는다는 뜻이지만, 河上公은 "賢이란 세속에서 말하는 잘난 사람을 일컫는데, 이런 사람은 언변이 유창하고 문장이 화려하며 정도를 버리고 權道를 행하며 질박함을 버리고 꾸미기를 잘한다.〔賢 謂世俗之賢 辯口明文 離道行權 去質爲文〕"라고 보면서 '尙賢'을 반대한다.

　그러나 王弼은 저마다의 능력과 쓰임에 맞게 일과 직책이 맡겨진다면 숭상하는 일이 없어진다는 뜻으로 이해한다. 그럴 경우 林希逸처럼 '尙'을 '자랑하다〔矜〕'의 뜻으로 보아 "자신의 능력을 자랑하지 않는다."고 풀이함으로써 관직에 등용되어 政事에 참여하는 것을 부정하지 않는 것으로 풀이하기도 했다. 洪奭周는 이를 名實의 문제로 보아 "다른 사람에게 정사를 맡겨 행할 때 그가 현명한 사람이 아니라면 다스릴 수 없으니 어찌 현명함을 높이지 않겠는가? 무릇 천하를 다스리면서 현명한 자를 얻고자 하는 것은 오로지 이 실질을 구하려는 것이다.〔夫爲政以人 非賢不乂 如之何其不尙賢也 盖治天下 而欲得賢者 唯其實之求〕"라고 풀이하는데 참고할 만하다.

2) 不貴難得之貨 : 얻기 어려운 재화를 귀하게 여기지 말라는 뜻이다. 河上公에 따르면 黃金이나 珠玉과 같은 '진귀한 보물〔珍寶〕'을 의미한다.

3) 不見可欲 使〔民〕心不亂 : 저본에는 '民'이 누락되어 있으나, 다른 판본들에는 거의 '民'이 있다. 다만 帛書本과 河上公本에는 "使民不亂(백성들이 문란함에 빠지지 않게 하라.)"으로 되어 있어 '心'이 빠져 있는데 王弼의 경우 注文에 '心無所亂也'라 하였으니 '心'을 넣지 않을 수 없다. 樓宇烈과 바그너 모두 '民心'으로 보았기에 이를 따른다. 이와 달리 ≪淮南子≫〈道應訓〉에도 '民'이 없다. 이는 心亂의 주체가 다른 것을 의미한다. ≪淮南子≫〈道應訓〉에서는 子佩와 莊王의 이야기를 통해 해설하는데, 이 故事는 ≪戰國策≫〈魏策〉, ≪說苑≫〈正諫〉에도 보인다.

　≪淮南子≫에서는 楚나라 令尹인 子佩가 성대한 酒宴을 준비하고 莊王을 초대하였는데 장왕은 가지 않았다. 자패가 그 까닭을 묻자 그 주연에 가게 되면 즐거움에 빠져 돌아올 생각조차 못하게 될까 두려워 가지 않았다고 말한다. 이 고사를 소개하며 ≪노자≫의 이 구절을 인용한다. ≪회남자≫가 군주에게 사치스러운 향락을 경계하는 의미로 풀이하는 반면, ≪노자≫는 백성들의 마음을 어지럽히는 귀중한 물건을 보이지 말라는 조언이다.

능력 있는 사람을 숭상하지 말아 백성들이 다투지 않게 한다. 얻기 어려운 재화를 귀하게 여기지 말아 백성들이 도둑이 되지 않게 한다. 욕심낼 만한 것을 보이지 말아 백성들의 마음이 어지러워지지 않게 한다.

【注】賢은 猶能也라 尙者는 嘉之名也요 貴者는 隆之稱也니 唯能是任이면 尙也曷 爲오 唯用是施하니 貴之(何)〔曷〕[1]爲오 尙賢顯名에 榮過其任이면 (爲而常)〔下奔 而競〕하여 (校)〔效〕能相射[2]하며 貴貨過用하니 貪者競趣면 穿窬探篋하여 沒命而 盜[3]라 故可欲不見이면 則心無所亂也니라[4]

1) (何)〔曷〕: 저본에는 '何'로 되어 있으나, 樓宇烈과 바그너는 集注本과 ≪經典釋文≫을 따라 '曷'로 고쳤다. '何'와 '曷'은 통한다.

2) (爲而常)〔下奔而競〕 (校)〔效〕能相射: 저본에는 '爲而常校'로 되어 있으나, 道藏集注本과 道藏集義本에 따라 바로잡는다. 陶鴻慶이 '唯能是任'으로부터 모두 4字의 句로 이루어졌다고 하였으니, 이와 같이 보는 것이 타당한 듯하다. 각자의 능력과 자질에 맞는 일이 각자에게 주어지면 남과 비교하거나 경쟁하는 일이 없어질 것이라는 뜻이다.

3) 穿窬探篋 沒命而盜: 王弼의 이 구절은 ≪論語≫에서 小人을 두고 한 말을 염두에 둔 듯하다. "공자께서 말씀하셨다. '겉모습은 매섭게 보이면서 속마음이 약한 것을 소인에 비유하자면 바로 벽에 구멍을 뚫고 들어가는 좀도둑과 같다.〔子曰 色厲而內荏 譬諸小人 其猶穿窬之盜也與〕"(≪論語 陽貨≫)

4) 賢猶能也……則心無所亂也: 經3.1에 대한 왕필의 해석은 역설적이다. 왕필은 먼저 賢이 능력〔能〕을 의미한다고 전제한다. 달리 말하자면 ≪노자≫의 '尙賢'은 '능력에 대한 존중'이라는 의미로 바꾸어 이해된다. 그리고 왜 ≪노자≫가 '숭상하지 말라'는 경고를 하는가에 대해서는 우회적인 논리로 회피한다. 즉, ≪노자≫의 언명은 '능력 있는 자를 숭상하지 말라'는 부정적인 것이 아니라, 능력 있는 사람이 대접받지 못하고 있는 현실에 대한 우회적 비판으로 읽혀진다. 다시 말해 '능력 있는 사람을 숭상하지 말라'는 요구는 거꾸로 마땅히 대접받아야 할 능력 있는 사람이 정당한 대우를 받지 못하는 데에서 비롯된 것이다. 능력 있는 사람이 정당한 대우를 받는다면 숭상하는 일이 생길 수 없다는 것이다. 사실 이것은 매우 교묘한 논리를 통해 ≪노자≫의 원의와는 상반된 주장을 하고 있는 것이다.

왕필의 이러한 논리는 그가 몸담고 있었던 曹魏 정권의 모토였다. 왕필의 이러한 주석은 曹操의 다음 칙령에서 쉽게 이해된다. 조조는 建安 15년(210)에 적벽대전에서 孫權과 劉備의 연합군에게 참패를 맛본 시점으로부터 1년 남짓 되는 봄에 다음과 같은 칙령을 내린다. "예로부터 천명을 받아 창업하거나 중흥을 이룩한 군주들은 하나같이 현인군자의 도움을 받아 그들과 더불어 천하를 다스렸다. 그렇지 않은 적이 한 번이라도 있었던가!……만약 그 인물됨이 반드시 청렴한 사람이어야만 등용할 수 있다고 한다면, 齊나라 桓公이 어떻게 춘추의 霸者가 될 수 있었겠는가?……여러분은 나를 도와 밝게 살펴서 재능은 있으나 아직 초야에 묻혀 있는 사람들을 발굴해주기 바란다. 오직 재능이 있는 사람을 추천하라.〔唯才是擧〕 나는 그들을 중용하겠노라."(≪三國志 魏志 武帝紀≫ '求賢令')

　왕필은 이와 같이 학술적으로나 정치사상적 측면에서 ≪노자≫를 잇고 있지 않다. 그는 자신의 시대에서 ≪노자≫를 자유롭게 읽을 뿐이다. 이것은 ≪노자≫와 일관된 흐름을 보이는 河上公注의 논조와 극명하게 대비된다. 河上公注는 經3.4의 "使民不爲盜"에 대해, "윗사람의 교화가 淸靜을 지키게 되면 아랫사람 가운데 탐욕스러운 사람이 없어지게 된다.〔上化淸靜 下無貪人〕"라고 함으로써 漢初 黃老學的 정치 이상을 잘 드러낸다. '청정'이란 역사 속에서 한초의 황로학적 이념을 대표하는 '淸靜無爲'를 의미하는 말이기 때문이다. 앞서 살펴보았듯이 河上公注에서 '常道'에 대해 "무위로써 정신을 기르고 無事로써 백성을 평안하게 한다."고 했던 언명은 바로 이와 같은 '청정무위'의 이념을 드러내는 표현이다. 따라서 河上公注가 말하는 성인의 다스림으로서의 '治國'과 '治身'은 이와 같은 '청정무위'로 요약되는 황로학적 통치 이념이다. 河上公注의 성인은 황로학적 養生의 도를 실천하는 '제왕'이다.

　이와 달리 왕필의 ≪老子注≫의 성인은 오히려 ≪周易≫의 大人이다. 이 대인은 자신의 사사로움을 없애고 능력 있는 사람을 적재적소에 배치하여 국가가 효율적으로 기능하게 하는〔物各得其所 則國之利器也〕(注36.2), 無私와 適用을 실천하는 성인이다. 그런데 ≪주역≫ 乾卦에 등장하는 대인은 하나가 아닌 둘이다. ≪주역≫ 건괘에 등장하는 대인은 독립적이고 절대적인 하나가 아니라 九二의 대인과 九五의 대인이 서로 만나야 하는 운명이 지워져 있는 두 대인이다. 전통적으로 유가에서 찬양하는 가장 위대한 聖王이었던 堯에게는 舜이, 또 순에게는 禹가 '만나서 이로운' 大人이다. 또한 공자가 가장 흠모하였던 인물이 왕이 아닌 재상 周公이었다는 점은 이러한 대인의 이념이 무엇을 의미하는가를 잘 보여준다.

　≪노자≫ 5장에는 천지를 풀무나 피리에 비유하는 언급이 나오는데, 이것은 곧 성인에 대한 비유이기도 하다. 앞서 왕필이 道, 天, 地, 王을 언어로 규정할 수 없는 것으로서 네 가지 큰 것이라 규정한 것과 연관시키면, 왕 혹은 성인이란 모든 만물이 나고 움직이고 활동하는 거대한 천지와 같은 존재이다. 이것은 물리적인 의미에서가 아니라 그의 작용〔用〕에서 그러하다. 하지만 천지가 이름이듯이 왕 또한 이름인 것은 매한가지다. 이 거대한 인간 세상이 왕이라는 상징적 존재에 의해 대변되는 하나의 강역이라면 그 속에는 수많은 소리들이 공존한다.

　'賢'은 '능력〔能〕'과 같다. '尙'은 이름을 아름답게 한다는 뜻이요, '貴'는 칭호를 높여준다는 뜻이다. 오로지 능력 있는 사람에게 일이 맡겨지면 숭상해서 무엇 하겠는가? 오로지 쓰일 만한 사람에게 관직이 주어진다면 귀하게 해서 무엇 하겠는가? 만약 능력 있는 사람을 숭상하고 그 이름을 현창하는 데 영화가 그 맡겨진 일보다 지나치면 아랫사람들이 다투어 〈윗사람과〉 경쟁하려 하고 능력을 비교하며 서로 이기려 들 것이다. 재화를 그 쓰임새보다 지나치게 귀하게 여기면 탐내는 사람들이 다투어 담을 넘어 상자를 샅샅이 뒤져 죽음을 무릅쓰고 도둑질하려 할 것이다. 그래서 욕심낼 만한 것을 보이지 않으면 마음이 어지럽게 되지 않는다.

3.2 是以로 聖人之治는 虛其心하고 實其腹하며

이런 까닭에 성인의 다스림은 그 마음은 비우게 하고 그 배는 채워주며,

【注】心懷智하고 而腹懷食이니 虛有智而實無知也[1]라

1) 虛有智而實無知也 : 인간의 마음은 智가 깃드는 곳이고 배는 음식이 담기는 곳인데, 마음이 비워져야 지혜가 깃들고 배가 불러야 다른 생각을 품지 않게 된다는 뜻이다. 바그너는 注10.4에서 "나라를 다스림에 있어 '지혜로 하지 않는 것'은 '지혜를 버리는 것'과 같다.〔治國無以智 猶棄智也〕"는 문장을 근거로 '虛有智'는 '虛棄智'가 되어야 한다고 보았다. 板本에 따라 이 부분 뒤에 "마음이 비워지면 뜻이 약해진다.〔心虛則志弱也〕"는 注文이 있는 경우가 있으나 樓宇烈은 여러 판본에 이 구절이 보이지 않으며, 經3.3에 대한 陸德明의 ≪經典釋文≫의 잘못이라 보았기에 注文에서는 생략하였지만 여기에 소개해 둔다.

마음은 지혜를 품고 배는 음식을 담는다. 〈그 마음이〉 비어야 지혜가 들어차고 〈그 배가〉 차야 꾀가 없게 된다.

3.3 弱其志하고 强其骨하여

그 뜻을 약하게 하고 그 뼈를 강하게 하여

【注】骨無(知)〔志〕以幹[1]이요 志生事以亂이라

1) 骨無(知)〔志〕以幹 : 저본에서는 '骨無' 다음의 '志'가 '知'로 되어 있고 樓宇烈도 이를 그대로 따른다. 그런데 바그너에 따르면 劉惟永集義本과 集注本을 근거로 '志'로 보았다. 제3장을 보면 經3.2 "虛其心 實其腹"과 經3.3 "弱其志 强其骨"에 대한 王弼의 注3.2와 注3.3은 구조적으로 유사한데, 이에 따르면 心을 부정하고 腹을 긍정하듯이 骨을 긍정하고 志를 부정하는 것이 자연스러워 보인다. 따라서 이를 따른다.

뼈는 뜻이 없기에 골간이 되고, 뜻은 일을 벌여 어지럽게 만든다.

3.4 常使民無知無欲[1]하고

1) 常使民無知無欲 : 帛書本에는 '常'이 '恒'으로 되어 있다. 이 문장은 통상 백성들을 無知하고 無欲하게 해야 한다는 老子의 愚民政策을 드러내는 것으로 해석되곤 한다.

늘 백성들로 하여금 꾀가 없고 욕심도 없게 하고,

【注】守其眞也[1]라

1) 守其眞也 : 王弼은 '타고난 참된 본성〔眞〕'을 지키는 상태를 뜻하는 것으로 본다. 洪奭周 는 ≪訂老≫에서 王弼과 유사하게 "제각각 자신의 일에 부지런하고 제각각 자신의 역량 에 따른다면 의식이 충족된다.〔各勤其事 各服其力 則衣食足矣〕"고 하면서 無知無欲한 상 태에 자연스럽게 따라오는 현상으로 풀이한다. 이는 王弼의 이해를 보다 분명하게 드러 낸 것으로 보인다.

〈백성들의〉 타고난 참된 본성을 지킨다는 뜻이다.

3.5 使夫知者不敢爲也[1]니

1) 使夫知者不敢爲也 : 저본, 河上公本은 이와 같으나 帛書本에는 "무릇 지혜로운 자가 감히 하지 않고 억지로 하지 않게 한다면 다스리지 못할 게 없다.〔使夫知不敢弗爲而已 則無不治 矣〕"고 하였는데, 저본과 河上公本에서 無爲에 대한 적극적 표현이 나타나지 않는다.

무릇 꾀 있다 하는 자들이 감히 무언가 하지 못하게 하니

【注】知者謂知爲也니라

'꾀부린다〔知〕'는 것은 〈자연에 거슬러〉 할 줄 안다는 것을 일컫는다.

3.6 爲無爲면 則無不治니라

無爲를 하면 다스리지 못할 것이 없게 될 것이다.

제4장

　골짜기, 문 그리고 뿌리의 자연적 과정은 끊임없이 이어진다. 여기서 '끊임없이 이어진다'는 뜻의 한자 '綿'은 가느다란 비단실 가닥을 나타내는데, 이 '면'자는 또한 '관통해 나아간다'는 함축적 의미도 갖고 있다. 골짜기, 문 그리고 뿌리는 "꽉 채워져 있지" 않다. 그것들은 말하자면 '비어〔虛〕' 있거나 또는 ≪노자≫에서 말하듯이 마치 있는 듯 없는 듯하다. 그러한 활동의 중심은 비어 있다. 즉 '있지〔有〕' 않지만 결코 '없지도〔無〕' 않은 통로이다. 이러한 '없는〔無〕' 것들의 존재라는 '틈새적(in-between)' 형식은 제4장에서 하나의 감탄으로 引喩되고 있기도 하다.

　뿌리는 그윽하게 거기에 있는 듯하다. 우리의 시야로부터 숨어 있거나 비어 있는 또는 어떠한 형체도 없는 그것은 어쨌거나 존재한다. 그것은 '심원'하거나 '모호'한 존재의 방식이며 '있으면서 없는' 것이다. 이에 더하여 제4장에서 기술하고 있듯이 대단히 많은 자연 환경과 인공 구조물의 경우처럼 '없는' 것들이 다함이 없는 유용성의 원천이기도 하다

4.1 道沖而用之로되 (或)〔又〕不盈[1]하니 淵兮似萬物之宗이로다 挫其銳하고 解其紛하며 和其光하고 同其塵[2]하니 湛兮似或存이로다 吾不知〔其〕[3]誰之子로되 象帝之先이니라

　1) 道沖而用之 (或)〔又〕不盈 : 저본과 河上公本에는 '又'가 '或'으로 되어 있으나, 帛書本, 傅奕本에는 '又'로 되어 있다. 그런데 注文에 '又復'으로 되어 있으니 이를 따른다. 이 부분은 ≪呂氏春秋≫ 〈愼大覽〉, ≪淮南子≫ 〈道應訓〉에서 趙襄子의 고사를 통해 설명하고 있다.
　　≪회남자≫에서는 趙襄子가 翟을 공격하여 尤人과 終人 두 성을 얻는 승리를 거두었음에도, 자신이 德이 없는데 승리를 했다고 근심한다. 조양자의 이런 태도야말로 '승리를 지키는 법〔持勝〕'이라고 말한다. 여기에 더해 孔子와 墨子가 뛰어난 힘과 재주를 가지고 있었지만 그 힘과 뛰어난 재주를 세상에 알리려 하지 않았다는 이야기를 소개하면서 ≪회남자≫는 ≪노자≫의 이 구절을 인용한다. 이를 보면 ≪회남자≫는 "승리를 잘 지키는 자는 강하면서 약한 척한다.〔善持勝者 以强爲弱〕"는 의미로 이 구절을 이해하고 있는 듯하다.

2) 挫其銳……同其塵 : 이 부분을 ≪淮南子≫ 〈道應訓〉에서는 吳起와 屈宜若의 이야기로 설명하는데, 이 이야기는 ≪說苑≫ 〈指武〉에도 실려 있다. 屈宜若은 ≪史記≫ 〈韓世家〉에는 '屈宜臼', ≪說苑≫에는 '屈宜曰' 또는 '屈宜咎'로 나온다.

　≪淮南子≫에서는 吳起가 楚나라의 令尹이 되어 魏나라의 屈宜若에게 가르침을 구한다. 오기가 자신의 개혁 정치에 대한 포부를 들려주자 굴의약은 "내가 듣기에 옛날에 나라를 잘 다스리던 사람은 옛것을 변화시키지 않고 일상적인 것을 바꾸지 않는다.〔昔善治國家者 不變其故 不易其常〕"는 가르침과 "백성을 돈독히 사랑하고 독실히 실천하라.〔敦愛而篤行之〕"는 조언을 한다. 이 고사를 소개한 후 ≪회남자≫는 이 구절을 인용하고 있다.

3) 〔其〕 : 저본에는 '其'가 없으나 바그너는 注25.1에서 '不知其誰之子'라 했고, 帛書乙本에도 '其'가 있다는 점을 근거로 교감하였는데, 이를 따른다.

　도는 비어 있는데 아무리 써도 다시 차오르지 않는다. 그윽함이 마치 만물의 으뜸 같도다. 그 날카로움을 무디게 하고, 그 얽힘을 풀고, 그 빛남을 부드럽게 하고, 그 티끌과 함께한다. 담담함이 마치 있는 듯하도다. 나는 그가 누구의 자식인지 모르겠지만 天帝보다 앞서는 것 같다.

【注】 夫執一家之量者는 不能全家하고 執一國之量者는 不能成國하니 窮力擧重일새 不能爲用이라 故人雖知萬物治也나 治而不以二儀之道[1]면 則不能贍也라 地雖形魄이나 不法於天이면 則不能全其寧하고 天雖精象이나 不法於道하면 則不能保其精이라 沖而用之에 用乃不能窮이라 滿以造實하면 實來則溢이라 故沖而用之又復不盈이니 其爲無窮亦已極矣니라 形雖大나 不能累其體하고 事雖殷이나 不能充其量하니 萬物舍此而求〔其〕[2]主면 主其安在乎리오 不亦淵兮似萬物之宗乎아 銳挫而無損하고 紛解而不勞하며 和光而不汚其體하고 同塵而不渝其眞하니 不亦湛兮似或存乎[3]아하니라 存而不有하고 沒而不無하며 有無莫測하니 故曰 似存이라 地守其形하니 德不能過其載하고 天慊其象하니 德不能過其覆라 天地莫能及之하니 不亦似帝之先乎아 帝는 天帝也라

1) 治而不以二儀之道 : '二儀'에 대해서는 명확한 해명이 쉽지 않다. 하지만 임채우는 '天地의 道'라고 보았고, 정세근은 '乾坤의 道'라고 보았는데, 두 주장이 모두 타당성이 있다. 이어지는 내용에 근거할 때 땅은 하늘을 본받고 하늘은 도를 본받아야 한다는 말은 經25.12에서 "사람은 땅을 본받고, 땅은 하늘을 본받고, 하늘은 도를 본받고, 도는 스스로 그러함을 본받는다.〔人法地 地法天 天法道 道法自然〕"라고 한 말을 원용한 것으로 곧 三才之道에 해당하며, 易道와도 통한다.

왕필은 ≪周易≫의 세계관에서 출발한다. '도'란 ≪周易≫에서 드러나는 하늘[天]과 땅[地] 그리고 인간[人]의 '도'일 뿐이다. 그것은 성인의 말을 통해서 이해될 수 있는 것이며 근거는 ≪周易≫, ≪論語≫와 같은 경전에 예시되어 있다. 더 나아가 유가 철학자였던 왕필에게 천지 '이전의' 세계란 무의미한 것이다. 왜냐하면 그에게 주어진 세계는 오로지 현실의 세계로서 성인의 뜻이 실현되어야 하는 '의미의 세계'가 전부이기 때문이다. 왕필이 '無名'을 말한다고 해도 그것은 어디까지나 '有'의 세계에서 의미 있는 것이지 무명의 세계 그 자체를 긍정하는 것은 아니다. '無名'과 '無形'이란 언어로 포착할 수 없는 성인의 '도'에 대한 서술어로서만 의미를 지닌다.

이와 달리 하상공은 선진시대 이래 우주론적 사유의 전통을 이어 해석을 가한다. 河上公의 우주론은 ≪莊子≫나 ≪淮南子≫ 같은 문헌들 속에서 수없이 발견되는 것들과 차이가 없다. 예를 들어, ≪淮南子≫ 〈天文訓〉에서는 다음과 같이 말한다. "천지가 아직 형태조차 없었던 때에는 이리저리 떠다니며 고요하고 막연한 모습이었는데 이 상태를 太始라고 한다. 이 태시가 虛廓을 낳고 허확이 宇宙를 낳고 우주는 氣를 낳았다. 이 기에는 일정한 한계가 있어서 맑고 밝은 기는 넓게 펼쳐져서 하늘[天]이 되고, 무겁고 탁한 기는 응고되고 모여서 땅[地]이 되었다. 맑고 오묘한 기운은 모이기는 쉬우나 무겁고 탁한 기는 응고되기가 어려우니, 따라서 하늘이 먼저 이루어지고 땅이 그 후에 정해졌다. 하늘과 땅의 기운이 습합하여 陰陽이 되었고, 이 음양의 기운이 갈마들어 四時가 되었고, 사시의 정기가 흩어져 萬物이 되었다."

≪하상공장구≫의 무명과 유명을 기준으로 허무(虛無·無名)에서 천지(天地·有名) 그리고 음양으로 이어지는 세계에 대한 발생적 설명은 ≪회남자≫ 우주론의 축소판이라 할 수 있다. 더욱이 河上公이 "기를 내뿜고 온갖 변화가 일어나는 것이 虛無로부터 나오므로 천지의 뿌리와 시작이라고 한 것이다.[吐氣布化 出於虛無 爲天地本始也]"라고 한 구절은, ≪淮南子≫ 〈天文訓〉에서 "기를 뿜어내는 것을 '베푼다[施]'라고 하고, 기를 머금는 것을 '변화시킨다[化]'고 한다. 따라서 陽은 베풀고 陰은 변화시킨다.[吐氣者施 含氣者化 是故陽施陰化]"와 같이 ≪회남자≫를 통해 그 의미가 구체적으로 설명된다.

이렇게 볼 때, 河上公이 말하는 '吐氣布化'는 천지(음양)에 의한 만물의 생성과 변화의 작용을 의미한다. 또한 앞서 ≪하상공장구≫가 천지와 인간의 신체를 연속적으로 파악하고 있다는 점을 논의한 바 있듯이, 천지의 근원적 상태를 형용하는 '虛無'는 바로 인간 마음의 근원적 상태이기도 하다. ≪淮南子≫ 〈精神訓〉에 따르면 "고요하고 막막한 것은 神明이 머무는 집이요, 텅 비어 아무것도 없는 것은 도가 거처하는 곳이다."라고 하였다. 비어 있어야 도가 머물 듯이 인간의 마음도 고요한 상태에서만 신명이 깃들 수 있다는 것이다. 河上公은 이 신명이 머무는 곳이 '五臟'이며 머무는 곳에 따라 '魂', '魄', '志', '精', '神'으로 달리 부른다. 河上公은 이러한 논의 속에서 '정신을 기르는 방법'으로서의 도에 관한 논의로 연결시키는 것이다. 사실 이런 논의를 보면 황로학의 우주에 대한 이해는 세계상에서 인간상으로의 확장 논리가 아니라 거꾸로 인간상으로부터 세계상으로 이해를 확장하는 논리를 따르고 있다.

　　이와 같이 河上公과 王弼의 '천지'와 '만물'의 세계에 대한 이해는 커다란 차이를 보인다. 하상공이 養生論的 입장에서 신체적 정치적 생명의 보전을 목적으로 한다면, 왕필은 義理論的 입장에서 가치의 실현을 의도하고 있기 때문이다. 하상공의 우주가 생명세계를 그 일차적 의미로 한다면, 왕필의 우주는 의리와 가치의 세계이다.

2) 〔其〕: 저본에는 '其'가 없으나, 道藏集注本, 道藏集義本, 永樂大典本 등에는 '其'가 있다는 바그너의 설에 따라 보충하였다.

3) 似或存乎 : 저본 및 기타 판본에는 이와 같이 되어 있으나, 道藏集解 趙學士本에서는 王弼의 注를 인용하면서 "있으면서 있지 않고 없으면서 없지 않아 있는지 없는지 헤아릴 길이 없기 때문에 '있는 듯하다'라고 한 것이다.〔存而不有 沒而不無 有無莫測 故曰 似存〕"라는 문장을 더하고 있는데, 樓宇烈 등 대개의 학자들은 근거가 불분명하다고 받아들이지 않으나 바그너는 이를 수용한다. 따라서 本文에 포함시키지 않고 注에서 밝혀둔다.

대저 한 가문을 다스릴 역량을 지닌 자는 그 가문을 온전하게 할 수 없고, 한 나라를 다스릴 역량을 지닌 사람은 그 나라를 번성하게 할 수 없다. 가진 힘을 다해 무거운 것을 들고 있기 때문에 제대로 쓸 수가 없는 것이다. 그러므로 사람이 만물을 다스릴 지혜를 갖고 있어도 二儀의 도리로 다스리지 않는다면 넉넉할 수 없다. 땅에게 비록 形魄이 있어도 하늘을 본받지 않는다면 그 안정성을 온전하게 유지할 수 없고, 하늘에게 비록 精象이 있어도 도를 본받지 않는다면 그 정함을 지킬 수가 없다.

비어 있는 가운데 그것을 쓰면 그 쓰임이 다하지 않게 될 것이다. 가득 채워서 그 속을 꽉 채우면 그 채워짐으로 인하여 넘치게 된다. 그러므로 비어 있는 가운데 그것을 쓰는 것이니 다시 채워지지 않은 상태가 회복되니 그 하는 바가 무궁하여 이미 지극해진다. 형체가 아무리 커도 그 몸에 누가 될 수 없고, 일이 아무리 커도 그 역량을 충족시키지 못할 것이다. 만물이 이것을 버리고 주인을 구한다면 그 주인이 도대체 어디에 있겠는가? 또한 그윽함이 마치 만물의 으뜸 같지 않은가.

날카로움이 꺾여도 손상됨이 없고, 얽힘을 풀어도 수고롭지 않고, 빛남을 누그러뜨려도 그 몸을 더럽히지 않으며, 티끌과 같이 되어도 그 참된 본성을 바꾸지 못하니, 또한 담담함이 마치 있는 듯하지 않은가. 있으면서 있지 않고 없으면서 없지 않아 있는지 없는지 헤아릴 길이 없으므로 '있는 듯하다'고 했다.

땅이 그 형체를 지키니 〈땅의〉 덕이 그 실어줌을 넘지 못하고, 하늘이 형상을 만족하니 그 덕이 덮어줌을 넘지 못한다. 하늘과 땅 또한 결코 그에 미칠 수가 없는데 또한 帝보다 앞서는 듯하지 않은가? 帝는 天帝이다.

제5장

道家의 성인은 인간의 덧없음에서 자유롭고, 옳은 것과 그른 것을 결정하려는 충동에서도 자유로운 유일한 인간이다. 즉, 추한 것보다 아름다운 것을 선호하려는, 이것은 善이고 저것은 惡이라 규정하려는, 죽는 것을 사는 것보다 더 감정적으로 불안하게 여기려는, 하나의 의견은 옳고 다른 것은 옳지 않다고 여기려는 어떠한 욕망도 가지지 않은 유일한 인간이라는 말이다. 이것은 도가의 성인이 그러한 인간의 특성들을 부정한다는 것을 의미하지 않고, 그들이 그러한 것으로 "내면적으로 자신의 인격에 상처를 입고 있다."는 것도 아니다. 성인은 따라서 인도적이지 않고 자연적이다.

'인도적인' 것 대신에 도가의 성인은 하늘과 땅의 태도를 가지고 인간을 마치 '짚강아지〔芻狗〕'처럼 대한다. 고대와 근대의 주석자들이 다 같이 지적하는 바에 따르면, 짚강아지는 희생제에서 대단히 숭배되는 요소지만 의례 이후엔 모든 의미를 상실하고 그저 버려지는 것이었다. 따라서 도가의 성인은 사람들에게 크게 연연하지 않는 것처럼 보인다.

이러한 맥락을 고려할 때, 우리는 ≪노자≫의 다섯 번째 장이 儒學者와 '人本主義者'의 의례에 대한 집착을 공격하는 것으로 읽혀질 수 있다고 생각할 수 있다. 의례, 특히 죽음을 처리해야만 하는 것들은 유교 문화에서는 최우선시된다. 버려진 짚강아지를 언급하는 것은 의례적 수행을 조롱하는 것이다. 명백하게 영속성 — 인간의 선조와 그 일족들의 영속성 — 을 기념하기 위한 것으로 가정되는 의례는 대단히 일시적인 사건이다. 의례가 끝나자마자, 그 의례에 사용된 도구들은 그것들에게 부여되었던 모든 의미를 상실한다.

여기에서 ≪노자≫는 인간의 영속성에 대한 유교의 탐구를 실패한 것으로 비판하는 듯 보인다. 도가의 관점에서 영속성은 〈선조와 일족의〉 진행 중인 존재에 대한 기념에 기반을 둘 수 없으며, 오직 끊임없는 변화의 인식에만 기반을 둘 수 있을 뿐이다. 인간은 영속적이지 않고 유교적인 의례는 또한 인간을 그러하게 만들지도 않는다. 게다가 도가적 관점에서 유교의 의례는 삶과 죽음을 받아들일 수 없는 감정적 집착을 나타낸 것으로 보인다. ≪장자≫처럼 ≪노자≫도 죽음에 대한 유교의 감정적 집착을 비판한다. 도학자에게, 삶을 죽음보다 선호하는 인간적 경향에서 생겨난 그러한 감정적 애착은 짚강아지에 대한 감정적 애착만큼이나 '부자연스러운' 것이다.

우리는 짚강아지의 이미지가 유교의 의례에 대한 집착을 비판하고 조롱하는 것이라 생각하는 반면, 무엇보다도 우리는 여기서 논쟁이 되는 것이 그 이미지와 얽혀 있는 '인본주의(humanism)'라고 생각해보는 것은 재미있다. 하늘과 땅과 마찬가지로 도가의 성인은 특히 '인간적'이거나 각별하게 인간에게 관심을 갖지도 않는다. 도가 성인에게 인간은 개와 본질적으로 다르지 않다. 심지어 짚강아지하고도 다르지 않다! 인간은 마치 짚강아지가 의례 수행 뒤에 사라져버리는 것처럼 삶에서 사라진다. 짚강아지가 아궁이를 위한 연료가 되는 것처럼, 인간은 하늘의 조상이 아니라, 도가의 성인 – ≪노자≫ 5장 세 번째 부분에서 인간이 아닌 풀무에 비견되는 존재 – 은 인간의 죽음에 대해서 무관심할 뿐만 아니라 인간에 대해서도 전적으로 무관심하다. 이것은 물론 성인들이 인류를 싫어한다거나 심지어 경멸한다는 말이 아니라, 단지 다른 종보다 인간 종에 더하거나 덜한 애착을 느끼지 않는다는 것이다. 성인들은 스스로를 비워냄에 있어 감정을 버릴 뿐 아니라 자신의 性과 種까지 버린다.

5.1 天地不仁하여 以萬物爲芻狗하고

하늘과 땅은 어질지 않아 만물을 짚강아지처럼 여기고

【注】天地는 任自然하여 無爲無造나 萬物自相治理[1]하니 故不仁也라하니라 仁者는 必造立施化하니 有恩有爲로되 造立施化하면 則物失其眞이요 有恩有爲면 則物不具存이요 物不具存하면 則不足以(載矣)〔備載〕[2]라 〔天〕[3]地 不爲獸生芻하나 而獸食芻하고 不爲人生狗하나 而人食狗하니 無爲於萬物이면 而萬物各適其所用하니 則莫不贍矣라 若慧由己樹하면 未足任也라

1) 天地……萬物自相治理 : 王弼에 따르면 '無爲'란 무엇보다도 天地가 운행하면서 만물을 키우는 근원적인 방식을 형용하는 용어이다. ≪노자주≫에는 우주의 기원이나 생명의 기원에 대한 발생론적 언급은 없다. 단지 그에게 이 세계는 천지라는 주어진 세계로 존재할 뿐이며, 그것은 이미 본연의 질서〔道〕에 따라 운행하고 있는 것일 뿐이다. 인간에

게 주어진 책무란 바로 그러한 본연의 질서에 따라 인간 사회를 다스릴 수 있는 聖人을 요구하는 것뿐이다.

　천지자연의 세계는 이미 본래적인 질서가 구현되어 있는 세계이다. 그것은 무엇보다 천지가 드러내는 '본래 그러함'에 의해 인도된다. 이러한 천지 세계가 具有하고 있는 '본래 그렇게 질서를 이루는 본성'은 만물의 '情', '眞'과 같은 용어로 표현된다. 각각의 개체는 전체적 조화를 이룰 수 있는 타고난 본성을 내부에 갖추고 있는 것이다. 따라서 이 세계의 운행 과정에서 천지는 '무위'하지만, 모든 만물들은 저절로 질서를 이루는 것이 가능한 것이다. 가장 이상적인 통치자는 무엇보다 이러한 자연의 질서를 따르는 것이다.

2) (載矣)〔備載〕 : 저본에는 '備載'가 '載矣'로 되어 있으나, 樓宇烈과 바그너는 劉惟永集義本에 따라 '備載'로 확정하였는데 여기서는 이를 따른다. '備載'란 波多野太郎에 따르면 그 뜻은 '全載', 즉 온전히 싣는다는 뜻으로 보았는데 참고할 만하다.

3) 〔天〕 : 저본에는 없으나 樓宇烈은 道藏集注本에 근거하여 天을 보완하였는데, 이를 따른다.

하늘과 땅은 저절로 그러함에 맡겨 함도 없고 만듦도 없으나 만물이 스스로 서로를 다스린다. 그래서 '어질지 않다'고 한 것이다. '어질다'는 것은 반드시 무언가를 만들어 세우고 펼쳐서 변화시키니 은혜가 있고 함이 있다. 그러나 만들어 세우고 펼쳐서 변화시키게 되면 만물은 그 참된 본성을 잃게 될 것이요, 은혜가 있고 함이 있게 되면 만물이 함께 보존될 수 없고, 만물이 함께 보존될 수 없으면 온전히 실어주기에는 부족하게 된다.

하늘과 땅이 짐승을 위하여 꼴을 내는 것은 아니지만 짐승들은 꼴을 먹고, 사람을 위하여 개를 낳은 것은 아니지만 사람은 개를 먹는다. 만물에 無爲하면 만물은 저마다 제가 쓰일 바에 맞추어 나아가게 되니 넉넉하지 못함이 없게 된다. 만약 지혜가 자기로부터 세워지게 되면 맡기기에 부족하다.

5.2 聖人不仁하여 以百姓爲芻狗로다

성인은 어질지 않아 백성을 짚강아지로 여긴다.

【注】聖人與天地合其德[1]일새 以百姓比芻狗也라

1) 聖人與天地合其德 : ≪周易≫ 乾卦 〈文言傳〉에서 따온 말이다. 전문은 다음과 같다. "대인이란 天地와 그 덕이 합치하고, 日月과 그 밝음이 합치하며, 四時와 그 순서가 합치하며, 鬼神과 그 길흉이 합치한다. 그리하여 하늘에 앞서지만 하늘조차 그를 어기지 아니하고, 하늘의 뒤에 서되 하늘의 때를 받든다. 하늘 또한 그를 어기지 아니하는데 하물며

사람이나 귀신이 어기겠는가.〔夫大人者 與天地合其德 與日月合其明 與四時合其序 與鬼神
合其吉凶 先天而天弗違 後天而奉天時 天且弗違 而況於人乎 況於鬼神乎〕"이를 통해 보면
王弼의 聖人은 ≪周易≫의 大人에 해당한다. 이는 注17.1에서 분명히 드러난다.

성인은 천지와 그 덕이 합치하기에 백성을 짚강아지에 견준 것이다.

5.3 天地之間은 其猶橐籥乎인저 虛而不屈하고 動而愈出이라

하늘과 땅의 사이는 아마도 풀무나 피리와 같지 않은가? 비어 있으나 쪼그라들지
않고 움직일수록 더욱 나온다.

【注】橐은 排橐也요 籥은 樂籥也라 橐籥之中은 空洞하여 無情無爲라 故虛而不得窮
屈하고 動而不可竭盡也라 天地之中은 蕩然任自然이라 故不可得而窮이 猶若橐籥
也라

'橐'은 '풀무〔排橐〕'이고 '籥'은 '피
리〔樂籥〕'이다. 풀무와 피리의 속은
텅 비어 있어서 어떠한 마음도 없
고 무언가 함도 없다. 그래서 비어
있으면서도 다하여 쪼그라들지 않
을 수 있고 움직여도 다 소진되지
않을 수 있다. 하늘과 땅의 가운데
는 텅 비어 스스로 그러함에 맡긴
다. 그래서 다할 수 없는 것이 마
치 풀무나 피리와 같다.

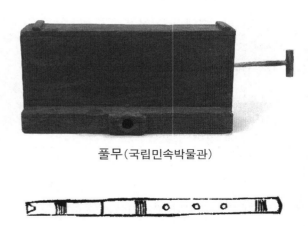

풀무(국립민속박물관)

피리〔籥〕(≪樂學軌範≫)

5.4 多言數(삭)窮하니 不如守中[1]이니라

1) 多言數(삭)窮 不如守中 : 帛書本에는 '多聞數窮 不若守於中'으로 되어 있다. 이석명은 多言
이 언변의 유창함을 뜻하는 반면 多聞은 知와 관련된 것으로 ≪老子≫ 經3.4의 '無知無欲'
처럼 知를 부정적으로 보는 태도에 비추어볼 때 본래 ≪노자≫는 '多言數窮'이었을 것이라
고 지적한다.
　　≪淮南子≫〈道應訓〉은 이 부분을 王壽와 徐馮의 이야기를 통해 진정한 지혜〔知〕란 때
를 아는 것인데, 책에는 이러한 지혜가 담겨 있지 않다고 하면서 ≪노자≫의 이 구절을 인

용하고 있다. 같은 이야기가 ≪韓非子≫ 〈喩老〉에도 보인다.

말이 많으면 자주 막히니 가운데를 지키느니만 못하다.

【注】 愈爲之하면 則愈失之矣라 物避其慧하고 事錯其言하니 其慧不濟하고 其言不理하여 必窮之數也[1]라 棄簫而守數中하면 則無窮盡하니 棄己任物이면 則莫不理하니 若棄簫有意於爲聲也면 則不足以共吹者之求也[2]라

1) 物避其慧……必窮之數也 : 樓宇烈은 "物樹其慧 事錯其言 不慧不濟 不言不理"라고 보았으나, 바그너는 注17.4 "不能法以正齊民 而以智治國 下知避之 其令不從 故曰侮之也"라고 한 것, 注10.4에서 "能無以智乎 則民不辟而國治之也"라고 한 것, 注18.2에서 "行術用明 以察姦僞 趣覩形見 物知避之 故智慧出則大僞生也"라 한 것을 근거로 "物避其慧 事錯其言 其慧不齊 其言不理"라고 교감하였는데, '避'를 '樹'로 본 樓宇烈의 제안보다 바그너의 논의가 자연스러워 이를 따른다.

2) 若棄簫有意於爲聲也 則不足以共吹者之求也 : 儒家의 정치사상은 제도적으로 '聖君賢臣'의 정치로 요약된다. 왕필이 말하는 '피리를 부는 자'는 그렇다면 누구를 말하는 것일까? 왜 孔子는 평생토록 周公을 사모하였던 것일까? 왕도 아니었고, 단지 재상으로서 자신의 조카인 成王을 보좌하던 '賢臣'인 주공을 사모하였던 것일까? 본래 治의 구심을 이루는 '國'의 본질은 비어 있는 것이다. 따라서 그러한 '국'의 주체인 왕 또한 마땅히 스스로를 비워야 한다. 도가에서는 帝王이 스스로를 비워야 누구도 감히 그를 넘볼 수 없고, 속일 수 없다고 말한다. 이와 달리 유가는 다른 이유로 제왕에게 스스로를 비우라고 요구한다. 왕은 국가를 상징하는, 천하 만민을 대표하는 피리이다. 피리가 속이 비어 있지 않으면 소리를 낼 수 없다. 유가란 속이 빈 천하라는 피리, 국가와 인간 세계의 상징인 왕이라는 피리를 부는 음악가인 것이다.
　이상에서 서술한 것은 魏晉時代에 개화하는 士大夫의 정신적 자각을 표상하는 증거로 볼 수 있다. 군주에 대한 찬양 일색이었던 漢代의 賦 문학과 달리 위진시대에 이르게 되면 혼란한 사회 속에서 사대부의 개성에 대한 자각이 싹트게 되고, 이러한 개인적인 정조를 문학을 통해 표출하는 현상이 전개된다. 왕필의 사상은 당시의 이러한 사상적 자각을 통해 형성되었다고 할 수 있다. 이 점은 오로지 제왕을 중심으로 황로학적 이상을 드러내는 ≪하상공장구≫의 성인관과 다르다. ≪노자≫ 經62.6에서 "천자를 세우고 삼공을 둔다.〔立天子 置三公〕"는 구절에 대해 道를 실천의 방법으로 보는 왕필과 달리 ≪하상공장구≫에서는 "선하지 못한 사람들을 교화시키고자 하는 것이다.〔欲使教化不善之人〕"라고 애매하게 회피하는 주석을 하여 '삼공'의 존재를 부인한다. ≪하상공장구≫에 나오는 '公'은 그래서 '公正', '公平無私'의 의미로만 사용되는 것이다.
　≪하상공장구≫의 성인이 養生의 도를 실천하는 제왕이라면, ≪노자주≫의 성인은

≪주역≫ 〈문언전〉의 大人이다. 이런 점에서 ≪하상공장구≫와 ≪노자주≫의 성인관은 분명하게 구별된다. 이것은 송명 신유학의 정치사상과 분명하게 이어지는 입장이라 할 수 있다.

하면 할수록 더욱 잃게 된다. 만물이 〈군주의〉 지혜를 피하고 하는 일마다 〈군주의〉 말과 어긋나니, 그 지혜가 다스려지지 않고 그 말은 조리에 맞지 않게 되어 반드시 막히는 상황이 자주 일어난다. 풀무와 피리가 그 속을 지키면 궁하거나 다함이 없다. 자신을 버리고 만물에게 맡기면 다스리지 못할 것이 없게 된다. 만약 풀무와 피리가 어떤 소리를 내겠다는 뜻을 갖게 되면 함께 〈그 피리를〉 부는 사람이 원하는 소리를 낼 수 없게 된다.

제6장

제6장은 傳統的 해석과 現代的 해석이 크게 다르다. "골짜기의 신령은 죽지 않는다."는 말로 시작되는 이 장은 현대의 모든 철학들과 종교들이 다루는 주요한 실존적 문제, 즉 삶의 일시성 혹은 더 구체적으로 말하자면 죽음의 문제를 다루고 있는 것으로 독해하기도 한다. 또는 제28장과 연결하여 原始宗敎의 女性 生殖器 崇拜, 남성성에 대해 여성성을 강조하는 페미니즘적 시각에서 ≪老子≫의 독특한 철학이 드러난 것으로 해석하기도 한다. 하지만 전통적인 맥락에서 보면 제6장은 ≪노자≫의 고유한 사상인 '부드러움[柔]', '스스로를 낮춤[卑]'을 강조하는 處世의 태도로 보거나 道敎的 養生의 의미를 說明한 것으로 본다.

특히 어떤 의미에서 道는 '不死'하는 것이기에 道를 본받으려고 하는 것은 인간이 不死·不滅이 되기를 열망하는 것을 의미한다. 후대의 도교에서 ≪노자≫를 이해한 방식은 정확하게 이런 것이며, 흔히 종교적인 道敎의 역사는 그러한 해석을 위한 충분한 증거를 제공한다. 도가적 실천은 몸을 영원히 지속되는 '유기체'로 변형하려는 시도를 의미할 수도 있고, 도가적 실천가는 이 목표에 도달하기 위한 수많은 구제책들을 개발하기도 했다. 이런 점에서, 텍스트로서 ≪노자≫는 죽음을 극복하기 위한 매뉴얼로 읽힐 수 있었으며, ≪노자≫의 저자로 추정되는 노자 자신은 그 기술을 성공적으로 숙달했던 불멸의 모델로 존경받을 수 있었다.

6.1 谷神不死[1]하니 是謂玄牝[2]이요 玄牝之門을 是謂天地[之]根[3]이니 綿綿若存하여 用之不勤[4]이니라

1) 谷神不死 : 골짜기의 신령에 비유한 道의 작용이 영원하다는 뜻이다. 저본, 河上公本에는 '谷'으로 帛書本에는 '浴'으로 되어 있다. '浴'은 '谷'의 假借字이다. 이 문장은 두 가지로 해석한다. 하나는 谷을 동사로 보아 穀(기르다)으로 풀이하는데, '穀神'을 五臟神을 '기른다[養]'고 풀이한 河上公의 예가 대표적이다. 또 하나는 골짜기[谷]와 신[神] 또는 골짜기의 신[谷神]으로 풀이하는 것으로 王弼이 대표적이다. 골짜기의 신은 뒤의 玄牝과 같은 은유로 볼 수 있는데, 골짜기는 그 안이 텅 비어 있어서 계곡을 흐르는 물과 그 양쪽에 수많은

草木이 서식할 수 있는 환경을 제공한다. 이것은 道의 놀라운 生成의 德을 형용한 것이며 동시에 그와 같이 포용력 있는 聖人의 處身을 비유한 것으로 볼 수 있다.

2) 是謂玄牝 : 玄牝에 대해서는 두 갈래의 해석으로 갈라진다. 하나는 도교적 양생술로 보는 것으로 하상공에게서 두드러지고, 다른 하나는 ≪老子≫가 강조하는 因順, 柔弱의 處世와 관련하여 보는 것으로 王弼이 이에 해당한다.

河上公은 "玄은 하늘로서 사람의 코에 해당하고, 牝은 땅으로서 사람의 입에 해당한다.〔玄 天也 於人爲鼻 牝 地也 於人爲口〕" 즉 道家의 呼吸術과 辟穀 등 양생술과 관련된다고 본 것으로 이후 道敎에 커다란 영향을 미쳤다.

이와 달리 ≪老子≫의 덕목으로 해석하는 경향은 현대에 와서 페미니즘 학자들의 큰 호응을 받았다. 예컨대 서양 학자들은 玄牝을 '신비스러운 여성성(the mysterious female)'으로 옮기곤 했는데 아서 웨일리(Aythur Waley), 라우(D. C. Lau) 빅터 메이어(Victor H. Mair) 등이 모두 그러하다. 한편 郭沫若, 張松如, 에드먼드 라이덴(Edmund Lyden)은 '牝'이 본래 '匕'로서 여성의 생식기(cleft)이며 원시 종교의 흔적이라 보기도 했다. 이와 같이 여성성을 강조하는 것이라는 해석에 대해 밀러(Hans-Georg Moeller) 같은 학자는 中國語에서 牝牡, 雌雄과 같이 동물에 해당하는 표현으로 보면 가능한 해석이지만, 人間을 구분하는 男女를 성적으로 구분하는 표현은 나오지 않으므로 이를 페미니즘으로 보기는 어렵다고 보았다.

薛惠는 '牝'이 본래 '匕(비)'로 읽어 운을 맞추기 위한 것이라 보기도 했다. 이에 따르면 '牝'은 큰 의미가 없다.

3) 天地〔之〕根 : 河上公本에는 '天地之根', 저본・帛書本에는 '天地根'으로 '之'가 없다. 하상공본을 따라 '之'를 보충하였다. 그러나 의미상의 차이는 없다.

4) 綿綿若存 用之不勤 : 帛書本은 '緜緜呵其若存'으로 되어 있는데 劉笑敢은 帛書本이 四字句 句文으로 다듬어지지 않은 때의 것을 반영하며, 이는 古代의 文獻이 정리되면서 전해지는 과정을 보여준다고 보았다. 대개의 주석들은 가늘게 이어지는 모양이 있는 듯 없는 듯 하다는 뜻으로 풀이한다. 美國의 道敎學者 해롤드 로스(Harold D. Roth)는 ≪管子≫ 〈內業〉, 〈心術〉 등의 편과 ≪老子≫의 相關性을 지적하며 이런 표현들이 呼吸法을 중심으로 하는 養生術과 관련된 표현으로부터 유래한 것이라고 지적하기도 한다. 河上公은 "코와 입으로 숨을 들이쉬고 내쉴 때에는 가늘고 미묘하게 하여 〈숨소리가 들리지 않을 정도로〉 있는 듯 없는 듯이 해야 한다.〔鼻口呼吸喘息 當綿綿微妙 若可存 復若可無有〕"라고 풀이하였으니 이에 해당한다.

'勤'은 대체로 '다하다〔窮 또는 盡〕'로 풀이하기도 하고 '수고롭다〔勞〕'로 풀이하기도 한다. 이렇게 보면 '아무리 써도 다하지 않는다'고 풀이할 수도 있고, '아무리 써도 지치지 않는다'라고도 풀이할 수 있다. 王弼과 河上公 모두 '수고롭다'는 뜻으로 풀이하였는데, 왕필은 골짜기가 만물을 생성하는 작용이 수고롭지 않게 이루어진다는 뜻으로 풀이한 반면, 河上公은 이 구절을 呼吸術과 氣의 運用에 관련된 것으로 풀이한다.

  골짜기의 신령은 죽지 않으니, 이를 신비한 암컷〔玄牝〕이라 일컫는다. 이 신비한
암컷의 문을 하늘과 땅의 뿌리라 일컬으니, 마치 있는 듯 없는 듯하면서 면면히 이
어져 그것을 아무리 써도 수고롭지 않다.

  【注】谷神은 谷中央無(谷)〔者〕也¹⁾라 無形無影하고 無逆無違하며 處卑不動하고 守
靜不衰니 (谷)〔物〕以之成이로되 而不見其形²⁾하니 此至物也라 處卑而不可得而
名이라 故謂〔之玄牝〕³⁾하니라 天地之根은 綿綿若存하여 用之不勤이라하니 門은 玄牝
之所由也라 本其所由컨댄 與〔太〕⁴⁾極同體라 故謂之天地之根也니라 欲言存邪면
則不見其形이요 欲言亡邪면 萬物以之生이라 故曰綿綿若存也하니라 無物不成이로되
用而不勞也⁵⁾라 故曰 用之不勤也라하니라

  1) 谷中央無(谷)〔者〕也 : 저본에는 '者'가 '谷'으로 되어 있으나 陸德明의 ≪經典釋文≫에는
     '谷中央無'로 되어 있고, 아래 注文에서 '谷'에 대해 '中央無者也'라 하였다. 樓宇烈은 이
     를 근거로 '谷中央無者也'로 보았는데 이를 따른다. 하지만 루돌프 바그너는 王弼이 '無
     物'과 같은 표현을 쓰기도 하기에 '無谷'이란 표현도 왕필의 새로운 사유를 드러내는 용
     어로서 '谷中央無谷也'로 보아도 무방하다고 하면서 '골짜기 가운데의〈골짜기라는 형체
     를 넘어선 것으로서〉無谷(the non-valley)'이라 풀이하였다. '無者'로 보든 '無谷'으로
     보든 萬物을 생성하는 '골짜기의 신묘한 작용〔谷神〕'의 의미를 부각시키기 위한 것으로
     보면 큰 차이는 없다.
  2) (谷)〔物〕以之成 而不見其形 : 저본에는 '物'이 '谷'으로 되어 있는데 樓宇烈은 陶鴻慶의
     교감을 따라 '物'로 보았는데 이를 따른다. 루돌프 바그너는 '物'이 '谷'으로 골짜기의 신
     령한 작용이 만물을 이루어주지만 만물은 그 형체를 보지 못한다는 문장으로 보았다.
     하지만 注1.2에서 '萬物以始以成 而不知其所以然'이라 한 것에 비추어보면 樓宇烈의 입
     장이 무리가 없기에 이를 따른다.
  3)〔之玄牝〕: 저본에는 '之玄牝'이 없으나, 陶鴻慶 등은 ≪列子≫〈天瑞〉의 張湛 注에 의거
     하여 보완하였는데 이를 따라 보충하였다.
  4)〔太〕: 저본에는 '太'가 없으나 樓宇烈은 ≪列子≫〈天瑞〉의 張湛 注에 의거하여 보완하
     였는데, 이를 따라 보충하였다.
  5) 無物不成 用而不勞也 : 樓宇烈은 ≪列子≫〈天瑞〉를 근거로 '無物不成而不勞也'로 보았
     으나, 따르지 않았다. 만물이 생장하는 과정에서 그 어느 것도 골짜기의 신령함, 즉 道
     에 의해 이루어지지 않는 게 없는데, 그 작용이 신령해서 보이지도 않아 있는 듯 없는
     듯하며 이러한 작용은 전혀 지치거나 힘들어 함이 없이 이루어진다는 뜻이다.

'谷神'이란 골짜기 한가운데의 빈 곳이다.〈골짜기의 한가운데는〉어떠한 형체나 그림

자도 없고 거스름이나 어김도 없으며, 낮은 곳에 처해 움직이지 않고 고요함을 지켜 쉬하지 않는다. 만물은 그것에 의해 이루어지지만 〈곡신은〉 그 형체를 보이지 않으니, 이는 지극한 존재〔至物〕이다. 낮은 곳에 처하여 〈어떤 것이라고〉 이름 지어 말할 수가 없기에 그것을 '현묘한 암컷'이라 일컫는다. 〈≪老子≫는〉 "하늘과 땅의 뿌리는 있는 듯 없는 듯하면서 면면히 이어져 그것을 아무리 써도 수고롭지 않다."고 하였는데, 여기서 '門'이란 현묘한 암컷이 유래한 곳이다. 그 유래한 곳에 근본해볼 때 太極과 한 몸을 이루었기에 그것을 '하늘과 땅의 뿌리'라고 일컬었다. 있다고 말하고자 하면 그 형체가 보이지 않고, 없다고 말하고자 하면 만물이 그에 의해 생겨난다. 그래서 "있는 듯 없는 듯하면서 면면히 이어진다."고 했다. 어떤 만물이든 이루어지지 않는 게 없는데 아무리 써도 수고롭지 않으므로 "그것을 아무리 써도 수고롭지 않다."고 했다.

제7장

　하늘의 道는 '하늘(sky)'과 땅의 의미에서의 모두 하늘을 포함한다. 天地라는 표현은 종종 '하늘[天]'과 같은 뜻으로 사용되곤 한다. '하늘과 땅'을 함께 말한다는 것은 우주적 또는 자연적 과정이 '응답'의 하나라는 점을 보다 더 명백하게 하는데, 이러한 응답이란 여러 요소들의 '어울림', 여러 측면과 계기들의 조화로운 뒤섞임이 수반되는 역동적 과정이다. 이러한 과정의 효력은 스스로를 지속하는 능력에 따라 측정된다. 잘 세워진 리드미컬한 과정은 〈아마〉 끝없이 계속 될 것이다. 여기 제7장은 이런 맥락에서 이해할 수 있다.

　하늘과 땅의 사심 없음은 그 두 개체가 서로간에 해를 끼치지 않으면서 상호간에 주고받도록 해준다. 그것들은 어떤 특수한 '의제(agenda)'를 갖고 있지 않기 때문에 서로 갈등하지 않고, 서로를 아끼듯이 대하고 있기 때문에 그것들의 교대는 어떠한 마찰도 일으키지 않는다. 마찰이 없기 때문에 그 과정은 어떠한 기운도 소모하지 않고 또한 멈추지도 않는다. 우주적 '상호작용'은 행동 없는 행동이며 그러므로 그것은 영원하다. 마찰 없는 행동의 동일한 규칙은 자연이나 '하늘 아래'에서 대우주적이고 소우주적인 모든 차원에 적용될 수 있다.

7.1 天長地久하니 天地所以能長且久者는 以其不自生이라

　天地는 長久하다. 하늘과 땅이 능히 장구할 수 있는 까닭은 그것들이 스스로 낳지 않기 때문이다.

　【注】 自生則與物爭하고 不自生則物歸也라

　　스스로 낳으면 만물과 다투게 되고, 스스로 낳지 않으면 만물이 그에게로 돌아간다.

7.2 故能長生[1]하니라 是以로 聖人은 後[2]其身而身先하고 外其身而身存하나니 非以其無私邪아 故能成其私[3]니라

1) 能長生 : 저본, 帛書本, 河上公本 등 대개의 판본이 '生'으로 되어 있는데 '久'로 된 것도 있다. 예컨대 島邦男(시마 쿠니오)에 따르면 ≪老子想爾注≫에는 '能長久'로 되어 있는데, 뒤의 내용에서 聖人은 天地의 '長久'를 따르려는 것으로 되어 있다. 바그너 또한 이러한 지적을 따라 '長久'가 맞다고 보았다. 하지만 여기서는 수정하지는 않고 참고로 밝혀둔다.

2) 後 : 저본, 帛書本, 河上公本 모두 '後'로 되어 있으나, 竹簡本에는 '退'로 되어 있다. 뜻은 차이가 없다.

3) 後其身而身先……故能成其私 : 이 이야기는 ≪淮南子≫〈道應訓〉, ≪韓非子≫〈外儲說 右下〉, ≪韓詩外傳≫, ≪史記≫〈循吏傳〉, ≪新序≫〈節士〉 등에 나온다. ≪淮南子≫에서는 公儀休가 魯나라의 재상이 되자 물고기를 좋아하는 그에게 온 나라 사람들이 물고기를 바쳐도 공의휴는 받지 않는다. 제자들이 그 까닭을 묻자 공의휴는 "물고기를 받지 않아서 재상에서 쫓겨나지 않아야 오래도록 스스로 물고기를 조달할 수 있다.〔毋受魚 而不免於相 則能長自給魚〕"고 말한다. 이 이야기를 소개한 후 ≪회남자≫는 ≪노자≫의 이 구절을 인용한다.

그러므로 장구할 수 있다. 이러한 까닭에 성인은 자신의 몸을 뒤로 물리지만 몸이 앞서고, 자신의 몸을 도외시하지만 몸이 보전된다. 그에게 사사로움이 없기 때문이 아니겠는가! 그러므로 자신의 사사로움을 이룰 수 있는 것이다.

【注】 無私者는 無爲於身也라 身先身存이라 故曰 能成其私也라하니라

사사로움이 없다는 것은 제 자신에게 無爲한다는 뜻이다. 그래서 몸이 앞서고 보전되는 까닭에 "자신의 사사로움을 이룰 수 있는 것이다."라고 한 것이다.

제8장

道家의 聖人은 도덕적 논쟁, 혹은 무엇이 옳고 무엇이 그른지에 대한 논쟁, 무엇이 참이고 무엇이 거짓인지에 대한 논쟁에 가담하지 않는다. 그저 변방 노인처럼 무엇이 좋거나 나쁜지, 무엇이 옳거나 그른지에 대해서 궁극적으로 알지 못한다. 특히 ≪淮南子≫의 이야기는 적어도 도덕과 관계없는 의욕이다. 도덕적 구별은 다른 차이들만큼이나 반전을 일으키기 쉽다. 도덕적인 논쟁에서 가능한 최종 판단은 존재하지 않으며 따라서 판단을 삼가는 쪽이 더 현명하다. 좋게 보이는 행동은 아마도 나쁜 결과를 가질지도 모르고, 나쁘게 보이는 행동이 좋은 결과를 가질지도 모른다. 오늘날 참으로 취했던 것이 내일 거짓으로 드러나고, 오늘날 거짓으로 보였던 것이 내일 옳게 된다. 어쨌든 두 평가는 모두 상호의존적이다. 두 평가 모두 두 가지 입장을 구성하는 현실의 동등한 부분이다. 다른 것의 희생에서 하나를 고립시키는 것은 '전체 그림을 얻는 것'을 못하게 함을 의미한다.

도덕적 논쟁에서 성인의 무관심은 더 중요한데, 도덕이 아주 덧없기 때문이다. 도덕적 차이는 갈등으로 쉽게 전이될 수 있으며, 이러한 것은 종종 전쟁은 아닐지라도, 言爭뿐만 아니라 폭력과 무력을 사용하는 상황에 이르게 된다. 도덕적인 구별은 잠재적으로 위험하다. 비인간적인 자연에서는 어떠한 도덕도 찾아볼 수 없다. 겨울은 여름보다 더 '악하지' 않고, 그저 더 추울 뿐이다. 그러나 인간적인 영역에서 도덕적인 구별들이 쉽게 敵對的으로 바뀔 수 있다. 따라서 相補的인 구별이 적대적으로 될 수 있다.

도덕은 이렇게 사회적 안정에 중요한 위협을 야기한다. 성왕이 편파적일 경우에, 그들은 사회의 균형을 깨뜨리고 스스로 적대적이 될 것이다. 그러므로 그들은 도덕적인 판단을 그친다. 옳고 그름에 대한 도덕적 소통에 참여하지 않는 것으로, 통치자들은 이러한 소통이 폭력적으로 바뀌지 못하게 예방한다. 그들의 중립성이 당파적인 투쟁을 방지한다.

성왕에 관하여 제8장은 중요한 의미를 갖는다. 성인은 편파적이지 않은 유일한 사람이다. 다른 모든 것들, 대중적인 사람들은 일정한 위치와 동일시하려는 경향이

있다. – 예를 들어 그들은 행운은 좋고 불운은 나쁘다고 말한다. 온건한 성인은 무
관심한 채로 있는, 그러므로 다른 것이 논쟁을 초래하는 사회적 분열이 되지 않게
하는 유일한 사람이다.

8.1 上善은 若水하니 水善利萬物而不爭[1]하며 處[2]衆人之所惡(오)라

> 1) 不爭 : 저본, 河上公本은 이와 같으나 帛書本은 '不爭'이 '有靜'으로 되어 있다.
> 2) 處 : 帛書本과 傅奕本은 '處'가 '居'로 되어 있다.

가장 좋은 것은 물과 같다. 물은 만물을 잘 이롭게 하면서 다투지 않으며, 뭇사람
들이 싫어하는 비천한 곳에 자리 잡는다.

【注】人惡卑也라

사람들은 비천한 것을 싫어한다.

8.2 故幾於道니라

그래서 道에 가깝다.

【注】道는 無요 水는 有[1]라 故曰 幾也라하니라

> 1) 道無 水有 : 도는 '無'에 해당하고 물은 '有'에 해당한다는 뜻이다. 이때 有와 無는 각각
> 독자적인 어떤 本體를 가리킨다기보다 注1.2에서 말하듯이 無는 '未形無名之時', 有는
> '有形有名之時'로 구분되는데, 도는 형체가 없고 이름이 없지만 물은 이름이 있으나 일
> 정한 형체를 말할 수 없는 것이기에 도에 대한 비유로 쓴 것이다. 따라서 '가깝다'라는
> 의미로 이해할 수 있다.

도는 '無'에 해당하고 물은 '有'에 해당한다. 〈무에 해당하는 도를 유에 해당하는 물에
비유하여 말하였지만 '무'는 '유'가 아니기에〉 그래서 '가깝다'고 한 것이다.

8.3 居善地하며 心善淵하며 與善仁[1]하며 言善信하며 正[2]善治하며 事善能하며 動
善時하여 夫唯不爭이라 故無尤니라

> 1) 與善仁 : 帛書 甲本은 '予善信', 乙本은 '予善天'으로 되어 있다.
> 2) 正 : 帛書本, 傅奕本에는 '正'이 '政'으로 되어 있다.

〈물은 도처럼〉거할 때에는 땅처럼 낮은 데에 처하기를 잘하고, 마음 쓸 때에는 그윽이 깊게 하기를 잘하고, 사물과 더불어 할 때에는 어질게 행하기를 잘하고, 말할 때에는 믿음직스럽게 하기를 잘하고, 바로잡을 때에는 다스리기를 잘하고, 일을 할 때에는 능숙함을 펼치기를 잘하고, 움직일 때에는 때를 맞추기를 잘한다. 대저 오로지 다투지 않으니 이 때문에 허물이 없는 것이다.

【注】 言(人)〔水〕[1]**皆應於此道也**라

> 1)（人）〔水〕: 저본에는 '人'으로 되어 있으나, 道藏集注本·道藏集義本에 의거하여 '水'로
> 바로잡는다.

〈여기의 뛰어난 장점들은〉물이 모두 이러한 도에 상응한다는 것을 말한다.

제9장

하늘에 대해서 모든 것은 '하늘 아래[天下]'에 있다. 그러므로 천하는 종종 '世界'로 번역된다. '세계'는 '하늘 아래' 기능하는 森羅萬象의 구체적 영역, 즉 문자 그대로 해와 달의 운행과 나란히 밤에 어둡고 낮에 밝은 모든 것이다. 하늘 그리고 그 '아래에' 있는 모든 것은 분리될 수 없다. 인간 사회는 물론 '하늘 아래'에 존재하는 것 가운데 중요한 부분이다. 전기가 들어오기 이전에 우리는 〈불가피하게〉 밤에는 자고 낮 동안에 일을 했다. 하늘 아래에 있으면서 사람들은 그에 맞추어서 행동해야만 한다.

대부분의 다른 고대 중국철학 텍스트와 비슷하게 ≪老子≫는 일반적으로 하늘 아래에 있을 때 하늘의 운행을 따를 것을 추천한다. 그것은 특히 하늘의 역학을 거스르는 어떤 종류의 행동을 그만두게끔 한다. 그러한 행동들은 실패하기 마련이거나 적어도 수고스럽거나 소모적이다. ― 궁극적으로 그것은 효과적일 수 없다. 가장 효율적인 행동 방식은 하늘과 어울리게 행동하는 것이다. 하늘에 짝한다는 것은 上古시대의 이상으로 묘사되고 있다. 그것이 함축적으로 암시하는 바는 사람이 이렇게 소박하지만 가치 있는 전략으로 돌아간다는 것이다. 하늘의 질서는 단지 거기에 있다. ― 그리고 늘 있어왔다. 인간이 해야만 하는 모든 것은 제59장에서 지적하듯이 '아끼면서' 행동하는 것이다.

인간들의 질서를 다스리기 위해선 하늘의 道를 따르는 것이 가장 좋다. 하늘 그 자체는 '아끼면서' 행동하고 그래서 하늘을 '섬기는' 것은 그에 반하는 어떠한 행동도 취하지 않는 것이다. 하늘은 '가야 할 곳'에 대해 어떤 특정한 목적도 어떤 특정한 의도도 갖지 않는데, 동일한 것이 왕에게도 똑같이 적용된다. 하늘은 사사롭지 않다. 사사로움이 제거될 때, 사물은 부드럽게 진행되어 나간다. 제9장은 이렇게 말하고 있는 것이다.

9.1 持而盈之는 不如其已[1]요

1) 不如其已 : 河上公本은 '不知其已'라고 되어 있고, 傅奕本·저본은 '不如其已'로 되어 있고,

帛書本은 '不若其已'로 되어 있다. 바그너는 注9.3에 '不若其已'로 되어 있으므로 이를 따라야 한다고 보았는데, 참고로 밝혀둔다.

가지고 있으면서 더 채우고자 하는 것은 그만두느니만 못하다.

【注】 持는 謂不失德也라 旣不失其德이로되 又盈之하니 勢必傾危라 故〔不如其已也〕[1]라하니라 不如其已者는 謂乃更不如無德無功者也라

> 1) 故〔不如其已也〕: 저본에는 '不如其已也'가 없으나, 波多野太郎은 아래 注9.3의 "故 不可長保也"에 상응하여 보완하였는데, 이를 따라 보충하였다.

持란 덕을 잃지 않으려 애쓰는 것을 말한다. 이미 자신의 덕을 잃지 않았는데 또 그것을 채우고자 하니 세력이 반드시 기울고 위태로워질 것이다. 그래서 "그치느니만 못하다."고 한 것이다. '不如其已'는 오히려 덕이 없고 공이 없는 것만도 못함을 이른다.

9.2 揣而銳之는 不可長保[1]라

> 1) 持而盈之……不可長保 : 이 구절은 ≪呂氏春秋≫ 〈分職〉과 ≪淮南子≫ 〈道應訓〉에서 百公勝과 올빼미의 비유를 통해 설명되고 있다. ≪淮南子≫에서는 百公 勝이 의롭게 얻지 못한 재물을 독식하려다가 葉公에게 사로잡힌 이야기를 소개한다. 그리고 백공이 올빼미가 자기 새끼를 아끼듯 너무 인색하다고 비판하면서 ≪老子≫의 이 구절을 인용한다.

〈뾰족한 것을〉 다듬어서 그것을 더 날카롭게 하고자 하는 것은 오래도록 보전할 수 없다.

【注】 旣揣末令尖이로되 又銳之令利하면 勢必摧衄하리니 故不可長保也라하니라

이미 끝을 다듬어서 뾰족하게 하였는데 다시 그것을 날카롭게 하여 더욱 예리하게 하면 세력이 꺾여 위축될 것이니, 그래서 "오래도록 보전할 수 없다."고 한 것이다.

9.3 金玉이 滿堂이면 莫之能守하고

金과 玉이 집안을 가득 채우면 능히 그것을 지킬 수가 없고,

【注】 不若其已라

그치느니만 못하다는 뜻이다.

9.4 富貴而驕면 自遺其咎라

부유하고 귀하면서 교만하면 스스로 허물을 남기게 된다.

【注】不可長保也라

오래 보전할 수 없다는 뜻이다.

9.5 功遂身退는 天之道[1]니라

> 1) 功遂身退 天之道 : 河上公本과 ≪淮南子≫〈道應訓〉은 '功成名遂 身退 天之道'로 되어 있
> 다. ≪淮南子≫〈道應訓〉은 魏 武侯와 李克의 이야기로 이 구절을 설명하는데, 이 고사는
> ≪呂氏春秋≫〈離俗覽 適威〉에도 보인다.
> ≪회남자≫는 魏 武侯가 李克에게 吳나라가 망한 까닭을 묻자, 이극이 오나라가 잦은
> 전쟁을 벌여 승리하니 백성은 지치고 군주는 교만해져서 夫差가 干邃에서 스스로 자결했
> 다고 답하였다는 이야기를 소개한다. 그리고 ≪노자≫의 이 구절을 인용하고 있다.

공이 이루어지면 자신은 물러나는 것이 하늘의 도이다.

【注】四時更運하니 功成則移니라

사계절이 번갈아 운행하니 공이 이루어지면 옮겨간다.

제10장

   첫 번째 세 문장은 신체 修養의 방법을 논하고 있으니, 이는 초기 道教에 그러한 수행이 있었음을 보여준다. 이러한 기술이 무엇으로 이루어져 있는가에 대해 말하기는 쉽지 않다. 그렇다 해도 嬰兒의 형상이 언급되는 것에 주목해보는 것은 재미있다. 제20장, 제28장 그리고 제55장과 같이 이 장에서도 성인은 영아를 모방하고자 (emulate) 노력한다. 이러한 상태는 자의식으로부터 자유롭고, 완전히 자발적이며 (spontaneous), 어떠한 의도도 개입되지 않는다는 것을 우리는 추론할 수 있다. '養神(nourishing the soul)'과 '包一(embracing unity)' 같은 도가적 수행은 갓난아이와 같은 상태에 도달하곤 했을 듯하다.

   이어지는 글은 성격상 보다 정치적이다. 명백히 신체 수양은 성인 군주가 되는 데 중요한 부분으로 간주되었다. 서로가 꼬여 있는 신체 수련[治身]과 통치[治國 혹은 主術]를 상관적으로 이해하는 사상은 先秦儒家에서도 나타나며, ≪老子≫ 제13장과 제54장 또한 그것을 引喩하고 있다. 다섯 번째 문장에 나오는 天門과 여성성의 형상은 이 장을 제6장과 연관시켜 준다. 성인 군주는 여성적 자질에 근거하여 다스리며 아마도 자연의 재생산 과정의 열리고 닫힘에서 그 비어 있는 문의 지위를 계속 유지할 것이다.

10.1 載營魄抱一하여 能無離乎아

늘 머무는 곳에 살면서 하나를 끌어안아 능히 떠나지 않을 수 있는가?

【注】載는 猶處也요 營魄은 人之常居處也라 一은 人之眞也라 言人能處常居之宅하여 抱一清神能常無離乎면 則萬物自賓也니라

   載는 거처하다〔處〕는 뜻이다. 營魄은 사람이 늘 머무는 주거지이다. 一은 사람의 '참된 본성〔眞〕'이다. 〈이 구절은〉 사람이 능히 늘 머무는 집에 거처하면서 하나를 끌어안고 정신을 맑게 하여 〈집과 하나를〉 항상 떠나지 않을 수 있다면, 만물이 스스로 손님

으로 와서 〈그에게 복종할 것〉임을 말했다.

10.2 專氣致柔하여 能〔若〕嬰兒乎¹⁾아

1) 載營魄抱一…… 能〔若〕嬰兒乎 : 저본에는 '若'이 없으나 바그너는 아래 注文을 근거로 '能若 嬰兒乎'라 보았는데 이를 따른다. ≪淮南子≫〈道應訓〉에는 ≪莊子≫〈大宗師〉에도 나오 는 유명한 공자와 안회의 '坐忘' 이야기를 통해 이 부분을 해석하는데 내용은 조금 다르다. ≪회남자≫에서 顔回는 仲尼(공자)에게 坐忘을 이루었다고 하면서, "몸과 사지를 잊고 총명을 물리쳤으니 형체를 떠나고 지식을 벗어나 자신을 텅 비운 채 자연의 변화와 통하게 되었다.〔墮支體 黜聰明 離形去知 洞於化通〕"고 말한다. 그러자 공자는 안회를 따르겠다고 고백하는 이야기로 끝난다. 그리고 ≪노자≫의 이 구절을 인용한다. 즉 ≪회남자≫는 '專 氣致柔'를 형체와 지식에서 벗어나 스스로를 비워 자연의 변화에 통한다는 뜻으로 풀이하 고 있다.

氣를 맡겨두고 부드러움을 이루어 능히 갓난아기처럼 될 수 있겠는가?

【注】 專은 任也요 致는 極也라 言 任自然之氣¹⁾하여 致至柔之和하여 能若嬰兒之無 所欲乎면 則物全而性得矣리라

1) 任自然之氣 : ≪老子≫에서 '氣'는 經10.2 "專氣致柔", 經42.1 "沖氣以爲和", 經55.8 "心 使氣曰强"에서 단 세 차례 출현하는데, ≪老子注≫에서는 注10.2 "任自然之氣", 注42.1 "雖有萬形 沖氣一焉", 注43.1 "氣無所不入", 注55.8 "使氣則强"에서 네 차례 보인다. 이 가운데 우주론적인 논의로 해석할 수 있는 용례는 없다. ≪老子指略≫과 ≪周易注≫에 서도 전혀 언급이 없다. 달리 말하면 왕필의 관심은 도가의 자연주의 철학과는 다르며, 단지 그가 의도하고자 했던 '無爲'와 '自然'이 매우 사회적, 정치적, 윤리적 함의를 갖는 것으로 해석할 수 있다는 점이다. 이러한 왕필의 철학적 태도는 揚雄의 학문과 더불어 王充의 비판적 합리주의 정신에서 연원하는 것으로, 마치 그가 ≪周易注≫를 통해 讖緯 와 象數를 일소하고 철저하게 의리적인 해석으로 전환한 것처럼, ≪老子注≫에서도 그 이전의 기론적 해석을 전환시킨 것으로 볼 수 있다.

專은 맡긴다〔任〕는 뜻이다. 致는 완벽한 상태에 도달하다〔極〕는 뜻이다. 〈이 문장은 다음과 같은 뜻을〉 말한 것이다. 자연스러운 기운(숨결)에 맡겨 지극히 부드러운 조화 가 완벽한 상태에 도달하여 갓 태어난 아이와 같이 어떠한 욕망도 없는 상태에 도달할 수 있겠는가. 만약 그렇게 된다면 만물이 온전해져서 〈본래의 참된〉 본성을 얻게 될 것 이다.

10.3 滌除玄覽하여 能無疵乎아

현묘한 거울에 낀 〈사악함과 꾸밈을〉 깨끗이 닦고 제거해내어 능히 흠이 없게 할 수 있는가?

【注】 玄은 物之極也라 言 能滌除邪飾하여 至於極覽하며 能不以物介其明하여 疵之其神乎면 則終與玄同也라

　玄은 만물의 궁극이다. 〈이 문장은 다음과 같은 뜻을〉 말한 것이다. 〈만약 군주가〉 능히 사악하고 꾸며낸 것을 깨끗이 닦고 제거해내어 완벽한 거울과 같은 〈상태에〉 이를 수 있어 어떤 외물도 그 밝음을 훼손하여 그 정신에 흠이 나지 않게 할 수 있는가. 만약 그렇게 된다면 결국에는 현묘함 그 자체와 같아지게 된다는 뜻이다.

10.4 愛民治國[1]에 能無〔以〕知乎[2]아

1) 愛民治國 : 帛書本은 ‘治國’이 ‘㤮國’으로 되어 있는데, 이는 ‘活’의 빌린 글자로 보거나 高明(≪帛書老子校注≫)처럼 ‘治國’으로 보아야 한다는 견해도 있는데, 그 뜻은 ‘治國’과 같다.
2) 能無〔以〕知乎 : 저본은 ‘能無知乎’로 되어 있고 樓宇烈은 이를 받아들인다. 그러나 바그너에 따르면 아래 注文에서 “治國無以智 猶棄智也 能無以智乎 則民不辟而國治之也”라 하였으니 이는 마땅히 ‘能無以知乎’가 되어야 한다. 이는 經65.3의 ‘故以智治國 國之賊’에 대한 논의와 연관된다. 여기의 ‘智’에 대해 王弼은 ‘술수〔術〕’로 풀이한다. 따라서 바그너의 견해에 따라 수정하였다.

백성을 아끼고 나라를 다스림에 능히 꼼수를 쓰지 않을 수 있는가?

【注】 任術以求成하고 運數以求匿者는 智也라 玄覽無疵는 猶絶聖也요 治國無以智는 猶棄智也라 能無以智乎면 則民不辟(피)而國治之也라

　〈군주가〉 술책을 부려 성공을 추구하고 술수를 부려 숨겨진 것을 찾고자 하는 것이 ‘꼼수’이다. 전혀 더럽혀지지 않은 현묘한 거울 같은 마음의 상태를 유지하는 것은 〈바로 ≪노자≫에서 말하는〉 “성스러움을 끊는다.”는 것과 같다. 나라를 다스림에 있어 꼼수로 하지 않는다는 것은 〈바로 ≪노자≫가 말하는〉 “앎을 버린다.”는 것과 같다. 군주가 꼼수를 쓰지 않을 수 있는가. 만약 그럴 수 있다면 백성들이 그를 피하지 아니하고 나라가 잘 다스려질 것이다.

10.5 天門開闔이어늘 能爲雌乎[1]아

1) 能爲雌乎 : 통행되는 王弼本에는 '能無雌乎'로 되어 있으나, 저본과 帛書本, 河上公本 모두 '能爲雌乎'로 되어 있다. 바그너, 이석명(≪백서 노자≫)은 王弼의 注에서 '能爲雌乎'라 한 것을 근거로 '能爲雌乎'가 본래의 글자였을 것이라 하였다.

하늘의 문이 열리고 닫히는데 능히 암컷과 같이 할 수 있는가?

【注】天門은 謂天下之所由從也요 開闔은 治亂之際也라 或開或闔이어늘 經通於天下하니 故曰天門開闔也라 雌는 應而不唱하고 因而不爲하니 言 天門開闔이어늘 能爲雌乎면 則物自賓而處自安矣리라

'하늘의 문'이란 하늘 아래 모든 만물이 거쳐서 나오는 곳이다. '열림과 닫힘'이란 천하가 다스려질 때와 천하가 혼란스러울 때이다. 그 문이 열리고 닫히는데 하늘 아래 모두에게 두루 통하여 영향을 미친다. 그래서 "하늘의 문이 열리고 닫힌다."고 한 것이다. 암컷은 응하기만 할 뿐 먼저 울지 않고, 따르기만 할 뿐 먼저 나서지 않는다. 〈이 문장이 말하는 것은〉 다음과 같다. 〈만약 군주가〉 하늘의 문이 열리고 닫히는데 능히 암컷과 같이 할 수 있는가. 만약 그럴 수 있다면 만물이 스스로 손님이 되어 복종하고 거처가 저절로 편안해질 것이다.

10.6 明白四達에 能無(知)〔以爲〕乎[1]아

1) 明白四達 能無(知)〔以爲〕乎 : 저본에는 '能無知乎'라 되어 있다. 帛書本은 '能毋以知乎', 河上公本은 '能無知'로 되어 있다. 樓宇烈은 이 부분을 '能無爲乎'로 보았는데, 아래 注文에 '能無以爲乎'로 되어 있으니 이를 따른다.
   ≪淮南子≫〈道應訓〉, ≪莊子≫〈知北遊〉에서는 齧缺과 被衣의 대화를 통해 의미를 설명하고 있는데, '能無以爲乎'가 ≪회남자≫는 '能無以知乎'로 되어 있다. ≪회남자≫에서는 齧缺이 被衣에게 道를 물어 깨달음을 얻어 "형체는 마른 해골 같고, 마음은 다 타버린 재와 같다. 진실하지만 무지한 상태를 유지하고, 묵묵하면서 흐릿하지만 마음에 어떤 의향도 없는 상태〔形若槁骸 心如死灰 直實不知 以故自持 墨墨恢恢 無心可與謀〕"에 도달한다. 이 고사를 소개한 후 ≪老子≫의 이 구절을 인용한다.

사방에 두루 밝으면서도 능히 함이 없게 할 수 있는가?

【注】言 至明四達하여 無迷無惑하여 能無以爲乎면 則物化矣라 所謂道常無爲하니 侯王若能守면 則萬物自化니라

〈이 문장이 의미하는 바는〉 다음과 같다. 〈군주가〉 사방에 두루 밝아 분간하지 못함이 없고 혹하는 게 없어 무언가를 가지고서 함이 없게 할 수 있는가? 만약 그렇게 한다면 만물이 교화될 것이다. 〈이것이 바로 ≪노자≫ 37.1-3에서〉 이른바 "도는 늘 함이 없으니 侯王이 만약 이것을 지킬 수 있다면 만물이 저절로 교화될 것이다."라고 한 말의 의미이다.

10.7 生之하고

〈도는 만물을〉 낳고

【注】 不塞其原也라

〈도가〉 만물의 근원을 막지 않는다는 뜻이다.

10.8 畜(휵)之호대

〈만물을〉 길러주되

【注】 不禁其性也라

〈도가〉 만물의 본성을 속박하지 않는다는 뜻이다.

10.9 生而不有하며 爲而不恃[1]하며 長而不宰하니 是謂玄德이니라

1) 爲而不恃 : 帛書本에는 이 구절이 없다.

낳으면서 〈그 공로를〉 자기 것으로 하지 않고, 하면서도 〈지은 것에〉 의존하지 않고, 장성케 하면서도 주재하지 않으니, 이것을 현묘한 덕이라 한다.

【注】 不塞其原하면 則物自生하니 何功之有리오 不禁其性하면 則物自濟하니 何爲之恃리오 物自長足하여 不吾宰成하니 有德無主라 非玄(如)〔而〕[1]何잇가 凡言玄德〔者〕[2]는 皆有德而不知其主하니 出乎幽冥〔者也〕[3]라

1) (如)〔而〕: 저본에는 '而'가 '如'로 되어 있으나, 樓宇烈과 바그너 모두 道藏集注本에 따라 '而'로 보았다. 이에 따른다.
2) 〔者〕: 저본에는 '者'가 없으나 바그너는 道藏集注本과 ≪文選≫ 〈東京賦〉 李善 注에 의

거하여 보완하였는데 이를 따라 보충하였다.

3) 〔者也〕: 저본에는 '者也'가 없으나, 바그너는 ≪文選≫〈東京賦〉李善 注에 의거하여 보완하였는데 이를 따라 보충하였다.

〈도가〉 만물의 근원을 막지 않으면 만물이 스스로 살아가게 되니, 어찌 〈군주의〉 공이 있겠는가? 만물의 본성을 속박하지 않으면 만물이 저절로 가지런해지니, 어찌 의존함이 있겠는가? 〈이런 식으로〉 만물은 스스로 자라나고 풍족해져서 내가 주재하여 이루지 않았으니, 〈만물에 베풀어진〉 덕은 있는데 그 주재가 없다. 〈이러한 상황을〉 신비롭다 하지 않으면 무엇이라 하겠는가? 무릇 신비한 덕을 말한 것은 모두 덕은 있으나 그 주재를 알지 못하는 것이니, 그윽하고 어두운 곳에서 나온다고 하는 것이다.

제11장

　제11장은 ≪老子≫의 유명한 장 가운데 하나이다. 이 장은 바퀴, 그릇, 방, 창문은 물론 문 등의 형상을 통해 道의 일정한 기능을 표현하고 있다. 이러한 내용은 기본적으로는 道가 갖는 효용성을 웅변적으로 보여준다. 달리 말해서 이런 사례들은 도를 나타내는 것으로서, 이를 통해 최고의 덕에 이를 수 있음을 말하고 있다. 板本에 따른 차이는 크게 없으나 竹簡本에는 이 장이 빠져 있다.

　빈 중심과 가득 찬 주변으로 이루어진 구조(the structure of an empty and a full periphery)는 물질적으로 또는 기계적으로는 물론이고 영적으로나 정신적으로도 기능한다. 성인은 자신의 마음을 비움으로써 스스로를 다스린다고 가정되는데, 사회의 중심에 있는 성인 군주는 함이 없고 그럼으로써 국가가 잘 기능하도록 한다.

　특히 눈여겨볼 것은, 언제나 비어 있음 또는 없음이 있음과 가득 차 있음과 나란히 간다는 점이다. 비어 있음 혼자만으로는 충분치 않으며 심지어 그 스스로를 위해 존재하지 않는다. 중심이란 중심이 되게 하는 주변을 필요로 한다. 도가는 일방적으로 비어 있음 또는 無에만 초점을 맞추지 않는다. 그것은 오로지 도의 한 가지 또는 중심적인 측면일 뿐이며 그것만을 분리하여 말할 수 없다. 비어 있음과 가득 차 있음이 함께해야 이로움을 낳고 완벽하게 사용될 수 있다.

　王弼은 다양한 비유적 표현이 등장하는 ≪老子≫ 經文에 비해 두 가지에 주로 초점을 맞춘다. 하나는 有가 인간에게 실질적인 이익이 되려면 無에 의지하거나 혹은 무 자체를 사용해야 한다고 말한다. 이렇게 직접적으로 사용되는 無는 실질적으로는 비어 있음〔虛〕의 의미인 경우가 많다. 하지만 이러한 왕필의 논리는 大衍之數에도 해당된다. 더 나아가 이러한 수적인 의미는 '적은 것이 많은 것을 다스리고 거느린다.〔以寡統衆〕'는 사상과도 연결된다.

11.1 三十輻이 共一轂¹⁾하나니 當其無일새 有車之用하고

　1) 三十輻 共一轂 : 帛書本에는 '卅輻 同一轂'으로 되어 있다. '卅'은 '三十'과 뜻이 같다. 秦 始

皇陵에서 발굴된 戰車의 바퀴살이 실제 30개로 되어 있는데, 河上公本에서는 바퀴살이 서른 개인 것은 '한 달의 날수를 본받은 것〔法月數〕'이라 하였으니 참고할 만하다.

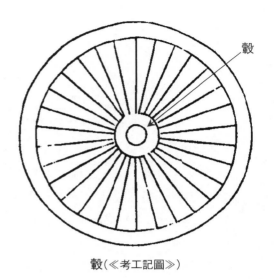

轂(≪考工記圖≫)

서른 개 바퀴살이 하나의 바퀴통에 모이는데 그 바퀴통이 비어 있기에 수레의 쓰임이 있다.

【注】轂所以能統三十輻者는 無也[1]라 以其無로 能受物之故니 故能以(實)〔寡〕[2]統衆也[3]라

1) 轂所以能統三十輻者 無也 : 王弼은 無의 쓰임을 강조한다. 그리고 이러한 쓰임은 '비어 있음〔無〕'으로부터 유래한다.

2) (實)〔寡〕 : 저본에는 '實'로 되어 있으나, 陶鴻慶이 '寡'의 잘못이라 校改한 이래, 일반적으로 이를 따르므로 '寡'로 바로잡는다.

3) 故能以(實)〔寡〕統衆也 : 적은 것으로 많은 것을 거느린다는 말은 注41.13에서도 "나누면 많은 것을 거느릴 수 없다.〔分則不能統衆〕"고 하였다. 이것은 王弼의 중요한 사상 가운데 하나이다. 漢의 鄭玄은 ≪周禮≫의 '輪人'에 관한 注에서 '轂'에 대해 "바퀴통은 그 비어 있음으로 인해 쓰이게 된다.〔轂 以無有爲用也〕"라 하였는데, 孔穎達은 疏에서 ≪老子≫ 11장과 연결하여 설명하였다.

바퀴통이 서른 개의 바퀴살을 거느릴 수 있는 것은 〈그 바퀴통이〉 비어 있기 때문이다. 그 빈 곳으로 모든 바퀴살을 수용할 수 있기 때문이다. 그래서 적은 것으로 많은 것을 거느릴 수 있다.

11.2 埏埴以爲器[1]하나니 當其無일새 有器之用하고 鑿戶牖以爲室하나니 當其無일새 有室之用이라 故有之以爲利는 無之以爲用[2]이니라

1) 埏埴以爲器 : 帛書本 甲本에는 '埏'이 '然'으로, 乙本에는 '燃'으로 되어 있다. 이 때문에 許抗生(≪帛書老子注譯與硏究≫)은 진흙을 이겨서 그릇을 만든다는 뜻이 아니라 진흙을 구워서 그릇을 만든다는 뜻으로 보아야 한다고 주장한 바 있다. 그러나 帛書本 整理者는 '燃'을 '埏'으로 보아야 한다고 했다.

2) 故有之以爲利 無之以爲用 : 정세근은 ≪노장철학≫에서 이러한 태도를 ≪莊子≫와 비교하
여 莊子가 '쓸모없는 것의 쓸모〔無用之用〕'를 강조한다면, 王弼은 '무의 쓸모〔無之用〕'를 강
조한다는 것이 중요한 차이라고 지적한 바 있다. 王弼은 注40.1에서도 '有以無爲用(유는
무를 쓰임으로 삼는다.)'이라 하고 있다.

진흙을 이겨서 그릇을 만드니 그 그릇 속이 비어 있기에 그릇의 쓰임이 있고, 문
과 창을 뚫어 방을 만드니 그 방 속이 비어 있기에 방의 쓰임이 있다. 그러므로 有
가 이로움이 되는 까닭은 無가 쓰임이 되기 때문이다.

【注】木埴壁으로 所以成三者는 而皆以無爲用也니 言(無者)有之所以爲利가 皆賴
無以爲用也[1]라

1) 言(無者)有之所以爲利 皆賴無以爲用也 : 저본에는 '言無者有之所以爲利'라 하여 '無者'
두 글자가 더 있는데 日本學者 波多野太郎은 ≪老子王注校正≫에서 이를 衍字로 보았
다. 樓宇烈과 바그너 또한 이를 지적하였는데, 注1.4에서 '凡有之爲利 必以無爲用'이라
하였고 또 注40.1에서 '有以無爲用'이라 하였으니 衍字로 보는 것이 타당할 듯하다.
　　왕필이 '無'를 작용이나 쓰임새로 연결시키는 중요한 논리가 드러나는 곳이다. 왕필은
'無'를 두 가지 차원에서 중시한다. 하나는 '大衍之數'를 설명하면서 50개의 산가지 가운
데 하나가 작용의 중심인 하나〔一〕이며, 이 때문에 나머지 산가지가 모든 괘를 낳는 작
용을 한다고 풀이하는 점에서 쓰임과 관련된다. 또 하나는 바로 '無'를 '비어 있음〔虛〕'으
로 설명하면서 빈 곳에 다른 물건을 담거나 쓰임새가 있다는 일상의 경험으로부터 無의
쓰임을 이끌어낸다. 이 모두에서 無가 존재론적인 虛無의 의미는 가지고 있지 않다. 이
러한 사고방식은 易學으로부터 오는 것으로 추정되는데, 用九(陽爻), 用六(陰爻)처럼 用
은 역학의 세계에서 매우 자연스러운 표현이다.

나무와 찰흙과 벽으로 〈수레와 그릇과 방〉 세 가지를 완성하는 것은 모두 無(비어 있
음)를 쓰임으로 삼아서이다. 〈이것은〉 有가 이로움이 되는 까닭이 모두 無에 의지하여
쓰임이 됨을 말한 것이다.

제12장

　　제12장은 東洋哲學의 욕망과 감각에 대한 독특한 관점이 드러나는 장이다. 특히 道家的 관점에서 보면 사람은 감각을 하게 될 때 주의해야 한다. 하지만 禁慾主義와는 상관없다. '五色' 등으로 표현되는 색깔과 음조, 그리고 맛과 같은 영역을 완벽하게 피해야 하는 것은 아니다. 문제는 사람이 그것들을 탐닉하게 되면 그것들을 향유할 능력마저 잃어버리게 된다는 점이다.

　　예컨대 사람이 늘 향료가 풍부한 요리만 먹으면 나중에는 더 많은 향료를 넣은 요리라야 조금이라도 맛을 느끼게 되는 것과 같다. 이는 다른 감각에 대해서도 똑같다. 이와 반대로 성인은 맛을 간직하되 無味함을 지키는 것을 목적으로 한다. 사람이 자그마한 자극조차 알아차릴 수 있으려면 사람은 자신의 능력을 지켜서 미묘한 차이에도 민감할 수 있어야 한다. 이렇게 해야 제10장에서 말하듯 갓 태어난 아이의 상태를 유지하거나 그리로 돌아갈 수 있는 것이다. 비슷하게 말달리기 또는 사냥이나 얻기 어려운 재화를 구하려는 것과 같은 자극적인 활동은 사람의 마음을 지치게 한다.

　　성인 군주는 이러한 측면의 인간적인 성격을 잘 고려해야 할 것이며 따라서 감각적인 것을 너무 많게 혹은 과다하게 허락하지 않는다. 성인 군주는 백성 모두를 만족스럽게 해주어야만 한다. 즉 배는 채워주어야 하지만 사치스러운 물품은 보이지 않게 한다. 사람들의 감정, 야망 또는 마음을 자극하게 하는 모든 것은 피해야 한다. 도가적 국가는 확실히 소비 사회와는 거리가 멀다. 일반적인 만족을 위해서 구경거리나 흥미거리는 사회의 평화를 해치지 않도록 금지된다.

　　제12장은 저본, 河上公本, 帛書本에 큰 차이가 없고, 竹簡本에는 없다.

12.1 五色이 令人目盲하고 五音이 令人耳聾하고 五味가 令人口爽하고 馳騁(畋)〔田〕獵이 令人心發狂¹⁾하고

　　1) 五色……令人心發狂 : 저본에는 '馳騁田獵'의 '田'이 '畋'으로 되어 있으나, 뜻은 모두 '사냥

하다'로 같다. 帛書本은 "五色 使人目盲 馳騁田獵 使人心發狂"으로 되어 있고, "五音 使人耳聾 五味 使人口爽"이 經12.2 뒤에 나온다. 뜻 차이는 없다.

　五色이란 靑赤黃白黑을 말하고, '馳騁'은 말 달린다는 뜻이고, 田獵이란 사냥한다는 뜻이다. 河上公은 음란과 사치와 방탕이 몸의 氣와 精神을 해치기에 생기는 병으로 풀이하고 있으나 王弼은 性命을 따르지 않았기에 생기는 것으로 다르게 풀이하고 있다. 河上公의 이해가 醫學的이라면 王弼은 義理의 차원에서 말하고 있다.

　다섯 가지 〈아름다운〉 색은 사람의 눈을 멀게 하고, 다섯 가지 音〈으로 된 화려한 음악〉은 사람의 귀를 먹게 하고, 다섯 가지 맛〈의 온갖 산해진미〉는 사람의 입맛을 상하게 한다. 말 달리며 들판에서 사냥질하는 것은 사람의 마음을 미치게 만든다.

【注】爽은 差失也라 失口之用이라 故謂之爽하니라 夫耳目心口는 皆順其性也나 不以順性命[1]하여 反以傷自然이라 故曰盲聾爽狂也하니라

　　1) 不以順性命 : 바그너에 따르면 王弼은 性을 《周易》의 性命과 같은 것으로 이해하는데 注16.5의 '性命之常'이나 여기의 '性命', 그리고 《周易注》에서 "옛날 성인께서 《역》을 지으셨으니 장차 이를 통해 性命의 이치를 따르게 하려 한 것이다.〔昔者 聖人之作易也 將以順性命之理〕" 등의 언급을 통해 알 수 있다.

　爽은 어긋나서 잃어버린다는 뜻이다. 입이 맛보는 작용을 잃었기에 '상했다'고 한 것이다. 대체로 귀와 눈과 마음과 입은 모두 저마다의 본성을 따른다. 그런데 타고난 性命을 따르지 않아 도리어 〈본성의〉 자연스러움을 해친 격이다. 그래서 '눈이 멀었다', '귀가 먹었다', '입맛을 버렸다', '마음이 미쳤다'고 한 것이다.

12.2 難得之貨는 令人[1]行妨이라

　　1) 令人 : 帛書本에는 '使人'으로 되어 있으나, 뜻은 차이가 없다.

얻기 어려운 재화는 사람의 행실을 잘못되게 한다.

【注】難得之貨는 塞人正路라 故令人行妨也하니라

　얻기 어려운 재화는 사람이 가는 바른길을 막는다. 그래서 사람의 행실을 잘못되게 한다.

12.3 是以聖人은 爲腹하되 不爲目이라 故去彼取此[1]니라

1) 去彼取此 : ≪淮南子≫ 〈道應訓〉에서는 이 부분을 孔子의 제자 宓子의 이야기를 통해 설명하는데, 이 이야기는 ≪呂氏春秋≫ 〈開春論 察賢〉에도 보인다. ≪회남자≫의 이야기는 ≪노자≫의 이 문장과 잘 조응하지는 않는다. 宓子가 亶父를 다스린 지 3년이 되자 巫馬期가 얼마나 잘 다스리고 있는지 살피러 갔다가 어부들이 물고기 잡는 일에서까지 잘 복종하는 것을 보게 된다. 이 이야기를 전해들은 공자는 "내가 일찍이 그에게 다스림에 대해 물으니, '여기에 정성을 다하면 저기서 효과가 나타난다.'라고 말했다.〔丘嘗問之以治言曰 誠於此者 形於彼〕"며 찬탄한다. 그리고 ≪회남자≫는 ≪노자≫의 이 구절을 인용한다.

　그러므로 성인은 배를 위하지 눈을 위하지 않는다. 그러므로 저것을 버리고 이것을 취한다.

　【注】 爲腹者는 以物養己하나 爲目者는 以物¹⁾役己²⁾하니 故聖人不爲目也니라

1) 物 : 저본에는 '物'로 되어 있으나, 일본학자 波多野太郞와 바그너는 道藏集注本을 따라 '物'을 '目'으로 보는데 참고할 만하다.

2) 以物役己 : 고대 중국에서는 耳目口鼻는 신하가 되는 기관이고 心은 군주가 되는 기관이라 생각하였다. 따라서 心이 이목구비를 주재하는 것이 마땅한데, 배를 위하면 음식물로 몸과 마음을 길러주지만 눈을 위하면 눈이 마음을 지배한다는 뜻이다. 바그너에 따르면 王弼은 '役'을 주로 인지(cognition)와 관련하여 사용하는데, 예컨대 注38.1에서 '役其智力 以營庶事(자신의 智力을 써서 사소한 일까지 헤아리고자 한다.)'나 '役其聰明(자신의 총명함을 다 쓰다.)'이 그러한 사례에 해당한다.

　배를 위하는 사람은 外物로써 자기 자신을 기르지만, 눈을 위하는 사람은 외물로써 자신을 부리게 만든다. 그래서 성인은 눈을 위하지 않는다.

제13장

　제13장은 두 가지 道家的 주제가 복합적으로 얽혀 있다. 첫째는 그에게 주어지는 어떠한 호의나 그가 당할 수 있는 어떠한 치욕에도 흔들리지 않는 성인 군주의 감정적 平靜心(the emotional equanimity)이다. 두 번째는 성인 군주가 스스로의 몸을 돌보는 것이다.

　《老子》에 따르면 성인 군주는 어떠한 호의도 환영하지 않는다. 왜냐하면 이것이 자신을 치우치게 만들 수 있기 때문이다. 더구나 누군가로부터 호의나 선물을 받는 것은 일종의 의존을 하게 만드는 것이다. 누군가로부터 무언가를 받는 것은 복종을 낳거나 빚진 관계가 되도록 한다. 또한 호의가 거두어지면 이것은 또 다른 의존을 하게 만든다. 성인 군주는 모든 사람을 똑같이 치우치지 않게 다룬다고 가정한다. 그래서 그는 어떠한 호의도 받아들이지 않으며 따라서 누구에게도 특별하게 대하지 않는다. 치욕에 대해서도 이와 동일한 논리가 추론될 수 있다. 성인은 개인적 인간적으로 어떠한 것도 받아들이지 않는다. 왜냐하면 그에게는 人性이 비어 있는, 즉 개인적인 감정이나 성향 또는 욕구가 없기 때문이다. 성인은 선물로 인해 우쭐해하지 않고 공격당했다고 허를 찔리지도 않는다.

　하지만 군주가 돌봐야 하는 것은 자신의 몸이다. 정치 권력을 위해서가 아니라 역설적인 방식으로 군주가 자신의 몸을 돌보는 것은, 그를 국가의 이상적 군주로 만들어준다. 이러한 논리는 이단적 사상가 楊朱를 생각나게 하는데, 그는 천하에 이익이 된다 해도 자신의 터럭 하나 뽑지 않으려 할 것이라고 한다. 자신의 몸을 온전히 하는 것이야 말로 道와 하나가 되었다는 표시로 보인다. 몸은 잘 기능하는 자연적 과정이며, 따라서 우리가 몸을 잘 돌볼 수 있다면 우리는 이미 자연 또는 도와 하나가 되는 기술을 완성한 것이다. 이러한 견해는 신체적 수련(bodily cultivation)을 강조하는 도교적 실천과 종교에서 결정적으로 중요하다. 《노자》의 다른 곳 예를 들어 제10장과 제54장은 이 주제에 관해 잘 보여주고 있다.

　자신의 몸을 돌보는 것은 利己的이 되라는 것과 무관하며 정확하게 그 반대로서 말하자면 권력이나 富와 같은 것에 대한 자신의 욕구를 최소화하는 것 그리고 사회적 경쟁으로부터 물러서는 것이다. 플라톤의 ≪국가≫에 나오는 소크라테스의 가르침과 다르지 않게, 사람을 군주가 되기에 적합하게 만드는 것은 이러한 권력에 대한 무관심이다. 통치에 사적인 관심을 갖지 않음으로써 사람은 자신의 권력을 사용하여 私益을 추구하지 않게 될 것이다. 통치에 가장 적은 관심을 가진 사람이 가장 공평하고 치우치지 않은 지도자가 될 것이다.

이 장의 문자적 구조를 세밀하게 살펴보면 아주 재미있다. 처음의 두 문장은 전해오는 속담처럼 들린다. 그리고 나머지는 대구를 이루면서 두 가지 속담에 대한 철학적 해설을 하고 있다. 이러한 구조는 이 텍스트가 처음에 구전되었을 가능성을 보여준다. 어쩌면 ≪노자≫는 도가가 그러한 속담들을 모은 후에 거기에 시적 철학적 해석을 보태어 만들어진 것처럼 보인다.

13.1 寵辱若驚하며 貴大患若身하라 何謂寵辱若驚고 寵은 爲下니 得之若驚하고 失之若驚하나니 是謂寵辱若驚이니라

총애를 받거나 치욕을 당하거나 놀란 듯이 하며 큰 환란을 내 몸처럼 귀하게 여겨라. 총애를 받거나 치욕을 당하거나 놀란 듯이 하란 말은 무엇을 말한 것인가? 총애를 받는다는 것은 〈다른 사람의〉 신하가 되었다는 것이니 총애를 받아도 놀란 듯이 하고 총애를 잃어도 놀란 듯이 하라는 말이다. 이것을 일컬어 총애를 받거나 치욕을 당하거나 놀란 듯이 한다고 한다.

【注】寵必有辱하고 榮必有患하니 (驚)〔寵〕[1]辱等이요 榮患同也라 爲下에 得寵辱榮患若驚하면 則不足以亂天下也라

1) (驚)〔寵〕 : 저본에는 驚으로 되어 있으나, 陶鴻慶의 설에 의거하여 '寵'으로 바로잡는다.

총애를 받으면 반드시 치욕을 당할 때가 있고, 영화를 누리면 반드시 환란을 당할 때가 있으니, 총애를 받고 치욕을 당하는 것은 같고 영화를 누리고 환란을 당하는 것은 동일한 것이다. 다른 사람의 신하가 되어 총애를 받거나 치욕을 당하거나 영화를 누리거나 환란을 당하거나 놀란 듯이 한다면 천하를 혼란스럽게 하지는 않을 것이다.

13.2 何謂貴大患若身고

큰 환란을 내 몸처럼 여긴다는 말은 무엇을 말하는가?

【注】大患은 榮寵之屬也라 生之厚면 必入死之地라 故謂之大患也니라 人迷之於榮
寵하면 返之於身하니 故曰〔貴〕¹⁾大患若身也하니라

> 1)〔貴〕: 저본에는 '貴'가 없으나, 經文 및 "大患 위에 貴자가 탈락되었다."고 한 宇惠의 설
> 에 의거하여 '貴'를 보충하였다.

큰 환란이란 영화를 누리거나 총애를 받는 따위이다. 삶이 풍족하다 보면 반드시 死
地에 들어가게 된다. 그래서 큰 환란이라고 일컬은 것이다. 사람이 영화와 총애에 미혹
되면 도리어 자신에게 〈환란이나 치욕이 되어〉 돌아온다. 그래서 "큰 환란을 내 몸처럼
귀하게 여긴다."고 했다.

13.3 吾所以有大患者는 爲吾有身이니

나에게 큰 환란이 있는 까닭은 내게 몸이 있기 때문이니

【注】由有其身也라

나에게 몸이 있기에 생기는 일이다.

13.4 及吾無身이면

가령 나에게 몸이 없다면

【注】歸之自然也라

타고난 자연스러운 본성으로 돌아가는 것이다.

13.5 吾有何患고 故貴以身爲天下〔者〕하면 (若)〔則〕可(寄)〔以託〕天下〔矣〕¹⁾요

> 1) 故貴以身爲天下〔者〕(若)〔則〕可(寄)〔以託〕天下〔矣〕: 저본에는 '故貴以身爲天下 若可寄天
> 下'로 되어 있고, 河上公에는 '故貴以身爲天下者 則可寄於天下'로 되어 있다. 그런데 帛書
> 本은 "故貴以爲身於爲天下者 則可以託天下矣(그러므로 천하를 위하는 것보다 자신을 위하는
> 것을 더 귀하게 여기는 사람이라면 천하를 맡길 만하다.)"로 되어 있어 뜻이 다르다. 하지만 문
> 장의 구조상으로 바그너는 '貴以身爲天下 若可寄天下'보다 上記와 같이 볼 것을 주장하였
> 는데 이를 따른다.

나에게 무슨 환란이 있겠는가? 그러므로 자기 몸을 귀하게 여기는 것처럼 천하를 귀하게 여기는 자라면 천하를 맡길 만하고,

【注】 無〔物可〕以易其身[1]이라 故曰貴也라 如此면 乃可以託天下也라

> 1) 無〔物可〕以易其身 : 저본에는 '無以易其身'으로 되어 있으나 대체로 학자들은 아래 注 13.7과 注17.6 그리고 注78.1 등의 문장을 근거로 '物可'를 보충해야 한다고 주장하는데, 이를 수용하여 '物可' 2자를 보충하였다.

어떠한 외물로도 제 몸과 바꿀 수 없기 때문에 '귀하다'고 했다. 이와 같다면 천하를 맡길 만하다.

13.6 愛以身爲天下〔者〕면 (若)〔則〕可(託)〔以寄〕天下〔矣〕[1]니라

> 1) 愛以身爲天下〔者〕 (若)〔則〕可(託)〔以寄〕天下〔矣〕 : 저본에는 '愛以身爲天下 若可託天下'로 되어 있으나 注13.5의 역주 1)과 같은 논리로 바그너의 제안에 따라 수정한다. 帛書本은 앞의 문장과 함께 '託'이 '寄'와 바뀌어 있으며, 풀이하면 "제 몸으로 천하 위하기를 좋아한다면 어찌 천하를 맡길 수 있겠는가.〔愛以身爲天下者 若可以寄天下〕"라는 뜻으로 의미가 다르다.
>   《淮南子》〈道應訓〉은 이 부분을 太王 亶父의 이야기로 설명하는데, 이 고사는 《呂氏春秋》〈開春論 審爲〉, 《孟子》〈梁惠王 下〉, 《莊子》〈讓王〉에도 보인다. 《회남자》에서 太王 亶父는 邠 땅을 욕심내는 翟 땅 사람의 요구에 백성을 지키고자 혼자 떠나려 한다. 그러자 백성들이 감동하여 그를 따라 떠나니 결국 岐山에서 나라를 세운다. 《회남자》는 태왕 단보가 "생명을 지킬 줄 안다고 할 수 있다.〔可謂能保生〕"고 칭찬하면서 《노자》의 이 문장을 인용한다.

자기 몸을 아끼는 것처럼 천하를 아끼는 자라면 천하를 줄 만하다.

【注】 無物可以損其身이라 故曰愛也라 如此면 乃可以寄天下也라 不以寵辱榮患損易其身然後에야 乃可以天下付之也라

어떠한 외물로도 제 몸을 상하게 할 수 없으므로 '아낀다'고 했다. 이와 같다면 천하를 줄 만하다. 〈다시 말하면〉 총애와 치욕과 영화와 환란으로도 제 몸을 손상시키거나 바꾸지 않은 후에야 비로소 천하를 맡길 만하다는 뜻이다.

제14장

　제14장은 고대 중국의 形而上學的 사유, 즉 인간의 감각을 넘어서서 형상이 없는 형상, 텅 빈 사물의 모습, 너무 작아 있다고 말하기조차 어려운 사물의 모습에 대해 이야기하고 있다. 王弼은 주석에서 사물의 모습을 '狀 → 象 → 形(名)'의 단계로 설명하고 있다. '狀'은 가물가물한 모양이요, '象'은 뚜렷한 형상이 있는 상태를 말한다. 명확한 형태를 갖추지 못했다는 점에서 얼핏 우리는 불완전함을 떠올리지만, 왕필은 그러한 뚜렷한 형체 없음이 오히려 '온갖 데를 갈 수 있고, 온갖 것과 통할 수 있다.'고 한다. 일정한 형태를 갖추고 있지는 않지만 어디에 담기느냐에 따라 온갖 형태가 되는 물을 떠올리면 될 것 같다.

　그런데 이것이 참으로 요상하다. 그 모습을 무어라 딱 정의해 말할 수 없으니 있는 것도 아니요, 보이지 않아 없다고 하려니 사물을 이루어주는 근원이 되므로 없다고 부정해버리기도 곤란하다.

　그 신비로운 것이 바로 '보아도 보이지 않는 것', '들어도 들리지 않는 것', '만져도 만져지지 않는 것'인 夷, 希, 微를 합한 것인데, 이것이 道(一)이다. 도란 '雜스러운 것', '섞여 있는 것'이므로, 이는 뒤에 나오는 '혼탁'한 것과도 이어진다. '옛날의 道를 잡아 지금의 有를 다스린다.'라는 구절에서, 王弼은 '無가 一에 있다.〔無在於一〕'고 말하기도 한다. 이는 '今之有'를 '시대가 처한 시대적 과제'로 해석하게 한다. 왕필의 주석을 읽으면 이 부분은 좀 명확해진다. 형체도 없고 이름도 없는 것이 만물의 근본인 도인데, 그것은 시대가 변하고 풍속이 변해도 여전히 유효한 것이다. 그러므로 옛날의 도를 가지고 지금의 일들을 다스려야 한다. 옛날의 도란 중국의 영원한 이상향인 堯舜時代를 이루던 도, 先王之道를 말하는 것이다. 결국 儒者들의 목표는 옛 성인들의 가르침이 적혀 있는 五經을 통해 선왕들의 도를 부활시켜 요순시대와 같은 태평천국을 이루자는 것이다. 유학자인 왕필이 왜 ≪노자≫에 주석을 달았는지, ≪노자≫를 왜 정치적인 텍스트라고 하는지 알 수 있는 구절이다. 동아시아 사유에서 요순시대를 이상향으로 추앙하는 것은 서양이 그리스 시대를 찬미하는 것과 같은 맥락이다.

14.1 視之不見을 名曰夷요 聽之不聞을 名曰希요 搏之不得을 名曰微[1]니 此三者는 不可致詰[2]이라 故混而爲一이라

1) 視之不見……名曰微 : 帛書本에는 '夷'와 '微'의 위치가 바뀌어 있다.
2) 此三者 不可致詰 : 帛書本에는 '不可致詰(캐물을 수 없다)'이 '不可至計(계산할 수 없다)'로 되어 있다. 의미상 큰 차이는 없다.

보아도 보이지 않는 것을 일컬어 '어슴푸레하다〔夷〕' 하고, 들어도 들리지 않는 것을 일컬어 '어렴풋하다〔希〕' 하고, 만져도 만져지지 않는 것을 일컬어 '작다〔微〕'한다. 이 세 가지는 꼬치꼬치 캐물을 수 없다. 그러므로 뭉뚱그려 하나라고 한다.

【注】 無狀無象하고 無聲無響이라 故能無所不通하고 無所不往하여 不得而知하니 更以我耳目體로 不知爲名이라 故不可致詰하여 混而爲一也하니라

가물가물한 모습도 없고 뚜렷한 형상도 없고, 분명한 소리도 없고 메아리처럼 울림도 없다. 그래서 통하지 않는 것이 없고 가지 못하는 곳도 없어서 도무지 알 수가 없으니, 나의 귀, 눈, 몸의 감각으로는 무어라 이름 지어야 할지 모르겠다. 그래서 꼬치꼬치 캐물을 수 없어 뭉뚱그려 '하나'라고 하였다.

14.2 〔一者〕[1]는 其上不曒하고 其下不昧며 繩繩不可名이라 復(부)歸於無物이니 是謂無狀之狀과 無物之象[2]이며

1) 〔一者〕 : 저본과 河上公本에는 '一者'가 없으나, 帛書本과 傅奕本에는 있다. '一者'는 바로 앞 구절의 '混而爲一'의 一을 뜻하므로 문장이 보다 분명해진다. 두 판본에 의거하여 보충한 바그너를 따라 보충하였다.
2) 無狀之狀 無物之象 : 이 구절은 ≪呂氏春秋≫ 〈審應覽〉, 〈執一〉과 ≪淮南子≫ 〈道應訓〉에서 田騈과 齊 宣王의 대화를 통해 설명하고 있다. ≪회남자≫에서 제 선왕은 전병에게 道에 대해 듣고 나서 도로써 나라의 근심을 없앨 수 없으니 정치에 관한 이야기를 해달라고 요구한다. 그러자 전병은 자신의 말이 정치에 관한 직접적인 내용이 아니지만 정치에 응용할 수 있는 것이라고 답하면서, "이것이 바로 老聃이 말한 '모습 없는 모습, 물체 없는 형상'에 해당한다.〔此老聃之所謂 無狀之狀 無物之象者也〕"고 답하면서 ≪노자≫의 이 구절이 인용된다.

'하나'는 그 위는 밝지 않고 그 아래는 어둡지 않으며, 이어지고 또 이어지는데 이름 지을 수 없다. 다시 어떤 것도 없는 상태로 돌아가니 이것을 일컬어 모습 없는

모습, 물체 없는 형상이라 하며,

【注】欲言無邪나 而物由以成하고 欲言有邪나 而不見其形이라 故曰 無狀之狀이요 無物之象也라

없다고 말하고 싶지만 만물이 이것으로 말미암아 생성한다. 있다고 말하고 싶지만 그 정확한 형체를 볼 수가 없다. 그래서 '모습 없는 모습, 물체 없는 형상'이라 말한 것이다.

14.3 是謂惚恍이니

이것을 일컬어 惚恍하다 한다.

【注】不可得而定也라

〈어떤 것이라고〉 확정할 수가 없기 때문이다.

14.4 迎之不見其首하고 隨之不見其後라 執古之道하여 〔可〕[1]以御今之有면

1) 〔可〕: 저본에는 '可'가 없으나 바그너의 주장에 따라 帛書本과 王弼 注47.1 등에 의거하여 '可'를 보충하였다.

앞에서 맞이하여도 그 머리가 보이지 않고, 뒤에서 따라가도 그 꼬리가 보이지 않는다. 옛날의 도를 잡고서 오늘의 있음을 다스리면

【注】〔古今雖異나 其道常存하니 執之者는 方能於物이라〕[1] 有는 有其事라

1) 古今雖異……方能於物 : 저본에는 이 부분이 없으나 바그너는 道藏取善集本을 근거로 이 부분을 삽입하였는데 이를 따른다. 이와 관련해서는 注47.1을 함께 보면 좋다.

옛날과 지금은 비록 다르지만 〈천하를 다스리는〉道는 언제나 있었으니, 그 도를 잡으면 바야흐로 만물을 다스릴 수 있다. '있음'이란 그에 해당하는 일이 있다는 뜻이다.

14.5 (能)〔以〕[1]知古始니 是謂道紀니라

1) (能)〔以〕: 저본에는 '以'가 '能'으로 되어 있으나, 바그너는 아래 王弼의 注와 傅奕本 등을 근거로 '以'로 볼 것을 주장하였는데, 이를 따른다.

이로써 옛 始原을 아니, 이것을 일컬어 道의 벼리라 한다.

【注】無形無名者는 萬物之宗也라 雖今古不同이나 時移俗易이라 故莫不由乎此以成其治者也라 故可執古之道하여 以御今之有니라 上古雖遠이나 其道存焉이라 故雖在今으로 可以知古始也라

　형체가 없고 이름이 없는 것은 만물의 으뜸이다. 비록 지금과 옛날이 같지 않으나 시대가 바뀌고 풍속이 달라졌기 때문에 이것으로 말미암아서 그 治績을 이루지 않은 적이 없다. 그래서 옛날의 도를 잡고서 오늘의 있음을 다스릴 수 있는 것이다. 상고시대는 비록 아득히 멀지만 〈옛 선왕들이 남긴〉 그 도는 〈五經과 같은 경전을 통해〉 아직까지 보존되고 있다. 그러므로 지금 있는 것으로 옛 始原을 알 수 있는 것이다.

제15장

제15장에서는 君主의 모습에 대해 이야기하고 있다. 王弼은 군주는 속을 드러내지 말아야 한다고 한다. 겨울에 살얼음이 낀 개울을 건널 때 속으로는 골백번 망설이면서 고개를 갸웃거려서도, 얼굴에 두려운 표정을 드러내서도 안 된다는 것이다. 자칫 '미묘하고 그윽이 통달해서 깊이를 알 수 없다.'고 한 것은 음흉함과는 거리가 있다. 또 그 다음 왕필의 주석을 보면 '사방에서 힘을 모아 공격을 해 온다.'고 되어 있다. 혼란스러웠던 전국시대에 만백성을 책임져야 하는 군주라는 위치에 서 있으려면 자기의 의중을 쉽게 드러내 상대방에게 빈틈을 보여서는 안 되었을 것이다.

그 다음에 군주의 자세에 대해 좀 더 자세히 말한다. "손님처럼 조심하고, 얼음이 녹듯이 흩어지고, 다듬지 않은 통나무처럼 진실되고, 계곡같이 비고, 탁한 듯이 섞여 있어야 한다." 자기만을 고집스럽게 내세우기보다는 자유자재로 자기를 변용하라는 말처럼 보인다. 때로는 자기를 낮추는 것도 마다하지 않으면서 '혼탁'해지길 요구한다. 맑고자 하는 것이 모든 사람의 속성일진대, 혼탁해져서 다른 이를 맑게 해주라니! 지도자가 되기 참 어렵다는 것을 말한다.

왕필은 '濁以靜 物則得淸(스스로를 혼탁하게 함으로써 고요하게 하면 다른 사람이 맑아질 수 있다.)'이란 구절을 통해 濁流派(曹操 정권)를 정당화하고 있다고 볼 수도 있다. 왕필은 이러한 도를 실현하고자 하는 사람은 신하들에 대해서도 덮어둘〔蔽〕뿐, 자신이 새롭게 뭔가를 하려고 하지 않는다고 한다. 부하가 잘못했을 때 벌로 懲治하는 상사도 있을 것이고, 덮어줌으로써 부하에게 생각할 기회를 주는 상사도 있을 터인데, 어떤 게 더 효과적인 방법인지는 아직 잘 모르겠다. 여기서는 후자의 경우를 선호하는 듯 여겨진다.

15.1 古之善爲士[1]者는 微妙玄通하여 深不可識이니라 夫唯不可識이라 故로 强爲之容이라 豫兮若冬涉川하며

1) 士 : 傅奕本, 帛書本에는 '士'가 '道'로 되어 있다.

예로부터 선비 노릇을 잘하는 사람은 미묘하고 그윽이 통달하여 그 깊이를 헤아리 수 없었다. 대저 헤아릴 수 없기에 억지로 다음과 같이 형용할 뿐이다. 머뭇거리는 모습이 겨울에 〈살얼음이 언〉 시내를 건너는 것 같으며,

【注】冬之涉川에 豫然(者)〔若〕[1]欲度하며 若不欲度하니 其情不可得見之貌也라

> 1) (者)〔若〕: 저본에는 '者'로 되어 있으나, 永樂大典本에 의거하여 '若'으로 교감한 武英殿本에 의거하여 '若'으로 바로잡는다.

겨울에 〈살얼음이 언〉 시내를 건널 때에는 머뭇거리며 건널까 말까 하니 그 사정이 어떤지 〈정확하게〉 알 수 없는 모습이다.

15.2 猶兮若畏四隣하며

망설이는 모습이 두려워 사방의 주위를 살피는 것 같으며,

【注】四隣이 合攻中央之主하니 猶然不知所趣向者也라 上德之人은 其端兆不可覩니 (德)〔意〕[1]趣不可見이 亦猶此也라

> 1) (德)〔意〕: 저본에는 '意'가 '德'으로 되어 있으나, 陶鴻慶의 설을 따라 '意'로 바로잡는다. 注17.6에 같은 표현이 나온다.

사방이 중앙의 군주를 함께 공격해 오니 망설이는 모습이 어느 쪽을 향해 나아갈지 알지 못한다. 뛰어난 덕을 지닌 사람은 그의 속내의 조짐을 볼 수 없으니, 그의 뜻을 눈치챌 수 없는 것이 또한 이와 같다.

15.3 儼兮其若(容)〔客〕[1]하며 渙兮若氷之將釋하며 敦兮其若樸하며 曠兮其若谷하며 混兮其若濁이니라

> 1) (容)〔客〕: 저본에는 '容'으로 되어 있는데 帛書本, 竹簡本, 傅奕本 등이 '客'으로 되어 있다. 樓宇烈은 '容' 그대로 보았으나 바그너는 '客'으로 보았다. 앞뒤 문장을 고려할 때 '사방의 주위〔四隣〕', '얼음〔氷〕', '통나무〔樸〕', '계곡〔谷〕', '흙탕물〔濁〕' 등 구체적인 상황이나 사태에 비유하고 있으므로 '客'으로 바꾸어 읽는 편이 자연스럽다.

근엄한 모습이 마치 손님과 같고, 흩어지는 모습이 마치 녹으려 하는 얼음과 같고, 도타와 보이는 모습이 마치 질박한 통나무와 같고, 텅 빈 듯한 모습이 마치 빈

계곡과 같고, 혼탁한 모습이 마치 흙탕물과 같다.

【注】凡此諸若은 皆言其容象不可得而形名也라

무릇 여기의 모든 '若(~와 같다)'은 모두 그 모습과 형상이 일정하게 형체화되고 이름 지어질 수 없음을 말하고 있다.

15.4 孰能濁以靜之徐淸하며 孰能安以久動之徐生하리오

어느 누가 〈자기를〉 흐리게 만들어 더러움을 가라앉히고 물을 서서히 맑게 할 수 있는가? 어느 누가 〈자기를〉 안정시켜 오래가게 하며 천천히 〈다른 이들을〉 잘살게 할 수 있겠는가?

【注】夫晦以理면 物則得明하고 濁以靜하면 物則得淸하고 安以動하면 物則得生하니 此自然之道也라 孰能者는 言其難也요 徐者는 詳愼也라

대저 어둠으로 다스리면 다른 사람이 밝음을 얻고, 스스로를 혼탁하게 함으로써 고요하게 하면 다른 사람이 맑아질 수 있고, 스스로를 안정시킴으로써 움직이면 다른 사람이 잘살게 된다. 이것이 자연스러운 도이다. '누가 할 수 있는가〔孰能〕'라고 한 것은 그 어려움을 말한 것이고, '천천히〔徐〕'라고 한 것은 상세하고 신중하게 하는 것이다.

15.5 保此道者는 不欲盈이니

이 도를 보존하고자 하는 사람은 〈결코〉 채우고자 하지 않으니,

【注】盈必溢也라

채우면 반드시 넘치게 된다.

15.6 夫唯不盈이라 故能蔽호대 不新成[1]하니라

1) 保此道者……不新成 : ≪淮南子≫ 〈道應訓〉에서는 "保此道者 不欲盈 夫唯不盈 故能敝而不新成"이라고 되어 있으며, 孔子와 宥巵라는 그릇의 이야기를 통해 소개하고 있다. 孔子가 桓公의 사당에서 宥巵라는 그릇에 물을 부었더니 가득 차면 바로 뒤집어졌다. 자공이 그 뜻을 묻자 공자는 무릇 사물은 왕성해지면 쇠퇴하는 법이니, 총명하고 지혜로운 사람은 어리석은 듯이 하고, 많이 알고 달변인 사람은 어눌한 듯이 하고, 武勇이 뛰어나고 용감한

사람은 두려운 듯이 하고, 부귀한 사람은 검소함을 유지하며, 온 세상에 덕을 베푸는 사람은 겸양하는 태도를 지켜야 위태롭지 않다고 말한다. 그리고 ≪회남자≫는 ≪노자≫의 이 말을 인용한다.

　대저 오로지 채우고자 하지 않는 까닭에 〈만물을〉 덮어줄 뿐 새롭게 이루지 않을 수 있다.

【注】蔽는 覆蓋也라

　'蔽'는 덮어준다는 뜻이다.

觀周欹器(≪聖蹟圖≫)

제16장

제16장은 '虛靜'에 대해 이야기하고 있다. 텅 비어 있음이 사물의 참되고 바른 모습이라는 것이다. 만물은 움직여서 일어나 생겨나고 자라지만 결국 허정한 곳으로 돌아가게 마련이니, 텅 비어 있어야 만물이 되돌아가는 것을 볼 수 있다는 것이다. 허정한 곳이 뿌리인 셈이다. 王弼은 이를 '性命之常(본분의 마땅함)'이라고 풀고 있다. '性命之常'을 아는 것을 '明(밝은 지혜)'이라고 한다. 그래서 '性命之常'을 알게 되면 모든 것과 통하게 되고 공정하게 되며, 왕이 되고 하늘이 되며, 도를 얻게 되고 죽을 때까지 위태롭지 않게 된다고 한다.

동서양을 막론하고 修養論에서 가장 기본이 되는 것이 바로 '마음을 비우는 것'이 아닌가 싶다. 다석 유영모 선생은 ≪노자≫에서 靈性 수련의 세 가지 화두를 말하여 '몸성히', '맘놓이', '바탈퇴히'라는 용어를 쓰고 있는데, '맘놓이'가 바로 자기를 비우는 행위, 마음을 내려놓는 것을 말한다. '바탈퇴히'는 나의 바탕(자아)을 태워나가는 것을 말한다. '내 못된 버릇과 내 악한 바탕을 끊임없이 태워 변화시키고 새 바탈(나)을 낳는 것, 종국에는 나를 아주 벗어버리는 것'이 수양의 요체라는 것인데, 참 쉽지 않은 일이다.

16.1 致虛면 極하고 守靜이면 篤하니라

〈마음을〉 비운 상태를 유지하면 〈만물이〉 지극해지고 〈마음의〉 고요한 상태를 지키면 〈만물이〉 돈독해진다.

【注】 言致虛면 物之極(篤)〔也〕요 守靜이면 物之眞正也[1]라

1) 物之極(篤)〔也〕……物之眞正也 : 저본에는 '物之極篤'으로 되어 있으나 이런 경우 經文의 '極'과 '篤'의 풀이가 묘연해진다. 이 때문에 陶鴻慶은 "致虛守靜 物之眞正也"로 바꾸어볼 것을 제안하였고, 樓宇烈은 經文과 注文을 수정하지는 않았지만, ≪文選≫의 李善 注에서 ≪老子≫ '致虛極'에 대해 王弼의 注를 인용하면서 '言至虛之極也'라고 한 점을 근거로 조심스럽게 '至虛之極也 守靜之眞也'로 보아 '極'과 '篤'에 대해 '極'과 '眞'으로 이

해한 것으로 보자고 제안한다. 이와 달리 바그너는 아래 注16.4의 "卒復歸於虛靜 是物之極篤也"에 근거하여 '極'과 '篤'이 '虛'와 '靜'에 상응하여 쓰이고 있으므로, '物之極篤也'로 보는 것은 온당치 않다고 본다. 또한 王弼이 '靜'을 '正'과 연결하여 이해하는 것은 經45.6과 注45.6에서 '淸靜爲天下正'이라 하였으니 '眞正'으로 보는 것도 근거가 있다고 판단한다. 따라서 바그너는 '物之極也', '物之眞正也'로 볼 것을 제안하였다. 논의의 맥락으로 볼 때 바그너의 주장이 가장 타당성 있기에 이를 따른다.

〈마음을〉 비운 상태를 유지하면 만물이 지극해지고, 〈마음의〉 고요함을 지키면 만물의 참된 본성이 바르게 된다는 말이다.

16.2 萬物竝作에

만물이 함께 자라나는데

【注】動作生長이라

〈만물이 활기차게〉 움직이고 자라난다.

16.3 吾以觀復[1]이라

1) 致虛……吾以觀復 : ≪淮南子≫ 〈道應訓〉에서 尹需의 이야기를 통해 이 부분을 설명하는데, ≪呂氏春秋≫ 〈不苟論 博志〉에는 '尹儒'의 이야기로 나온다. ≪회남자≫에서 尹需는, 3년이나 말 모는 법을 배웠으나 소득이 없다가 어느 날 꿈에서 스승으로부터 秋駕라는 기술을 배웠다. 아마도 꿈에서 부지불식간에 배운 것을 마음을 고요하게 한 상태에 비유한 듯하다. 이 고사를 소개하고 ≪회남자≫는 ≪노자≫의 이 구절을 인용하고 있다.

나는 돌아옴을 볼 뿐이다.

【注】以虛靜으로 觀其反復이라 凡有起於虛하고 動起於靜이라 故萬物雖幷動作하나卒復歸於虛靜하니 是物之極篤也라

〈마음을〉 비우고 고요하게 함으로써 만물이 돌아옴을 본다는 말이다. 무릇 있음이란 비어 있는 곳에서 일어나고 움직임이란 고요함에서 시작된다. 그러므로 만물이 다같이 활동하지만 결국에는 비어 있고 고요한 상태로 다시 되돌아가니, 이 때문에 만물이 지극하고 돈독해진다.

16.4 夫物이 芸芸이나 各復歸其根이라

무릇 만물은 무성하게 자라나 뒤엉키지만 각각 제 뿌리로 다시 돌아갈 뿐이다.

【注】〔根은 始也니〕[1] 各反其所始也라

> 1)〔根 始也〕: 저본에는 없으나, 바그너는 慧琳의 ≪一切經音義≫를 근거로 보충하였는데, 논의가 분명해지므로 이를 따른다.

根이란 〈만물의〉'처음'이니 각각 그 처음 시작한 곳으로 돌아간다는 말이다.

16.5 歸根曰靜이요 (是謂)〔靜曰〕[1] 復命이요 復命曰常이요

> 1) (是謂)〔靜曰〕: 저본에는 '靜曰'이 '是謂'라고 되어 있으나, 바그너는 帛書本에 의거하여 '靜曰'로 수정할 것을 제안하였다. 이어지는 문장의 패턴으로 보거나 王弼의 注文에 비추어볼 때 타당하므로 이를 따른다.

뿌리로 돌아가는 것을 일컬어 '고요하다〔靜〕'고 하고, 고요함을 일컬어 〈만물이 각각 자신의〉'性命으로 돌아간다〔復命〕'고 하고, 〈만물이 각각 자신의〉 성명으로 돌아감을 일컬어 '늘 그러하다〔常〕'고 하고,

【注】 歸根則靜이라 故曰靜이요 靜則復命이라 故曰復命也라 復命則得性命之常이라 故曰常也라

> 뿌리로 돌아가면 고요해지므로 '고요하다'고 했다. 고요해지면 〈만물이 각각 본래의〉 성명으로 돌아가게 되므로 '〈본래의〉 성명으로 돌아갔다'고 했다. 성명으로 돌아가면 성명의 늘 그러함을 얻게 되므로 '늘 그러하다'고 했다.

16.6 知常曰明이라하니 不知常이면 妄作凶[1]이나

> 1) 妄作凶: 바그너는 아래 王弼의 注文에 '則'이 첨가되어 있는 것에 의거하여 '則妄作凶'으로 수정하였다. 다만 이렇게 할 때 樓宇烈은 '妄作 凶'으로 읽어 "망녕되이 행동하니 흉하다."라고 풀이하지만, 바그너는 "망녕되게 흉한 일을 하게 된다."고 풀이하였다.

늘 그러함을 아는 것을 일컬어 '밝다〔明〕'고 한다. 늘 그러함을 알지 못하면 망령되게 흉한 일을 하게 되나,

【注】 常之爲物은 不偏不彰하고 無(皦)〔敝〕¹⁾昧之狀 溫涼之象이라 故曰 知常曰明也라 唯此復은 乃能包通萬物하여 無所不容이라 失此以往은 則邪入乎分하니 則物離〔其〕分²⁾이라 故曰 不知常則妄作凶也니라

1) (皦)〔敝〕 : 저본에는 '皦'로 되어 있으나, 樓宇烈은 經14.2에서 '其上不皦 其下不昧'라 한 것을 근거로 '皦'로 교감하였는데 이를 따른다.

2) 〔其〕分 : 저본에는 '其'가 없으나 陸德明의 ≪經典釋文≫에는 '其分'으로 되어 있어 이를 따른다. 樓宇烈은 '物離其分'의 '分'이 ≪老子指略≫ 2.2의 '名之者離其眞(이름을 붙이는 것은 그 참됨을 벗어나는 것이다.)'과 '不以名爲常 則不離其眞(이름으로 항상된 상태를 삼지 않으면 그 참된 원래의 상태를 이탈하지 않는다.)'을 근거로 의미상 '分'을 '眞'으로 보는 것이 좋겠다고 제안하는데 이 또한 참고할 만하다. 여기서는 萬物이 저마다 타고난 性命의 常 혹은 名分에서 벗어남을 뜻하는 것으로 보아 그대로 두었는데, 바그너는 이를 '만물 각각에 할당된 자리〔assigned stations〕'로 풀었다.

'늘 그러하다'는 것은 〈어느 쪽으로〉 치우치지도 않고 드러나지도 않으며, 밝거나 어두운 모습도 따뜻하거나 차가운 형상도 없다. 그러므로 〈만물이〉 늘 그러함을 아는 것을 일컬어 밝다고 한다.'고 한 것이다. 오로지 이와 같은 〈만물의〉 '돌아옴'은 만물을 끌어안고 통할 수 있어 포용하지 못하는 것이 없다. 이것을 잃어버린 뒤로부터는 사특함이 〈만물 사이의〉 명분에 끼어들게 되니, 곧 만물이 자신의 명분을 떠나게 된다. 그래서 "〈만물이〉 늘 그러함을 알지 못하면 망령되게 흉한 일을 하게 된다."고 했다.

16.7 知常이면 容이니

늘 그러함을 알면 포용하게 되니,

【注】無所不包通也라

끌어안아 통하지 못할 것이 없다는 뜻이다.

16.8 容乃公이요

포용하게 되면 공평해지고,

【注】無所不包通이면 則乃至于蕩然公平也라

끌어안아 통하지 못할 것이 없으면 곧 크게 공평한 상태에 이르게 된다는 뜻이다.

16.9 公乃王이요

공평하게 되면 〈진정한 천하의〉 王者가 되고,

【注】蕩然公平하면 **則乃至于無所不周普也**라

크게 공평해지면 두루 미치지 않는 곳이 없음에 이르게 된다는 뜻이다.

16.10 王乃天이요

〈진정한 천하의〉 왕자가 되면 하늘의 도에 합치하고,

【注】無所不周普하면 **則乃至于同乎天也**라

두루 미치지 않는 곳이 없게 되면 하늘과 〈도를〉 함께하는 경지에 이르게 된다는 뜻이다.

16.11 天乃道요

하늘의 도에 합치하게 되면 도와 같아지고,

【注】與天合德하고 **體道大通**이면 **則乃至于〔窮〕[1)]極虛無也**라

　1)〔窮〕: 저본에는 없으나, 陶鴻慶 등의 설과 아래 注16.12에 따라 '窮'을 보충하였다.

하늘과 덕이 합치하고 도를 체득하여 크게 통하면 허무의 상태를 극도에 달하게 함에 이르게 된다는 뜻이다.

16.12 道乃久니

도와 같아지면 오래 가니

【注】窮極虛無하여 **得(道)〔物〕之常[1)]**이면 **則乃至於不(有)〔可窮〕[2)]極也**라

　1)得(道)〔物〕之常 : 저본에는 '物'이 '道'로 되어 있고 永樂大典本 등에는 '物'로 되어 있다. 樓宇烈은 '道之常'으로, 바그너는 '物之常'으로 보았다. 經16.4-6을 보면 萬物이 性命之常을 얻는다는 논리로 이야기하고 있는데, 이러한 원리를 아는 聖人이 하늘과 덕이 합치하는 경지에 이를 때 만물과 만백성이 각각의 常을 얻게 된다. 이러한 흐름으로 보면

여기서는 物之常으로 보는 것이 더 타당한 듯하여 이를 따른다.

2) (有)〔可窮〕 : 저본에는 이 부분이 '有極'으로 되어 있고, 樓宇烈과 바그너는 永樂大典本에 근거하여 '有'로 수정하였는데, 이를 따른다.

허무의 상태를 극도에 달하게 하여 만물의 늘 그러함을 얻으면, 곧 다함이 없는 상태에 이르게 된다는 뜻이다.

16.13 沒身不殆니라

죽을 때까지 위태롭지 않다.

【注】無之爲物은 水火不能害하고 金石不能殘하니라 用之於心하면 則虎兕無所投其(齒角)〔爪角〕[1]하고 兵戈無所容其鋒刃하니 何危殆之有乎리오

1) (齒角)〔爪角〕 : 저본에는 '齒角'으로 되어 있으나 永樂大典本에는 '爪角'으로 되어 있고, 注50.2에 '虎兕無所措其爪角'이라고 같은 문장이 나오므로 이에 따라 바로잡는다.

'無'라는 것은 물이나 불로 해칠 수 없고 쇠나 돌로 깨뜨릴 수 없다. 〈군주가〉無를 마음에 쓰면 호랑이나 외뿔소가 그 발톱이나 뿔로 덤빌 곳이 없고 칼과 창의 날로 찌를 곳이 없으니, 어찌 위태로움이 있겠는가!

제17장

　제17장은 어떤 군주가 옳은 군주인지 군주의 덕에 대해 이야기하고 있다. 최상의 군주까지는 아니더라도 요즘 우리 현실을 돌아보게 한다. 우리는 불행히도 지극한 덕을 가졌다고 여겨지는 지도자도, 친근하고 자랑스럽게 여겨지는 지도자도 가지고 있지 못하다. 한때 두려워했던 지도자가 있었고, 이제 지도자를 업신여기는 단계까지 나아갔다. '해 뜨면 일하고 해 지면 쉬고, 우물 파 물 마시고 밭 갈아 내 먹으니, 임금의 혜택이 내게 무엇이 있다더냐.'라며 〈擊壤歌〉를 부를 수 있는 시대를 꿈꾸는 것은 옛 고전들이 함께 이야기하는 바인 듯하다.

17.1 太上[1]은 下知有之하고

　1) 太上 : 통상적으로 이 구절은 '가장 훌륭한 군주는' 혹은 '가장 좋은 다스림은'이라고 풀이하는데, 王弼은 《周易》의 大人이 天下를 다스릴 때를 가리키는 말로 풀이한다. 따라서 통상적인 의미는 이에 포함되어 있으니 크게 다른 의미를 갖지는 않는다.

　大人이 윗자리에 앉아 다스릴 때에는 아래 백성들이 그가 있다는 것만 알 뿐이며,

　【注】太上은 謂大人也니 大人在上이라 故曰 太上[1]이라 大人在上에 居無爲之事하고 行不言之敎하면 萬物作焉而不爲始라 故下知有之而已니라

　1) 太上……太上 : 大人은 《周易》의 乾卦에서 九二(둘째 효)와 九五(다섯째 효)의 '利見大人(대인을 만나는 것이 이롭다.)'에서 두 번 나오는데, 이 구절은 두 대인 가운데 윗자리 즉 군주의 자리에 해당하는 九五의 陽爻에 나오는 大人을 가리킨다. 하지만 어느 경우에든 상대를 만나야 이로운 상황이 되므로, 聖君賢相의 시대를 가장 훌륭한 통치가 이루어지는 것으로 보았다는 점은 다를 바 없다.

　太上은 〈《주역》에서 말하는〉 大人을 말한다. 대인이 윗자리에 있으므로 '太上'이라고 한 것이다. 대인이 윗자리에서 無爲의 일에 거하고 말 없는 가르침을 행하면 만물이

그에 의해 지어지면서도 시작하지 않는다. 이 때문에 아래 〈백성들이〉 그가 있다는 것만을 알 뿐이다.

17.2 其次는 親而譽之하고

그 다음 사람은 〈백성들이〉 그를 친하게 여기고 기리게 하며,

【注】不能以無爲居事하고 不言爲敎일새 立善(行施)〔施化〕¹⁾하여 使下得親而譽之也라

1) (行施)〔施化〕: 저본에는 '行施'라고 되어 있으나, 바그너는 注5.1에 '造立施化'라 되어 있는 것을 근거로 바꾸었다. 이를 따른다.

無爲로 자신의 일에 거하지 못하고 말하지 아니함으로 교화하지 못하기 때문에 善을 세우고 교화를 베풀어 아랫사람들로 하여금 친하게 여기고 기리도록 만든다.

17.3 其次는 畏之하고

그 다음 사람은 〈백성들이〉 그를 두려워하게 하며,

【注】不能復以恩仁令物하여 而賴威權也라

다시 은혜〔恩〕와 인자함〔仁〕으로는 다른 사람을 부릴 수 없어 위엄과 권세에 의존하게 된다.

17.4 其次는 侮之라

그 다음 사람은 〈백성들이〉 그를 모멸한다.

【注】不能法以正齊民하고 而以智治國일새 下知避之하고 其令不從이라 故曰侮之也라

법을 만들어 백성을 올바로 다스리지 못하고 '꼼수'로 나라를 다스리기 때문에 아랫사람들이 그를 피할 줄만 알게 되고 그의 명령을 따르지 않는다. 그래서 "그를 모멸한다."고 한 것이다.

17.5 信不足焉하면 有不信焉이니

〈나라를 다스리는 윗사람에게〉 믿음이 부족하면 〈백성들 사이에〉 不信이 생겨 나니,

【注】言從上也라 夫御體失性하면 則疾病生하고 輔物失眞하면 則疵釁作하니라 信不足焉이면 則有不信하니 此는 自然之道也니라 已處不足이니 非智之所濟也라

〈백성들이〉 윗사람을 따른다는 말이다. 무릇 몸을 다스림에 있어 타고난 본성을 잃게 되면 질병이 생기고, 다른 사람을 돕는 데 있어 타고난 진정성을 잃게 되면 종기가 생긴다. 〈윗사람에게〉 믿음이 부족하면 〈백성들 사이에〉 불신이 생겨나니, 이것은 자연의 도이다. 이미 부족한 상태에 처하였으므로 智謀로 풀 수 있는 상황이 아니다.

17.6 悠兮其貴言하여 功成事遂나 百姓皆謂我自然이니라

그윽하여 보이지 않는 모습이 그의 말 한마디를 귀하게 여겨, 공이 이루어지고 일이 다 성취되어도 백성들이 모두 '나 스스로 그렇게 했다'고 말한다.

【注】自然은 其端兆를 不可得而見也요 其意趣를 不可得而覩也라 無物可以易其言하여 言必有應이라 故曰 悠兮其貴言也하니라 居無爲之事하고 行不言之敎하며 不以形立物이라 故功成事遂나 而百姓不知其所以然也라

'自然'이란 그 조짐을 볼 수가 없고 그 뜻을 볼 수가 없는 것이다. 어떤 것으로도 그 말을 바꿀 수 없어 말을 하면 반드시 그에 응함이 있기에 "그윽하여 보이지 않는 모습이 그의 말 한마디를 귀하게 여긴다."고 한 것이다. 無爲의 일에 거하고 말 없는 가르침을 행하며 드러난 외형으로 다른 사람을 세우지 않는다. 그래서 공이 이루어지고 일이 다 성취되어도 백성들은 그 까닭을 알지 못하는 것이다.

제18장

　제18장, 제19장은 통상적으로 仁義에 대한 부정적 언급 때문에 儒家에 대한 비판을 다루고 있다고 해석된다. 하지만 초간본에 의하면 그런 루머는 전혀 근거가 없는 이야기이다.

　일단 제18장은 초간본과 왕필본이 조금 다르다. 馬王堆 漢墓 帛書本을 저본으로 한 김홍경에 의하면 제18장은 제17장과 이어진다. 첫머리에 '故'자를 붙인 점이 다르고, 군데군데 '焉'자가 첨부되어 있으며, '國家'가 '邦家'로, '忠臣'이 '貞臣'으로 되어 있다. 종합하면 '故大道廢, 焉有仁義, 智慧出, 焉有大僞. 六親不和, 焉有孝慈, 邦家昏亂, 焉有貞臣.'으로 글자의 차이는 조금 있으나, 해석에는 큰 차이가 없다.

　그 다음 구절에서는 孝誠과 慈愛가 나오게 된 이유, 충신이 있게 된 이유에 대해 말하고 있다. 노자는 '孝, 자애로움, 忠' 등 유가에서 내세우는 인위적 가치가 나오게 된 것이 결국 화목하지 못하고, 혼란스러운 상황 탓이라고 서술하고 있다. 유가를 비판했다고 보기 어려운 대목이다.

　왕필은 '六親'을 '부자, 형제, 부부'라고 하고 《여씨춘추》에는 육친을 '부모, 형제, 처자'라고 이야기하지만, 결국 육친은 '나와 가장 가까운 피붙이 6명'을 말하는 것이다. 이렇듯 가까운 피붙이들이 반목하는 상황이니 자연히 효를 강조할 수밖에 없을 것이다. 아비가 자식을 죽이고, 자식이 아비를 죽이는 혼란스러운 상황이 숱하게 벌어지던 시대였으니 말이다.

　그런데 그 다음 왕필의 해석이 재미있다. 왕필은 《莊子》〈大宗師〉에 나오는 "샘이 마르면 물고기들이 땅바닥에 드러나 서로 숨을 내쉬어 적셔주고 서로 물거품을 뿜어주니, 강호 속에서 서로를 잊는 것만 못하다."는 구절을 완전히 뒤집는다. "물고기들이 강과 호수에서 서로 잊고 지내는 도가 있기 때문에 서로 적셔주는 덕도 생겨난다."고 말하기 때문이다. 장자가 '물거품'이라는 비유를 들어 '仁義'를 부정했다면, 왕필은 '서로 적셔주는 덕'에 방점을 찍고 있는 것이다. 즉, '仁義'를 긍정하고 어질게 사는 사회가 기초라는 것을 말하고 있다고 보아야 하는 것이다.

18.1 大道가 廢하니 有仁義하고

큰 도가 없어지니 仁義가 있게 되었고,

【注】失無爲之事하고 更以(於)〔施〕[1]慧立善하니 道進物也라

> 1) (於)〔施〕: 저본에는 '於'로 되어 있으나, 樓宇烈은 道藏集注本에 따라 '施'로 바꾸었다.
> 누우열의 견해를 따른다.

無爲의 일을 잃고서 다시 지혜를 베풀고 善의 기준을 세우니 이는 도가 物로 나아간 것이다.

18.2 慧智가 出하니 有大僞하고

지혜가 나오니 큰 위선이 있게 되었고,

【注】行術用明하여 以察姦僞는 趣覩形見하여 物知避之라 故智慧出이면 則大僞生也하니라

술수를 행하고 밝음을 사용하여 간사함과 위선을 살피는 것은 이미 〈군주의 마음이 가는〉 방향이 보이고 그의 행위 방식이 드러나서 만물(사람들)이 피할 줄을 알게 된다. 그래서 지혜가 나오면 큰 위선이 생겨나는 것이다.

18.3 六親이 不和에 有孝慈하고 國家가 昏亂에 有忠臣[1]이니라

> 1) 國家……有忠臣: ≪淮南子≫〈道應訓〉에서는 魏 文侯와 蹇重의 이야기를 통해 설명하고 있다. 魏 文侯는 曲陽에서 신하들에게 주연을 베풀다가 자신에게 豫讓과 같은 충신이 없다고 한탄을 한다. 그러자 蹇重이 "복 많은 부모는 효자를 모르고, 도를 지닌 군주는 충신을 모른다."고 답하여 문후를 기쁘게 했다는 이야기다. 그리고 ≪노자≫의 이 구절을 인용한다.

六親이 불화하니 孝道와 慈愛가 있게 되었고, 국가가 혼란하니 忠臣이 있게 되었다.

【注】甚美之名은 生於大惡하니 所謂美惡同門이라 六親은 父子兄弟夫婦也라 若六親自和하고 國家自治하면 則孝慈忠臣이 不知其所在矣요 魚相忘於江湖之道[1]는

〔失〕²⁾則相濡之德生也라

1) 魚相忘於江湖之道 : 이 부분은 ≪莊子≫ 〈大宗師〉의 문장을 인용한 것이다. ≪장자≫의 본래 문장은 이러하다. "샘물이 마르면 물고기들이 땅위에 서로 남게 되어 서로 물기를 뿜어주고 서로 거품으로 적셔주는데 〈이는 물이 마르기 전의〉 강과 호수에서 서로를 잊고 지내느니만 못하다. 성왕 堯는 찬양하고 폭군 桀을 비난하는 것 또한 둘 다 잊어버리고 도와 함께 변화하는 것만은 못하다.〔泉涸 魚相與處於陸 相呴以濕 相濡以沫 不如相忘於 江湖 與其譽堯而非桀也 不如兩忘而化其道〕" ≪장자≫의 이 문장은 흔히 孔子의 仁義를 비판한 것으로 이해되기도 하지만, 莊子와 王弼 모두 仁義의 부정보다는 자연스러운 본성에 따르는 삶이 파괴된 상황을 형용하는 데에 그 취지가 있다.

2) 〔失〕 : 저본에는 '失'이 없어 문맥이 통하지 않는다. 陶鴻慶은 ≪莊子≫ 〈天運〉 郭象 注에서 "강호의 삶을 잃고 나서야 비로소 물기를 적셔줄 것을 생각한다.〔失於江湖 內思濡 沫〕"는 구절을 근거로 '失'이 누락되었다고 보았다. 바그너 또한 같은 근거로 '失'이 누락된 것으로 보았는데 이를 따라 보완하였다.

매우 아름다운 이름은 크게 추한 것에서 생겨나는 것이니, 이른바 '아름다움과 추함이 같은 문에서 나왔다.'는 것이 바로 이것이다. 육친이란 부모와 자식, 형제와 부부 사이를 말한다. 만약 육친이 스스로 화목하고 국가가 저절로 다스려진다면 효도와 자애나 충신이라는 말이 어디에 있어야 할지를 알지 못한다. 〈≪莊子≫에서 말하는〉 '물고기들이 강과 호수에서 서로를 잊고 지내는 도'를 잃으면 서로 물기로 적셔주는 덕이 생겨난다.

제19장

　제19장은 聖人의 도에 대해 이야기하고 있다. 백성들을 위해 군주가 어떻게 해야 하는지에 대한 이야기가 펼쳐진다. ≪韓非子≫ 〈揚權〉에 나오는 "성인의 도는 지혜와 기교를 없애는 데 있으니, 지혜와 기교가 없어지지 않으면 常道를 만들기 어렵다."라는 구절을 함께 생각해볼 필요가 있다.

　이 장도 초간본과 왕필본의 내용이 약간 다르다. 초간본은 군주가 버려야 할 세 가지로 '辨(말로 명확하게 구분하려는 것)과 智(잔머리 굴리는 것), 巧(기교)와 利(이익), 僞(거짓)와 詐(속임)'를 들고 있다. 그러나 왕필본은 '성스러움과 지, 인과 의, 기교와 이익'을 버려야 한다고 말한다.

　그런데 왕필의 해석이 재미있다. 노자는 "성스러움과 지, 인과 의, 기교와 이로움"을 버리라고 이야기하고 있으나, 왕필은 "성스러움과 지는 뛰어난 재주고, 인과 의는 훌륭한 행실이며, 기교와 이익은 쓰기에 좋은 것"이라고 노자의 생각을 뒤집는다. 그런 좋은 것들을 노자가 끊어버리라고 이야기한 것은 '언어화된 것, 즉 文飾을 부정한 것'이지 앞의 덕목 자체를 부정한 것이 아니라는 것이다. 결국 글자로 표현된 가치와 실상 사이의 간극에 대해 짚음으로써, 교묘하게 '인간의 마음'이 중요하다는 것을 이야기하고 있는 셈이다.

19.1 **絶聖棄智**라야 **民利百倍**[1]하며 **絶仁棄義**라야 **民復孝慈**하며 **絶巧棄利**라야 **盜賊**이 **無有**[2]니 **此三者**는 **以爲文**(不)〔**而未**〕[3]**足**이라 **故令有所屬**하면 **見素抱樸**하며 **少私寡欲**이니라

1) 絶聖棄智 民利百倍：≪淮南子≫ 〈道應訓〉에서는 盜跖의 이야기를 통해 역설적으로 해설하고 있는데, 이 이야기는 ≪呂氏春秋≫ 〈仲冬紀 當務〉, ≪莊子≫ 〈胠篋〉에도 비슷하게 나온다.
　　≪회남자≫에서 盜跖을 따르는 무리가 도척에게 도둑에게도 도가 있느냐고 묻자, 도척은 도적이라 해도 숨겨진 물건을 잘 찾아내는 聖, 먼저 들어가는 勇氣, 나중에 도망 나오

는 義, 훔친 물건을 공평히 나누는 仁이 필요하다고 답한다. 도적에게도 聖人의 道가 필요
하다는 이야기다. 그리고 ≪노자≫의 이 구절을 인용한다. 내용상으로 볼 때 ≪회남자≫
는 성인의 도가 도둑의 도와 다를 바 없으니 버려야 한다는 역설을 통해 설명하고자 한 듯
하다.

2) 絶聖棄智……無有 : 竹簡本에는 "絶智棄辯 民利百倍 絶巧棄利 盜賊亡有"로 되어 있어 '聖'
과 '智'가 '智'와 '辯'으로 되어 있고 '絶仁棄義'는 없다. 이를 통해 ≪老子≫가 본래 儒家를
비판한 것은 아니라는 사실의 일단을 확인할 수 있다. 즉 竹簡本은 유가에 대한 비판이라
기보다 智謀와 達辯을 비판한 것이다.

3) (不)〔而未〕: 저본에는 '不'로 되어 있으나, 아래 注文에 '以爲文而未足'으로 기록된 것을 바
탕으로 교감한 바그너의 견해를 따라 '而未'로 교감하였다.

　성스러움을 끊고 지혜를 버려야 백성에게 이로움이 백 배가 될 것이다. 어짊을 끊
고 의로움을 버려야 백성이 다시 효성스럽고 자애로워질 것이다. 교사스러움을 끊
고 이로움을 버려야 도적이 없어질 것이다. 이 세 가지는 〈억지로〉 꾸민 것이기에
충분한 것이 못 된다. 그러므로 〈각자의〉 속할 곳이 있게 하면 소박함을 보고 끌어
안으며 사사로움을 줄이고 욕심을 적게 할 것이다.

【注】聖智는 才之善也요 仁義는 行之善也요 巧利는 用之善也[1]로되 而直云絶이라하니
文甚不足하여 不令之有所屬하면 無以見其指하니라 故曰 此三者는 以爲文而未
足이라하니 故令人有所屬하면 屬之於素樸寡欲하니라

1) 聖智……用之善也 : ≪老子指略≫에는 "聖智 才之傑也 仁義 行之大也 巧利 用之善也"로
각각 달리 표현되어 있다. 바그너는 이에 따라 바로잡아야 한다고 보았으나 뜻 차이가
없기에 참고로 밝혀두기만 한다.

　성스러움과 지혜는 재주의 뛰어남이다. 어짊과 의로움은 행실의 뛰어남이다. 교사스
러움과 이로움은 쓰임새의 뛰어남이다. 그런데도 〈≪노자≫의 문장은 이것들을〉 끊어버
리라고만 말하고 있으니, 〈억지로〉 꾸민 것이 매우 부족해져 〈백성이〉 속할 곳이 없게
한다면 그것이 가리키는 것을 드러낼 방법이 없게 된다. 그래서 〈≪노자≫에서〉 "이 세
가지는 〈억지로〉 꾸민 것이기에 충분한 것이 못 된다."라고 말한 것이다. 그러므로 사람
들에게 속할 곳이 있게 한다면 소박함과 욕심을 줄이는 것에 속하게 할 것이다.

제20장

제20장은 儒學이 강조하는 '배움[學]'에 대한 비판으로 읽혀진다. '學'을 한다는 건 결국 벼슬에 나아간다는 것과 같은 것이다. 사회 시스템이 안정되어 있지 않을 때 공부를 해서 자기 자신을 진작시키고 명예를 드높여 사람들의 입에 오르내리면서 벼슬길에 나아간다는 것은 자신의 생명을 단축시킬 수도 있는 위험을 감수해야 하는 일이기도 하다.

그런데 벼슬길에 나아가는 것이 생명을 단축시키는 일이 될지도 모르고 사람들은 즐거워하기만 한다. 큰 소를 잡아 잔치를 하고, 봄날 누대에 오른 듯이 들떠서 난리다. 환하고, 신나고, 빛나는 사람들 무더기 저편에 사내 하나가 우두커니 동떨어져 있다. 어깨도 좀 굽은 것 같고, 찬바람을 피하기엔 옷이 얇아 보이기도 하다. 옹알거리거나 웃을 줄도 모르는 듯 무표정한 얼굴이라 얼핏 처량해 보이기도 하고, 한심해 보이기도 하고 세상사에 찌든 패잔병처럼 보이기도 한다.

20.1 絶學無憂니 唯之與(阿)〔訶〕[1]가 相去幾何며 美之與惡이 相去若何오 人之所畏를 不可不畏[2]니라

1) (阿)〔訶〕: 저본에는 '阿'로 되어 있으나, 注文에 의거하여 '訶'로 바로잡는다.
2) 人之所畏 不可不畏: ≪淮南子≫〈道應訓〉에서는 周 成王의 이야기를 통해 이 부분을 해설하고 있다. 周 成王이 尹佚에게 백성이 따르게 하는 정치를 묻자, 윤일은 백성을 두려워하는 마음으로 恩德을 베풀어야 桀王과 紂王처럼 백성이 원수가 되지 않는다고 답한다. 그리고 ≪노자≫의 이 구절을 인용하고 있다.

배움을 끊으면 근심이 없어지니, '네'와 '아니오'가 서로 다른 것이 얼마이겠는가? '아름다움'과 '추함'이 서로 다른 것이 얼마이겠는가? 사람들이 두려워하는 것을 〈나 또한〉 두려워하지 않을 수 없다.

【注】下篇에 〔云〕[1] 爲學者日益이요 爲道者日損이라하니 然則學〔者〕[2]之求益所能하여

而進其智者也라 若將無欲而足하면 何求於益이며 不知而中하면 何求於進하리오 夫
燕雀有匹이요 鳩鴿有仇요 寒鄕之民은 必知旃裘라 自然已足이어늘 益之하면 則憂니라
故續鳧之足이 何異截鶴之脛³⁾이며 畏譽而進이 何異畏刑이며 唯(阿)〔訶〕⁴⁾美惡이
相去何若이리오 故人之所畏를 吾亦畏焉하니 未敢恃之以爲用也라

1) 〔云〕: 저본에는 ‘云’이 없으나, 道藏集注本에 따라 ‘云’을 보충한다.
2) 〔者〕: 저본에는 ‘者’가 없으나, 道藏集注本에 따라 ‘者’를 보충한다.
3) 故續鳧之足 何異截鶴之脛 : 이 내용은 ≪莊子≫〈騈拇〉에 보인다. “이 때문에 오리의 다
   리가 비록 짧지만 이어주면 슬퍼하고 학의 다리가 길지만 자르면 슬퍼한다.〔是故鳧脛雖
   短 續之則憂 鶴脛雖長 斷之則悲〕”
4) (阿)〔訶〕: 저본에는 ‘阿’로 되어 있으나, 易順鼎(≪讀老札記≫)과 劉師培(≪老子斠補≫)
   의 설에 따라 ‘訶’로 바로잡는다. 易順鼎에 따르면 ‘唯’와 ‘阿’는 모두 ‘승낙하다〔諾〕’의 뜻
   이므로 문장이 통하지 않기에 ‘阿’는 승낙의 뜻이 아닌 ‘꾸짖다〔呵〕’가 되어야 한다고 보
   았다. 樓宇烈은 帛書 甲本에는 ‘訶’로 乙本에는 ‘呵’로 되어 있는데 ‘呵’는 ‘訶’의 俗文이므
   로 ‘訶’가 맞다고 보았다. ‘訶’는 큰 소리로 말하며 화낸다는 뜻이다.

〈≪노자≫의〉 하편에서 “배움을 추구하는 것은 날마다 보태는 것이요 도를 추구하는
것은 날마다 덜어내는 것이다.”라고 하였다. 그렇다면 배움을 추구한다는 것은 능한 바
를 보태어 자신의 지혜를 진전시키고자 하는 것이다. 만약 장차 그러한 욕구가 없이 만
족한다면 어찌 보태고자 하겠는가? 알지 못하더라도 〈행실이 법도에〉 맞는다면 어찌 진
전시키고자 하겠는가?

무릇 제비와 참새에게도 배필이 있고 산비둘기와 집비둘기에게도 짝이 있으며, 〈마찬
가지로〉 추운 지방에 사는 백성들은 반드시 털옷과 가죽옷을 지어 입을 줄 아는 법이
다. 저절로 그러함이 이미 충분한데 〈거기에 무언가를〉 보탠다면 근심만 생길 뿐이다.

그러하기에 오리의 다리를 길게 잇는 것이 학의 정강이를 자르는 것과 무엇이 다르겠
으며, 명예를 두려워하면서 〈자신의 지혜를〉 진전시키는 것이 형벌을 두려워하는 것과
무엇이 다르겠으며, ‘예’와 ‘아니오’라고 대답하는 것, 아름다움과 추함은 서로 다른 것이
얼마이겠는가? 그러므로 다른 사람이 두려워하는 것을 나 또한 두려워하는 것이니, 감
히 그런 것을 믿고서 쓰이고자 하지 않는 것이다.

20.2 荒兮其未央哉인저

황량한 모습이 텅 빈 곳에 아무것도 드러나지 않는 듯하다.

【注】歎與俗相(返)〔反〕[1]之遠也라

> 1) (返)〔反〕: 저본에는 '返'으로 되어 있으나, 樓宇烈은 宇惠의 설에 따라 '反'으로 교감하였는데, 문맥상으로 보면 '서로 어긋나다'는 뜻이 자연스러우므로 이를 따른다.

세속과 서로 어긋남이 큰 것을 한탄한 것이다.

20.3 衆人이 熙熙하여 如享太牢하고 如春登臺라

뭇사람들이 희희낙락하며 큰 소를 잡아 잔치를 벌이는 것 같고, 봄날 누각에 오르는 것 같다.

【注】衆人迷於美進[1]하고 惑於榮利하고 欲進心競이라 故熙熙如享太牢[2] 如春登臺也하니라

> 1) 進: 일반적으로 '進'을 '나아가다'라는 뜻으로 보아 출세한다는 의미로 풀이하나, '美'가 '榮'과, '進'이 '利'와 대구가 되니, '進'은 나아가다라는 뜻이 아니라 '賣·贖'의 뜻으로 '재물'을 가리키는 말로 보아야 한다.
> 2) 如享太牢: 바그너는 經文이 본래 '若享太牢'라고 교감하였으나, 樓宇烈은 如와 若이 통용되기 때문에 교감하지 않았다.

뭇사람들은 칭찬과 재물에 〈곧잘〉 미혹되고 영화와 이로움에 〈곧잘〉 미혹되어 욕심을 부리며 마음으로 다툰다. 그래서 희희낙락하며 큰 소를 잡아 잔치를 벌이는 것 같고, 봄날 누각에 오르는 것 같은 것이다.

20.4 我獨(怕)〔泊〕兮[1]其未兆가 如嬰兒之未孩하며

> 1) 我獨(怕)〔泊〕兮: 저본에는 '怕'로 되어 있으나 范應元本은 '泊'으로 되어 있어, 이를 따른다. 이와 달리 바그너는 아래 注文에서 '廓然'이라고만 하고 '獨'을 언급하지 않았으므로 '我廓兮'로 바꾸어야 한다고 제안하였다. 하지만 이 章이 我와 衆人, 俗人을 대비시키며 經 20.6에도 '獨'이 나오므로 이를 따르지는 않고 참고만 한다.

나 홀로 담박하여 〈아무것도〉 드러나지 않은 모습이 아직 웃을 줄 모르는 갓난아기 같으며,

【注】言我廓然無形之可名하고 無兆之可擧가 如嬰兒之未能孩也니라

나는 마음이 텅 비어서 이름 붙일 만한 형체가 없고 나열할 만한 조짐이 없는 것이 마치 아직 웃을 줄 모르는 갓난아이 같다고 말한 것이다.

20.5 儦儦兮若無所歸로다

몹시 지친 모습이 돌아갈 곳이 없는 것 같네.

【注】若無所宅이라

거처할 곳이 없는 것 같은 것이다.

20.6 衆人皆有餘나 而我獨若遺하니

뭇사람은 모두 남음이 있는데 나홀로 잃어버린 듯하니,

【注】衆人無不有懷有志하여 盈溢胸心이라 故曰 皆有餘也라하나 我獨廓然無爲無欲이 若遺失之也라하니라

뭇사람들은 생각이나 뜻을 두어 가슴속에 차고 넘치지 않는 이가 없다. 그래서 '모두가 남음이 있다.'고 한 것이다. 그런데 나홀로 텅 비어 할 것도 하고 싶은 것도 없는 것이 마치 잃어버린 것 같다고 한 것이다.

20.7 我愚人之心也哉인저

나는 어리석은 사람의 마음이로구나.

【注】絶愚之人은 心無所別析하고 意無所好欲하니 猶然其情不可覩라 我頹然이 若此也라

매우 어리석은 사람은 마음이 나누어지고 흩어지는 것이 없고, 뜻이 좋아하고 원하는 것이 없으니 유유한 그 마음을 볼 수 없다. 나의 쓸쓸한 마음이 이와 같다.

20.8 沌沌兮아

혼돈스럽다.

【注】無所別析하니 不可爲名이라

〈마음이〉 나누어지고 흩어지는 것이 없으니 무어라 이름할 수 없다.

20.9 俗人昭昭에

세간의 사람들은 똑똑한데

【注】耀其光也라

그 밝음을 환하게 드러낸다.

20.10 我獨(若昏)〔昏昏〕[1]하고 俗人察察에

1) (若昏)〔昏昏〕: 저본에는 '若昏'으로 되어 있으나, 아래 注20.14에 의거하여 '昏昏'으로 바로잡는다.

나홀로 흐리멍덩하고, 세상 사람들은 잘도 살피는데

【注】分別別析也라

분별하고 나눈다는 뜻이다.

20.11 我獨悶悶이로다 澹兮其若海하며

나홀로 어리석도다. 담담하여 바다 같고

【注】情不可覩니라

그 마음을 볼 수 없다.

20.12 飂兮若無止로다

고고하여 〈산들바람처럼〉 그칠 줄을 모르는 듯하네.

【注】無所繫縶이라

〈그 무엇에도〉 매인 것이 없다.

20.13 衆人皆有以로되

뭇사람들은 모두 쓸모가 있는데

【注】 以는 用也니 皆欲有所施用也라

以는 쓰인다는 뜻이다. 〈사람들은〉 모두 〈자신에게 일정한 자리가 주어져〉 쓰이기를 바란다.

20.14 而我獨頑似鄙니라

나홀로 완고하고 비루하다.

【注】 無所欲爲하여 悶悶昏昏하니 若無所識이라 故曰 頑且鄙也라

하고 싶은 것이 없어 어리석고 흐리멍덩하니 마치 아는 것이 없는 듯하다. 그래서 "완고하고 비루하다."고 한 것이다.

20.15 我獨〔欲〕1)異於人하여 而貴食母니라

1) 〔欲〕: 저본에는 '欲'이 없으나 帛書本에는 '欲'이 있다. 바그너는 아래 注文에 '欲'이 있으므로 이를 따라 '我獨欲異於人'이 맞다고 보았는데 이를 따른다.

나홀로 다른 사람과 다르고자 하여 〈만물을〉 먹이는 어미를 귀하게 여기는 것이다.

【注】 食母는 生之(木)〔本〕1)也라 人者皆棄生民之本하고 貴末飾之華라 故曰 我獨欲異於人이라

1) (木)〔本〕: 저본에는 '木'으로 되어 있으나, 武英殿本에 의거하여 '本'으로 바로잡는다.

食母란 삶의 뿌리이다. 사람은 모두 백성의 삶을 가능케 하는 그 뿌리는 버리고서 말단이나 꾸미는 화려함만 귀하게 여긴다. 그래서 "나홀로 다른 사람과 다르고자 한다."고 했다.

제21장

제21장은 道의 원초적 모습에 대한 묘사를 통해 인간 세상의 군주가 어떻게 다스려야 할지를 類比的으로 표현한 문장으로 볼 수 있다.

이석명은 ≪帛書老子≫에서 이를 다음과 같이 설명한다. "恍忽이나 窈冥 등은 모두 희미하고 어렴풋한 상태를 표현한 말이다. 즉 있는 듯하나 그 실체를 찾아볼 수 없고, 없는 듯하나 여전히 어떤 조짐이 존재하는 미묘한 상태를 말한다. 여기서 道에 대한 표현은 사실상 이상적 통치자가 마땅히 취해야 할 태도에 대한 말로 볼 수 있다. 도가 홀황하고 황홀하여 잘 파악할 수 없듯이 통치자 또한 자신의 속을 함부로 밖에 드러내지 말아야 한다. 그리고 홀황한 도 가운데 형상〔象〕이 있고 사물〔物〕이 있고 알맹이〔精〕가 있듯이 통치자 또한 그러한 '안개 행보' 속에 실질적인 통치 내용이 있다. 이렇게 처신할 때 도가 그러하듯이 통치자 또한 그 이름이 영원할 수 있다는 말이다."

그런데 王弼은 이러한 통치자의 행동방식에 대한 의미로 풀이하지 않는다. 왕필은 無名한 道로부터 萬物이 비롯되는데 이 근원의 상태를 형용하는 말들로 忽恍, 窈冥 등을 해석하고, 오히려 이들을 통해 道 본연의 모습을 파악할 수 있다는 의미로 이해한다. 여기서 王弼에게 가장 중요한 말은 所以然으로서의 道이다. 萬物은 바로 道에 의해 시작되고 이루어지므로 만물에 대한 이해는 곧 道라는 所以然을 살피는 데에 있다. 이러한 해석은 板本上의 차이와 병행한다. 이런 측면에서 보면 帛書本과 王弼本은 전혀 다른 텍스트가 된다.

21.1 孔德之容은 唯道是從이니

텅 빈 德의 모습은 오로지 道를 따를 뿐이다.

【注】 孔은 空也이니 唯以空爲德然後에 乃能動作從道하니라

孔은 텅 비다는 뜻이다. 오로지 텅 빔을 덕으로 삼은 후에야 비로소 행동이 도를 따를

수 있다.

21.2 道之爲物[1]이 唯恍唯惚이라

1) 道之爲物 : 帛書本은 '道之物'이라 되어 있다. 두 가지 표현 방식의 의미 차이는 이석명이
≪백서노자≫에서 다음과 같이 설명한다. '道之爲物'은 '道라는 것은'이라고 풀이하거나 '道
가 物이 되는 것은'이라 풀이할 수 있는데, 여기서는 전자의 해석 방식을 따랐다. 이와 달
리 '道之物'의 경우에도 두 가지 해석이 가능한데, 하나는 '도는 물이니'라는 뜻으로 전자와
비슷한 의미를 가지며, 다른 하나는 '도가 사물을 생하니'라고 풀이할 수 있다.

도라는 것은 오로지 恍하고 오로지 惚하다.

【注】恍惚은 無形不繫之歎이라

'恍惚'이란 〈구체적〉 형체가 없고 〈어느 것에도〉 매이지 않음을 탄미한 것이다.

21.3 惚兮恍兮로다 其中有象이며 恍兮惚兮로다 其中有物이며

홀하고 황하도다. 그 가운데 형상이 있으며, 황하고 홀하도다. 그 가운데 사물이
있으며,

【注】以無形始物하고 不繫成物하니 萬物以始以成호대 而不知其所以然이라 故曰
恍兮惚兮로다 〔其中有物〕[1]이며 惚兮恍兮로다 其中有象也라하니라

1) 〔其中有物〕 : 저본에는 없으나, 兪樾은 이 네 글자가 있어야 經文에 부합되게 온전한 문
장이 된다고 하였다. 이를 따라 '其中有物'을 보충하였다.

〈도가〉 무형으로 만물을 시작하고 매이지 않음으로 만물을 이루어준다. 만물은 〈이
도에 의해〉 시작하고 이루어지지만 그 까닭을 알지 못한다. 이 때문에 "황하고 홀하도
다. 그 가운데 물건이 있으며, 홀하고 황하도다. 그 가운데 형상이 있다."고 하였다.

21.4 窈兮冥兮로다 其中有精이며

그윽하고 아득하도다. 그 가운데 정기가 있으며,

【注】窈冥은 深遠之歎이라 深遠不可得而見이나 然而萬物由之하니 其可得見이 以

定其眞이라 故曰 窈兮冥兮로다 其中有精也라하니라

窈冥이란 깊고 아득함을 탄미한 말이다. 깊고 아득하여 볼 수가 없지만 만물은 그것을 말미암는다. 〈아마도 우리가 도를〉 볼 수 있는 것은 〈그 도가 만물의〉 참된 본성을 정하기 때문이다. 그래서 "그윽하고 아득하도다. 그 가운데 정기가 있다."라고 했다.

21.5 其精甚眞이로다 其中有信[1]이니라

1) 窈兮冥兮……其中有信 : ≪淮南子≫ 〈道應訓〉은 晉 文公의 이야기로 이 부분을 설명하는데, 이 이야기는 ≪呂氏春秋≫ 〈離俗覽 爲欲〉에도 나오며 ≪春秋左氏傳≫ 僖公 25년과 ≪韓非子≫ 〈外儲說 左上〉에도 비슷한 이야기가 나온다.
≪회남자≫에서 晉 文公이 原 땅을 공격하며 3일 안에 끝낼 것을 약속했다. 3일이 지나도 항복하지 않아 문공이 약속을 지키려고 퇴각 명령을 내리자 원 땅의 사람들이 감동하여 항복하고, 溫 땅의 사람까지 항복한다. 이 고사를 소개한 후에 ≪노자≫의 이 구절을 인용하고 바로 뒤에 다시 經62.4에 보이는 "아름다운 말은 사람의 존경을 받고 아름다운 행동은 사람을 감동시킨다.〔故美言可以市尊 美行可以加人〕"를 인용한다. 이를 보면 ≪회남자≫는 이 두 구절을 같은 의미로 이해하고 있음을 알 수 있다. 그리고 뒤에 인용된 문장 "故美言可以市尊 美行可以加人"은 道藏本에는 "美言 可以市 尊行 可以加於人"(經62.4)이라고 되어 있어 다소 다르다.

그 精氣가 매우 참되도다. 그 가운데 믿음이 있다.

【注】信은 信驗也라 物反窈冥이면 則眞精之極得하고 萬物之性定이라 故曰 其精甚眞이로다 其中有信也라하니라

信은 믿을 만한 증험이다. 만물이 그윽하고 아득함으로 돌아가면 참된 정기의 극치를 얻고 만물의 본성이 정해진다. 그래서 "그 정기가 매우 참되도다. 그 가운데 믿음이 있다."고 했다.

21.6 自古及今[1]히 其名不去하여

1) 自古及今 : 傅奕本, 帛書本은 '自今及古'로 되어 있으며, 馬敍倫은 여기의 문장이 '古', '去', '甫'로 이어지는 韻이므로 '自今及古'가 맞다고 주장하였다.

예로부터 지금까지 그 이름 사라지지 않아

【注】至眞之極은 不可得名이니 無名은 則是其名也라 自古及今히 無不由此而成이라 故曰 自古及今히 其名不去也라하니라

　지극한 참됨의 극치는 이름 지을 수 없으니, '無名(이름 없음)'은 바로 그 이름이 된다. 예로부터 지금까지 이것으로 말미암아 이루어지지 않은 것이 없다. 그래서 "예로부터 지금까지 그 이름 사라지지 않는다."라고 했다.

21.7 以閱衆甫[1]니라

1) 以閱衆甫 : 帛書本은 '以順衆父'로 되어 있다. '衆甫'와 '衆父(보)'는 같은 말로 甫(父)는 본래 남자의 美稱이다. 衆甫(父)는 뭇 남자들이란 뜻인데, 呂惠卿의 ≪道德眞經傳≫에 따르면 이로부터 萬有 또는 萬物을 가리키는 말로 의미가 확대되었다. 이렇게 보면 帛書本은 "이를 통해 만물에 순응한다."는 뜻이 된다. 하지만 王弼本은 '順(순응하다)'이 '閱(살피다)'로 되어 있어 "만물의 시작을 살피다."는 뜻으로 전혀 다르게 풀이하고 있다.

이로써 만물의 太初를 살필 수 있다.

【注】衆甫는 物之始也니 以無名(說)〔閱〕[1]萬物始也니라

　　1) (說)〔閱〕 : 저본에는 '說'로 되어 있으나, 宇惠의 ≪王注老子道德經≫에 의거하여 '閱'로 바로잡는다.

　'衆甫'란 만물의 시작이니, 〈以閱衆甫는〉 이름 없음으로 만물의 시작을 살핀다는 뜻이다.

21.8 吾何以知衆甫之狀哉[1]리오 以此로다

1) 衆甫之狀哉 : 傅奕本, 河上公本에는 모두 '衆甫之然哉'로 되어 있고, 帛書本에는 '衆甫之然也'로 되어 있다. 의미상으로 '然(그러함)'과 '狀(그러한 모습)'은 통하므로 뜻 차이는 없다. 왕필은 이를 '만물의 처음 모습'으로 풀이하고 있다.

내가 어떻게 만물의 처음 모습을 알겠는가. 이 〈도〉로써 알 뿐이다.

【注】此는 上之所云也라 言吾何以知萬物之始於無哉리오 以此知之也러라

　此는 위에서 말한 것을 가리킨다. 내가 어떻게 만물이 '無'에서 시작한다는 것을 알겠는가. 이것으로 알 뿐이라는 말이다.

제22장

  제22장은 老子의 유명한 逆說의 論理가 處世로 드러난 내용을 담고 있다. 굽힘과 온전함, 구부림과 곧게 펴짐, 움푹 패임과 채워짐 등은 제42장에서 말하는 '되돌아가는 것이 道의 운동'이라는 논리가 적용된 것이다. 즉 굽힘으로써 오히려 온전해지고, 구부림으로써 곧게 펴진다는 논리이다. 이런 이해의 방식은 河上公本이나 王弼本에서 커다란 차이는 없다.

  그러나 經22.5의 "적어지면 얻고, 많아지면 미혹된다."는 부분에서는 해석이 크게 갈린다. 河上公은 재산이나 지식이 많은 것은 미혹을 일으키니 적게 줄이고 겸손하며 스스로를 비울 것을 권하는 반면, 王弼은 이와 달리 근본으로부터 가깝고 먼 차이로 설명하여 근본으로 돌아갈 것을 권한다는 점에서 다르다.

  注22.4 '不自矜 則其德長也(스스로 자만하지 않으면 그 덕이 오래간다.)'의 '長'은 '오래간다'와 '어른'의 의미를 다 가지고 있지만, 여기서는 영속성에 포인트를 준 개념인 '오래간다'로 해석하는 게 좋을 듯하다. '德'은 '總和'를 말하는 것으로, 타인과의 관계에서 가질 수 있는 가장 최고의 경지를 말한다. 누군가로 하여금 자발적으로 무엇인가를 하게 하는 힘이지만 바로 나에게 있는 것, 그게 바로 '德'이다. 반면 '道'는 덕을 기르기 위해 따라가야 하는 길이기도 하고, 또 그 길을 따라가야만 덕이 생긴다는 규범적 의미로 쓰이기도 한다.

  제22장은 《老子》가 분명 天下의 侯王이 따르고 본받아야 할 일종의 治術의 일부로서 處世訓의 성격을 지닌 規範으로 成立된 것임을 보여준다.

22.1 曲則全하고

굽히면 온전해지고,

【注】 不自見(현)其(名)〔明〕[1]하면 則全也라

  1) (名)〔明〕: 저본에는 '名'으로 되어 있으나, 永樂大典本에 의거하여 '明'으로 바로잡는다.

스스로의 밝음을 드러내지 않으면 온전해진다.

22.2 枉則直¹⁾하고

1) 枉則直 : 帛書本, 傅奕本에는 '枉則正'으로 되어 있다. 뜻의 차이는 크지 않다.
   ≪淮南子≫ 〈道應訓〉은 이 부분을 晉나라의 公子 重耳와 曹나라 大夫 釐負羈의 이야기
   로 해설하는데, 이 이야기는 ≪春秋左氏傳≫ 僖公 23년, 28년에도 보인다. ≪회남자≫에
   서 晉의 公子 重耳는 망명길에 曹나라에서 무례를 당하였다. 이때 조나라 대부 이부기의
   아내는 중이의 시종들이 뛰어나니 잘 대해주라고 조언한다. 중이는 나라를 찾은 후 군대를
   일으켜 조나라를 공격하는데, 오직 그에게 잘해주었던 이부기만 화를 면한다. 이 고사를
   소개한 후 ≪노자≫의 이 구절을 인용한다.

구부리면 곧게 펴지고,

【注】不自是면 則其是彰也라

스스로를 옳다고 하지 않으면 그 옳음이 드러난다.

22.3 窪則盈하고

〈움푹〉 파이면 채워지고,

【注】不自伐하면 則其功有也라

스스로 자랑하지 않으면 그 공이 있게 된다.

22.4 弊則新하고

오래되면 새로워지고,

【注】不自矜하면 則其德長也라

스스로 자만하지 않으면 그 덕이 오래간다.

22.5 少則得하고 多則惑이라

적어지면 얻고, 많아지면 미혹된다.

【注】自然之道는 亦猶樹也니 轉多轉遠其根이요 轉少轉得其本이라 多則遠其眞이니 故曰惑也요 少則得其本이니 故曰得也라

자연스러운 도는 또한 나무와 같다. 〈나뭇가지가〉 더욱 많아질수록 그 뿌리로부터 더욱 멀어지고, 〈나뭇가지가〉 더욱 적어질수록 그 근본을 더욱 얻게(가깝게) 된다. 많아지면 그 참된 본성으로부터 멀어진다. 그래서 '미혹된다'고 했다. 적어지면 그 근본을 얻는다. 그래서 '얻는다'고 했다.

22.6 是以聖人이 抱一하여 爲天下式[1]하나니

1) 聖人……爲天下式 : 傅奕本은 '抱'가 '褒'로 되어 있다. 이와 달리 帛書本은 '聖人執一 爲天下牧'으로 되어 있어 사상적 지향이 크게 달라진다. 예컨대 '抱一'은 經10.1에서 '載營魄抱一(늘 머무는 곳에 살면서 하나를 끌어안는다.)'이라 하였듯이 생명이나 우주론적 차원의 의미를 가지며 후대의 道敎 수련과 연관되는 의미로 발전하는 데 비해, '執一'의 경우 ≪文子≫, ≪荀子≫, ≪韓非子≫ 등 주로 法家的 맥락에서 쓰이며 '執道(도를 잡음)'의 뜻으로 일종의 통치술에 해당한다. 이는 대개의 판본에서 '式(모범)'의 뜻으로 이어지는 것과 달리 '牧'으로 이어져 군주나 우두머리 혹은 통치의 의미를 갖는 표현으로 이어지는 점과도 통한다.

이런 까닭에 성인은 하나를 끌어안아 천하의 모범이 되니,

【注】一은 少之極也라 式은 猶則之也라

하나는 가장 작은 것이다. 式이란 그것을 본받는다는 뜻과 같다.

22.7 不自見(현)이라 故明하며 不自是라 故彰하며 不自伐이라 故有功하며 不自矜이라 故長이니라 夫唯不爭이라 故天下莫能與之爭[1]이니 古之所謂曲則全者가 豈虛言哉[2]리오 誠全而歸之니라

1) 夫唯不爭 故天下莫能與之爭 : ≪淮南子≫ 〈道應訓〉은 이 부분을 趙襄子의 이야기로 해설한다. ≪회남자≫에서 趙簡子가 죽자 中牟 사람들이 배신한다. 장례를 치른 후 趙襄子가 중모성을 공격하는데 갑자기 성이 무너진다. 그러자 오히려 조양자는 군대를 퇴각시키는데, 이에 감동한 중모 사람들이 항복한다. 이 이야기를 소개한 후 ≪노자≫의 이 구절을 인용한다.
2) 豈虛言哉 : 帛書本에는 '幾語哉'로 되어 있다. 왕필본의 경우 "어찌 헛된 말이겠는가"로 풀

이하는 데 반해, '幾語'의 경우 요점을 추린 말이란 뜻으로 要言의 의미로 풀이하거나, 이와 달리 幾를 豈의 빌린 글자로 보아 "어찌 말뿐이겠는가"로 풀이하는데 후자로 풀이할 경우 '豈虛言哉'와 의미상 통하는 표현이 된다.

　스스로의 〈밝음을〉 드러내지 않기 때문에 〈그 지혜가〉 밝게 드러나고, 스스로 옳다 하지 않기 때문에 〈그 옳음이〉 드러나고, 스스로 자랑하지 않기 때문에 공이 있게 되고, 스스로 자만하지 않기 때문에 〈그 덕이〉 오래간다. 대저 오로지 다투지 않기 때문에 천하의 그 누구도 그와 다툴 수 없다. 예로부터 이른바 "굽히면 온전해진다."고 한 것이 어찌 헛된 말이겠는가. 진실로 온전해지면 〈천하의 백성이 모두〉 그에게로 돌아가게 된다.

제23장

제23장은 老子의 말하기에 대한 생각을 잘 보여준다. 이는 儒家가 취하는 것과는 사뭇 구분된다.

≪論語≫〈陽貨〉에서 이렇게 말한다. "孔子께서 말씀하셨다. '나는 말을 하지 않으려 한다.' 자공이 여쭈었다. '선생님께서 말씀을 안 하시면 저희들은 무엇을 기술하겠습니까?' 공자께서 말씀하셨다. '하늘이 무슨 말을 하던가? 네 계절이 돌아가고 만물이 생장하는데 하늘이 무슨 말을 하던가?'〔子曰 予欲無言 子貢曰 子如不言 則小子何述焉 子曰 天何言哉 四時行焉 百物生焉 天何言哉〕" 스승 공자가 말을 하지 않겠다고 한다. 왜 그랬을까? 말이란 무엇일까? 말을 한다는 것이 도대체 무엇이기에 공자는 그것을 거부한 것일까?

孔子(≪萬古際會圖像≫)

고대 중국의 稷下 계열의 문헌인 ≪管子≫〈內業〉에서는 "한마디 말이 얻어지면 하늘 아래 모두가 복종하고, 한마디 말이 정해지면 하늘 아래 모두가 경청한다.〔一言得而天下服 一言定而天下聽〕"고 한다. 고대 중국의 지식인 세계에서 '말한다는 것〔言〕'은 바로 이런 것이었다. 말을 한다는 것, 특히 도에 대해 말을 한다는 것은 기본적으로 천하와 관련된다. 천하에 대고서 어찌 虛言을 하겠는가? 어쩌면 공자가 진정으로 하고 싶었던 말은 이런 것이 아니었을까?

공자께서 말씀하셨다. "독실하게 믿고 배우기를 좋아하고, 죽어도 도를 지키고 보전해야 한다. 그러나 위태로운 나라에는 들어가지 말고, 어지러운 나라에서는 살지 않는다. 천하에 올바른 도가 행해지면 나와 일하고, 도가 행해지지 않으면 숨는다.

나라에 올바른 도가 행해지는데도 가난하고 미천한 것은 치욕이요, 나라에 올바른 도가 행해지지 않는데도 부유하거나 귀한 것은 치욕이다.〔子曰 篤信好學 守死善道 危邦不入 亂邦不居 天下有道則見 無道則隱 邦有道 貧且賤焉 恥也 邦無道 富且貴焉 恥也〕"

그런데 ≪노자≫의 말은 이와 다르다. ≪노자≫는 공자처럼 '不言'을 말하지 않는다. 물론 ≪노자≫도 '불언'을 말하고 있는 것처럼 "行不言之教"를 외치는 듯하지만, 실상 그가 말하는 진의는 다른 곳에 있다. 제왕은 말로 행하는 자가 아니라는 뜻이기 때문이다. 그래서인지 河上公注는 아주 단순하다. "희언이란 말을 아끼라는 뜻이다. 말을 아끼는 것이 자연의 도이다.〔希言者 謂愛言也 愛言者 自然之道〕" 황제가 하는 말은 그 자체로 법과도 같다. 한번 내뱉은 말은 주워 담을 수 없고, 失言은 용서되지 않는다. 아낄수록 좋은 것이라는 말이다.

그런데 王弼은 말을 돌린다. '希言'에 나름 심원한 의미를 부여하고자 한다. ≪노자≫ 經14.1에서는 "들어도 알아듣지 못하는 것을 이름하여 '希'라 한다."고 했고, ≪노자≫ 經35.3에서는 "도에 대해 입으로 내뱉는 말은 담담하여 아무 맛이 없고 쳐다보아도 잘 보이지 않고 들어도 알아들을 수 없다."고 했다. 그렇다면 아무 맛이 없고 알아들을 수 없는 말이란 곧 自然의 지극한 말이다.

'希'는 이미 ≪노자≫에서 말하듯, "들어도 알아들을 수 없다."는 단순하지 않은 의미를 갖고 있다. 하지만 그렇다고 해서 그것이 우리의 감각이나 경험을 초월하여 있는 실체나 선험적 존재에 대한 말은 아니다. 왕필은 그것이 '자연의 지극한 말' 또는 '도에 대해 하는 말'이라고 부연하고 있기 때문이다.

23.1 希言이 自然이라

〈아무 맛이 없고〉 들리지 않는 말이 자연〈에 대한〉 지극한 말이다.

【注】 聽之不聞名曰希라하니 下章에 言道之出言은 淡兮其無味也니 視之不足見하고 聽之不足聞하니 然則無味不足聽之言은 乃是自然之至言也라

〈≪노자≫ 經14.1에서는〉 "들어도 알아듣지 못하는 것을 이름하여 '희미하다〔希〕'"고 했고, 뒤의 장 〈≪노자≫ 經35.3에서는〉 "도에 대해 입으로 내뱉는 말은 담담하여 아무 맛이 없고 보아도 잘 보이지 않고 들어도 알아들을 수 없다."고 하였다. 그렇다면 아무 맛이 없고 알아들을 수 없는 말이란 곧 自然에 대한 지극한 말이다.

23.2 故飄風은 不終朝며 驟雨는 不終日이니 孰爲此者오 天地니라 天地도 尙不能久인땐 而況於人乎[1]아

1) 孰爲此者……而況於人乎 : 帛書本은 "孰爲此者 天地尙不能久 而況於人乎"라고 되어 있어 의미가 크게 다르다. 王弼本에 의거할 때 이 문장은 앞의 문장 즉 "사나운 회오리바람은 아침나절을 넘기지 않고, 퍼붓는 소낙비는 한나절을 가지 않는다."는 자연현상의 주재자로서 天地를 지목한 후에 이러한 天地조차 오래가지 못함을 말하고 있다. 하지만 帛書本의 논리는 소낙비와 회오리바람 그 자체가 天地가 드러난 현상으로 간주되며 이러한 현상들이 오래가지 않음을 지적한 문장으로 뜻이 바뀐다. 이석명은 ≪帛書老子≫에서 天地를 옮겨 쓰는 과정에 생긴 오류로 추정한다. 하지만 河上公本, 傅奕本의 경우에도 이와 마찬가지인 점을 보면 이것은 오류일 가능성도 있지만, 漢代 宇宙論이 天地論으로 형성되는 과정 이전과 이후를 반영하는 것에서 오는 차이이거나, 아니면 ≪周易≫이 天地에서 시작하는 완정한 우주론을 갖는 것과 같은 맥락에서 왕필의 입장을 드러내는 것으로도 볼 수 있다.

그러므로 사나운 회오리바람은 아침나절을 넘기지 않고, 퍼붓는 소낙비는 한나절을 가지 않는다. 누가 이렇게 하는가? 하늘과 땅이다. 하늘과 땅도 오래가지 못하는데 하물며 사람이겠는가!

【注】言暴疾美興은 不長也라

사납고 빠르고 아름답고 급히 일어난 것은 오래가지 못한다는 말이다.

23.3 故從事於道者는 道者同於道[1]하고

1) 從事於道者 道者同於道 : ≪淮南子≫〈道應訓〉에는 "從事於道者 同於道"라 되어 있다. 이에 대해 갈고리 만드는 사람의 이야기를 통해 설명하는데 이와 비슷한 이야기가 ≪莊子≫〈知北遊〉에도 나온다. ≪회남자≫에서는 大司馬의 집에 갈고리를 만드는 사람이 나이 80이 되어도 여전히 정교한 기술을 잃지 않았는데, 대사마가 묻자 그는 나이 20부터 오로지 갈고리 만드는 일에만 매달리고 다른 것은 돌아보지 않았다고 답한다. 그리고 ≪노자≫의 이 구절을 인용한다. ≪회남자≫의 취지는 오로지 道에만 전념해야 도와 같아진다는 취지로 이해하는 듯하다.

그래서 도에 따라 일을 처리하는 자는 도를 행하는 것이 도와 같아지고,

【注】從事는 謂擧動從事於道者也라 道는 以無形無爲로 成濟萬物이라 故從事於道者는 以無爲爲(君)〔居〕[1]하고 不言爲敎하며 綿綿若存이로되 而物得其眞하니라 〔行

道則〕²⁾ 與道同體라 故曰 同於道라하니라

1) (君)〔居〕: 저본에는 '居'가 '君'으로 되어 있는데 樓宇烈은 注17.1, 注63.1, 注72.1을 근거로 '居'라고 보았다. 특히 注72.1에서 왕필은 '淸靜無爲謂之居'라 하였는데, 이는 "〈커다란 사업이나 전쟁을 일으킴 없이〉 맑고 고요히 무위함을 일컬어 '거하다'고 한다."라고 풀이할 수 있다. 樓宇烈은 '居'를 '편안하다〔安〕'는 뜻으로 보았다.
2) 〔行道則〕: 저본에는 이 부분이 없다. 그런데 바그너는 아래의 注23.4 '行得則', 注23.5 '行失則'과 짝이 되므로 삽입되어야 마땅하다고 보았는데, 타당하므로 이를 따라 보충하였다.

從事란 거동함에 있어 도에 따라 일을 처리하는 것을 말한다. 도는 형체도 없이 함도 없이 만물을 이루고 다스린다. 그래서 도에 따라 일을 처리하는 자는 〈≪노자≫ 2장에서 말한 성인과 같이〉 "無爲로써 거하고 말하지 않음을 가르침으로 삼으며", ≪노자≫ 6장에서 하늘과 땅의 뿌리처럼〉 "면면히 이어지는 듯이" 하는데 만물은 저마다의 '참된 본성〔眞〕'을 얻는다. 도를 행하면 도와 한 몸이 된다. 그래서 "도와 같아진다."고 한 것이다.

23.4 (德)〔得〕者同於(德)〔得〕¹⁾하고

1) (德)〔得〕者同於(德)〔得〕: 河上公本과 王弼本은 모두 "德者同於德"으로 되어 있으나, 바그너는 王弼의 注文에서 "得 少也", "故曰 同於得也"라고 한 것에 의거하여 "得者同於得"이라 보았다. 이 章의 흐름을 道와 德을 논한 것으로 본다면 "德者同於德"이라 할 수도 있다. 그러나 ≪韓非子≫에서 德을 得으로 본 것이나 王弼이 德을 得으로 풀이한 것을 보면 "得者同於得"이라 해도 그 의미의 차이는 없다. 다만 이어지는 文章에서 得이 失로 이어지는 것을 보면 "得者同於得"이 더 자연스러워 보인다. 바그너의 견해를 따라 고친다.

〈도를〉 얻도록 〈적게 행하는〉 자는 얻음과 같아지고,

【注】 得은 少也니 少則得이라 故曰得也라 行得則與得同體라 故曰 同於得也라

得은 '적어진다'는 뜻이다. 〈≪노자≫ 經22.5에서 말하였듯이〉 적어지면 얻는다. 그래서 '얻는다'고 했다. 〈이와 같은 방식의〉 얻음을 행하면 얻음과 한 몸이 된다. 그래서 "얻음과 같아진다."고 했다.

23.5 失者同於失이라

〈도를〉 잃도록 〈매이는 게 많은〉 자는 잃음과 같아질 것이다.

【注】 失은 累多也니 累多則失이라 故曰失也라 行失則與失同體라 故曰同於失也라

失은 '매이는 게 많다'는 뜻이다. 매이는 것이 많으면 〈도를〉 잃게 된다. 그래서 "잃는다."고 했다. 〈이와 같은 방식의〉 잃음을 행하면 잃음과 한 몸이 된다. 그래서 "잃음과 같아진다."고 했다.

23.6 同於道者는 道亦樂得之요 同於(德)〔得〕者는 (德)〔得〕亦樂得之요 同於失者는 失亦樂得之[1]라

1) 同於道者……失亦樂得之 : 帛書本은 "同於得者 道亦得之 同於失者 道亦失之"라고 되어 있다. 풀이하면 "얻음과 같아진 자는 도 또한 그를 얻을 것이요, 잃음과 같아진 자는 도 또한 그를 잃을 것이다."라고 하여 오로지 道와의 관계에서 得失을 말하였다.

도와 같아진 사람은 도 또한 그를 즐거이 얻을 것이요, 얻음과 같아진 자는 얻음 또한 즐거이 그를 얻을 것이요, 잃음과 같아진 자는 잃음 또한 즐거이 그를 얻을 것이다.

【注】 言隨(行其所)〔其所行〕[1]이라 故同而應之하니라

1) (行其所)〔其所行〕 : 저본에는 '行其所'로 되어 있으나, 陶鴻慶의 설에 따라 '其所行'으로 바로잡는다.

저마다 그 행하는 바에 따르기 때문에 같은 것이 그에 응한다는 말이다.

23.7 信不足焉하면 有不信焉[1]이라

1) 信不足焉 有不信焉 : 같은 문장이 經17.5에도 나온다. 樓宇烈은 帛書本에 이 부분이 없는 것으로 볼 때 經17.5의 經과 注가 여기에 잘못 삽입된 것이라 추정하였다.

〈나라를 다스리는 윗사람에게〉 믿음이 부족하면 〈백성들 사이에〉 불신이 생겨난다.

【注】 忠信不足於(下)〔上〕[1]焉하면 有不信(也)〔焉〕[2]이라

1) (下)〔上〕 : 저본에는 '上'이 '下'로 되어 있다. 여기의 經文은 17.5에도 나오는데, 앞의

맥락에서 보면 전반부와 후반부가 君臣 혹은 군주와 백성의 관계에 대한 함축을 분명히 하고 있다. 바그너는 이 맥락을 고려할 때 여기의 문장 또한 같은 맥락으로 보아 '下'가 '上'이 되어야 한다고 보았는데, 王弼의 사상적 입장과 상통하므로 이를 수용하여 '下'를 '上'으로 바꾼다. 김학목은 ≪노자도덕경과 왕필의 주≫에서 "〈윗사람이〉 아랫사람들에게 충실함과 진실성이 부족하니 이에 불신이 생긴다."고 옮겼는데 같은 맥락이다.

2) (也)〔焉〕: 저본에는 '焉'이 '也'로 되어 있는데, 經17.5와 앞의 經文에 비추어볼 때 '焉'이 타당한 듯하다. 樓宇烈 또한 '焉'으로 보았다.

〈나라를 다스리는〉 윗사람에게 충실함과 믿음이 부족하면 〈백성들 사이에〉 불신이 생겨난다.

제24장

제24장은 자신의 능력을 어찌 쓸 것인지에 대해 이야기하고 있는 것 같다. "경중 경중 걸으면 오래 갈 수 없다. 스스로 드러내면 밝지 못하다. 스스로 옳다고 하면 드러나지 않는다. 스스로 자랑하면 공이 없다. 스스로 뽐내면 오래가지 못한다." 왕 필은 '物尙進則失安'이라고 해서 "나아가는 것을 숭상하면 안정을 잃는다."고 했다. 나아간다는 건 '進(출사)'을 말하는데, 발돋움해 출사하면 즉, 자기 능력보다 지나치게 앞서 나아가면 편안하지 않아 오래 서 있을 수 없다는 것이다. 앞서 가는 게 뛰어나고 좋은 것 같아 보여도 그게 "다 먹다 남은 음식이요, 군더더기 행동"이라고 충고하고 있다.

'企'는 '고대 導引術의 한 동작'을 가리키는 단어로 '발뒤꿈치를 든다'는 의미로 해석되기도 한다. 한편으론 내 능력을 넘어서는 것을 말한다. 왕필은 인간 사회의 바람직한 모습을 '各得其所'한 상태라고 보았다. 즉, 각자(物)가 있어 마땅한 자리, 능력에 맞는 자리에 있어야 한다는 것이다. '各得其所'란 원래 ≪漢書≫〈東方朔傳〉에 나오는 이야기로 생각해볼 수 있다.

漢 武帝 때, 무제의 누이인 隆慮公主는 아들 昭平君을 한 무제의 딸과 맺어 주었는데, 소평군이 망나니였나 보다. 병으로 위독하던 융려공주가 황금과 돈을 무제에게 바치고 다음과 같이 부탁까지 했다고 한다.

"이 담에 내 아들이 죽을죄를 짓더라도 부디 용서해주세요."

어머니의 기우대로 소평군은 날로 교만해졌고, 술에 취해 공주 보모를 죽여 감옥에 갇히기도 했다. 사법을 담당하

漢 武帝(≪萬古際會圖像≫)

던 관리가 어떻게 하면 좋겠느냐고 하자, 한 무제 주위에 있던 신하들은 모두 소평
군 편을 들었다.

"돌아가신 융려공주의 아드님이니 봐주시지요. 전에 속죄금까지 바치지 않았습
니까?"

무제는 눈물을 흘리며 슬퍼했는데, 동생에 대한 동정보다는 임금의 도리를 택하
고 만다. 그것을 본 동방삭이 임금의 용기 있는 행동을 칭송하며 이렇게 말했다고
한다.

"신이 듣건대, 聖王께서는 정사를 베푸시매 상을 줌에는 원수도 꺼리지 아니하고,
죄 지은 자를 죽임에 骨肉之親이라도 골라내지 않는다 했습니다. ≪尙書≫에 이르기
를 '한 곳에 치우치지 아니하고 무리를 짓지 아니하니 왕의 길은 넓고도 넓도다.'라
고 했습니다. 이 두 가지 것은 五帝께서 소중히 여기신 법이며, 三王도 하기 어려워
한 일이었습니다. 그런데도 폐하께서는 행하셨으니 이로써 四海의 만백성들은 모두
자기의 맡은 바를 지키며 살 수 있을 것이니〔是以四海之內 元元之民 各得其所〕천하를
위해서는 매우 다행한 일입니다."

능력에 대해 이야기할 때 우리는 흔히 適性이란 말을 많이 쓰는데, 적성이란 말이
원래 의미와는 약간 다르게 쓰인다. 적성이란 郭象이 쓴 용어인데, 지금은 "타고난
재주와 능력"이라는 의미로 많이 쓰지만, 원래 의미는 "타고난 본분에 맞춘다."는 뜻
이다. 왕필이 말한 '適用'과 비슷한 의미이다. 하지만 왕필과 곽상은 방점을 찍는 부
분이 다른데, 곽상은 性 즉 출신성분, 명분에 포인트를 두고 있지만 왕필은 用에 포
인트를 두고 있다. 곽상은 晉代 사상가로 ≪莊子≫에 주석한 학자이다. 계층적 신분
질서를 天理라고 인정했고, 개별적인 개체도 '性分'이나 '位階'에 몸을 맡김으로써 자
득할 수 있다고 생각했다.

24.1 企者¹⁾는 不立하고

1) 企者 : 河上公本은 '跂者'로 되어 있고, 帛書本은 '吹者'로 되어 있다. 帛書本의 경우 '吹'는
   두 가지 해석이 있는데, 하나는 고대 導引術의 한 가지 동작으로 보는 견해와 다른 하나는
   '吹噓(과장하다)'의 뜻으로 보는 견해이다. 후자의 해석에 근거하여 이석명은 ≪帛書老子≫
   에서 '企者 不立'을 "허풍선이는 제대로 서지 못한다."고 풀이하였다.

발꿈치를 들고 서는 자는 제대로 서지 못하고,

【注】物尙進則失安이라 故曰企者不立이라하니라

　만물이 나아감(출세)을 숭상하면 安定을 잃는다. 그래서 "발꿈치를 들고 서는 자는 제대로 서지 못한다."고 했다.

24.2 跨者는 不行하니 自見(현)者는 不明하고 自是者는 不彰하고 自伐者는 無功하고 自矜者는 不長이니 其在道也에 曰餘食贅行이라하니

　경중경중 걷는 자는 오래 길을 다니지 못하니, 스스로 드러내는 자는 밝지 않고, 스스로 옳다고 하는 자는 드러나지 않고, 스스로 뽐내는 자는 공이 없고, 스스로 자랑하는 자는 오래가지 못한다. 그것을 道에 있어 먹다 남은 음식이요 군더더기 행동이라고 하니,

【注】其[1]唯於道而論之컨대 若郤至之行[2]과 盛饌之餘也하니라 本雖美나 更可薉(예)也니 本雖有功而自伐之라 故更爲肬(우)贅者也하니라

1) 其 : 저본은 여기부터 시작된다. 하지만 易順鼎은 ≪讀老札記≫에서 그 앞에 22章의 注文을 삽입하여 "〈≪老子≫의 22장 注에서 논했듯이〉 스스로의 밝음을 드러내지 않으면 온전해진다. 스스로를 옳다고 하지 않으면 그 옳음이 드러난다. 스스로 자랑하지 않으면 그 공이 있게 된다. 스스로 자만하지 않으면 그 덕이 자라난다.〔不自見 則其明全也 不自是 則其是彰也 不自伐 則其功有也 不自矜 則其德長也〕"를 보완하지만 經文과 注文이 잘 부합하지 않는다는 점을 인정한다. 樓宇烈은 이를 따르지만 바그너는 따르지 않는다.

2) 若郤至之行 : 郤至는 춘추시대 晉의 大夫로 그에 관한 고사는 ≪春秋左氏傳≫ 成公 16년에 실려 있다. "晉 厲公이 극지를 왕실로 보내 초나라의 포로를 바치게 했다. 그러자 극지는 왕실의 卿士 單襄公과 함께 이야기를 나누면서 자주 자신의 공을 자랑했다. 이에 선양공이 왕실의 여러 대부들에게 말했다. '극지는 망하고 말 것이오. 그는 7인의 밑에 있으면서 윗사람을 가리려 하고 있소. 남의 원망을 모으는 것은 亂의 근본이오. 남의 원망을 많이 받는 것은 화란의 단초인데 그가 어떻게 그 자리를 유지할 수 있겠소? ≪書經≫〈夏書〉에 이르기를 '남의 원망이 어찌 분명히 드러난 것만 있겠는가. 눈에 띄지 않는 원한도 깊이 생각해야 한다.'고 했소. 이는 사소한 원한도 사지 않도록 조심하라는 뜻이오. 지금 극지에 대한 원망이 분명히 드러나고 있으니 그것이 과연 가한 일이겠소?'"(신동준 옮김, ≪춘추좌전 2≫)

　오로지 도의 측면에서 논하자면 郤至의 행동과 잘 차려진 잔치상의 남은 음식과 같다. 본래 아름답다 해도 다시 더러워질 수 있으니, 본래 공이 있어도 스스로 자랑하는

까닭에 다시 쓸데없는 군더더기가 되는 것이다.

24.3 物或惡(오)之라 故有道者는 不處니라

만물은 대체로 그런 것을 싫어하기 때문에 도가 있는 자는 그렇게 처신하지 않는다.

제25장

　제25장에서 老子는 '무엇인가 섞여 이루어진 것'이 천지보다 먼저 생겨났다고 이야기하고 있는데, 왕필은 "누구의 자손인지 알지 못하므로 천지보다 먼저 생겨났다고 했다."라고 하면서 그걸 약간 비틀어 이야기하고 있다.

　'混成'이란 만물의 다양성을 말하는 것이고, 도의 출현을 이야기하는 것이다. '混成'에서 '混'은 ≪장자≫에 나오는 '渾沌(混沌)'을 생각나게 한다.

　그런데 여기서 생각해볼 건 중국 신화에 나오는 혼돈 이야기와 ≪장자≫에 나오는 혼돈 이야기가 다르다는 점이다. 신화에서는 혼돈을 어둑한 한 덩어리, 하나의 달걀 같은 존재로 묘사하고 있다. 어두침침해 앞이 잘 보이지 않자 화가 난 盤古가 도끼를 힘껏 휘둘렀고, 그 바람에 달걀이 깨져 달걀 속에 있던 가볍고 맑은 기운은 점점 올라가 하늘이 되었고, 무겁고 탁한 기운은 가라앉아 땅이 되었다는 것이다. 혼돈으로부터 천지가 창조되었다는 것이다. 그런데 ≪장자≫에서

盤古氏(≪萬古際會圖像≫)

는 이 이야기를 다르게 변주하고 있다. 눈, 코, 입, 귀가 없는 존재인 혼돈을 답답하게 생각한 북해의 천제인 忽과 남해의 왕 熟이 매일 한 개씩 일곱 개의 구멍을 뚫어주어, 혼돈을 죽게 만들었다고 한다.

　여기서 잠시 有爲와 無爲의 의미도 생각해볼 수 있다. 儒家가 말하는 有爲란 기본적으로 인간의 삶을 바람직한 방향으로 개선하는 것을 말하며, 無爲란 有爲하는 사람들 위에서 내려다보는 행위이다. 노자는 근본적으로 有爲에는 관심이 없었던 사

람인데, 無形(無名)을 통해서 心(道)을 말하려고 했다. 얼굴 표면 속에 감추어진 마음(내면)을 읽고자 했다는 것. 도를 통해 陰陽, 四時, 우리 삶의 이치를 설명하고 싶어 했던 것! 그럼으로써 주기적이며 규칙적인 규범적이고 규율적인 道(길)를 찾고 싶었던 것이 노자의 관심이다.

25.1 有物混成하니 先天地生이라

뒤섞인 가운데 〈만물을〉 이루어주는 것이 있으니, 하늘과 땅보다 먼저 생겨났다!

【注】混然不可得而知호대 而萬物由之以成이라 故曰混成也라 不知其誰之子[1]하니 故先天地生이라

> 1) 不知其誰之子 : 經4.1에서 "湛兮似或存 吾不知其誰之子 象帝之先"이라 했는데, 王弼은 注4.1에서 "하늘과 땅 또한 결코 그에 미칠 수가 없는데 또한 帝보다 앞서는 듯하지 않은가? '제'란 천제이다.〔天地莫能及之 不亦似帝之先乎 帝 天帝也〕"라고 하였다.

뒤섞여 있어 알 수 없는데 만물이 그것으로 말미암아 이루어진다. 그래서 "뒤섞인 가운데 이루어준다."고 했다. 〈이미 ≪노자≫ 經4.1에서 말하였듯이 나는〉 그가 누구의 자식인지 모르겠다. 그러므로 그것은 天地보다 먼저 생겨났다.

25.2 寂兮寥兮여 獨立不改하고

고요하고 텅 비었구나! 홀로 서서 〈변화의 한가운데에서도〉 바뀌지 않고,

【注】寂寥[1]는 無形體也[2]요 無物之匹이라 故曰 獨立也라 返化終始[3]에 不失其常이라 故曰 不改也라

> 1) 寂寥 : 宇惠의 ≪王注老子道德經≫에서 본래 '寂寥'가 '寂寞'이라 보았는데 참고할 만하다.
>
> 2) 無形體也 : 王弼은 ≪論語釋疑≫에서 "공자가 말했다. '도에 뜻을 두고 덕에 근거하고 인에 의지하며 예에 노닐어라.'〔子曰 志於道 據於德 依於仁 游於藝〕"라고 한 부분의 '道'에 대해 다음과 같이 주석하였다. "도는 無의 지칭이니 통하지 않는 것이 없고 말미암지 않는 것도 없다. 〈그래서〉 비유하여 도라고 말하는데 〈이 도는〉 고요하여 몸체가 없으니 어떠한 象이라 할 수가 없다. 이 도는 몸체로 삼을 수 없으므로 다만 뜻을 향할 뿐이다.〔道者 無之稱也 無不通也 無不由也 況之曰道 寂然無體 不可爲象 是道不可體 故但志慕

而已〕"

3) 返化終始 : 이 말은 해석하기가 쉽지 않다. 다만 注25.8에서 '反'의 의미를 이와 연관하여 풀이하고 있어 이를 참조하였다.

'寂寥'는 아무런 형체가 없는 것이다. 만물 가운데 〈어느 것도 그에〉 짝할 수 없으므로 '홀로 서다.'라고 했다. 돌아오고 변화하고 마치고 시작함에 그 항상됨을 잃지 않는다. 그래서 '바뀌지 않는다.'라고 했다.

25.3 周行而不殆하니 可以爲天下母라

두루 다니면서도 위태롭지 않으니 천하의 어미가 될 만하다.

【注】周行無所不至而免殆하고 能生全大形也라 故可以爲天下母也라

두루 다녀서 이르지 못할 곳이 없으면서 위태로움을 면하고, 커다란 형체를 낳고 온전히 할 수 있다. 이 때문에 천하의 어미가 될 만한 것이다.

25.4 吾不知其名하여

나는 그 이름을 알지 못하여

【注】名以定形이라 混成無形하여 不可得而定이라 故曰 不知其名也라하니라

이름이란 〈어떤 사물의〉 형체를 규정하는 것이다. 뒤섞인 가운데 이루어주고 형체가 없어 〈그 이름을〉 규정할 수가 없다. 그래서 '그 이름을 알지 못한다.'라고 했다.

25.5 字之曰道라하고

字를 붙여 道라고 하고

【注】夫名以定形이요 字以稱可[1]라 言道取於無物而不由也이니 是混成之中에 可言之稱最大也니라

1) 夫名以定形 字以稱可 : ≪老子指略≫에서는 "이름이란 저것(대상)을 규정하는 것이다. 지칭이란 〈그 대상을〉 따라서 일컫는 것이다. 이름이란 저것(대상)으로부터 나오지만 지칭은 나에게서 나온다.〔名也者 定彼者也 稱也者 從謂者也 名生乎彼 稱出乎我〕"라고 하였다.

무릇 이름이란 그것을 통해 〈어떤 사물의〉 형체를 규정하는 것이요 字란 그것을 통해 대략[可]을 지칭하는 것이다. 도는 만물 가운데 어느 것도 그것을 말미암지 않음이 없다는 데에서 취한 것이다. 이것은 〈道가〉 뒤섞여 있으면서 〈만물을〉 이루어주는 중에 말로 할 수 있는 지칭 가운데 가장 큰 것임을 말한 것이다.

25.6 强爲之名曰大라하니라

억지로 이름을 지어 '크다'고 말하였다.

【注】吾所以字之曰道者는 取其可言之稱最大也일새라 責其字定之所由하면 則繫 於大하니라 大有繫則必有分하고 有分則失其極矣라 故曰 强爲之名曰大라하니라

내가 字를 지어 道라고 말한 까닭은 그것이 말로 할 수 있는 지칭 가운데 가장 큰 것을 취했기 때문이다. 字를 정하게 된 까닭을 너무 깊이 따지면 '크다'는 말에 매이게 된다. 크다는 말에 매이게 되면 반드시 나뉨이 있고, 나뉨이 있으면 그 궁극성을 잃어버린다. 그래서 "억지로 이름을 지어 '크다'고 하였다."라고 했다.

25.7 大曰逝요

큰 것은 가기 마련이고,

【注】逝는 行也라 不守一大體而已하고 周行無所不至하니 故曰 逝也라하니라

逝는 '다니다[行]'는 뜻이다. 하나의 커다란 몸을 지키며 머물지 않고, 두루 다녀서 이르지 못할 곳이 없다. 그래서 "가기 마련이다."라고 하였다.

25.8 逝曰遠이요 遠曰反이라

가는 것은 멀어지기 마련이고, 멀어진 것은 되돌아오기 마련이다.

【注】遠은 極也라 周〔行〕[1]無所不窮極이나 不偏於一逝라 故曰 遠也라하고 不隨於 所適이나 其體獨立이라 故曰 反也라하니라

  1) 〔行〕: 저본에는 '行'이 없으나 陶鴻慶의 설에 따라 보충하였다. 注25.7에도 같은 표현이 나온다.

遠은 '다한다'는 뜻이다. 두루 다녀서 끝까지 다하지 못하는 바가 없으나 한쪽으로 가는 데에만 치우치지 않는다. 그래서 "멀어지기 마련이다."라고 했다. 나아간 곳을 따르지 않으나 그 몸이 홀로 선다. 그래서 "되돌아오기 마련이다."라고 했다.

25.9 故道大며 天大며 地大며 王亦大라

그러므로 도가 크고, 하늘이 크고, 땅이 크고, 왕 또한 크다.

【注】天地之性人爲貴[1]인데 而王是人之主也니라 雖不職大나 亦復爲大라 與三匹이라 故曰 王亦大也라하니라

> 1) 天地之性人爲貴 : 《孝經》〈聖治〉第9를 인용한 것이다. 본래 문장은 다음과 같다. 曾子가 말했다. "감히 여쭙겠습니다. 성인의 덕 가운데 孝보다 더한 것이 있습니까?" 공자가 말했다. "하늘과 땅이 낳은 만물의 본성 가운데 사람이 가장 존귀한데 사람의 행실에 있어서는 효보다 큰 것이 없고, 효에 있어서는 아버지를 존엄히 모시는 것보다 더 큰 것이 없으며, 아버지를 존엄히 모시는 데 있어서는 하늘에 배합시키는 것보다 더 큰 것이 없다. 바로 周公이 그것을 실천한 분이다.〔曾子曰 敢問聖人之德 無以加於孝乎 子曰 天地之性人爲貴 人之行莫大於孝 孝莫大於嚴父 嚴父莫大於配天 則周公其人也〕"

"하늘과 땅이 낳은 만물의 본성 가운데 사람이 가장 존귀하다."고 하였는데 왕은 바로 사람의 주인이다. 비록 큰 것을 맡지는 않았으나 또한 다시 큰 것이 된다. 다른 세 가지 큰 것과 짝이 되기 때문에 "왕 또한 크다."고 했다.

25.10 域中有四大[1]호되

> 1) 域中有四大 : 帛書本은 '國中有四大', 竹簡本은 '國中有四大安'으로 되어 있다.

〈이름 지을 수 없는〉 영역에 네 가지 큰 것이 있는데,

【注】四大는 道天地王也라 凡物有稱有名이면 則非其極也라 言道則有所由한데 有所由然後라야 謂之爲道라하니 然則 (是道)〔道是〕[1]稱中之大也로 不若無稱之大也니라 無稱이면 不可得而名이라 〔故〕[2]曰 域也라하니라 道天地王은 皆在乎無稱之內라 故曰域中有四大者也라하니라

> 1) (是道)〔道是〕 : 저본에는 '是道'로 순서가 바뀌어 있으나 陶鴻慶의 설에 따라 바로잡는다.
> 2) 〔故〕 : 저본에는 '故'가 없으나, 陶鴻慶의 설에 따라 보충하였다.

네 가지 큰 것이란 도, 하늘, 땅, 왕이다. 무릇 만물 가운데 지칭이 있고 이름이 있으면 그 궁극적인 것이 아니다. 道라고 말하면 말미암는 것이 있는데 말미암는 것이 있은 후에야 그것을 일컬어서 도라고 한다. 그렇다면 도는 곧 지칭되어지는 것 가운데 큰 것으로 지칭이 없는 큰 것만 못하다. 지칭이 없으면 이름 지을 수 없는 까닭에 '域'이라 하였다. 도, 하늘, 땅, 왕은 모두 지칭이 없는 영역 안에 있다. 그래서 "〈이름 지을 수 없는〉 영역에 네 가지 큰 것이 있다."고 했다.

25.11 而王(居)〔處〕其一焉[1]하니

1) 故道大……而王(居)〔處〕其一焉 : 저본에는 '處'가 '居'로 되어 있으나, 아래 王弼 注에 '處'로 되어 있으므로 이를 따른다. 이 부분은 ≪淮南子≫〈道應訓〉에는 "天大 地大 道大 王亦大"라 되어 있고, 甯戚과 齊 桓公의 이야기로 설명한다. 이 이야기는 ≪呂氏春秋≫〈離俗覽 擧難〉, ≪新序≫〈雜事〉에도 보인다. ≪회남자≫에서는 衛나라 출신의 甯戚이 齊 桓公을 간절히 만나고 싶어 하여 어렵게 기회를 갖는다. 환공은 영척이 들려준 천하를 다스리는 道에 감동하여 그를 쓰고자 하지만 신하들은 그가 위나라 출신이라 반대한다. 그러자 환공은 "한 사람의 작은 결점 때문에 그 사람의 큰 장점을 놓쳐버린다면, 이것이 군주가 천하의 선비를 잃는 까닭이다.〔以人之小惡 而忘人之大美 此人主之所以失天下之士也〕"고 하며 영척을 포용한다. ≪회남자≫는 환공의 방법이 옳다고 하면서 ≪노자≫의 이 구절을 인용한다. 이러한 취지에서 보건대 ≪회남자≫는 인재를 가리지 않는 포용성의 뜻으로 '왕이 크다'는 의미를 이해한 듯하다.

왕 또한 그 가운데 하나의 자리를 차지한다.

【注】處人主之大也니라

〈왕 또한〉 사람의 주인이라는 커다란 〈자리에〉 처한다.

25.12 人法地하고 地法天하고 天法道하고 道法自然이니라

사람은 땅을 본받고, 땅은 하늘을 본받고, 하늘은 도를 본받고, 도는 스스로 그러함을 본받는다.

【注】法은 謂法則也라 人不違地라야 乃得全安하니 法地也요 地不違天이라야 乃得全載하니 法天也요 天不違道라야 乃得全覆하니 法道也요 道不違自然이라야 方乃得其性하니 〔法自然也〕[1]라하니라 法自然者는 在方而法方하고 在圓而法圓하니 於自然無

所違也하니라 自然者는 無稱之言이요 窮極之辭也라 用智不及無知하고 而形魄不及
精象하고 精象不及無形하고 有儀不及無儀라 故轉相法也라 道(順)〔法〕²⁾自然하니
天故資焉이요 天法於道하니 地故則焉이요 地法於天하니 人故象焉이니라 所以爲主는
其一之者主也³⁾니라

1) 〔法自然也〕: 저본에는 없으나 陶鴻慶의 설에 따라 보충하였다.
2) (順)〔法〕: 저본에는 '順'으로 되어 있으나, 樓宇烈은 道藏集注本에 따라 '法'으로 수정하
   였는데, 이어지는 문장에서 法으로 일관되므로 이를 따른다.
3) 所以爲主 其一之者主也: 樓宇烈은 陶鴻慶의 설에 따라 "王所以爲主 其主之者一也"로 교
   감하였는데, 이렇게 되면 "왕이 주인 되는 까닭은 그가 주장하는 것이 하나이기 때문이
   다."로 풀이할 수 있다.

法이란 '본받는다〔法則〕'는 뜻이다. 〈다른 사람의 주인이 되는〉 사람은 땅을 어기지 않
아야 〈자신의〉 평안함을 온전하게 유지할 수 있다. 이것이 "땅을 본받는다."는 말의 의
미이다. 땅은 하늘을 어기지 않아야 온전하게 〈만물을〉 실을 수 있다. 이것이 "하늘을
본받는다."는 말의 의미이다. 하늘은 도를 어기지 않아야 온전하게 〈만물을〉 덮어줄 수
있다. 이것이 "도를 본받는다."는 말의 의미이다.
　도는 스스로 그러함을 어기지 않아야 〈만물의〉 본성을 실현할 수 있다. 이것이 "스스
로 그러함을 본받는다."는 말의 의미이다. 스스로 그러함을 본받는다는 것은 네모난 데
있으면 네모남을 본받고 동그란 데 있으면 동그람을 본받으니, 스스로 그러함에 대해서
어기는 게 없는 것이다. '自然'이란 말은 지칭하는 게 없는 말이며 궁극을 가리키는 단어
이다.
　〈세상의 왕이 습관처럼 그렇게 하듯이〉 꾀를 쓰는 것은 '無知'에 미치지 못하는 법이
다. 〈땅처럼〉'물리적 형태〔形魄〕'가 있는 것은 〈하늘처럼〉'정미한 기로 이루어진 상〔精
象〕'에 미치지 못하는 법이다. '정미한 기로 이루어진 상'은 〈도와 같이〉'無形'한 것에 미
치지 못하는 법이다. 〈陰陽과 같이 두 가지〉'기준을 갖는 것〔有儀〕'은 〈스스로 그러함과
같이〉'기준 없는 것〔無儀〕'에 미치지 못하는 법이다. 이와 같은 까닭에 돌아가며 서로
본받는 것이다.
　도가 스스로 그러함을 본받으니 하늘이 이러한 도를 바탕으로 삼는 까닭이 여기에 있
다. 하늘이 도를 본받으니 땅이 이러한 하늘을 본받는 까닭이 여기에 있다. 땅이 하늘
을 본받으니 〈다른 사람의 주인이 되는〉 사람이 이러한 땅을 본받는 까닭이 여기에 있
다. 〈누구든 다른 모든 사람의〉 주인이 되는 까닭은 아마도 〈이 모두를〉 하나로 만드는
것을 주관하기 때문이다.

제26장

　제26장은 크게 보아서 군주가 따라야 하는 신중하고 무게 있는 행동〔重〕, 냉철한 이성을 유지하는 것〔靜〕을 강조하는 내용이다. 김홍경은 ≪노자≫에서 이것이 '勢'의 통치술을 강조하는 愼到 사상을 담은 문헌인 ≪呂氏春秋≫〈愼勢〉와 연결시키고 있다. 또한 역대의 학자들은 '輜重(물자를 실은 무거운 짐수레)'과 같은 표현에 착안하여 전쟁 중의 이동 상황으로 해석하기도 한다. 어떤 것이든 큰 차이는 없는 듯하다. 또한 ≪韓非子≫〈喩老〉에서는 趙나라 武靈王(主父)의 사례를 들어 이 내용을 해석한다.

　≪노자≫ 제26장에 대한 가장 오래된 해석은 많은 학자들이 지적하듯, ≪韓非子≫〈喩老〉이다. 이 부분에 대한 한비자의 해석은 다음과 같다.

　통제력이 자기에게 있는 것을 '무게 있다〔重〕'고 하고 자신의 자리로부터 떠나지 않는 것을 '고요하다〔靜〕'고 한다. 무게가 있으면 능히 가벼운 자를 부릴 수 있고, 고요하면 능히 조급한 자를 부릴 수 있다. 그래서 ≪노자≫에서는 "무거움은 가벼움의 근본이 되고, 고요함은 조급함의 군주가 된다."고 하였다. '나라〔邦〕'란 군주에게 〈전쟁 시에 군수물자를 실은 무거운 수레인〉 輜重이다. 그래서 "군자는 종일토록 길을 다녀도 치중을 떠나지 않는다."고 한 것이다.

　〈조나라의 무령왕〉 主父는 살아 있을 때에 〈둘째 아들 何(惠文王)에게〉 나라를 물려주었는데 이것이 바로 치중을 떠난 것이다. 그래서 〈북쪽의〉 代와 〈서쪽의〉 雲中을 〈경략한 후에 돌아와서 큰 잔치를 벌이는〉 즐거움이 있었으나 초연하게 이미 조나라를 마음에 두지 않았으니, 주보는 만승의 군주이면서 자신의 몸을 천하에 가볍게 굴린 것이다. 권세를 잃는 것을 '가볍다〔輕〕'고 하고 그 자리를 떠난 것을 '조급하다〔躁〕'고 한다. 이 때문에 주보는 생전에 유폐되어 죽은 것이다. 그러므로 ≪노자≫에서 말하기를 "가볍게 처신하면 신하를 잃고 조급히 굴면 군주의 지위를 잃는다."고 한 것이다. 이것은 주보를 가리켜 한 말이다.

　≪한비자≫의 ≪노자≫ 풀이는 간단하고 합리적이다. "통제력이 자신에게 있는 것〔制在己〕"이 '무거움〔重〕'이고, "권세가 없는 것〔無勢〕"이 '가벼움〔輕〕'이다. "자신의 지위(자리)로부터 떠나지 않는 것"이 '고요함〔靜〕'이요, "자신의 자리(지위)를 떠난

것"이 '조급함〔躁〕'이다. 아주 단순하지 않은가? 상황에 대한 통제력이 있고 자신의 지위를 지키고 떠나지 않는 것이 무거움이라면 권세나 세력을 잃고 자신의 지위나 자리에서 떠나거나 제 처지에 맞지 않게 행동하는 것은 가볍거나 조급한 행동이다. 어찌 보면 너무나 상식적이고 당연한 것처럼 보인다.

하지만 《노자》는 그렇게 생각하지 않았던 듯싶다. 《노자》가 염두에 두었던 상황은 이와 조금 다르다. 《노자》에서 말하는 상황은 '榮觀'과 '燕處'의 대비를 통해 드러난다. 그것이 화려한 궁실이든 아니면 전쟁터에서 행군하던 중에 마주치게 되는 적의 진지와 망루를 눈앞에 둔 상황이든 초연함을 잃지 않는 것과 통한다. 왕필은 이에 대해 아주 간단하게 주석한다. "마음을 흩뜨리지 않는 것〔不以經心〕"일 뿐이다. 온갖 환락과 유흥이 즐비할 때 마음이 흩어지지 않을 사람은 드물다. 그렇기에 무거움이란 사실 초연함과 같은 것이고, 그래서 그는 가볍게 행동하거나 조급히 굴지 않는다.

孔子는 일찍이 "군자가 중후하지 않으면 위엄이 서지 않고, 학문을 해도 굳건하지 않다. 충실함과 신의를 위주로 하고, 자기보다 못한 사람과 벗하지 말고, 잘못을 저지르면 고치기를 꺼리지 말아야 한다!〔子曰 君子不重則不威 學則不固 主忠信 無友不如己者 過則勿憚改〕"(《論語》〈學而〉)고 했다. 무거움이든 중후함이든 이른바 사회의 지도자나 리더에게는 이것이 아주 중요한 덕목이다. 가벼운 사람보다는 신중하고 중후한 사람이, 조급하고 경솔한 사람보다는 초연하고 침착한 사람이 성공하는 법이다. 심지어 위험한 상황에서는 더 말할 것이 무엇이겠는가!

《노자》의 '무거움'이란 이렇게 왕필이 다시 긍정하듯 '자리를 잃지 않기 위한 失位'이다. 하지만 공자의 무거움은 이로부터 조금 더 나아간다. 증자는 공자가 생각했던 무거움의 모습을 이렇게 묘사한다. "선비는 포용력이 있고 강인해야 한다. 책임이 무겁고 갈 길이 멀기 때문이다. 仁이 바로 자기의 책임이니 또한 무겁지 아니한가? 죽은 다음에야 그칠 것이니 또한 멀지 아니한가?〔曾子曰 士不可以不弘毅 任重而道遠 仁以爲己任 不亦重乎 死而後已 不亦遠乎〕"(《論語》〈泰伯〉) 책임이 무겁다! 인을 실현해야 하는 사명이 있기 때문에 무거울 수밖에 없는 것이다. 천하에 대한 책임, 어쩌면 그것이 선비와 군자, 성인에게 무거움을 주는 것인지 모른다.

26.1 **重爲輕根**이요 **靜爲躁君**이라

무거움은 가벼움의 근본이 되고, 고요함은 조급함의 군주가 된다.

【注】凡物은 輕不能載重하고 小不能鎭大하며 不行者使行하고 不動者制動이라 是以 重必爲輕根이요 靜必爲躁君也[1]하니라

> 1) 凡物……靜必爲躁君也 : 왕필은 이와 동일한 주제를 ≪周易注≫ 恒卦에서도 다루고 있다. "무릇 고요함은 조급함의 군주가 되고, 편안함은 움직임의 주인이 된다. 그래서 편안함은 윗사람이 처하는 곳이고, 고요함은 오래갈 수 있는 도이다. 괘의 가장 꼭대기 자리에 있고 움직임의 극치에 머물러 있으니 이러한 원리를 항상된 원칙으로 한다면 베풀어도 얻을 게 없다.〔大靜爲躁君 安爲動主 故安者 上之所處也 靜者 可久之道也 處卦之上 居動之極 以此爲恒 無施而得也〕"

무릇 사물은 가벼운 것은 무거운 것을 실을 수 없고, 작은 것은 큰 것을 진압할 수 없으며, 행하지 않는 자는〈다른 사람을〉행하게 하고, 움직이지 않는 자는〈다른 사람의〉움직임을 제재한다. 이러한 까닭에 무거움은 반드시 가벼움의 근본이 되고 고요함은 반드시 조급함의 군주가 되는 법이다.

26.2 是以로 聖人은 終日行에 不離輜重하며

이런 까닭에 聖人은 종일토록 길을 다녀도 輜重을 떠나지 않고

【注】以重爲本이라 故不離하니라

무거움을 근본으로 삼는다. 그래서〈전쟁 시에 군수물자를 실은 무거운 수레인 輜重에서〉떠나지 않는다.

26.3 雖有榮觀이나 燕處超然하나니

비록 영화롭게 호사를 누리며 살더라도 한가로이 초연함을 잃지 않는다.

【注】不以經心也라

이와 같은 것들로 마음을 흐뜨리지 않는다는 뜻이다.

26.4 奈何萬乘之主로 而以身輕天下오 輕則失本이요 躁則失君이니라

전차 만대를 부리는 주인이면서 어찌 그 몸을 천하에 가볍게 처신하겠는가. 가볍게 처신하면 근본을 잃게 되고 조급히 굴면 군주의 지위를 잃게 된다.

【注】輕不鎭重也라 失本은 爲喪身也요 失君은 爲失君位也라

　가벼움은 무거움을 진압할 수 없다. '失本'이란 목숨을 잃게 된다〔喪身〕는 뜻이고, '失君'이란 군주의 지위를 잃는다는 뜻이다.

제27장

　제27장은 ≪老子≫의 人才登用策에 관한 이야기로 이해할 수 있다. 이석명은 ≪帛書老子≫에서 이 구절의 본래 의미에 대해 다음과 같이 소개한다.

　"사람은 누구나 적어도 한 가지 재주나 능력이 있는 법이다. 노자는 심지어 악인도 나름대로 쓸모가 있다고 보았다. 그래서 '성인은 항상 사람을 잘 찾아 쓰니, 버리는 사람이 없고 버리는 물건이 없다.'고 말하는 것이다. 이러한 사고는 黃老學의 인재등용론에서 매우 중요한 명제가 된다. 그러므로 황로학의 대표작품인 ≪淮南子≫에서는 이렇게 말하였다. '크고 작음 또는 길고 짧음에 상관없이 각각 그 마땅한 사람을 얻으면 천하가 고루 다스려진다. 성인은 두루 아울러 쓰기에 버리는 인재가 없다.'"

　≪노자≫의 이러한 취지에 더해 王弼은 맡김〔任〕의 방법을 강조하고 이것은 각각의 사물이 타고난 자연스러운 본성을 따르는 데 있다고 본다. 이는 ≪노자≫ 3장에서 논의된 내용과 일맥상통한다. 특히 왕필은 "각각 제자리를 얻는다."는 것을 강조하는데, 이것은 ≪論語≫에도 등장하는 표현이다. 왕필에 따르면 군주의 無爲는 맡김에 있는데, 타고난 능력과 자질에 맡김으로써 각각의 능력을 발휘할 수 있게 하면 숭상하고 경쟁하는 일이 사라질 것이라고 말한다.

27.1 善行은 無轍迹하고

　길을 잘 가는 자는 자취를 남기지 않고

　【注】順自然而行하여 不造不始라 故物得至하여 而無轍迹也니라

　자연에 따라 행하여 만들지도 않고 시작도 하지 않는다. 그래서 만물이 지극함을 얻어 아무런 흔적이 없다.

27.2 善言은 無瑕謫하고

말을 잘하는 자는 허물을 남기지 않고

【注】順物之性하고 不別不析이라 故無瑕謫(可得其門也)〔各得其所也〕[1]니라

> 1) (可得其門也)〔各得其所也〕: 저본에는 '可得其門也'로 되어 있는데 뜻이 모호하다. 이 때
> 문에 학자들마다 대안을 제시하였다. 波多野太郎(《老子王注校正》)은 '제자리를 얻을
> 수 있다.〔可得其所也〕', 石田羊一郎(《老子王弼注刊》)은 '물어볼 수 있다.〔可得而問也〕'
> 라고 보았으나 정확해 보이지는 않는다. 바그너는 注34.2, 注36.2, 注61.8 등에 보이
> 는 '各得其所'로 볼 것을 제안한다. 王弼의 논리와 사상에 비추어볼 때 이 주장이 가장
> 타당성 있기에 이를 따른다.

만물의 본성에 따르고 나누거나 가르지 않는다. 그래서 허물을 남기지 않고 각각 제
자리를 얻게 된다.

27.3 善數는 不用籌策하고

수를 잘 헤아리는 자는 계산기를 쓰지 않고

【注】因物之數하니 不假形也하니라

사물 자체의 수에 따르니 외형을 빌리지 않는다.

27.4 善閉는 無關楗호대 而不可開하고 善結은 無繩約호대 而不可解[1]니

> 1) 善閉……而不可解 : 이 부분에 대해 《淮南子》〈道應訓〉은 秦 始皇의 武治와 周 武王의
> 文治를 대비시켜 설명한다. 《회남자》는 秦 始皇帝가 天下를 얻고 나서 만리장성을 쌓
> 고 온갖 군사적 대비를 하였음에도 劉氏에게 쉽사리 천하를 빼앗겼다고 한다. 이와 달리
> 武王은 紂를 공격하여 牧野에서 승리한 후 온갖 善政을 통해 백성을 위로하면서 "칼을 풀
> 고 笏을 참으로써 남을 해칠 의사가 없음을 내보이자, 천하가 노래를 부르며 즐거워하고,
> 제후들이 예물을 받들어 서로 조회하였다.〔解劍帶笏 以示無仇 於此天下歌謠而樂之 諸侯執
> 幣相朝〕" 이렇게 해서 周나라가 34세대나 유지되었다고 하면서, 《노자》의 이 구절을
> 인용한다.

잘 닫는 자는 빗장으로 잠그지 않아도 열 수 없고, 잘 묶는 자는 밧줄로 묶지 않
아도 풀 수 없다.

【注】(自物因然)〔因物自然〕[1]호대 不設不施라 故不用關楗繩約하나 而不可開解

也하니라 此五者는 皆言不造不施하고 因物之性하니 不以形制物也하니라

1) (自物因然)〔因物自然〕: 저본에는 ‘自物因然’이라 되어 있으나, 永樂大典本에 의거하여 ‘因物自然’으로 바로잡는다.

사물의 자연스러움을 따르되 세우거나 베풀지 않는다. 그래서 빗장을 사용하여 잠그 거나 밧줄을 사용하여 묶지 않아도 열거나 풀 수가 없다. 이 다섯 가지는 모두 만들거 나 베풀지 않고 사물의 본성을 따르니 형체로써 사물을 제어하지 않는다는 말이다.

27.5 是以로 聖人은 常善救人이라 故無棄人이요

그래서 성인은 늘 사람을 잘 구하는 까닭에 사람을 버리지 않고,

【注】聖人은 不立形名以檢於物하고 不造進向以殊棄不肖하고 輔萬物之自然而不 爲始라 故曰無棄人也하니라 不尙賢能하면 則民不爭하고 不貴難得之貨면 則民不爲 盜하고 不見可欲하면 則民心不亂하니 常使民心無欲無惑하면 則無棄人矣하리라

성인은 形名을 세워서 사물을 단속하지 않고 어떤 목표를 만들어 세워두고서 그에 모 자라는 사람을 골라 버리지 않고 만물의 자연스런 본성을 돕되 먼저 시작하지 않는다. 그래서 “사람을 버리지 않는 사람이다.”라고 했다. 현명하거나 능력 있는 사람을 숭상하 지 않으면 백성들이 다투지 않고, 얻기 어려운 재화를 귀하게 여기지 않으면 백성들이 도적질을 하지 않고, 욕심낼 만한 것을 보이지 않으면 백성들의 마음이 어지러워지지 않으니, 늘 백성들의 마음이 욕심도 없고 유혹당함도 없게 하면 사람을 버리지 않게 될 것이다.

27.6 常善救物이라 故無棄物이니 是謂襲明[1]이니라 故善人者는 不善人之師요

1) 常善救物……是謂襲明 : 이 부분은 《淮南子》〈道應訓〉에서 公孫龍의 이야기로 설명하는 데, “人無棄人 物無棄物 是謂襲明”이라 되어 있어 문장이 많이 다르다. 《회남자》에 따르 면 公孫龍이 趙나라에 있을 때의 일이다. 크게 소리를 지를 줄 아는 사람을 제자로 받아들 인 며칠 후 공손룡이 燕나라로 유세를 가는데, 타고 갈 배가 건너편 강가에 있었다. 그 제 자가 큰 소리로 부르니 바로 배가 건너왔다. 《회남자》는 뒤이어 “성인이 세상에 처할 때 에는 재주 있는 사람을 물리치지 않는다.〔聖人之處世 不逆有伎能之士〕”는 격언과 함께 《노 자》의 이 문장을 인용한다.

늘 만물을 잘 구하는 까닭에 버려지는 물건이 없으니 이것을 일컬어 ‘밝음을 간직

하고 있다.'고 한다. 그러므로 선한 사람은 선하지 않은 사람의 스승이요,

【注】擧善以師不善하니 **故謂之師矣**라

선한 사람을 들어 선하지 못한 사람을 가르치기 때문에 그를 스승이라고 했다.

27.7 **不善人者**를 **善人之資**[1]어늘

1) 不善人者 善人之資 : ≪淮南子≫〈道應訓〉은 市偸의 도둑질하는 기술조차 쓰기에 따라 유
용할 수 있다는 이야기를 통해 이 구절을 설명한다. 楚나라 장수 子發은 재주 지닌 사람
들을 좋아했는데, 주변의 만류에도 불구하고 저잣거리 도둑 市偸에게 禮로써 대했다. 얼
마 후 齊나라가 楚나라에 쳐들어 왔는데 세 번이나 후퇴해야 했다. 어떤 계책으로도 제나
라 군대를 막지 못하였는데, 시투가 제나라 장군의 장막, 목침, 비녀를 차례로 훔쳐오고
자발은 이 물건들을 제나라 장군에게 보내어 겁을 주었다. 결국 제나라 군대는 후퇴하였
다. ≪회남자≫는 보잘것없는 재주도 군주가 쓰기 나름이라고 하면서 ≪노자≫의 이 구절
을 인용한다.

선하지 못한 사람은 선한 사람이 취하는 것인데,

【注】資는 **取也**라 **善人以善齊不善**하고 〔**不**〕[1]**以善棄不善也**라 **故不善人**은 **善人之**
所取也라하니라

1) 〔不〕 : 저본에는 없으나, '不'이 없으면 뜻이 통하지 않으므로 누우열은 陶鴻慶, 易順鼎
의 설에 따라 '不'을 보충하였다. 이렇게 되면 그 뜻이 經27.5의 '사람을 버리지 않는
다.〔無棄人〕'와 같다.

資는 '취하다'는 뜻이다. 선한 사람은 〈자신의〉 선함으로 선하지 못함을 다스리고 〈자
신의〉 선함으로 선하지 못함을 버리지 않는다. 그래서 선하지 못한 사람은 선한 사람이
취하는 것이라고 한 것이다.

27.8 **不貴其師**하며 **不愛其資**하면 **雖智**나 **大迷**니

그 스승을 귀하게 여기지 않고 그 취함을 아끼지 않으면 비록 지혜가 있더라도 크
게 미혹될 것이니,

【注】雖有其智라도 **自任其智**하고 **不因物**하면 **於其道必失**이라 **故曰 雖智大迷**라하니라

　　비록 지혜가 있더라도 스스로 자신의 지혜에 맡기고 사물에 따르지 않으면 그 도를 반드시 잃게 될 것이다. 그래서 "비록 지혜가 있더라도 크게 미혹될 것이다."라고 한 것이다.

27.9 是謂要妙¹⁾니라

1) 不貴其師……是謂要妙 : ≪韓非子≫ 〈喩老〉에서는 이 부분을 文王의 玉版 이야기를 통해 해설한다. 周에 옥으로 만든 도판이 있었는데, 紂가 어진 사람인 膠鬲을 시켜 요구하자 내주지 않았으나 무도한 費仲이 다시 왔을 때에는 그대로 내주었다. 이는 어진 교격이 뜻을 얻지 못하게 하는 것이 周에 이로웠기 때문에 무도한 비중에게 내준 것이다. 이 이야기를 한 후 ≪老子≫를 인용하며, '要妙'의 뜻을 풀이하고 있다.

이것을 일컬어 "그 요체가 신비롭다."고 한다.

제28장

제28장은 王弼本, 河上公本과 帛書本 사이에 내용상의 差異는 크지 않으나 文章의 順序에 조금 차이가 있다. 구체적으로 보면 王弼本, 河上公本은 雄雌, 白黑, 榮辱이 대구를 이루며 나오지만 백서본은 榮辱을 白辱이라 하여 아직 온전한 대구를 이루지 못한다. 이는 ≪老子≫가 帛書本에서 河上公本, 王弼本으로 傳承되는 과정을 거치며 整理가 이루어졌다는 점을 보여준다.

또한 이 장은 제6장과 연결되어 陽에 대해 陰을 강조한다거나 남성성에 대해 여성성을 강조하는데, 이러한 ≪노자≫의 언급들은 이른바 현대의 페미니즘 사상가들에 의해 ≪노자≫를 높이 평가하게 되는 계기가 되었다. 밀러는 ≪도덕경의 철학(The Philosophy of Daodejing)≫에서 ≪노자≫가 雌雄, 牝牡 등 여성성을 강조하는 것으로 볼 수도 있지만, 실제 인간의 性을 구분하는 男女라는 표현이 아니라 動物的 표현에 국한된다는 점을 들어 인간의 영역에까지 확장해서 해석할 근거는 적다고 본다.

오히려 최근에는 ≪노자≫의 聖人이 남성이지만 여성처럼 부드럽고 낮추며 뒤에 자신을 둠으로써 오히려 강해지고 높아지며 앞서게 된다는 역설적 결과에 근거한 처세로 보아야 한다는 해석이 부상하고 있다. 최근 발굴된 ≪黃老帛書≫〈수컷의 절도와 암컷의 절도〔雌雄節〕〉라는 편의 내용은 이런 맥락을 잘 보여준다.

"황제는 부단히 吉凶의 일정함을 헤아려서 이를 통해 암컷과 수컷의 절도를 가려낸다. 그리고 나서 화복의 향방을 구분한다. 뻔뻔스러울 정도의 오만함과 교만한 태도를 일컬어 수컷의 절도라 하고, □□하고 공손히 낮출 줄 아는 자세를 일컬어 암컷의 절도라 한다. 무릇 수컷의 절도는 거침이 없는 것을 특징으로 하고, 암컷의 절도는 겸허하게 낮추는 것을 특징으로 한다.……무릇 사람이 수컷의 절도를 쓰기 좋아하는 것을 일컬어 생명을 함부로 한다고 말한다. 大人은 무너질 것이고 小人은 스스로를 망치게 된다. 무릇 암컷의 절도를 쓰기 좋아하는 것을 일컬어 봉록을 잇는다고 말한다. 부자는 더욱 창성할 것이고, 가난한 자는 먹는 것이 충족될 것이다.〔皇后屯歷吉凶之常 以辨雌雄之節 乃分禍福之向 憲傲驕倨 是謂雄節 □□恭儉 是謂雌節 夫雄節者

涅之徒也 雌節者 兼之徒也……凡人好用雄節 是謂妨生 大人則毀 小人則亡 凡人好用雌節 是
謂承祿 富者則昌 貧者則穀]"

　　이와 같은 예시를 통해 보면 여성성에 대한 강조는 현대의 일부 학자들이 여성주
의적 사상으로 보는 것과 달리 남성 군주에게 포용적이고 부드러운 처세를 요구하
는 정치적 지침으로 볼 여지가 많다.

28.1 知其雄하고 守其雌[1]하면 爲天下谿[2]라 爲天下谿면 常德不離하여 復歸於 嬰兒[3]하고

1) 知其雄 守其雌 : 저본, 河上公本, 帛書本이 모두 같다. 林希逸은 "능히 할 수 있으면서도
그렇게 하지 않는다는 뜻〔有能爲而不爲之意〕"이라 하였는데, 풀이하면 수컷답게 행동하는
게 어떤 것인지 알고 그렇게 할 수 있지만 그렇게 행하지 않는다는 말이다.
　　≪老子≫에서 雌雄, 牝牡와 같은 수컷과 암컷의 은유는 예컨대 河上公처럼 '수컷의 강
하고 굳셈〔雄之强梁〕'과 '암컷의 유연하고 화기애애함〔雌之柔和〕'이라고 하거나, 呂惠卿은
≪道德眞經傳≫에서 "수컷이 활동적이라면 암컷은 가만히 있고, 수컷이 강하다면 암컷은
부드럽고, 수컷이 선창한다면 암컷은 화답한다.〔雄動而雌靜 雄剛而雌柔 雄倡而雌和〕"고 하
듯 대비되는 행동 방식을 가리킨다. 王弼은 '앞에 나서는 것〔先〕'과 '뒤따르는 것〔後〕'으로
보았으니 크게 다르지 않다. 이러한 사상은 ≪老子≫의 가장 주된 특징 가운데 하나이다.
2) 爲天下谿 : 帛書本에는 '谿'가 '溪'로 되어 있는데 뜻 차이는 없다. 제6장의 '谷'과 같은 함축
을 갖는다. ≪淮南子≫〈道應訓〉에서는 "知其雄 守其雌 其爲天下谿"라 인용하면서 趙襄子
의 고사를 통해 설명한다. 趙簡子가 출신이 천한 襄子를 후계자로 삼자 董閼于가 그 까닭
을 묻는다. 조간자는 無卹(조양자)이 "종묘사직을 위해 부끄러움을 참을 줄 안다."고 답한
다. 그 후 知伯이 조양자와 술을 마시다 양자의 머리를 치자 신하들이 지백을 죽이자고 하
지만 조양자는 끝내 참는다. 그 후 지백을 공격하여 승리한 뒤 그의 머리를 잘라 물그릇으
로 사용한다. 이 이야기를 소개한 후 ≪회남자≫는 ≪노자≫의 이 구절을 인용한다. 이에
따르면 '암컷다움을 지킨다'는 말은 부끄러움을 견딜 줄 아는 처세훈에 해당한다.
3) 常德不離 復歸於嬰兒 : 帛書本은 "恒德不離 恒德不離 復歸嬰兒"로 되어 있어 '常德'이 '恒德'
으로 되어 있고 '恒德不離'라는 구가 하나 더 있다.

　　수컷다움을 알고 암컷다움을 지키면 천하의 계곡이 된다. 천하의 계곡이 되면 늘
그 덕이 떠나지 않아 어린아이로 되돌아가고

　　【注】雄은 先之屬이요 雌는 後之屬也라 知爲天下之先(也)〔者〕[1]는 必後也라 是以로

聖人後其身이나 而身先也²⁾요 谿는 不求物하나 而物自歸之하며 嬰兒는 不用智나 而合自然之智하니라

1) (也)〔者〕: 저본에는 '也'로 되어 있으나, 道藏集注本에 의거하여 '者'로 바로잡는다.
2) 是以……而身先也: 이 문장은 經7.2에서 가져온 것이다. 또 經66.1에도 "是以 聖人欲上民 必以言下之 欲先民 必以身後之"라는 유사한 문장이 나온다. 즉 몸이 앞선다는 것은 백성들의 위에 선다는 말이며, 성인이 윗자리에서 다스리지만 백성들이 무겁다고 느끼지 않고 해를 당하는 일도 없기에 즐거워하면서 싫어하지 않게 된다는 의미이다. 달리 말해 몸이 앞선다는 것은 백성들의 추앙과 지지를 받는다는 뜻이다.

수컷은 앞에 나서는 부류이고 암컷은 뒤따르는 부류이다. 천하에 앞서는 법을 아는 사람은 반드시 뒤따른다. 이런 까닭에 성인은 그 몸을 뒤로 하지만 몸이 앞세워지고, 계곡은 만물을 구하지 않지만 만물이 저절로 그에게 돌아오며, 어린아이는 지혜를 쓰지 않지만 스스로 그러한 지혜에 합치한다.

28.2 知其白하고 守其黑하면 爲天下式¹⁾이니

1) 知其白……爲天下式: 帛書本에는 '黑'이 '辱'으로 되어 있고 '式'이 '谷'으로 되어 있다. 經41.7에서 "크게 흰 것은 마치 욕된 듯하다.〔大白若辱〕"라고 했듯이 '욕되다'는 뜻이다. 계곡에는 온갖 것이 다 흘러들어 오기에 더러운 것들과 함께할 수 있어야 천하의 모범이 될 수 있다는 뜻이다.

그 흼을 알고 검음을 지키면 천하의 모범이 되니,

【注】式은 模則也¹⁾라

1) 模則也: 王弼은 注22.6에서 "式이란 그것을 본받는다는 뜻과 같다.〔式 猶則之也〕"라고 비슷한 정의를 하고 있다.

式이란 모범이다.

28.3 爲天下式이면 常德不忒¹⁾하여

1) 爲天下式 常德不忒: 帛書本에는 "爲天下谷 常德乃足"으로 되어 있다. 풀이하면 '천하의 골짜기가 되면 언제나 덕이 족하다.'는 뜻이 된다.

천하의 모범이 되면 늘 그 덕이 어긋나지 않아

【注】忒은 差也라

忒은 어긋난다는 뜻이다.

28.4 復歸於無極[1]이라

1) 復歸於無極 : 帛書本에는 '復歸於樸'으로 되어 있다. 김홍경은 ≪노자≫에서 여기의 '無極'
   은 '다함이 없다'는 뜻으로, 道敎와 性理學에서 대단히 중요한 의미를 갖는 것과 달리 커다
   란 의미를 갖지 않는다고 보았다. 河上公은 '궁하고 다함이 없다.〔無窮極〕'라 주석하였으니
   王弼과 차이가 없다.

다시 다함이 없는 데로 돌아간다.

【注】不可窮也라

다할 수 없다는 뜻이다.

28.5 知其榮하고 守其辱하면 爲天下谷[1]이니 爲天下谷이면 常德乃足[2]하여 復歸 於樸[3]이라

1) 知其榮……爲天下谷 : 帛書本에는 "知其白 守其黑 爲天下式"으로 되어 있으니 '谷'이 '式'으
   로 되어 있고 앞의 經28.4와 바뀌어 있다. ≪淮南子≫〈道應訓〉은 文王의 이야기를 통해
   이 구절을 설명한다. 文王이 德을 닦아 天下의 民心이 그에게 돌아가자 紂王이 崇侯 虎의
   제안에 따라 屈商을 시켜 문왕을 羑里에 감금한다. 그러자 散宜生이 주왕에게 뇌물을 바쳐
   문왕이 풀려나는데, 그 후 문왕은 靈臺를 세우고 歌舞를 즐기며 주왕의 눈을 속였다. 이에
   주왕은 마음 놓고 폭정을 저지르게 되었다는 고사를 소개한 후 ≪노자≫의 이 구절을 인용
   한다.
2) 爲天下谷 常德乃足 : 帛書本에는 "爲天下式 常德不忒"으로 되어 있으니 '谷'이 '式'으로 되어
   있고 앞의 經28.5와 바뀌어 있다.
3) 復歸於樸 : 帛書本에는 "復歸於無極"으로 되어 있고 '恒德不忒' 四字句가 하나 더 있다.

그 영화로움을 알고 그 욕됨을 지키면 천하의 계곡이 되니, 천하의 계곡이 되면
늘 그 덕이 넉넉하여 다시 통나무로 돌아간다.

【注】此三者는 言常反終이라야 後乃德全其所處也라 下章[1]에 云 反者道之動也라하니
功不可取하고 常處其母也니라

1) 下章 : 經40.1을 가리킨다.

이 세 가지 〈수컷다움, 흼, 영화로움은〉 늘 마칠 곳으로 되돌아와야 뒤에 덕이 〈얻어져〉 자신이 처하는 곳을 온전케 함을 말한 것이다. 뒷장에서 "되돌아오는 것이 도의 움직이다."라고 하였으니, 功이란 취할 만한 것이 못 되고 늘 그 어미에 처하는 법이다.

28.6 樸散則爲器니 聖人이 用之則爲官長[1]이라

1) 用之則爲官長 : 帛書本에는 '之'가 없이 '用則爲官長'이라 되어 있다. 이는 聖人이 백성들의 官長(최고 통치자)이 된다고 풀이할 수도 있는데 반해 王弼은 注에서 '爲之立官長'이라 하여 聖人이 百姓들을 위해 聖人을 도와 敎化를 펼치는 스승으로서 조정의 관리와 마을의 어른을 세운다는 뜻으로 풀이하였으니 官長의 주체는 士가 된다.

통나무가 흩어져 그릇이 되니 성인은 그것을 써서 〈본받을 만한 모델로서 조정의〉 관리와 〈마을의〉 어른〔官長〕을 세운다.

【注】樸은 眞也라 眞散則百行出하니 殊類生이 若器也라 聖人因其分散이라 故爲之立官長하니라 以善爲師하고 不善爲資하여 移風易俗하여 復使歸於一也니라

樸은 참된 본성〔眞〕이다. 참된 본성이 흩어져 온갖 행동이 나오니 갖가지 종류가 생겨나는 것이 마치 〈통나무를 깎아 만든 갖가지〉 그릇과 같다. 성인은 그러한 나뉘고 흩어짐에 따라 그것들을 위해 官長을 세운다. 선한 사람은 스승으로 삼고 선하지 않은 사람들은 〈버리지 않고〉 취하니 풍속을 바꾸어 다시 〈통나무가 흩어지기 전의 참된 본성이 보전된〉 하나로 돌아가게 한다.

28.7 故大制는 不割[1]이니라

1) 故大制 不割 : 帛書本에는 '故'가 '夫'로 되어 있다. 이 부분은 ≪呂氏春秋≫〈士容論 士容〉에도 보이는데, ≪淮南子≫〈道應訓〉에서 薄疑와 衛 嗣君, 杜赫과 周 昭文君의 이야기로 설명한다. 薄疑가 衛나라 嗣君에게 왕의 통치술〔王術〕을 가르치는데, 사군이 千乘의 나라에 맞는 가르침을 구한다. 그러자 박의는 "烏獲은 千鈞의 무게를 들 수 있었는데 한 斤 정도는 말할 나위가 없다.〔烏獲擧千鈞 又況一斤乎〕"는 말로 응답한다. 또 周의 昭文君이 杜赫에게 천하를 안정시킬 방법을 묻자 두혁은 자신의 말을 따를 것을 요구하면서 "이른바 안정되지 않음으로 안정되게 하는 것〔所謂弗安而安者〕"을 가르친다. 이 이야기를 소개한 후 ≪회남자≫는 ≪노자≫의 이 구절과 經39.4 "자주 〈스스로를〉 명예롭게 하면 〈오히려〉 명

예가 없어진다.〔致數譽 無譽〕"는 구절을 연이어 인용한다. 그런데 ≪회남자≫가 인용한 문장 經39.4는 "致數興 無興"라 되어 있어 '興'가 '譽'로 되어 있는 底本과 다르다.

그러므로 크게 재단하는 것은 자르지 않는다.

【注】 大制者는 以天下之心爲心이라 故無割也[1]라

1) 故無割也 : '잘라내어 버리는 것이 없다.'는 뜻이다. 즉 백성들의 마음을 모두 담아내니 어떤 백성도 버림받는 일이 없다는 뜻이다.

크게 재단한다는 것은 천하 백성의 마음을 〈자신의〉 마음으로 삼기 때문에 잘라내는 것이 없다는 뜻이다.

제29장

　제29장은 매우 政治的 性格이 강한 논의 가운데 하나이다. 특히 이 장은 '억지로 하려는 것' 혹은 이 번역에서 '자연스러움에 거슬러 하려는 것'이라 옮긴 '爲'에 대한 반대를 분명하게 드러낸다. 이는 분명 無爲 사상의 일종이며 더불어 因順 사상의 표현이다.

　因順이란 순응을 의미한다. 하지만 같은 因順이라해도 김홍경의 ≪노자≫에 따르면 "유가의 인순은 朱熹가 말하듯이 이치〔理〕에 따르고, ≪老子≫의 인순은 道에 따른다. 유가의 이치도 도라 할 수 있고, 도도 이치라고 할 수 있지만 구체적 함의는 다르다. 유가의 도는 결국 禮이고, 도가의 이치는 결국 反禮이다." ≪老子≫의 本文은 분명 이런 취지를 드러내는 듯하다.

　하지만 王弼은 이와 다른 방향에서 풀이한다. 王弼은 ≪老子≫가 도를 따르라는 주장을 '만물의 자연스러운 본성〔萬物自然之性〕'을 따르라는 말로 대신한다. 그런데 이러한 본성은 곧 性命이다. 그것은 곧 유가적 함의를 지닌다. 이렇게 본다면 王弼은 ≪老子≫를 ≪周易≫과 ≪中庸≫의 言語를 통해 결국 理를 따를 것을 주장한 것이나 다름없다.

29.1 將欲取天下而爲之면

장차 천하를 취하고자 하면서 〈자연스러움에 거슬러〉 행동한다면

【注】〔爲는 造爲也라〕[1]

　1)〔爲 造爲也〕: 저본에는 없으나, 道藏集注本에는 이 4자가 있다. 樓宇烈은 이를 생략하였지만 바그너는 아래의 注29.3에 "物有常性 而造爲之"라고 한 것을 지적하며 이를 포함시켜야 한다고 보았다. 또 注5.1에 "天地任自然 無爲無造 萬物自相治理"라 하였는데 이를 참조하면 注文으로 포함시키는 것이 마땅한 듯하다.

　爲란 조작하고 〈자연스러움에 거슬러〉 한다는 뜻이다.

29.2 吾見其不得已[1]라 天下는 神器니

1) 吾見其不得已 : 帛書本에는 '吾見其弗得已'로 되어 있다. 뜻은 같다.

나는 그것이 불가능할 뿐임을 안다. 천하는 신령한 그릇이니

【注】神은 無形無方也요 器는 合成也라 無形以合이라 故謂之神器也라

　신령함〔神〕이란 형체도 없고 방향도 없다. 그릇〔器〕은 합하여 이루어지는 것이다. 〈천하는〉 형체가 없이 합해졌기 때문에 신령한 그릇이라 했다.

29.3 不可爲也[1]라 爲者는 敗之요 執者는 失之니라

1) 不可爲也 : 帛書本에는 '非可爲者也'로 되어 있다. 뜻은 차이가 없다.

〈본성을 거슬러〉할 수는 없다. 〈본성을 거슬러〉하려는 자는 패할 것이요 잡으려 하는 자는 잃을 것이다.

【注】萬物은 以自然爲性이라 故可因而不可爲也요 可通而不可執也라 物有常性이로되 而造爲之라 故必敗也요 物有往來로되 而執之라 故必失矣니라

　만물은 자연스러움을 본성으로 삼기 때문에 〈그 본성을〉 따를 수는 있어도 〈그 본성을 거슬러〉할 수는 없으며 통할 수는 있어도 잡을 수는 없다. 만물은 늘 〈자연스러운〉 본성이 있지만 〈그 본성을〉 조작하거나 〈거슬러〉 하기 때문에 반드시 실패한다. 만물은 오고 감이 있지만 그것을 잡기 때문에 반드시 잃게 된다.

29.4 故物이 或行或隨하며 或歔或吹하며 或强或羸하며 或挫或隳라 是以로 聖人은 去甚하고 去奢하고 去泰하니라

　그러므로 세상의 만물이란 혹은 가고 혹은 따르며 혹은 내쉬고 혹은 들이쉬며 혹은 강하게 하고 혹은 약하게 하며 혹은 꺾고 혹은 무너뜨리기도 한다. 이러한 까닭에 성인은 지나친 것, 사치스러운 것, 태만한 것을 버리는 것이다.

【注】凡此諸或은 言物事逆順反覆이나 不施爲執割也라 聖人達自然之(至)〔性〕[1]하고 暢萬物之情이라 故因而不爲하고 順而不施하여 除其所以迷하고 去其所以惑이라 故

心不亂而物性自得之也라

1) (至)〔性〕: 저본에는 '至'로 되어 있으나, 陶鴻慶의 설에 따라 '性'으로 바로잡는다.

여기서 말하는 '或'이란 것들은 다음과 같은 말이다. 만물만사란 거스르기도 하고 따르기도 하며 되돌아오기도 하고 덮어지기도 하지만 잡거나 잘라버리지는 않는다. 성인은 자연스러운 본성에 통달하고 만물의 실정을 꿰뚫고 있다. 그래서 〈그 본성에〉 따르지 〈거슬러〉 하지 않으며 순응하지 베풀지 않아 그 미혹되는 까닭은 제거하고 유혹당할 원인은 없애버린다. 그래서 〈백성들의〉 마음이 혼란스러워지지 않고 만물의 본성이 저절로 얻어진다.

178

제30장

이 장의 첫째와 둘째 부분은 다음 제31장의 평화주의적 논조(the pacifist tone)
와 유사하다.

전쟁이란 파괴적이며 사람을 죽이고 전답을 황폐하게 하며, 이런 까닭에 전쟁을
아예 피하고자 하는 것이다. 사실상 정치가 안정되려면 전쟁이 없어야 한다. 그러므
로 전쟁이 일어나지 않도록 방지하는 것은 군주의 주된 과업 가운데 하나이다. 강제
력을 사용하는 것은 언제나 나쁜 종류의 행동이며, 오로지 전쟁을 피할 수 없을 때
성인 군주는 방어적이며 기묘한 전술을 구사하여 손실을 최소화한다.

제29장의 마지막 부분과 같이 셋째 부분은 겸손함을 묘사하고 있다. 이상적인 군
주는 숨은 채로 자신을 드러내지 않는다. 심지어 그는 어떠한 소유물도 지키고자 하
지 않는다. 그는 특별히 아무것도 소유하지 않으며 그렇게 해서 그는 소유하지 못하
는 게 없다. 성인 군주가 전쟁을 싫어하는 것은 그가 자기 강화가 없고 재화 획득이
없는 것과 일치한다. 그는 명성이나 富조차 추구하지 않는다. 바로 이와 같은 열망
들이 전쟁을 일으키는 주된 이유가 되기에 성인 군주가 이런 것들을 갖지 않을 때
전쟁은 줄어든다.

마지막 부분은 韻이 맞다. 그러나 그 의미는 전체적으로 불분명하다. 그것이 말하
는 바는 아마도 이른 그리고 때에 맞지 않는 終焉(end) 또는 조숙함(premature
aging)은 도와 맞지 않는다는 의미인 듯하다. 도는 만물이 보여주는 자연스러운 과
정이다. 정력이 함부로 낭비되면, 예를 들어 강제력의 사용이나 전쟁과 같은 것의
경우, 만물은 자신의 수명을 제대로 살 수가 없다. 만물이 아껴서 행동할 때만큼 오
래 지속되지 못하게 될 것이다. 이와 동일한 부분이 제55장의 끝에 다시 나온다.

30.1 以道佐人主者는 不以兵强於天下하나니

道로 임금을 보좌하는 자는 군사로 천하에 강자 노릇 하지 않으니,

【注】以道佐人主에 尙不可以兵强於天下한대 況人主躬於道者乎아

　도로써 임금을 보좌할 때에 오히려 군사력으로 천하에 강자 노릇을 할 수 없는데, 하물며 군주가 몸소 도를 행하는 경우에는 어떠하겠는가?

30.2 其事好還이니라

그런 일을 되돌리기를 좋아한다.

【注】爲(始)〔治〕[1]者는 務欲立功生事하나 而有道者는 務欲還反無爲라 故云其事好還也라하니라

　　1） (始)〔治〕 : 저본에는 ‘始’로 되어 있으나, 永樂大典本과 陸德明의 ≪經典釋文≫을 근거로 바그녀는 治로 바꾸었는데, 이를 따른다.

　〈자연스러움에〉 거슬러 다스리는 자는 공을 세우고 일을 벌이고자 하는 데 힘쓴다. 그러나 도가 있는 사람은 無爲하는 데로 돌아가고자 하는 데 힘쓴다. 그래서 “그런 일을 되돌리기를 좋아한다.”고 했다.

30.3 師之所處에 荊棘生焉이요 大軍之後에 必有凶年이니라

군대가 머물던 자리에는 가시덤불만 돋아난다. 큰 군대가 일어난 뒤에는 반드시 흉년이 온다.

【注】言師凶害之物也라 無有所濟하고 必有所傷이요 賊害人民하고 殘荒田畝라 故曰 荊棘生(也)〔焉〕[1]이라하니라

　　1） (也)〔焉〕 : 저본에는 ‘也’로 되어 있으나, 經文에 의거하여 ‘焉’으로 바로잡는다.

　군대는 흉하고 해로운 것임을 말한 것이다. 〈군대란〉 구제하는 것은 없고 반드시 상하게 하는 일만 있다. 그리고 인민을 해치고 논밭을 황폐하게 한다. 그래서 “가시덤불만 돋아난다.”고 했다.

30.4 善有果而已요 不敢以取强하니

〈용병을〉 잘하는 사람은 〈환란을〉 구제할 뿐 감히 〈군대의 힘으로 천하의〉 강자가 되려 하지 않으니,

【注】果는 猶濟也라 言善用師者는 趣以濟難而已矣요 不以兵力取强於天下矣하니라

果는 '구제한다〔濟〕'는 뜻이다. 군대를 잘 쓰는 사람은 가서 어려움을 구제할 뿐 군대의 힘을 사용해서 천하에 강자가 되려고 하지 않는다는 말이다.

30.5 果而勿矜하며 果而勿伐하며 果而勿驕하며

구제하면서 자랑하지 않으며 구제하면서 내세우지 않으며 구제하면서 교만하지 않으며

【注】吾不以師道爲尙이니 不得已而用이어늘 何矜驕之有也리오

나는 군대 부리는 방법을 숭상하지 않으니 부득이해서 사용할 뿐이다. 그런데 어찌 자랑하고 교만할 일이 있겠는가.

30.6 果而不得已하며 果而勿强이니라

구제하면서 부득이해서 〈군대를 쓰며〉 구제하면서 〈천하에〉 강자가 되려고 하지 않는다.

【注】言用兵은 雖趣功果濟難이나 然時故不得已니 當復用者[1]엔 但當以除暴亂하되 不遂用果以爲强也니라

> 1) 當復用者 : 樓宇烈은 陶鴻慶의 설을 따라 이 부분을 '然時故不得已復用者'로 보아 '그때의 사정상 부득이하게 다시 써야 할 경우에는'이라는 뜻으로 보았는데 참고할 만하다.

군대를 사용하는 것이 공을 이루고 어려움을 구제하는 데 있지만 그때의 사정상 부득이해서 쓴 것이니, 다시 사용해야 할 경우에는 다만 마땅히 포악함과 혼란을 제거하되 마침내 구제함을 이용하여 강자가 되려고 해서는 안 된다는 말이다.

30.7 物壯則老를 是謂不道니 不道면 早已니라

만물은 억세어지면 곧 늙어버리니 이것을 일러 道답지 않다고 한다. 도답지 않은 〈일을 행하면〉 일찍 끝난다.

【注】壯은 武力暴興也이니 喩以兵强於天下者也라 飄風不終朝하고 驟雨不終日하니

故暴興必不道니 **무已也**라

　壯은 무력이 갑자기 흥한다는 뜻이니, 군대로 천하에 강자가 되려는 것을 비유한 것이다. 회오리바람은 아침나절을 넘기지 않고 소낙비는 한나절을 넘기지 못한다. 그러므로 갑자기 흥한 것은 반드시 도답지 않으니 일찍 끝난다.

제31장

　　제31장의 眞僞에 대해 많은 논란이 있었는데, 그 이유는 通行本인 王弼本에 주석이 없는 두 개의 장 가운데 하나이기 때문이다. 어떤 학자들은 왕필이 실제로는 주석을 했는데 나중에 본문으로 끼어들어갔다고 생각했다. 이 이론은 왜 제31장이 다소 낯설게 읽혀지는지를 설명해주는 데 이용되곤 했다.

　　제31장은 논조가 꽤 儒家的이다. ≪老子≫는 '君子'를 언급하지 않는데 이 장에서만 유일하게 군자가 언급된다. 게다가 유가에서 매우 중시하는 禮와 함께 논의하고 있다는 점이다. 이런 내용은 ≪老子≫의 다른 부분에 비추어볼 때 매우 그것은 유가 철학 문헌에서 훨씬 전형적으로 나타난다.

　　의례에 관한 문장은 의식에서 좌측을 상서로움과 연결시키는 반면 우측을 상서롭지 못함과 연결시키고 있다. 군대는 凶事라 말하고, 그리하여 전쟁은 결과적으로 '우측'에 상응한다. 앞의 제30장과 같이 전쟁이란 커다란 재앙이자 사회적 대참사로 간주한다. 그러므로 도가의 통치자는 그것을 슬프고 비탄스러운 사건으로 다룬다. 그리고 승리나 기쁨으로 다루지 않는다. 전쟁이란 언제나 실패한 정치의 결과물이며 심지어 성공적인 전쟁조차 물자와 인명에서 값비싼 대가가 따른다.

31.1 夫佳兵者는 不祥之器니 物或惡之라 故有道者는 不處[1]니라 君子居則貴左하고 用兵則貴右하나니 兵者는 不祥之器요 非君子之器라 不得已而用之한댄 恬澹이 爲上하니 勝而不美라 而美之者는 是樂殺人이라 夫樂殺人者는 則不可以得志於天下矣리라 吉事는 尙左하고 凶事는 尙右하나니 偏將軍이 居左하고 上將軍이 居右는 言以喪禮處之니 殺人之衆이면 以悲哀泣之하고 戰勝이면 以喪禮處之니라

　　1) 有道者 不處 : 帛書本에는 "有欲者 弗居"로 되어 있다.

뛰어난 군대는 상서롭지 못한 器物이니 사람들이 종종 그것을 싫어하기 때문에

도를 지닌 사람은 거기에 처하지 않는다. 군자는 평소에는 왼쪽을 귀하게 여기고 군대를 사용할 때는 오른쪽을 귀하게 여긴다. 군대는 상서롭지 못한 기물이고 군자의 기물이 아니다. 〈군대를〉 부득이하여 사용한다면 담담한 마음으로 하는 것이 가장 좋으니 〈전쟁에서〉 이기더라도 아름답게 여기지 않는다. 〈군대의 사용을〉 아름답게 여기는 것은 殺人을 즐기는 것이다. 무릇 살인을 즐기는 사람은 천하에 뜻을 얻을 수 없다. 길한 일에는 왼쪽을 높이고 흉한 일에는 오른쪽을 높인다. 그러므로 偏將軍은 왼쪽에 거하고 上將軍은 오른쪽에 거하는 것은 喪禮로 처리하라는 것이니, 살인이 많으면 애통하고 슬퍼하는 마음으로 눈물을 흘리고 싸움에서 이기면 상례로 처리한다.

제32장

　제32장은 여러 가지 道家的 개념들을 얽어서 말하고 있다. 제32장은 道가 이름이 없다고 말하고 있으며, 이러한 이름 없음은 그 다음에 통나무와 연결된다. 아직 다듬어지지 않은 나무는 또한 특정한 기능을 갖지 않는다. 마찬가지로 아직 어떤 특수한 형태도 취하고 있지 않다. 형태를 가진 것은 따라서 이름이 있지만, 형태를 갖지 않은 것 그래서 여전히 형태가 없는 것은 이름 지어지지 않는다. 통나무는 도의 無形性 ― 그렇지 않고 보다 적극적으로 말하면, 그 궁극적인 潛在性을 가리킨다. ― 을 나타낸다. 이러한 도의 무형성이란 또한 도의 이름 없음에 상응한다.

　그 다음에 도는 정치권력의 행사라는 맥락에 놓인다. 이름이 없는 것은 기능이 없고, 결과적으로 그것은 그 어느 것에도 종속되지 않는다. 사회적 맥락에서 이름이란 사회 속에서의 특정한 역할, 관직, 의무를 나타낸다. 이름이 없는 것은 특정한 업무가 없다. 이름 없음(Nameless)은 그러므로 군주권(rulership)에 상응한다.

　도에 따라 다스리는 군주는 無爲를 통해 행위하고, 이는 또한 '스스로 그러함(自然)' 또는 백성들의 자연스러운 복종(natural subordination)으로 이끈다. 그런 군주는 강압적이지 않을 것이며, 또한 제17장에서 말하였듯이 백성들은 오로지 그가 있다는 것만 알 뿐이다. 이렇게 해서 백성들은 그런 군주를 무조건적으로 받아들일 것이다. 그러한 사회에서 하늘과 땅, 즉 천지는 '甘露(sweet dew)'를 내리는데, 이 말은 자연이 사회와 조화를 이루며 생명이 번성할 것이라는 점을 말하고 있는 것이다.

　제32장의 끝에 이르면 '그침의 완성(mastery of cessation)' 또는 '멈출 때를 아는 것〔知止〕'이 언급되고 있다. '그침의 완성'이란 탐욕, 열망, 중독에 빠지는 것을 회피하는 기예로서 중요한 도가적 기술이다.

　마지막 행은 제32장의 나머지와는 다소 연관성이 없다. 여기서 물의 상징이 다시 도입된다. 도는 가장 낮은 곳에 머물면서 다른 모든 물줄기가 끊임없이 흘러드는 수체(body of water)와 동일한 것으로 여겨진다. 그리고 多産의 축으로서 도는, 생명이 자라나는 낮은 곳에 머무는 물로부터 나온다. 이렇게 해서 도는 바다에 비유된다.

32.1 **道常無名**이라 〔**樸**은 **雖小**나〕[1] **天下莫能臣也**[2]니 **侯王**이 **若能守之**면 **萬物**이
將自賓하리라

1) 〔樸 雖小〕: 저본에는 없으나, 帛書本을 비롯한 모든 판본이 이렇게 되어 있으므로 보충하
   였다.
2) 天下莫能臣也 : 河上公本에는 '天下不敢臣'으로 되어 있고, 帛書本에는 '天下弗敢臣'으로 되
   어 있으니, "천하의 누구도 감히 신하로 삼지 못한다."라고 풀이할 수 있다. 竹簡本에는 '天
   地弗敢能臣'으로 되어 있다.

　도는 언제나 이름이 없다. 통나무는 비록 보잘것없지만 천하의 누구도 신하로 삼
을 수 없으니, 제후와 왕이 만약 이 〈도리를〉 지킬 수 있다면 만물이 스스로 손님으
로 올 것이다.

【注】道는 無形不繫하니 常不可名이라 以無名爲常이라 故曰 道常無名也라하고 樸之
爲物은 以無爲心也이니 亦無名이라 故將得道면 莫若守樸하니라 夫智者는 可以能臣
也요 勇者는 可以武使也요 巧者는 可以事役也요 力者는 可以重任也라 樸之爲物은
憤然不偏하고 近於無有라 故曰 莫能臣也라 抱樸(爲無)〔無爲〕[1]하되 不以物累其
眞하며 不以欲害其神하면 則物自賓而道自得也라

1) (爲無)〔無爲〕: 저본에는 '爲無'로 되어 있으나, 武英殿本에 의거하여 '無爲'로 바로잡는다.

　도는 형체가 없고 매이지 않으니 늘상 이름 지을 수 없다. 이름 없음을 늘상으로 하
기 때문에 "도는 언제나 이름이 없다."고 했다. 통나무라는 것은 '없음'을 마음으로 삼으
니 또한 이름이 없다. 그러므로 장차 도를 얻으려면 통나무를 지키는 것보다 나은 게
없다.

　무릇 지혜로운 자는 그 능력을 요구하는 신하로 삼을 수 있고, 용기가 있는 자는 군
무를 담당하게 할 수 있으며, 기예가 뛰어난 자는 〈국가적인〉 사업을 담당케 할 수 있
고, 힘이 강한 자는 막중한 임무를 맡길 수 있다. 그런데 통나무라는 것은 뒤섞여 있어
서 치우치지 않아 '아무것도 가지고 있지 않은 것〔無有〕'에 가깝다. 그래서 "누구도 신하
로 삼을 수 없다."고 했다.

　통나무를 끌어안고 무위하되 외물로 참된 본성을 매이게 하지 않고 욕심으로 정신을
상하게 하지 않는다면 만물이 스스로 손님으로 오고 도가 저절로 얻어질 것이다.

32.2 天地相合하면 以降甘露하고 民莫之令호대 而自均이니라

천지가 서로 합하면 甘露가 내려오고 백성은 명령하지 않지만 저절로 균평해진다.

【注】言天地相合하면 則甘露不求而自降하며 我守其眞性無爲하면 則民不令而自均也라

천지가 서로 합하면 감로가 구하지 않아도 저절로 내리며, 〈이와 마찬가지로〉 내가 참된 본성과 무위의 〈도리를〉 지키면 백성이 명령하지 않아도 저절로 균평하게 됨을 말한 것이다.

32.3 始制에 有名이니 名亦旣有면 夫亦將知止니라 知止라야 所以不殆니라

처음 〈官長을〉 제정함에 이름이 있게 되니 이름이 또한 이미 있다면 장차 그칠 줄 알아야 한다. 그칠 줄 알아야 위태롭지 않다.

【注】始制는 謂樸散始爲官長之時也라 始制官長에 不可不立名分以定尊卑라 故始制有名也라 過此以往하면 將爭錐刀之末[1]이라 故曰 名亦旣有면 夫亦將知止也라하니라 遂任名以號物하면 則失治之母也라 故知止所以不殆也니라

> 1) 將爭錐刀之末 : 아주 소소한 일을 비유한 말로 ≪春秋左氏傳≫ 魯 召公 6년(3 : 96)에서 따온 말이다. "백성들이 소송의 법적 근거를 알게 되면 장차 禮를 버리고 법률의 조문만 찾아내어 송곳이나 칼날과 같이 작은 일에까지 다 소송하고자 할 것이다.〔民知爭端矣 將棄禮而徵於書 錐刀之末 將盡爭之〕"

始制란 것은 통나무가 쪼개져 비로소 〈성인이〉 관장이 되는 때를 말한다. 처음 관장을 제정할 때에는 名分을 세워 尊卑를 정하지 않을 수 없기 때문에 "처음 〈관장을〉 제정함에 이름이 있게 된다."고 했다. 그런데 이것을 넘어서서 더 나아가면 장차 송곳이나 칼끝같이 작은 일에도 다투기 때문에 "이름이 또한 이미 있다면 장차 그칠 줄 알아야 한다."고 했다. 모름지기 이름에 맡겨 만물을 호명하면 다스림의 어미를 잃게 되기 때문에 "그칠 줄을 알아야 위태롭지 않다."고 했다.

32.4 譬道之在天下는 猶川谷之與江海니라

비유하건대 道가 천하에 행해지는 것은 시내와 골짜기〈의 물이 스스로〉 강과 바

다로 흘러드는 것과 같다.

【注】川谷之(以)〔不〕¹⁾求江與海²⁾하니 非江海召之라 不召不求로되 而自歸者也라
行道於天下者는 不令而自均하고 不求而自得이라 故曰 猶川谷之與江海也라하니라

> 1) (以)〔不〕: 저본에는 '以'로 되어 있으나, 永樂大典本에는 '不'로 되어 있다. 이를 근거로
> 바그너는 본문과 같이 수정하였는데 이를 따른다. 이와 달리 樓宇烈은 '川谷之與江海'로
> 原文을 반복한 것으로 보았다. 하지만 이는 뒤의 문장에서 '不求'에 대한 논의가 계속 이
> 어진다는 점을 설명하기에 불충분하다. 따라서 바그너의 설을 따라 '不'로 되어 있는 永
> 樂大典本을 따른다.
> 2) 川谷之(以)〔不〕求江與海: 王弼은 바로 이어서 '不召不求'라 했으니 "시내와 골짜기가 강
> 과 바다를 구하지 않았다."라고 하는 것이 맞다. 여기서 중요한 것은 왕필이 바로 뒤에
> 서 부연하고 있듯이 성인이 명령하지 않고 구하지 않아도 백성이 스스로 하게 된다는
> 뜻을 강조한 것이다. 따라서 '自歸'는 뒤의 '自均'과 '自得'에 호응하는데 本文의 '川谷之
> 與江海'를 王弼은 '自歸'로 풀이한 것이니 이에 따라 "스스로 흘러든다."로 번역하였다.

시내와 골짜기는 강과 바다를 구하지 않으니, 강과 바다가 〈시내와 골짜기를〉 부르지
도 않는다. 〈강과 바다가〉 부르지도 않고 〈시내와 골짜기가〉 구하지도 않는데 스스로
흘러드는 것이다. 〈이와 마찬가지로〉 천하에 도를 행하는 것은 명령하지 않아도 저절로
균평해지고 구하지 않아도 저절로 얻어진다. 그래서 "시내와 골짜기〈의 물이 스스로〉
강과 바다로 흘러드는 것과 같다."고 했다.

제33장

제32장에서는 '그침의 완성' 또는 '멈출 때를 아는 것〔知止〕'에 대해 언급하였다. 제33장에서는 '만족함의 완성' 혹은 '만족할 줄 아는 것〔知足〕'을 말함으로써 앞의 구절을 생각나게 한다. 멈추어야 할 때를 아는, 그래서 만족할 줄 아는 사람은 만족의 기술을 이미 터득하고 있는 것이다.

그침의 완성과 만족함의 완성은 같은 것이다. 만족하게 되는 것 또는 부유하게 되는 것은 자신의 소유물의 양에 의존하는 것이 아니라 자신이 가진 것에 만족감을 느낄 줄 아는 능력에 달린 것이다. 만족감이란 자신이 소유한 것에 의해 측정되는 것이 아니라 충족되지 않은 소망의 부재에 의해 측정된다.

자기 극복(the overcoming of oneself)은 이렇게 해서 즉각 만족의 기예와 연결된다. 이러한 기예는 자기 자아의 동경이나 갈망을 극복하는 것이다. 앎과 극복의 개념들은 제33장의 첫 행에서 대구를 이룬다. 영어에서도 그것들의 의미는 관계가 있는데, 영어의 'to master'가 '알다(to know)'와 '지배하다(to dominate)' 모두를 뜻한다는 것을 생각해보자. 자신을 통제할 수 있다는 것은 다른 사람을 통제하는 것보다 훨씬 더 어려우며, 만약 사람이 자아를 마스터할 수 있다면 — 그 단어의 이중적 의미에서 — 사람은 진정으로 만족한 삶을 사는 법을 알게 될 것이다.

역자는 제33장의 마지막 행을 馬王堆本에 따라 번역하였다. 王弼本은 '잊혀지지 않다〔不忘〕'라고 하는 대신에 '사라지지 않다〔不亡〕'라고 되어 있다. 마왕퇴본은 논조가 더 儒家的이다. 유교 전통에서는 사람이 죽은 후에도 기억되는 것이 지극히 중요하였고, 예로부터 조상에 대한 제사는 정확하게 이 기능을 수행하는 것이었다. 조상의 귀신들이 살아 있는 그들의 자손들과 접촉하게 해주는 제사가 지속되는 만큼 조상의 귀신들은 살 수 있다는 믿음이 있었던 것이다.

33.1 知人者는 智하고 自知者는 明[1]하며

1) 自知者 明 : ≪韓非子≫〈喩老〉에서는 楚 莊王이 越을 치려는 것을 말렸던 杜子의 이야기

로 해설한다. 楚 莊王이 越의 정치가 어지럽고 군대가 약하다며 치려고 하니, 杜子는 초나라 왕의 군대가 약하고 정치가 어지러운 것이 월보다 못하지 않음에도 월을 치려는 것의 어리석음을 간하자, 왕이 곧바로 월을 치려던 계획을 거두었다고 하며 《노자》의 이 구절을 인용하고 있다.

남을 아는 사람은 지혜롭고 스스로를 아는 사람은 밝으며,

【注】知人者는 智而已矣요 未若自知者러니 超智之上也니라

남을 아는 사람은 지혜가 있을 뿐 아직 스스로를 아는 사람만은 못하다. 〈왜냐하면 스스로를 아는 것은〉 최상의 지혜조차 넘어서기 때문이다.

33.2 勝人者는 有力하고 自勝者는 强[1]하며

1) 自勝者 强 : 《韓非子》〈喩老〉에서는 子夏와 曾子의 이야기로 해설한다. 증자가 자하에게 살이 찐 까닭을 묻자, 자신의 마음속에서 선왕의 법도와 부귀의 즐거움이 싸워 선왕의 도리 쪽이 이기게 되자 살이 쪘다고 답한다. 이를 통해 뜻을 세우기 어려운 것은 다른 사람을 이기는 데 있지 않고 자기 스스로를 이기는 데 있다고 하면서 《노자》의 이 구절을 인용한다.

남을 이기는 사람은 힘이 있고 스스로를 이기는 사람은 강하며,

【注】勝人者는 有力而已矣요 未若自勝者러니 無物以損其力하니라 用其智於人은 未若用其智於己也하고 用其力於人은 未若用其力於己也라 明用於己하면 則物無避焉이요 力用於己하면 則物無改焉이니라

다른 사람을 이기는 사람은 힘이 있을 뿐 아직 스스로를 이기는 사람만 못하다. 〈왜냐하면 스스로를 이기는 사람은〉 그 어떤 것도 그의 힘을 잃도록 하지 못하기 때문이다. 자신의 지혜를 다른 사람에게 쓰는 것은 그 지혜를 자신에게 쓰는 것만 못하고, 자신의 힘을 다른 사람에게 쓰는 것은 아직 자신의 힘을 자신에게 쓰는 것만 못하다. 밝음을 자기에게 쓰면 누구도 그를 피하지 않으며, 힘을 자기에게 쓰면 누구도 그를 바꾸지 못한다.

33.3 知足者는 富하고

만족할 줄 아는 사람은 부유하고

【注】知足者는 自不失이라 故富也라

　만족할 줄 아는 사람은 스스로 잃을 게 없기 때문에 부유한 것이다.

33.4 强行者는 有志하며

　힘써 행하는 사람은 뜻이 있으며,

【注】勤能行之면 其志必獲이라 故曰 强行者有志矣라하니라

　열심히 그것을 행할 수 있으면 그 뜻이 반드시 얻어진다. 그래서 "힘써 행하는 사람은 뜻이 있다."고 했다.

33.5 不失其所者는 久하고

　제자리를 잃지 않는 사람은 오래가고,

【注】以明自察하고 量力而行하고 不失其所하면 必獲久長矣니라

　밝음으로 스스로를 살피고 자신의 역량을 헤아려서 행하고 제자리를 잃지 않으면 반드시 얻은 것이 오래갈 것이다.

33.6 死而不亡者는 壽라

　죽어서도 잊히지 않는 사람은 오래 산다.

【注】雖死而以爲生之하니 道不亡乃得全其壽라 身沒而道猶存이어늘 況身存而道不卒乎잇가

　비록 〈몸은〉 죽었으나 그를 살아 있다고 여기니 도가 사라지지 않아야 그 수명을 온전하게 누렸다고 할 수 있다. 몸은 죽었어도 도가 오히려 보존되는데 하물며 몸이 살아 있고 도가 죽지 않은 경우는 어떠하겠는가.

제34장

　　≪老子≫의 많은 章들이 물을 통해서 도에 대해 설명한다. 이 장에서는 도는 흘러 넘쳐서 어느 쪽으로든 흘러가는 물의 움직임에 비견하고 있다. 물의 흐름은 가장 '자연스러운(natural)' 운동이다. 물은 늘 완벽하게 환경에 적응하며, 또한 전혀 힘 들이지 않고 움직인다. 도의 운동 또한 어떠한 수고 없이 그렇게 일어나고, 또는 특정한 방향으로 가게 하는 推動力(driving force)도 없이 일어난다. 자연과 물은 '저절로 그렇게〔自然〕' 움직인다.

　　제34장의 둘째와 셋째 부분은 성인 즉 성인 군주의 행위를 도의 수고스럽지 않은 움직임과 관련시키고 있다. 도는 군주처럼 무위하는데 왜냐하면 욕망이 없기 때문이다. 그것은 자연(본성)에 대해 어떠한 것도 강제하려는 의도를 갖고 있지 않다. 이렇게 특수한 의도나 특정의 기능이 없기에 도를 어떤 배타적인 역할과 동일시하게 되는 이름이 없는 채로 도는 남겨지는 것이다. 그러므로 그것은 한편으로 모든 것 가운데 가장 작다. 그것은 모든 적극적인 특징이 없으며 물과 같이 부드럽고 형태가 없다.

　　다른 한편 道家의 역설의 논리에 일치하게도, 특수한 자질이 부재하다는 사실이 또한 도를 물과 같이 위대하게 만든다. 왜냐하면 만물이 모두 그에 의존하기 때문이다. 모든 생명은 영양을 공급하는 물의 성질에 의존하며, 자연 속에서 만물은 '위대한' 도를 따른다. 성인 군주는 이러한 모델에 따라 그의 사적인 뜻이나 의도적인 행동을 최소화한다. 자연의 진로에 따라 無爲함으로써 그는 자연의 길 또는 도가 방해 받지 않고 진행하도록 한다.

34.1 大道는 汎兮하여 其可左右라

큰 도는 〈물처럼〉 넘쳐흘러 왼쪽으로도 오른쪽으로도 갈 수 있다.

【注】言道汎濫하여 無所不適하여 可左右上下周旋而用하니 則無所不至也라

도는 〈물처럼〉 넘쳐흘러 가지 못하는 곳이 없어 왼쪽으로나 오른쪽으로나, 위로나 아래로나 두루 돌고 돌면서 쓰이니, 이르지 못하는 곳이 없음을 말한 것이다.

34.2 萬物이 恃之而生而不辭하고 功成不名有[1]하고 衣養萬物而不爲主나라 常無欲이라 可名於小요

1) 功成不名有 : 바그너는 '功成而不居'라 되어 있는 傅奕本을 따르고자 하였으나 여기서는 바그너의 견해를 따르지 않았다. 經2.4, 經77.2에도 '功成而不居'라 하였고 논리적으로도 자연스러워 참조할 만하다.

만물은 〈그 도에〉 의지하여 생성하는데도 잔소리하지 않으며 공적을 이루면서도 자기 것이라 이름하지 않고 만물을 입히고 기르면서도 주인 노릇 하지 않는다. 언제나 욕심이 없으므로 작다고 이름할 수 있다.

【注】萬物은 皆由道而生이나 旣生而不知其(由所)〔所由〕[1]라 故天下常無欲之時에 萬物各得〔其〕[2]所하나 (若)〔而〕[3]道無施於物이라 故〔可〕[4]名於小矣라하니라

1) (由所)〔所由〕 : 저본에는 '由所'로 되어 있으나, 集注本에 따라 수정한 바그너의 견해에 따라 '所由'로 바로잡는다.
2) 〔其〕 : 저본에는 '其'가 없으나, '各得其所'는 왕필의 빈번한 표현이므로 '其'를 보충하였다.
3) (若)〔而〕 : 저본에는 '若'으로 되어 있으나, 아래 經34.3과 대구를 이루므로 바그너의 견해에 따라 '而'로 바로잡는다.
4) 〔可〕 : 저본에는 '可'가 없으나, 이 부분은 經文의 인용이므로 '可'를 보충하였다.

만물은 모두 이 도를 말미암아 생성되지만 이미 생성되고 나서는 그 말미암은 바를 알지 못한다. 그래서 〈1장에서 말하였듯이〉 天下 사람들이 언제나 욕심이 없을 때에는 만물이 각각 제자리를 얻으나 도가 만물에 베푸는 게 없었다. 그래서 "작다고 이름할 수 있다."고 했다.

34.3 萬物歸(焉)〔之〕[1]而不(爲)〔知〕[2]主라 可名(爲)〔於〕[3]大니

1) (焉)〔之〕 : 저본에는 '焉'으로 되어 있으나, 아래 注文에 '歸之'로 되어 있는 것에 근거하여 '之'로 교감한 바그너의 견해에 따라 바로잡는다.
2) (爲)〔知〕 : 저본에는 '爲'로 되어 있으나, 아래 注文에 '不知其所由'로 되어 있는 것에 근거하여 교감한 바그너의 견해에 따라 바로잡는다.

3) (爲)〔於〕: 經34.2에 '可名於小'라 한 것과 짝을 이루니 '於'가 맞다. 따라서 '於'로 바로잡는다.

만물이 〈그에게〉 돌아가는데도 주인을 알지 못하니 크다고 이름할 수 있다.

【注】萬物은 皆歸之以生이나 而力使不知其所由이니 此不爲小라 故復可名於大矣라

만물은 모두 도에 돌아가서 생성하는데 〈도는 만물이〉 그 유래를 알지 못하게 하는 데에 힘을 쓴다. 〈따라서 이러한 도에 대해〉 작다고 하지 못하는 까닭에 다시 크다고 이름할 수 있는 것이다.

34.4 以其終不自爲大라 故能成其大[1]하니라

1) 以其終不自爲大 故能成其大 : 바그너는 왕필의 아래 注文에서 작은 것〔細〕에 주목하는 점을 지적하며 다음과 같이 풀이하였다. "이 때문에 성인이 위대함을 이룰 수 있는 것은 그 스스로 큰일을 하지 않기 때문이다. 이 때문에 그 위대함을 이룰 수 있다.〔是以 聖人之能成大也 以其不爲大也 故能成其大〕" 여기서는 이를 그대로 수용하지는 않으나 바그너가 제안하는 의미의 취지를 반영하여 經文을 해석하였다.

〈성인은 도와 같이〉 끝내 스스로 큰일을 하지 않기 때문에 〈모든 것을 이루어 만물이 그에게 돌아가므로〉 자신의 위대함을 이룰 수 있는 것이다.

【注】爲大엔 於其細하고 圖難엔 於其易[1]하니라

1) 爲大……於其易 : 이 부분은 經63.3 "圖難於其易 爲大於其細"를 인용한 것이다.

큰일을 할 때에는 작은 것에서부터 하고, 어려운 일을 도모할 때에는 쉬운 것에서부터 한다.

제35장

　'위대한 상〔大象〕'은 대부분 河上公 注와 같이 일찍부터 道로 해석되었다. ≪周易≫
에서 '象'이란 용어는 특히 중요하다. 그것은 다른 무엇보다도, 이 고대 중국 占筮의
기호론적 패턴과 우주론적 질서를 구성하는 陰陽의 네 가지 기본형(the four primary
constellations)을 나타낸다. ≪周易≫ 〈繫辭傳〉에는 다음과 같은 유명한 진술이 나
온다.

　"한 번은 陰이 되고 한 번은 陽이 되는 것, 이것을 일컬어 道라고 한다.〔一陰一陽之
謂道〕"

　'大象'이란 도로서, '음양의 리듬'이자 '천하의 맥박(the pulse of the world)'이다.
여기서 우리는 제5장에 나오는 풀무의 이미지를 떠올릴 수 있다. 첫 부분은 성인 군
주를 향해 말하고 있는 듯하며, 그가 그 리듬과 조화를 이루고 있음을 함축하며, 그
다음에는 사람들이 자연스럽게 그를 따르고 사회가 질서 있고 평화롭게 될 것이라
한다.

　둘째 부분은 하나의 격언처럼 읽혀진다. 잔치가 벌어진 곳에는 지나가는 나그네
가 머문다. 아마도 이것은 첫째 부분과 공명하는 의미일 것이다. 사람들은 음악이
연주되고 향연이 벌어진 곳으로 무리 지어 몰려들 듯이, 도의 우주적 리듬과 조화를
이루는 군주의 주변으로 자연스럽게 몰려들 것이다.

　마지막 부분은 도에 관한 격언을 분명하게 드러내어 소개하고 있다. 도의 無特性
(nonqualities)이 다시 한 번 찬양되고 있다. 그것은 특별한 맛이나 형태, 소리가
없으니 또한 아무리 써도 다함이 없다. 제11장의 형상을 사용하여 말하자면, 그것
은 문, 그릇, 바퀴와 같아서 그 비어 있음으로 인하여 다할 수 없는 기능성을 갖게
된다.

35.1 執大象하면 天下往하니

　大象을 잡으면 천하가 〈그에게로〉 가니

【注】 大象은 天象之母也니 〔不炎〕¹⁾不寒하고 不溫不凉하니라 故能包統萬物하여 無所犯傷하니 主若執之면 則天下往也라

> 1) 〔不炎〕: 저본에는 없으나, 樓宇烈은 ≪老子指略≫과 王弼의 注文에서 '炎'과 '寒'이 늘 상대적으로 쓰인다는 점을 근거로 이를 보충하였는데 이를 따른다.

대상이란 天象의 어미이다. 이것은 뜨겁지도 않고 차갑지도 않으며, 따뜻하지도 않고 서늘하지도 않다. 이 때문에 만물을 감싸 안고 거느리면서도 해치거나 상하게 하는 게 없다. 군주가 만약 그것을 잡는다면 하늘 아래 모든 사람들이 〈그에게〉 갈 것이다.

35.2 往而不害하면 安平大하리라

〈만물이 그에게〉 가서 해치지 않으면 태평을 누릴 것이다.

【注】 無形無識하고 不(徧)〔偏〕¹⁾不彰이라 故萬物得往而不害妨也라

> 1) (徧)〔偏〕: 저본에는 '徧'으로 되어 있으나, 注16.6에서 '常之爲物 不偏不彰'이라 한 것을 근거로 樓宇烈은 '偏'으로 교감하였는데 이를 따른다.

형체가 없고 표지도 없으며 치우치지 않고 드러냄도 없다. 그래서 만물이 〈그에게〉 가서 해치거나 방해하지 않는다.

35.3 樂與餌는 過客止어니와 道之出口면 淡乎其無味하며 視之不足見이요 聽之不足聞이나 用之不足旣니라

음악과 음식은 과객을 멈추게 할 뿐이다. 그러나 도를 입으로 말하면 담백하여 아무 맛이 없으며 보아도 볼 수 없고 들어도 들을 수 없으나 쓰임에 다함이 없다.

【注】 言道之深大라 人聞道之言이나 乃更不如樂與餌가 應時感悅人心也라 樂與餌는 則能令過客止하나 而道之出言은 淡然無味하며 視之不足見하니 則不足以悅其目하고 聽之不足聞하니 則不足以娛其耳니라 若無所中然하니 乃用之不可窮極也라

道가 깊고도 큼을 말한 것이다. 세상 사람들은 도에 관한 말을 들어도 이내 〈흥겨운〉 음악이나 〈맛있는〉 음식이 때맞추어 사람의 마음을 기쁘게 하는 것만 못하다고 생각한다. 〈흥겨운〉 음악과 〈맛있는〉 음식은 지나가는 나그네를 멈추게 할 수 있다. 그러나 도를 말로 표현할 때에는 담담하여 아무런 맛이 없으며, 보아도 볼 수 없으니 눈을 기쁘

게 할 수 없고, 들어도 들을 수 없으니 귀를 기쁘게 할 수 없다. 제 마음에 쏙 든다는 느낌이 들지 않으므로 아무리 그것을 써도 다할 수가 없는 것이다.

제36장

만약 당신이 성공하고자 한다면 제36장이 진술하듯이 당신은 逆說의 전략을 완성해야만 한다. 통치의 기술 그리고 권력을 취하고 유지하는 수단은 道의 역설적인 기능에 일치시키는 능력에 근거한다.

지나치게 확장된 것은 결국에는 스스로 몰락하게 될 것이다. 너무 강해진 것은 결국에는 스스로를 약하게 할 것이다. 정치에서 사람들은 먼저 취임했거나 강해진 사람들을 떠나게 하거나 약화시킬 수만 있다. 당신이 지배하고자 하는 사람들에게는 선물을 주거나 호의를 보여야만 한다. 이것이 바로 이 장의 메시지인 듯하며, 제36장의 전반부는 이러한 전략적 방식으로 韓非子에 의해 해석되었다.

이러한 규칙들을 다른 사람을 극복하는 데 사용하지 않는다 해도 그러한 규칙들에 대해 알고 있다는 것은 다른 사람들이 효과적으로 당신에게 대적하지 못하게 하기 위해서라도 중요하다.

이러한 역설의 전략의 완성은 도의 작동원리에 대해 '미묘한 밝음〔微明〕'을 갖게 한다. 逆轉(reversal)이라는 가장 근본적인 규칙은 약하고 부드러운 것이 결국에는 강하고 딱딱한 것을 이겨내리라는 것이다.(이에 대해서는 제76장과 제78장을 보라.)

또 하나의 전략적 格率은 자신을 드러내지 않는 것이다. 이것은 물속에서 물고기를 잡는 것과 같아 스스로를 드러내게 되면 실패하거나 무너지지 않을 수 없게 된다. 스스로를 활짝 열어 드러내는 군주는 그로 인해 스스로를 약화시키게 된다.(이에 대해서는 제24장을 보라.)

이와 비슷하게 무기를 보여주는 것 또한 피해야 한다. 이것은 오로지 전시체제로 가게 만들 것이며 전쟁의 가능성 또한 늘어난다.(이에 대해서는 제31장, 제68장, 제69장, 제80장을 보라.)

전쟁에서 이기는 전략, 즉 첫째 부분에서 언급된 격률과 같은 전략들은 전쟁이 불가피할 때에만 사용되어야 한다. 선호할 만한 선택은 무엇보다 하나도 갖지 않는 것이다.

36.1 將欲歙之인댄 必固張之며 將欲弱之인댄 必固强之며 將欲廢之인댄 必固興之며 將欲奪之인댄 必固與之니 是謂微明이라

장차 움츠러들게 하려면 반드시 먼저 벌리게 하고 장차 약하게 하려면 반드시 먼저 강하게 하며 장차 없애려면 반드시 먼저 높이고 장차 빼앗으려면 반드시 먼저 주어야 할 것이다. 이것을 미묘한 데서 밝다고 한다.

【注】將欲除强梁去暴亂인댄 當以此四者라 因物之性하여 令其自戮이니 不假刑爲大하여 以除(將)〔强〕[1]物也라 故曰 微明也라하니라 足其張하여 令之足이로되 而又求其張이면 則衆所歙也요 (與)〔歙〕[2]其張之不足하여 而改其求張者면 愈益而已反危하니라

1) (將)〔强〕: 저본에는 '將'으로 되어 있으나, 經文에 의거하여 '强'으로 바로잡는다.
2) (與)〔歙〕: 저본에는 '與'로 되어 있으나, 經文에 의거하여 '歙'으로 바로잡는다.

장차 强梁한 것을 없애고 사납고 어지러운 것을 제거하려면 마땅히 이 네 가지 처방으로 해야 할 것이다. 〈이 네 가지 처방은〉 만물의 본성에 따라 스스로 해치도록 만드는 것이니 형벌에 의존하는 것을 크게 생각하여 강량한 만물을 제거하려 하지 않는다. 그러므로 "미묘한 데서 밝다."고 한 것이다. 그 벌림을 충분히 하여 만족하게 해주었는데 다시 더 벌리기를 바란다면 뭇사람들에 의해 움츠러들게 될 것이다. 이와 달리 벌린 것이 부족한 것을 다시 움츠러들게 하여 벌려지기를 구하는 것을 고치고자 한다면 〈상대에게〉 더욱 유익해지지만 나는 도리어 위태롭게 될 것이다.

36.2 柔弱勝剛强하니라 魚不可脫於淵하며 國之利器는 不可以示人[1]이니라

1) 魚不可脫於淵……不可以示人: ≪淮南子≫ 〈道應訓〉은 이 부분을 司城子罕과 宋나라 君主의 이야기로 해설하는데, 이 고사는 ≪韓非子≫ 〈外儲說 右下〉, ≪說苑≫ 〈君道〉에도 보인다. ≪회남자≫에서는 재상이었던 司城子罕이 宋나라 君主에게 백성이 좋아하는 償은 군주가 하고 자신은 백성이 싫어하는 罰을 집행하겠다고 제안한다. 송나라 군주가 이를 수용하자 "나라 사람들은 모두 죽이고 살리는 절대 권력이 자한에게 있다는 것을 알고, 대신들은 자한과 친해지려 하고 백성들은 자한을 두려워하는〔國人皆知殺戮之專制在子罕也 大臣親之 百姓畏之〕" 상황이 되었다. 결국 1년도 못 되어 자한은 송나라 군주를 쫓아내고 정치를 제멋대로 하였다고 한다. ≪회남자≫는 이 이야기를 소개한 후 ≪노자≫의 이 구절을 인용한다. 이런 ≪회남자≫의 해석에서 보면 '국가의 이로운 도구'란 "죽이고 살릴 수 있는

형벌권〔殺戮刑罰〕"을 말한다.

　부드럽고 약한 것이 굳세고 강한 것을 이기는 법이다. 물고기는 연못을 벗어날 수
없으며 나라를 이롭게 하는 물건은 남에게 보여서는 안 된다.

【注】利器는 利國之器也라 唯因物之性이요 不假刑以理物이라 器不可覩나 而物各
得其所면 則國之利器也라 示人者는 任刑也니 刑以利國하면 則失矣라 魚脫於淵하면
則必見失矣나라 利國〔之〕[1]器而立刑以示人은 亦必失也라

　　1)〔之〕: 저본에는 없으나, 注文의 처음에 '利國之器'라 한 것을 근거로 교감한 樓宇烈의
　　　견해에 따라 보충하였다.

　'이로운 그릇〔利器〕'이란 '나라를 이롭게 하는 그릇'이다. 오직 만물의 본성에 따를 뿐
형벌을 빌려서 만물을 다스리지 않는다. 그릇을 볼 수 없으나 만물이 각각 제자리를 얻
게 되면 그것이 곧 나라의 이로운 기물이다. 사람들에게 보여준다는 것은 형벌에 맡기
는 것이다. 형벌로 나라를 이롭게 하면 〈나라를〉 잃을 것이다. 물고기가 연못에서 벗어
나면 반드시 잃게 되는 것이다. 나라를 이롭게 하는 기물과 형벌을 세워 사람들에게 보
이면 또한 반드시 잃게 될 것이다.

제37장

　제37장은 제32장에서 다루었던 주제와 연결되는데, 심지어 일부는 같은 구절을 반복하고 있다. 道는 적극적인 특성이 없고, 만약 성인 군주가 그와 일치하도록 다스린다면 치우침이 전혀 없고 無爲한다면 백성들이 아무런 거부감도 느끼지 않고서 따를 것이다.

　제32장에서도 언급되었던 통나무는 통치술의 형상으로 사용되고 있다. 통나무는 아직 특정한 형태를 취하지 않은 도의 무한한 잠재력을 상징한다. 바로 이러한 힘을 통해 군주가 다스리는 것이며, 만약 국가 안의 누구든 도의 진로에 반하여 행동하고자 할 때 그들이 진압되는 것은 바로 이 힘을 통해서이다. 이른바 黃老 道家學派로 불리는 문헌으로서 馬王堆 ≪노자≫와 함께 발굴된 ≪황로백서≫의 첫 행은 다음과 같이 진술한다.

　"도는 법을 낳는다.〔道生法〕"

　이 문장은 제37장에서 말하는 것과 연관 지어 이해될 수 있을 듯하다. 군주가 제정하는 표준들은 도에서 비롯된다. 만약 어떤 것이 그 자연스러운 역할을 손상시킨다면 군주는 그것을 제한할 것이다. 이런 식으로 천하에 그리고 하늘에 그리고 지상에 '고요함'이 있게 되는데, 그것은 또한 자연이 자연스럽게 질서를 이룰 것이라 말한다.

37.1 道는 常無爲[1]하나

　1) 道 常無爲 : 帛書本과 竹簡本에는 "道 恒無名"으로 되어 있다.

　道는 언제나 無爲하는데

　【注】順自然也라

　　스스로 그러함에 따른다는 뜻이다.

37.2 而無不爲니

하지 못하는 게 없으니

【注】萬物은 無不由(爲)〔之〕[1]하고 以始以成(之)[2]也라

1) (爲)〔之〕: 저본에는 '爲'로 되어 있으나, 바그너는 陶鴻慶의 견해를 따라 '之'로 보았는데 이를 따른다.

2) (之): 저본에는 '之'가 있으나, 陶鴻慶 등이 注1.2와 注21.3에서 "萬物 以始以成 而不知 其所以然"이라 한 것을 근거로 '之'를 삭제한 것에 따라 衍文으로 처리하였다.

만물은 모두 〈도를〉 말미암지 않음이 없고, 〈또한 바로 이 도에〉 의해 시작되고 이루어진다.

37.3 侯王이 若能守之면 萬物將自化하리라 化而欲作이면 吾將鎭之以無名之樸[1]이라

1) 化而欲作 吾將鎭之無名之樸: ≪淮南子≫ 〈道應訓〉에서는 이를 武王과 太公의 고사로 설명하는데 역설적인 내용을 담고 있다. 武王이 太公에게 자신이 臣下였음에도 天下를 얻었으니 다시 전쟁이 날까 두렵다고 하자, 태공은 "나라를 오래 유지하길 원한다면 백성들의 눈과 귀를 막고 쓸데없는 일과 번잡한 가르침에 몰두하도록 이끌라.〔塞民於兌 道全爲無用 之事煩擾之敎〕"고 답한다. 허례허식에 매달리다 보면 가난으로 걱정근심에 매이게 된다는 것이다. 이것이 천하를 오래 유지하는 방법이라고 태공은 가르침을 준다. 이 대화를 소개한 후 ≪회남자≫는 ≪노자≫의 이 구절을 인용한다. ≪회남자≫에 따르면 백성들이 번다한 禮와 風俗에 매여 가난해지면 모든 의욕을 상실하니 통치하기가 쉬워진다는 의미로 풀이하고 있다.

侯王이 그것을 잘 지키면 만물이 저절로 교화될 것이다. 교화되었는데도 억지로 하려는 마음이 일어난다면 나는 이름 없는 통나무로 누를 것이다.

【注】化而欲作은 作欲成也라 吾將鎭之無名之樸하리니 不爲主也라

'化而欲作(교화되었는데도 불구하고 억지로 하려는 마음이 일어난다.)'이라 한 것은 억지로 하려는 마음이 이루어진 것이다. 나는 장차 이름 없는 통나무로 누를 것이니, 주인 노릇 하지 않는다는 뜻이다.

37.4 **無名之樸**이면 **夫亦將無欲**[1])이니

1) 無名之樸 夫亦將無欲：河上公本, 傅奕本에는 '無欲'이 '不欲'으로 되어 있고, 帛書本에는 "鎭之以無名之樸 夫將不辱"으로 되어 있고, 竹簡本에는 "將鎭之以亡名之樸 夫亦將知足"으로 되어 있다.

이름 없는 통나무로 〈누르면〉 장차 욕심이 없어질 것이니,

【注】無欲競也라

경쟁하고자 함이 없다는 뜻이다.

37.5 (不)〔**無欲**〕[1])하여 **以靜**이면 **天下將自定**[2])하리라

1) (不)〔無欲〕：저본에는 '不'로 되어 있으나, 바그너는 傅奕本에 '無欲'으로 되어 있는 것을 근거로 '無欲'으로 교감하였는데 바그너의 견해에 따라 바로잡는다.

2) (不)〔無欲〕……天下將自定：傅奕本에는 '無欲 以靖 天下將自正'으로 되어 있고, 帛書本에는 "不辱 以靜 天地將自正"으로 되어 있고, 竹簡本에는 "知足以靜 萬物將自定"으로 되어 있다.

욕심이 없어져서 고요해지면 천하가 저절로 바르게 된다.

老子道德經注 下篇

제38장

제38장은 ≪道德經≫ 후반부의 첫 장이다. 馬王堆 帛書에서는 '道經'과 '德經'의 순서가 뒤바뀌어 있으므로, 제38장은 前半部의 첫 장이라고도 할 수 있다. 제38장은 분명 '德'을 다루고 있으며, 그래서 後半部 전체는 나중에 '德經'이라는 제목이 붙여지게 되었다. 이런 이유로 이 책은 이른바 '道德經', 즉 '道'와 '德'에 관한 경전이라 불리게 된 것이다.

제38장의 처음 세 절은 제18장과 유사한 주제로서 儒家의 '德'을 비판하고 있다. 유가의 '德'은 영어권에서는 'virtue'라고 번역하는 반면, ≪老子≫의 맥락에서 'efficacy(效力)' 또는 'power(힘)'라고 번역하기도 한다. 유가에서 '덕'은 강력한 도덕적 함축을 가지면서 仁義禮智와 같은 개념들과 연결되지만, ≪노자≫에서 '德'은 이러한 도덕적 함축은 사라지고 대신에 '道'와 더욱 밀접하게 연관된다.

≪노자≫의 德은 일종의 효력으로 '道'에 부수되는 것이다. 첫째 절에서 말하는 더 높은 차원의 '덕', 즉 '上德'은 유가의 도덕적 의미의 덕이 아니다. 진짜 덕은 그러한 덕 너머(beyond)에 있으며, 도덕적이지 않다. 그것은 순수한 효력이 된다. 儒教的 價値에 매달리는 덕은 ≪노자≫의 관점에서 볼 때에는 무력하기(powerless) 짝이 없다.

따라서 제38장은 제18장과 같이, 계속해서 이어지는 유교적 가치의 하향적 악순환을 묘사하고 있다. 일단 삶을 도덕적인 방식으로 바라보기 시작하면 강제적인 행위로 가는 길이 시작되고 따라서 스스로 그러한 자연의 우주적 질서로의 회귀는 더욱 더 어려워지게 된다.

마지막 두 절은 흔히 상호 해명적인 것으로 이해된다. 마지막 절은 분명 '大丈夫'가 '禮'나 '前識'에 매달리지 않을 것임을 함축한다. 따라서 '前識'의 개념은 부정적인 것이다. 河上公 注에서는 '전식'이 실질을 놓친 부적합하고 겉치레적인 지식을 의미하며 표면적이거나 도의 '꽃' 수준에 머무는 것이라고 주석한다. '전식'에 대한 이러한 해석은 이 장의 맥락에서는 근거가 충분하지만, 다른 장들과 연결하여 읽을 때에는 약간 의심스러운 부분들이 있다.

여기서 언급된 '단순한 마음가짐'을 뜻하는 '愚'가 제10장과 제65장에서는 부정적이지 않고 오히려 긍정적이다. 도와 일치하게 되는 것은 흔히 어떤 특정한 지식이 없이 그렇게 사물의 추이에 직관적으로 따를 줄 아는 능력을 소유한 것으로 묘사되곤 한다. 이런 맥락에서 읽게 되면 '전식'에 관한 경구는 또한 지적인 소박성에 대한 찬양으로 읽을 수도 있다. 그렇게 되면 '前識'은 도의 추이에 대한 직관적 통찰이 된다.

王弼은 上德이 無爲하지만 無不爲(하지 못하는 것이 없는)하는 반면, 下德은 爲之(무언가를 추구)하지만 無以爲(무언가를 가지고 함이 없이)하는 것으로 크게 大別하여 나눈 뒤에 다시 下德을 位階的으로 나눈다. 上仁은 無以爲하고, 上義는 有以爲(무언가를 가지고)하는 것으로 다시 구분하여 ≪노자≫에 보다 확실한 위계를 부여하고자 한다.

하지만 王弼은 이렇게 道에서 德으로, 그리고 다시 仁·義·禮로 멀어지는 과정이 仁·義·禮 자체의 한계로 부정하는 것이 아니라 母와 本에 해당하는 道와 素樸함을 잃고 겉을 꾸미는 데에만 치중하는 데서 온 것이라 본다. 그러면서 근본을 되찾으면 다시 긍정될 수 있는 것이라는 "어미를 지켜 자식을 보존하고 근본을 지켜 말단을 받든다.〔守母以存其子 崇本以擧其末〕"는 논리를 통해 仁義의 회복을 긍정하는 암시를 한다. 이는 ≪노자≫의 逆說의 논리를 통해 오히려 仁義를 긍정하는 것이라 볼 수 있다.

38.1 上德은 不德이라 是以로 有德이요

높은 덕을 지닌 사람은 〈자신의 덕을〉 덕으로 여기지 않는다. 이 때문에 덕이 있고,

【注】〔有德이면 則遺其失이요 不德이면 則遺其得하니라〕[1]

> 1) 有德……則遺其得 : 저본에는 없고 范應元本에만 있다. 樓宇烈 등은 이 부분을 받아들이지 않으나, 波多野太郎은 ≪老子王注校正≫에서 바그너는 이 注가 王弼의 것으로서 논의의 맥락이 王弼의 기조와 일치하므로 수용하는데, 여기서는 이를 따른다.

〈높은 덕을 지닌 사람은〉 덕을 가지고 있으면 〈그 덕을〉 잃어버리지 않을까 하는 〈마음을〉 버리고, 〈자신의 덕을〉 덕으로 여기지 않으면 〈그 덕을〉 얻으려고 하는 〈마음을〉

버린다.

38.2 下德은 不失德하니 是以로 無德하니라 上德은 無爲하나 而無(以)〔不〕[1]爲하고 下德은 爲之하나 而(有)〔無〕[2]以爲하니라 上仁은 爲之하나 而無以爲하며 上義는 爲之하나 而有以爲하며 上禮는 爲之호대 而莫之應이면 則攘臂而扔之하니라 故失 道而後德이요 失德而後仁이요 失仁而後義요 失義而後禮니라 夫禮者는 忠信之 薄이니 而亂之首요 前識者는 道之華요 而愚之始라 是以로 大丈夫는 處其厚요 不居其薄하며 處其實이요 不居其華니라 故로 去彼取此하니라

1) (以)〔不〕: 저본에는 '以'로 되어 있으나, ≪韓非子≫ 〈解老〉, 嚴遵의 ≪老子指歸≫, 傅奕本, 范應元本에는 '不'로 되어 있다. 王弼本의 경우 '以'와 '不' 가운데 어느 것이 맞느냐는 불확정적인데, 바그너는 注38.2에서 "故能有德而無不爲 不求而得 不爲而成"이라 하였으니 '無不爲'로 보는 것이 맞다고 주장한다. 이렇게 보면 王弼의 논리는 上德은 無爲-無不爲, 下德은 爲之-無以爲라는 틀에서 下德을 위계적으로 구분하여 仁-無以爲, 義-有以爲 식 으로 이해할 수 있다. 논리적으로 명쾌한 해명이므로 이를 따른다.

2) (有)〔無〕: 저본에는 '有'로 되어 있으나, 傅奕本, 范應元本에는 '無'로 되어 있고, 帛書本에 는 이 부분 전체가 없다. 바그너는 注38.2에서 王弼이 먼저 크게 上德과 下德으로 大別하 고, 이어서 下德을 位階的으로 논하는데 上仁에 대해 '無以爲'라고 말하고 있기에 이 부분 은 마땅히 '無以爲'가 되어야 한다고 본다. 만약 下德을 '有以爲'라 한다면 上仁에 대해 '無 以爲'라 한 것이 설명되지 않는다. 또한 注文에서 이 문장에 뒤이어 바로 '無以爲者 無所偏 爲也'라고 '無以爲'의 뜻을 설명한 것을 보아도 문장의 맥락상으로 '無以爲'가 되어야 한다. 바그너의 설에 따라 '無'로 수정한다.

낮은 德을 지닌 사람은 그 덕을 잃지 않으려 하니 이 때문에 덕이 없다. 높은 덕 을 지닌 사람은 함이 없으나 하지 못하는 게 없고, 낮은 덕을 지닌 사람은 무언가 를 하나 무엇을 가지고 함이 없다. 높은 仁을 지닌 사람은 무언가를 하나 무엇을 가지고 함이 없으며, 높은 義를 지닌 사람은 무언가를 하나 무엇을 가지고 함이 있 으며, 높은 禮를 지닌 사람은 무언가를 하는데 〈사람들이〉 그에 응하지 않으면 팔 을 걷어붙이고 사람을 잡아당겨 〈억지로〉 한다. 그러므로 道를 잃은 후에 덕이요, 덕을 잃은 후에 인이요, 인을 잃은 후에 의요, 의를 잃은 후에 예이다.

무릇 예란 진실함〔忠〕과 믿음〔信〕이 얇으니 어지러움의 머리이고, 미리 안다는 것

은 도의 〈허황된〉 꽃이요 어리석음의 시작이다. 이 때문에 大丈夫는 그 두터운 곳에 처하지 얇은 데에 머물지 않으며, 실질적인 것에 처하지 그 〈허황된〉 꽃에 머물지 않는다. 이 때문에 저것을 버리고 이것을 취한다.

【注】德者는 得也라 常得而無喪하고 利而無害라 故以德爲名焉이라 何以得德잇가 由乎道也요 何以盡德잇가 以無爲用이니 以無爲用하면 則莫不載也라 故物은 無焉하면 則無物不經이요 有焉하면 則不足以(免)〔全〕[1]其生이라 是以로 天地雖廣이나 以無爲心하고 聖王雖大나 以虛爲主라 故曰 以復而視하면 則天地之心이 見하고 至日而思之하면 則先王之至[2]가 覩也라 故滅其私하여 而無其身이면 則四海莫不瞻하고 遠近莫不至로되 殊其已하여 而有其心이면 則一體라도 不能自全하고 肌骨이 不能相容하니라

1) (免)〔全〕: 저본에는 '免'으로 되어 있다. 樓宇烈은 그대로 수용하나 바그너는 '全'으로 바꾸어야 한다고 주장한다. 바그너는 이 부분의 해석이 상당히 어렵다고 전제하면서, 다음과 같은 근거를 든다. 《周易》 '復卦'〈象傳〉의 "복괘에서 천지의 마음이 드러난다.〔復 其見天地之心乎〕"고 한 부분에 왕필은 이렇게 주석한다. "그런즉 하늘과 땅이 비록 커서 온갖 생명체로 가득하여 우레가 치고 바람이 부는 데에 따라 온갖 자연의 변화가 일어난다 해도, 고요히 無의 상태에 이르는 것이 天地의 근본 상태라 할 수 있다. 그러므로 〈이 괘의 上卦와 下卦 즉 움직임을 나타내는 辰卦(☳)와 땅을 나타내는 坤卦(☷)로 이루어진 卦象이 보여주듯이〉 자연의 변화가 땅속에서 멈출 때 바로 天地의 마음이 드러나는 것이다. 만약 天地가 有를 마음으로 삼는다면 부류가 다른 것이 함께 공존할 수 없게 될 것이다.〔然則天地雖大 富有萬物 雷動風行 運化萬變 寂然至無是其本矣 故動息地中 乃天地之心見也 若其以有爲心 則異類未獲具存矣〕" 여기에서 道 자체가 언급되어 있지는 않지만 도가 만물을 온전하게 지켜줄 수 있다고 하는 사고가 드러나는데, 이와 유사하게 注40.3의 '將欲全有 必反於無也', 注45.6의 '靜則全物之眞' 등에서도 그러하다. 바그너는 이를 근거로 '免'을 '全'으로 교감하는데 여기서는 이를 따른다.

2) 至 : 張之象本에는 '至'가 '主'로 되어 있는데, 바그너는 '主'가 맞다고 보았다. 至로 보면 '선왕의 지극함'의 뜻이고 主로 보면 '선왕께서 지켰던 원칙'의 의미가 된다. 어느 것을 택하더라도 크게 무리가 없으므로 바그너의 의견은 참고로 소개한다.

德이란 것은 '얻음'이다. 늘 얻어 잃음이 없고, 늘 이로워 해를 당하지 않는다. 그래서 '덕'으로 이름한 것이다. '덕'은 어떻게 얻어지는가? 도를 말미암아서이다. 어떻게 그 덕을 다하는가? '無'를 그 쓰임으로 삼아서이다. 無를 쓰임으로 삼으면 싣지 못하는 게 없다. 이 때문에 어떤 사물이 無의 상태이면 경유하지 못하는 것이 없고, 有의 상태이면

生을 온전히 할 수 없다. 이 때문에 天地는 비록 넓어도 無를 마음으로 삼고, 聖王은 비록 위대하나 虛를 기본원칙으로 삼는다.

그래서 《周易》에서 "復卦를 가지고 보면 天地의 마음이 드러나고", "동짓날에 〈이르러 이에 대해〉 생각하면 先王의 기본원칙이 보인다."고 했다.

그러므로 〈군주가〉 자신의 사사로움을 버리고서 제 몸이 없는 〈경지에〉 있게 되면 四海〈안의 모든 백성들이〉 존경하지 않음이 없고, 멀고 가까운 곳의 〈사람들이 그에게〉 이르지 않음이 없다. 그러나 〈이와 달리〉 자신을 남과 다르게 하고서 제 〈사사로운〉 마음을 갖게 되면 한 몸뚱이조차 스스로 온전히 할 수 없고 〈몸 안의〉 살과 뼈마저 서로 용납할 수 없어 〈다투게〉 된다.

【注】是以로 上德之人은 唯道是用하니 不德其德하고 無執無用이라 故能有德而無不爲하니 不求而得하고 不爲而成이라 故雖有德이나 而無德名也라 下德은 求而得之하고 爲而成之하니 則立善以治物이라 故德名이 有焉이라 求而得之하면 必有失焉하고 爲而成之하면 必有敗焉하며 善名生이면 則有不善應焉이라 故下德爲之而 (有)〔無〕[1]以爲也라하니라 無以爲者는 無所偏爲也라 凡不能無爲하여 而爲之者는 皆下德也니 仁義禮節이 是也라 將明德之上下하여 輒擧下德으로 以對上德하니라 至于無以爲는 極下德(下)[2]之量이니 上仁이 是也라 足及於無以爲로되 而猶爲之焉하니 爲之而無以爲라 故有(爲)〔有〕爲之患[3]矣라 本在無爲하고 母在無名한대 (棄本捨母而適其子)〔棄本而適其末하고 舍母而用其子〕[4]하니 功雖大焉이나 必有不濟요 名雖美焉이나 僞亦必生하리니 不能不爲而成하고 不興而治하면 則乃爲之라 故有弘普博施仁愛之者요 而愛之無所偏私라 故上仁爲之而無以爲也라 愛는 不能兼이면 則有抑抗正(眞)〔直〕[5]而義理之者니 忿枉祐直하고 助彼攻此하니 物事而有以心爲矣라 故上義爲之而有以爲也라 直不能篤이면 則有(游)〔斿〕[6]飾修文〔而〕[7]禮敬之者니 尙好修敬하고 校責往來면 則不對之間忿怒生焉이라 故上禮爲之而莫之應이면 則攘臂而扔之라 夫大之極也는 其唯道乎인저 自此已往은 豈足尊哉리오 故雖德盛業大하고 富(而)[8]有萬物이나 猶各(得)〔有〕[9]其德하여 而未能自周也[10]라 故天不能爲載하고 地不能爲覆하고 人不能爲瞻하니라 萬物雖貴나 以無爲用이니 不能(捨)〔至〕[11]無以爲體也라 不能(捨)〔至〕無以爲體면 則失其爲大矣니 所謂失道而後德也라 以無爲用하면 〔則〕(德)〔得〕[12]其母라 故能己不勞焉而物無不理니라 下此已往은 則

失用之母니 不能無爲而貴博施하고 不能博施而貴正直하며 不能正直而貴節敬하니 所謂失德而後仁하고 失仁而後義하고 失義而後禮也라 夫禮也는 所始首於忠信不篤[13]하고 通簡不(陽)〔暢〕[14]이러니 責備於表하고 機微爭制하니라 夫仁義發於內어늘 爲之猶僞하니 況務外飾而可久乎리오 故夫禮者는 忠信之薄而亂之首也라하니라

1) (有)〔無〕: 저본에는 '有'로 되어 있으나, 范應元本, 李善本에는 '無'로 되어 있다. 앞의 經38.2의 역주 2)에서 설명한 바와 같이 바그너의 설에 따라 '無'로 바로잡는다.

2) (下): 저본에는 '下'가 있으나 衍文으로 처리하였다.

3) 有(爲)〔有〕爲之患: 저본에는 '有爲爲之患'이라 되어 있으나, 樓宇烈과 바그너 모두 '有有爲之患'의 잘못이라 보았다. 또한 中國科學院에서 펴낸 ≪中國歷代哲學文選≫〈兩漢隨唐編〉에서도 이를 '有有爲之患'의 잘못이라 지적하였다. 이에 의거하여 바로잡는다.

4) (棄本捨母而適其子)〔棄本而適其末 舍母而用其子〕: 저본에는 '棄本捨母而適其子'로 되어 있으나, 陶鴻慶은 이 부분을 이와 같이 바꾸어야 한다고 주장하였다. 王弼이 本末, 母子의 관계를 통해 설명하는 논리를 구사하는 것으로 본다면 '捨母而適其子'는 분명하지만 '棄本'은 문장상의 짝이 맞지 않는다. 樓宇烈은 陶鴻慶의 설을 소개하지만 따르지 않고, 바그너는 이를 채택한다. 여기서는 陶鴻慶의 설에 따라 바꾸었다.

5) (眞)〔直〕: 저본에는 '直'이 '眞'으로 되어 있으나 道藏集注本에 '直'으로 되어 있고, 아래 注文에도 '忿枉祐直'이라 하였으므로 '直'으로 바로잡는다.

6) (游)〔斿〕: 저본에는 '游'로 되어 있으나, 바그너는 陸德明의 ≪經典釋文≫과 張之象本에 의거하여 '斿'로 보았다. 여기서는 의미상 '꾸미다, 장식하다'는 뜻이 와야 하므로 이를 따라 '斿'로 바로잡는다.

7) 〔而〕: 저본에는 '而'가 없으나, '修文禮敬之'는 바로 앞의 '正直而義理'와 짝을 이루는 문장이므로 '修文而禮敬之'가 맞다는 바그너의 주장에 따라 '而'를 보충하였다.

8) (而): 저본에는 '而'가 있으나 道藏集注本에 의거하여 衍文으로 처리하였다.

9) (得)〔有〕: 저본에는 '得'으로 되어 있으나 道藏集注本, 張之象本에 '有'로 되어 있는 것을 따른다.

10) 雖德盛業大……而未能自周也: ≪周易≫〈繫辭傳 上〉의 "성대한 德業이 지극하도다. 너르고 크게 다 갖추어짐을 大業이라 하고, 날로 새로워짐을 盛德이라 한다.〔盛德大業至矣哉 富有之謂大業 日新之謂盛德〕"고 한 데에서 온 말이다.

11) (捨)〔至〕: 저본에는 '捨'로 되어 있으나, ≪周易≫〈繫辭傳 上〉의 "만물을 고동시키되 성인과 더불어 같이 근심하지 않는다.〔鼓萬物而不與聖人同憂〕"는 부분에 대한 韓康伯의 注에서 "성인은 비록 도를 체득하여 用으로 삼지만 아직 無를 온전히 體로 삼는 데에는 이르지 못하였다. 이 때문에 천하에 따르고 통하니 〈도와 달리〉 경영의 흔적이 남게 된다.〔聖人雖體道以爲用 未能至無以爲體 故順通天下 則有經營之跡也〕"를 근거로 한다면 '至'로 바꾸는 것이 타당하다. 바그너는 여기에서 더 나아가 '至'를 '全'으로 보아야 한다고

주장하는데, 의미상으로는 같은 주장이다. 아래도 같다.

12) 〔則〕(德)〔得〕: 저본에는 '德'이라 되어 있으나, 樓宇烈은 道藏集注本에 의거하여 '則'을 보충하고 문장의 의미에 맞게 '德'을 '得'으로 바꾸었는데 이를 따른다.

13) 夫禮也 所始首於忠信不篤 : 波多野太郎은 '也'를 '之'로 바꿀 것을 주장하였으나, 그대로 두어도 무리는 없어 보인다. 바그너는 服部南郭을 따라서 '夫禮之所始首忠信不篤'으로 바꿀 것을 주장하였는데 참고할 만하다.

14) (陽)〔暢〕: 저본에는 '陽'으로 되어 있으나, 道藏集注本에 따라 '暢'으로 바로잡는다.

이 때문에 높은 德을 지닌 사람은 오로지 道를 쓴다. 자신의 덕을 덕이라 여기지 않고, 〈어떤 원칙에〉 집착함도 없고 〈어떤 것만을〉 쓰려고 함도 없다. 그래서 덕이 있고 하지 못하는 것이 없을 수 있으니, 구하지 않아도 얻고 하지 않아도 이루어낸다. 그래서 〈높은 덕은〉 비록 덕이 있으나 그 덕의 이름이 없다. 〈이와 달리〉 낮은 덕은 구해야 얻고 해야 이루어내니, 〈이것은〉 곧 〈일정한〉 善을 세워 만물을 다스리는 것이다. 그래서 덕의 이름이 있게 된다. 구해야 그것을 얻는다면 반드시 거기에는 잃는 게 있고, 해야 이룬다면 반드시 거기에는 실패가 있게 되며, 善의 이름이 생겨나면 不善이 그에 응하여 〈생겨난다.〉 그래서 "낮은 덕을 〈지닌 사람은〉 무언가를 하나 무엇을 가지고 함이 없다."고 했다. '무엇을 가지고 함이 없다.'는 것은 치우치게 하는 바가 없다는 뜻이다.

무릇 無爲를 할 수 없어서 무언가를 하는 것은 모두가 낮은 덕에 해당하니 仁과 義, 禮節이 이것이다. 〈이는〉 덕의 높고 낮음을 밝히려고 번번이 낮은 덕을 들어 높은 덕에 대비시킨 것이다. '무엇을 가지고 함이 없는' 데에 이르는 것은 낮은 덕의 역량을 다한 것이니 높은 仁이 이에 해당한다. 〈높은 인은〉 무엇을 가지고 함이 없는 데에는 충분히 도달할 수 있지만 그럼에도 오히려 무언가를 하니, 무언가를 하되 무엇을 가지고 함이 없는 까닭에 有爲의 우환이 있다. 근본은 無爲에 있고, 어미는 無名에 있는데, 〈높은 인의 경우〉 근본을 버리고 말단으로 나아갔고, 어미를 버리고 자식을 쓰니, 공이 비록 커도 반드시 다스리지 못하는 게 있고, 이름이 비록 아름다워도 반드시 거짓이 생겨날 것이다. 무언가를 하지 않고서는 이룰 수 없고 일으켜 세우지 않고서는 다스릴 수 없으면 곧 무언가를 하게 되기 때문에 두루두루 널리 仁愛를 베풂이 있게 된다. 하지만 그 사랑에 치우침이나 사사로움이 없기 때문에 높은 인을 지닌 사람은 무언가를 하나 무엇을 가지고 함이 없는 것이다.

사랑은 모두에게 똑같이 할 수 없으면 어느 쪽은 누르고 어느 쪽은 막으면서 正直을 義理로 따지는 사람이 나오니, 〈이런 사람들은〉 구부러진 것에는 성내고 바른 것은 도와 저것은 도와주고 이것은 공격하니 일에나 사람에 대해 〈일정한〉 마음을 가지고 하는 것이다. 그래서 높은 의를 지닌 사람은 무언가를 하나 무엇을 가지고 함이 있는 것이다. 곧음이 돈독하지 못하면 文飾을 잘 꾸미고 닦아 禮敬을 갖춘 사람이 나오니, 〈이런 사람은〉 예경을 닦는 것을 숭상하고 좋아하며 관계 맺음의 사소한 것까지 따지면 서로 맞지 않는 사이에는 분노의 감정이 생겨난다. 그래서 높은 예를 지닌 사람은 무언가를 하는데 〈사람들이〉 그에 응하지 않으면 팔을 걷어붙이고 〈사람을〉 잡아당겨 〈억지로〉 하는 것이다.

저 지극히 큰 것은 아마도 道뿐일 것이다. 이로부터 이미 나아간 것이 어찌 존경받을 수 있겠는가! 그래서 〈≪周易≫〈繫辭傳〉에서 聖人에 대해 말하였듯이〉 비록 德業이 盛大하고 萬物을 다 갖추었으나 오히려 각자 저마다의 덕을 갖고 있어 아직 두루 다 포괄할 수는 없다. 그래서 하늘은 〈땅이 하는 만물을〉 싣는 일을 할 수 없고, 땅은 〈하늘이 하는 만물을〉 덮어주는 일을 할 수 없고, 〈천하를 다스리는〉 사람은 〈만물 모두를〉 풍족하게 할 수는 없다. 만물은 비록 귀하나 無를 쓰임으로 삼는 것이니, 無를 온전히 體로 삼는 데에는 이르지 못하였다. 無를 온전히 체로 삼는 데에 이르지 못하면 그 위대함을 잃으니, 이른바 '도를 잃은 후에 덕'이라는 것이다. 無를 쓰임으로 삼으면 어미를 얻기 때문에 몸소 수고하지 않아도 만물이 다스려지지 않음이 없다. 이 이하로 나아가면 쓰임의 어미를 잃으니 무위할 수 없어 널리 베푸는 것을 귀히 여기고, 널리 베풀 수 없어 바르고 곧음〔正直〕을 귀히 여기고, 바르고 곧게 할 수 없으니 꾸미고 공경함을 귀히 여기게 되니, 이른바 '덕을 잃은 후에 仁이고, 인을 잃은 후에 義이고, 의를 잃은 후에 禮다.'라는 것이다.

저 禮는 진실함과 믿음이 돈독하지 못하고 소통과 쉬움이 분명하지 않은 데서 시작되니 겉꾸밈만 따지고 갖추며 하찮은 것을 가지고 싸우고 나뉜다. 저 仁義란 안에서 우러나오는 것인데 이를 〈일부러 하려고〉 하면 오히려 거짓이 되니, 하물며 바깥을 꾸미는 일에 힘을 쓰는데 오래갈 수 있겠는가! 그래서 "무릇 예란 진실함과 믿음이 얇으니 어지러움의 머리이다."라고 한 것이다.

【注】前識者는 前人而識也니 卽下德之倫也라 竭其聰明以爲前識하고 役其智力以營庶事하니 雖(德)〔得〕[1]其情이나 姦巧彌密하며 雖豐其譽하나 愈喪篤實하니 勞而事昏하고 務而治(薉)〔穢〕[2]하니 雖竭聖智하나 而民愈害하니라 舍己任物하면 則無爲而泰하고 守夫素樸하면 則不須典制하니 (聽)〔耽〕[3]彼所獲하여 棄此所守라 〔故 前〕[4]識者는 道之華而愚之首라 故苟得其爲功之母면 則萬物作焉而不辭也요 萬事存

焉而不勞也니라 用不以形하고 御不以名이라 故仁義可顯하고 禮敬可彰也라 夫載之
以大道하고 鎭之以無名하면 則物無所尙이요 志無所營하니 各任其(貞)〔眞〕⁵⁾事에
用其誠하리니 則仁德厚焉이요 行義正焉이요 禮敬淸焉이니라 棄其所載하고 舍其所
生하며 用其成形하고 役其聰明하면 仁則(誠)〔尙〕⁶⁾焉이요 義(其)〔則〕⁷⁾競焉이요 禮
(其)〔則〕爭焉이라 故仁德之厚는 非用仁之所能也요 行義之正은 非用義之所成
也요 禮敬之淸은 非用禮之所濟也라 載之以道하고 統之以母라 故顯之而無所尙하고
彰之而無所競이라 用夫無名이라 故名以篤焉하고 用夫無形이라 故形以成焉이라 守
母以存其子하고 崇本以擧其末하면 則形名俱有而邪不生하고 大美配天而華不
作이라 故母는 不可遠이요 本은 不可失이라 仁義는 母之所生이니 非可以爲母요 形
器는 匠之所成이니 非可以爲匠也라 捨其母而用其子하고 棄其本而適其末하면 名
則有所分하고 形則有所止하리니 雖極其大나 必有不周하고 雖盛其美나 必有患憂리니
功在爲之라도 豈足處也리오

1) (德)〔得〕: 저본에는 '德'으로 되어 있으나, 道藏集注本에 의거하여 '得'으로 바로잡는다.
2) (蔵)〔穢〕: 저본에는 '蔵'로 되어 있으나, 陸德明의 ≪經典釋文≫에 의거하여 '穢'로 바로잡는다.
3) (聽)〔耽〕: 저본에는 '聽'으로 되어 있으나, 陸德明의 ≪經典釋文≫에 의거하여 '耽'으로 바로잡는다.
4) 〔故 前〕: 저본에는 없으나, 樓宇烈이 東條弘의 설에 따라 보충한 것에 의거하여 '故前' 두 글자를 보충하였다.
5) (貞)〔眞〕: 저본에는 '貞'으로 되어 있으나, 宇惠·東條弘·波多野太郎·바그너 등은 '眞'으로 교감하였다. 하지만 樓宇烈은 經39.2의 "王侯得一以爲天下貞"을 근거로 '貞事'로 볼 것을 주장하였다. 여기서는 우혜 등의 설에 따라 '眞'으로 교감하였다.
6) (誠)〔尙〕: 저본에는 '誠'으로 되어 있으나, 樓宇烈이 앞의 '物無所尙'에 근거하여 '尙'으로 바로잡은 것을 따른다.
7) (其)〔則〕: 저본에는 '其'로 되어 있으나, 樓宇烈이 앞뒤 문장에 근거하여 '則'으로 바로잡았는데 이를 따른다. 아래도 같다.

前識은 남보다 먼저 아는 것이니 곧 낮은 덕의 부류이다. 자신의 총명함을 다해 남보다 먼저 알려 하고, 자신의 智力을 써서 사소한 일까지 헤아리고자 하니, 비록 실정을 파악해도 간교함이 더 치밀해지고 비록 칭송하는 소리가 가득해도 돈독함과 실효성이 더 사라지니, 수고해도 일처리는 혼란스럽고 힘써서 해도 다스림은 거칠어지니, 聖智를 다해도 백성들은 오히려 더 해롭다 여긴다. 자기를 버리고 사물〈그 자체에〉맡기면 無

爲해도 평안하고, 저 소박함을 지키면 전장제도가 필요치 않으니 저 〈미리〉 얻은 것에 사로잡혀 이 지켜야 할 것을 버린다. 그래서 '미리 안다는 것은 도의 〈허황된〉 꽃이요 어리석음의 시작'인 것이다.

그래서 진실로 공을 이루는 어미를 얻으면 만물이 그에 의해 자라지만 잔소리 않고, 만사가 그에 의해 보존되지만 수고롭지 않다. 〈사람을〉 쓸 때 그의 형체[形]로 하지 않고 〈사람을〉 부리되 그의 이름[名]으로 하지 않기 때문에 仁義를 드러낼 수 있고 禮敬을 빛나게 할 수 있다. 무릇 〈만물을〉 실을 때에는 큰 도로 하고 〈≪노자≫ 37.3에서 말하듯이 만물을〉 진압할 때에는 無名으로 하면, 사람들이 숭상할 것이 없고 야심 있는 사람들이 바빠질 까닭이 없다. 각자에게 합당한 일을 맡기고 저마다 성실함을 다하면 仁德이 후해지고 義를 행함이 바로잡히고 예경이 맑게 된다. 실어야 할 것을 버리고 살려야 할 것을 버리며 이미 자신의 완성된 형체를 쓰고 자신의 총명함을 쓰면 仁은 숭상의 대상이 되고 義는 경쟁의 대상이 되고 禮는 다툼의 대상이 된다. 그러므로 인덕의 후함은 인을 써서 할 수 있는 게 아니요, 의를 행하는 바름은 의를 써서 이룰 수 있는 게 아니요, 예경의 맑음은 예를 써서 다스릴 수 있는 게 아니다. 〈만물을〉 실을 때에 도로 하고 〈만물을〉 통솔할 때에 어미로 하기 때문에 드러나도 숭상할 게 없고, 빛나도 다툴 게 없는 것이다.

저 無名을 쓰기 때문에 이름이 돈독해지고 저 無形을 쓰기 때문에 형체가 이루어진다. 어미를 지켜 자식을 보존하고 근본을 숭상하여 말단을 받들면 形名이 함께 갖추어져 사특함이 생겨나지 않고, 큰 아름다움이 하늘에 짝하여 〈허황된〉 꽃이 피지 않는다. 그래서 어미는 멀리해서는 안 되고 근본은 잃어서는 안 된다. 인의는 어미가 낳은 것이니 어미가 될 수 없고, 그릇은 匠人이 만든 것이니 〈그릇 그 자체가〉 장인이 될 수 없다. 어미를 버리고 자식을 쓰며 근본을 버리고 말단으로 나아가면, 이름에 나뉨이 생기고 형체에 그침이 있게 될 것이니, 그 큼을 끝까지 다해도 반드시 두루 다 하지 못하는 게 있고 그 아름다움을 융성히 해도 반드시 우환이 있게 되니, 공이 무언가를 하는 데에 있다 해도 어찌 처할 만하겠는가.

제39장

數的 상징으로서 '하나(one)' 또는 '하나됨(oneness)'은 道를 나타낸다. 도의 하나 됨은 하늘과 땅 그리고 인간 사회의 영역 – 여기에는 신령(spirits)의 영역까지 포 함된다. – 을 통합시켜준다. 이것은 이들 세 영역을 통일시키는 포용적 패턴으로서 도를 말하는 제25장과 共鳴한다.

둘째 부분은 말하는 의미가 아마도 이들 세 영역이 도의 패턴으로 통합되기 때문 에 – 그리고 그것들은 도가의 역설의 규칙(the Daoist rule of the paradox)을 따르 기 때문에 – 이들 세 영역은 그들이 하는 대로 기능할 뿐이라는 의미인 듯하다. 이것 은 특히 제6장에서 말하듯이 계곡이 비었음으로 인하여 만물이 자라날 수 있게 하는 것과 마찬가지이다. 정치적 군주가 비천한 용어들을 사용하여 스스로를 가리키는 것 (즉 '홀로 된 사람〔孤〕', '버려진 사람〔寡〕', '가진 게 없는 사람〔不穀〕'이란 말은 고대 중국에서 군주들이 실제로 자신을 지칭하는 말이었다.)은 바로 자신들이 비어 있음 – 다른 사람을 희생시켜 자신의 족친에만 편애하도록 만드는 사회적 유대가 없으며(the lack of social bonds) – 또한 자신을 얽어매는 개인적 재산이 없음을 말하는 것이었다. 오 로지 '비어 있음'으로 해서만 군주는 도를 드러낼 수 있고 또한 이렇게 하여 최고의 통치자가 되는 자격을 획득하게 되는 것이다. 이렇게 가장 낮은 것을 가장 높은 것 으로 바꾸어주는 역설적인 顚倒의 규칙은 그들 지위의 토대가 된다.

마지막 부분은 도가적 군주는 스스로를 드러내지 않는다는 것과 자신의 통치 방 식을 부드러움(여성성)과 동일시하지 딱딱함(남성성)과 동일시하지 않음을 다시 한 번 진술하고 있다.

39.1 昔之得一者는

옛날 하나를 얻은 것은,

【注】昔은 始也요 一은 數之始而物之極也니 各是一物之(生)[1]所以爲主也라 物

(皆)²⁾各得此一以成이로되 旣成而舍〔一〕³⁾以居成하니 居成則失其母라 故皆裂發歇竭滅蹶也라

1) (生) : 저본에는 '生'이 있으나, 바그너는 ≪世說新語≫ 〈言語〉의 劉孝標 注에 근거하여 '生'을 衍文으로 처리하였는데, 이를 따른다.
2) (皆) : 저본에는 '皆'가 있으나, 문맥이 자연스럽지 않아, 道藏集注本에 근거하여 '皆'를 衍文으로 처리하였다.
3) 〔一〕 : 저본에는 없으나, 樓宇烈이 道藏集注本에 근거하여 보충하였는데 이를 따른다.

昔은 처음이다. 〈≪노자≫가 말하는〉 하나는 數의 시작이자 사물의 궁극이다. 이 하나는 〈아래에서 논의되는 天·地·神·谷과 같은〉 각각의 物이 주인으로 여기는 것이다. 〈이와 같은〉 物은 각각 이 하나를 얻어 완성되는데 이미 완성되면 이 하나를 버리고서 그 완성된 것에 머무른다. 완성된 것에 머무르면 저들을 〈낳아준〉 어미를 잃게 된다. 그러므로 모두 찢어지고 꺼지고 다하고 말라버리고 없어지고 넘어지는 것이다.

39.2 天得一以淸하고 地得一以寧하고 神得一以靈하고 谷得一以盈하고 萬物得一以生¹⁾하고 侯王得一以爲天下貞하나니 其致之〔一也〕²⁾니라

1) 萬物得一以生 : 帛書本에는 이 구절이 없다.
2) 〔一也〕 : 저본에는 없으나, 바그너는 王弼의 注와 帛書 甲本에 의거하여 '一也'를 보충하였는데 논리적 맥락이 분명하므로 이를 따른다.

하늘은 하나를 얻어 맑아지고, 땅은 하나를 얻어 안정되고, 신령은 하나를 얻어 영험해지고, 계곡은 하나를 얻어 가득 차고, 만물은 하나를 얻어 생장하고, 侯王은 하나를 얻어 천하가 바르게 되니,〈하늘·땅·신령·계곡이 이러한 상태에〉 이르게 되는 것은 바로 '하나'를 〈얻어서〉이다.

【注】各以其一로 致此淸寧靈盈生貞하니라

〈하늘·땅·신령·계곡이〉 각각 그 하나로 이와 같은 맑아지고, 안정되고, 영험해지고, 가득 차고, 생장하고, 바르게 됨에 이른다는 뜻이다.

39.3 天無以淸이면 將恐裂이요

하늘이 〈이 하나〉로써 맑게 됨이 없으면 장차 찢어질까 두렵고,

【注】 用一以致淸耳요 非用淸以淸也라 守一則淸不失이나 用淸則恐裂也라 故爲功之母不可舍也라 是以皆無用其功이면 恐喪其本也하니라

　하나를 써서 맑음에 이를 뿐이지 맑음을 써서 맑게 되는 게 아니다. 하나를 지키면 맑음을 잃지 않지만 맑음을 쓰면 찢어질까 두려워하게 된다. 그래서 공을 이루는 어미를 버릴 수 없다. 이러한 까닭에 모두 그 〈어미의〉 공적을 쓰지 않으면 그 근본을 잃을까 두려운 것이다.

39.4 **地無以寧**이면 **將恐發**이요 **神無以靈**이면 **將恐歇**이요 **谷無以盈**이면 **將恐竭**이요 **萬物**이 **無以生**이면 **將恐滅**[1]이요 **侯王**이 **無以貴高**[2]면 **將恐蹶**이라 **故貴以賤爲本**하고 **高以下爲基**[3]라 **是以侯王**이 **自謂孤寡不穀**이라하니 **此非以賤爲本耶**[4]아 **非乎**아 **故致數**(삭)**譽**면 **無譽**니 **不欲琭琭如**[5]**玉**하고 **珞珞如石**하니라

　1) 萬物……將恐滅 : 帛書本에는 이 부분이 없다.
　2) 無以貴高 : 바그너는 帛書本에 근거하여 '無以爲貞而貴高'라 하였으나 따르지는 않는다. 다만 바그너의 교감을 따르면 이 구절이 經39.2의 '天下貞'과 호응한다는 것은 분명하니 참고할 만하다.
　3) 貴以賤爲本 高以下爲基 : ≪淮南子≫ 〈道應訓〉에서는 이 부분을 狐丘丈人과 孫叔敖의 이야기를 통해 설명하는데, 비슷한 이야기가 ≪韓詩外傳≫, ≪說苑≫ 〈敬愼〉, ≪列子≫ 〈說符〉 등에도 나온다. ≪淮南子≫에서 狐丘丈人은 작위가 높고, 관직이 크고, 봉록이 많아지면 질투, 미움, 원망이 커진다고 경계를 시킨다. 그러자 孫叔敖는 스스로 더 낮추고 더 겸손히 하고 더 베풀겠다고 답한다. 이 이야기를 소개하며 ≪노자≫의 이 구절을 인용한다.
　4) 此非以賤爲本耶 : 바그너는 帛書本에 근거하여 '是其以賤爲本也'로 바꾸었다. 의미상으로 차이가 없으므로 따르지는 않고 참고만 한다.
　5) 如 : 바그너는 傅奕本에 의거하여 '若'으로 바꾸고 있으나 의미 차이가 없어 참고만 한다.

　땅이 〈이 하나〉로써 안정됨이 없으면 장차 꺼질까 두렵고, 신령이 〈이 하나〉로써 영험함이 없으면 장차 그 영험이 다할까 두렵고, 계곡이 〈이 하나〉로써 가득 참이 없으면 장차 〈계곡의 물이〉 말라버릴까 두렵고, 만물이 〈이 하나〉로써 생겨남이 없으면 장차 없어질까 두렵고, 侯王이 〈이 하나〉로써 고귀해짐이 없으면 장차 넘어질까 두렵다.

　그러므로 귀함은 천함을 근본으로 삼고, 높임은 낮춤을 기반으로 삼는다. 이런 까

닭에 후왕이 스스로를 일컬어 외로운 자〔孤〕, 버려진 자〔寡〕, 가진 게 없는 자〔不穀〕라고 하니, 이것이야말로 천함을 근본으로 삼는 것이 아니겠는가! 그렇지 않은가? 그러므로 자주 〈스스로를〉 명예롭게 하면 〈오히려〉 명예가 없어지니 寶玉처럼 반짝반짝 빛나거나 돌처럼 거칠게 〈그 빛을 그 안에 갈무리하여〉 드러내고자 하지 않는 것이다.

【注】 淸不能爲淸이요 盈不能爲盈이니 皆有其母하여 以存其形이라 故淸不足貴하고 盈不足多하니 貴在其母나 而母無貴形이라 貴乃以賤爲本하고 高乃以下爲基라 故致數譽는 乃無譽也라 玉石琭琭珞珞은 體盡於形이라 故不欲也라

맑음이 〈스스로〉 맑게 할 수 없고 가득 참이 〈스스로〉 가득 차게 할 수 없으니 모두 그 어미가 있어 그 형체를 보존하게 된다. 그러므로 맑음 〈그 자체는〉 귀하게 여길 만하지 못하고, 가득 참 〈그 자체는〉 많다고 여기기에 부족하니, 귀함은 그 어미에게 있으나 어미는 형체를 귀하게 여김이 없다. 〈이렇게 볼 때〉 귀함은 천함을 근본으로 삼고 높임은 낮춤을 기반으로 삼는다. 그러므로 자주 〈스스로를〉 명예롭게 하는 것은 이내 명예가 없어지는 법이다. 옥의 반짝거림과 돌의 거침은 그 몸뚱이가 형체에서 〈드러나는 것으로〉 다할 뿐이다. 따라서 욕심내지 않는다.

제40장

　제40장은 뒤의 제42장과 연결된다. 제40장은 ≪道德經≫에서 가장 짧은 장이지만 가장 잘 알려진 장이면서 철학적으로 가장 중요한 장이기도 하다. 크게 보면 이 장은 道의 운동과 작용 그리고 萬物의 기원과 관련하여 有無에 관해 언급하는 내용이다. 또한 이 부분은 竹簡本에도 나오는 것으로 보아 老子의 사상 가운데 아주 핵심적인 부분으로 여겨진다.

　특히 주목할 것은 기존에 天下萬物은 有에서, 有는 無에서 비롯된다는 명확한 논리가 竹簡本에는 天下萬物이 有와 無에서 동시에 비롯된다고 말하고 있어서 커다란 논쟁을 불러일으켰다. 통상적으로 道는 無와 가깝고 萬物은 有와 가까운 것으로 이해되어 왔는데, 竹簡本에 따르면 유와 무 모두 道에 가까운 것이 된다.

　有와 無는 오늘날 많은 경우 西洋哲學의 存在論的 개념인 存在(being)와 非存在(non-being)의 의미로 이해되고 있는데, 그레이엄(Angus C. Graham)은 이 두 말의 의미가 "……에 있다.(there is)" 혹은 "……에 없다.(there is not)"라는 뜻이 기본 의미라는 점을 상기시킨다. 이로부터 더 나아가서 보다 추상화된 의미를 갖게 되더라도 그 의미는 존재와 비존재의 의미라기보다 '무엇이라고 규정하여 말할 수 있는 것(something)'과 '무엇이라고 규정하여 말할 수 없는 것(nothing 혹은 nothing-ness)'이란 의미로 옮기기도 한다. 이러한 까닭에 최근의 英譯者들은 이를 다른 방식으로 다양하게 옮기고 있는데, 에임스(Roger T. Ames)는 有無를 각각 '규정된 것(the determinate)'과 '규정되지 않은 것(the indeterminate)'으로, 에드먼드 라이덴(Edmund Lyden)은 '있음(being)'과 '없음(beingless)'으로 번역하였다. 이러한 번역어의 흐름은 동양의 전통개념이 어떻게 서양식으로 이해되는지 살피는 데 참고할 만하다.

　또한 ≪老子≫의 유명한 '역전[反]'의 사상 혹은 역설의 논리가 표현된 곳이 이 장인데, 이 '역전'의 사상은 20세기 중국에서는 서양의 헤겔이나 마르크스의 辨證法 사상과 전통철학을 연결하려는 시도에서 매우 중요한 역할을 하였다. 하지만 이 역전의 사상을 변증법으로 이해할 수 있는가 하는 생각은 여전히 토론의 여지가 있다.

　　王弼은 道의 운동과 쓰임에 대한 ≪老子≫의 생각을 그대로 따르지만, 道와 有無
의 관계에서는 우주론적 해석보다 쓰임의 입장에서 그 의미를 이해한다. 즉 有에 대
해 無가 우선성[本]을 갖는다는 것은 無의 有에 대한 우월적 지위를 긍정하는 것이
아니라, 오히려 有의 완전함을 위해 無의 우선성을 강조하는 것이다. 이러한 논리
또한 왕필에게서 늘 반복하여 볼 수 있는 해석의 방식이다.

40.1 反者[1]는 道之動[2]이요

1) 反者 : 帛書本에는 '反也者'로 되어 있고, 竹簡本에는 '反'이 '返'으로 되어 있다. '되돌아간
다'고 풀이한 '反'은 竹簡本에 '返'으로 되어 있는 것처럼 '복귀하다' 혹은 '회복하다[復]'는
의미로 이해되는데, 河上公本에서 "근본으로 되돌아가다.[反本]"라거나 宋의 林希逸이 反
이란 "복귀하다, 고요해진다.[復也 靜也]"라 한 것이 대표적이다. 하지만 ≪呂氏春秋≫〈似
順〉에 의하면, "일이란 대체로 거스르는 것같이 보이지만 실제로는 순조롭고, 대부분 순조
로운 것같이 보이지만 실제로는 거스른다. 누구든 순조로운 것이 거스르는 것이 되고 거스
르는 것이 순조로운 것이 됨을 아는 사람이 있다면 더불어 장래의 변화를 이야기할 만하
다. 〈낮이〉 가장 길 때에 이르면 가장 짧을 때로 되돌아가고 가장 짧을 때에 이르면 가장
길 때로 되돌아가는데 이것이 하늘의 도이다.[事多似倒而順 多似順而倒 有知順之爲倒 倒之
爲順者 則可與言化矣 至長反短 至短反長 天之道也]"라고 하였다. 이는 相反된 것으로 되돌아
감이란 의미를 함축한다. 王弼은 이를 高下・貴賤・有無의 관계를 예로 들어 설명하지만,
실제로는 下・賤・無를 통해 다시금 高・貴・有를 긍정하기 위한 것으로 보인다. 결국 되
돌아감이란 되돌아옴을 의미한다.

2) 道之動 : 帛書本에는 '道之動也'로 되어 있고, 竹簡本에는 '之'가 없다.

되돌아가는 것은 道의 운동이요,

【注】 高以下爲基요 貴以賤爲本이요 有以無爲用이니 此其反也라 動에 皆(知)〔之〕[1]
其所無면 則物通矣라 故曰 反者 道之動也니라

1) (知)〔之〕: 저본에는 '知'로 되어 있으나, 道藏集注本과 張之象本에는 '之'로 되어 있다는
바그너의 설에 따라 바로잡는다.

　　높임은 낮춤을 기반으로 삼고 귀함은 천함을 근본으로 하고 有는 無를 쓰임[用]으로
삼으니, 이렇게 〈서로 상대되는 것이 순환하는 것이 도의〉 되돌아감이다. 움직일 때에
모두 無로 나아가면 만물이 통한다. 이 때문에 "되돌아가는 것은 도의 운동이다."라고
했다.

40.2 弱者¹⁾는 道之用²⁾이니

1) 弱者 : 帛書本, 竹簡本에는 '弱也者'로 되어 있다.
2) 道之用 : 帛書本, 竹簡本에는 '道之用也'로 되어 있다.

〈도의〉 부드러움과 약함은 〈다하지 않는〉 도의 쓰임이다.

【注】柔弱同通이니 **不可窮極**이라

〈도의〉 부드러움과 약함은 〈만물에〉 똑같이 통하니 〈그 쓰임이〉 다할 수 없다.

40.3 天下萬物¹⁾生於有하고 有生於無²⁾니라

1) 天下萬物 : 帛書本, 竹簡本에는 '天下之物'로 되어 있다. 馬敍倫은 ≪老子校詁≫에서 王弼 또한 注에서 '天下之物'이라 했으니 본래 '天下之物'인데 河上公本에 의거하여 後人이 고친 것이라 본다.
2) 生於有 有生於無 : 竹簡本에는 '有'가 없이 '生於有 生於無'로 되어 있다.
　　이 文章은 본래 無 → 有 → 萬物로 생성하는 과정을 새롭게 보는 시각을 제공하는데, 英國의 古文獻學者 알란(Sarah Allan)과 윌리암스(Chrisphine Williams)는, "通行本에 따르면 無는 道에 가깝고, 有는 物(萬物)에 가까운 것으로 보게 되는데, 王弼이 제1장에서 '이 두 가지는 함께 나와서 이름을 달리했다.〔此兩者 同出而異名〕'고 한 문장과 호응하지 않는다. 여기서 有와 無는 모두 道를 가리킨다. 즉 '天下의 萬物은 有와 無 모두에서 생겨난다.'는 제1장의 '此兩者 同出而異名'과도 꼭 맞는다."(≪The GUODIAN LAOZI≫)고 하였는데 참고할 만하다.
　　그런데 王弼처럼 '此兩者 同出而異名'에서 '此兩者'를 有와 無로 보지 않고 '始'와 '母'라고 보는 경우 이러한 논리가 성립되지 않는다. 또 왕필은 注1.3에서 "만물은 지극히 작은 것에서 시작한 뒤에 성장하고 무에서 시작한 뒤에 생장한다.〔萬物始於微而後成 始於無而後生〕"라고 하여 결국 無를 易學의 微로 대체한다. 또 注1.2에서는 "무릇 유는 모두 무에서 시작한다. 따라서 〈만물이〉 아직 형체가 없고 이름이 없는 때가 만물의 시작이 된다.〔凡有皆始於無 故未形無名之時 則爲萬物之始〕"라고 하여 '始'가 '無名之始'임을 확인하고 있다. 여기서 왕필은 有를 온전하게 하기 위해서 無로 되돌아갈 것을 말하지만 실제로는 그 목적이 '유의 온전함〔全有〕'을 확보하기 위한 것이다. 즉 無는 쓰임에 그 초점이 있지 어떤 존재상의 근원의 의미가 약하다.
　　王安石 이래 有無를 독립적인 개념으로 풀이하는 경우가 있으나 김홍경은 ≪노자≫에서 무의 실체성을 부정하면서 이렇게 말한다. "나는 '무'가 '도'와 그대로 일치될 수 없으며, 단지 無形性, 無名性과 관련하여 도를 형용하는 말이라고 생각한다. 곧 도는 '무'이지만 무는

도일 수 없다." 그리고 천하의 만물이 유에서 왔고 유는 무에서 왔다는 이 ≪老子≫의 문
장은 앞의 "되돌아가는 것이 도의 운동"이라는 말의 연장에서 이해해야 함을 강조한다. "눈
에 보이는〔有形〕 그리고 이름을 갖고 있는〔有名〕 무엇은 어디에서 왔는가? '되돌아가는 것
이 도의 운동'이라는 원칙에 비추어보면 그것은 눈에 보이지 않고〔無形〕 또 이름도 없는〔無
名〕 것에서 왔을 것이다."라고 설명하는 식으로 보아야 한다는 것이다.

　　洪奭周는 ≪訂老≫에서 이러한 논리를 보다 체계적으로 완비하여 이 문장이 실은 ≪周
易≫의 "한 번은 陰이 되고 한 번은 陽이 되는 것을 일컬어 도라 한다.〔一陰一陽之謂道〕"와
같은 의미로 이해한다. 이처럼 실제로 '有生於無'는 '無로부터의 창조(creatio nihilo)'라는
서구적 관념으로 이해되는 경우는 거의 없다.

天下의 萬物은 有에서 생겨나고 有는 無에서 생겨난다.

【注】天下之物은 皆以有爲生이로되 有之所始는 以無爲本이니 將欲全有면 必反於
無也니라

　　天下의 만물은 모두 有로 해서 생겨나지만 유가 시작되는 곳에서는 無를 근본으로 삼
는다. 장차 有를 온전케 하려면 반드시 無로 되돌아가야 한다.

제41장

첫째 부분은 사람이 道를 다루는 방식에 대해 순위를 매기고 있는데, 이것은 제17장에서 군주에 대해 순위를 매긴 것을 떠오르게 한다. 최악의 군주는 백성들에게 조롱당한다. 하지만 정작 군주는 자신이 이해하지 못한 도를 비웃기만 할 뿐이다.

최상의 군주는 물론 도를 실천한다. 도를 파악하고 실천하기가 어려운 까닭은 둘째 부분이 묘사하는 바와 연결된다. 즉 도가 하는 일과 효과는 역설적이다. 바로 앞의 제40장에서 그리고 제25장에서 묘사하고 있듯이 도의 진행은 逆轉的인 것이다. 예를 들어 사람들을 이끌기 위해 군주는 뒤로 물러서야만 하는 것과 비슷하다.(제7장을 보라.) 물러서는 것이 이끌고 나아가는 것을 의미한다.

제41장의 마지막 부분은 또한 시작과 끝이 중첩되는 진행을 引誘하고 있는 듯하다. 하나의 순환의 끝은 그 다음 순환의 시작이 된다. 적절한 끝맺음은 시작하기에 좋은 곳이다. 시간의 진행이 솔기가 없이 그러하듯이 말이다. 예를 들어 한 계절이 적절한 때에 끝나면 바로 그 다음 계절이 바로 시작하는 것과 같다.

이 장은 또한 ≪노자≫는 물론 도가 일반에 전형적인 수많은 이미지와 특성화를 포함한다. 도는 가물하다고(제1장을 보라.) 말해지며, 덕은 계곡(제6장을 보라.), 그리고 형체가 없고 이름이 없음은 물론 '침묵의 소리(제23장을 보라.)'와 연관되어 도의 範型的 특징이라고 말한다.

41.1 上士聞道에 勤而行之[1]하고

1) 勤而行之:帛書本에는 '勤能行之'로 되어 있고, 竹簡本에는 '勤能行於其中'으로 되어 있다.

뛰어난 선비는 道를 들으면 열심히 행하고,

【注】有志也라

〈그에게〉 뜻이 있다는 의미이다.

41.2 中士聞道에 若存若亡하고 下士聞道에 〔而〕[1] 大笑之하나니 不笑면 不足以 爲道라 故建言에 有之호대

1) 〔而〕 : 저본에는 없으나, 竹簡本, 帛書本에는 '而'가 있다. 또한 앞과 글자수를 맞추어보면 넣는 것이 자연스러워 이를 따른다.

보통의 선비는 도를 들으면 긴가민가하고, 못난 선비는 도를 들으면 크게 비웃는다. 그런데 〈못난 선비가 듣고서〉 웃지 않으면 도라 하기에 부족하다. 그래서 세워진 다음과 같은 말이 있다.

【注】 建은 猶立也라

建은 '세우다'는 뜻이다.

41.3 明道는 若昧하고

밝은 도는 마치 어두운 듯하고,

【注】 光而不耀니라

빛나지만 눈부시지 않다는 뜻이다.

41.4 進道는 若退하며

나아가는 도는 마치 물러서는 듯하며,

【注】 後其身而身先하고 外其身而身存하니라

제 몸을 뒤로 하지만 몸이 앞서고, 제 몸을 도외시하지만 그 몸이 보전된다는 뜻이다.

41.5 夷道는 若纇(뢰)하며

너른 도는 마치 울퉁불퉁한 듯하고,

【注】 纇는 坳(괴)也라 大夷之道는 因物之性하고 不執平以割物하니 其平不見이라 乃 更反若纇坳也라

纇는 '울퉁불퉁하다'는 뜻이다. 크고 너른 도는 만물의 본성에 따르고 평평함에 집착
하여 만물을 자르지 않으니 그 평평함이 드러나지 않기에 오히려 거꾸로 울퉁불퉁한 것
같다는 뜻이다.

41.6 上德은 若谷하고

높은 덕은 마치 계곡과 같고,

【注】不德其德하여 無所懷也니라

자신의 덕을 덕이라 여기지 않아 〈그 마음속에〉 품은 바가 없다는 뜻이다.

41.7 (太)〔大〕¹⁾白은 若辱하고

1) (太)〔大〕: 저본에는 '太'로 되어 있으나, 이 장의 다른 표현이 모두 '大'이므로 '大'로 바로
잡는다.

매우 흰 것은 마치 욕된 듯하고,

【注】知其白하여 守其黑하니 大白然後乃得이라

그 흼을 알아 그 검은 것을 지키니, 매우 희어진 연후에야 깨닫게 된다는 뜻이다.

41.8 廣德은 若不足하고

넓은 덕은 마치 부족한 듯하고,

【注】廣德은 不盈하니 廓然無形하여 不可滿也라

넓은 덕은 가득 차지 않으니 텅 비어 있어 아무런 형체가 없어서 가득 채울 수 없다
는 뜻이다.

41.9 建德은 若偸하고

우뚝 선 덕은 마치 〈만물 각각에〉 딱 들어맞는 듯하고,

【注】偸는 匹也라 建德者는 因物自然하여 不立不施라 故若偸匹하니라

偸는 '딱 들어맞다'는 뜻이다. 우뚝 선 덕은 만물의 자연스러움에 따라 〈어떤 가치와 기준도〉 세우거나 베풀지 않기 때문에 마치 딱 들어맞는 듯한 것이다.

41.10 質眞은 若渝하며

질박한 참됨은 마치 더러운 듯하며,

【注】質眞者는 不矜其眞이라 故〔若〕[1]渝나라

1)〔若〕: 저본에는 없으나, 陶鴻慶의 설에 따라 '若'을 보충하였다.

질박한 참됨이란 자신의 참됨을 자랑하지 않기 때문에 더러운 듯하다고 했다.

41.11 大方은 無隅하고

크게 모난 것은 모서리가 없고,

【注】方而不割이라 故無隅也라

모가 났지만 〈다른 것을〉 깎아내지 않기 때문에 모서리가 없다고 했다.

41.12 大器는 晩成하며

큰 그릇은 늦게 이루어지며,

【注】大器는 成天下에 不持全別이라 故必晩成也라

큰 그릇은 天下〈의 모든 것〉을 이루어줌에 있어 완전한 구별에 의지하지 않기 때문에 반드시 늦게 이루어진다고 했다.

41.13 大音은 希聲[1]하고

1) 大器……希聲 : ≪韓非子≫〈喩老〉는 楚 莊王이 覇者가 된 까닭을 "大器晩成 大音希聲"과 연관지어 그 예로써 소개한다. 楚 莊王은 즉위한 3년 동안 정사를 보지 않았다. 右司馬가 장왕의 행동을 3년 동안 울지 않는 새에 빗대어 말하자, 장왕도 새에 빗대어 큰 뜻을 펼치고 백성의 동태를 살피고자 그랬던 것이라 답한다. 다시 6개월이 지나 장왕이 정사에 임하면서 제도를 개혁하고 인사를 혁신하여 內治를 정비한 후 군사를 일으켜 齊나라와 晉나라

를 이겨 제후들을 宋에 모아 마침내 천하의 패자가 되었다. 작은 것에 연연하지 않고 서두르지 않았기에 장왕이 큰 명성과 성공을 얻었다고 평하며 ≪한비자≫ 〈유로〉는 ≪노자≫의 이 구절을 인용하고 있다.

커다란 굡은 소리가 희미하고,

【注】聽之不聞을 名曰希라하니 不可得聞之곱也라 有聲則有分하고 有分則不宮而商矣하니 分則不能統衆이라 故有聲者非大곱也라

들어도 알아들을 수 없음을 이름하여 '希(희미하다)'라 하니 알아들을 수 없는 음이다. 소리가 있으면 분별이 있고 분별이 있으면 宮곱이 아니면 商곱이라고 〈구분하게〉 된다. 〈따라서〉 분별하면 많은 수를 거느릴 수 없다. 그래서 소리가 있는 것은 커다란 음이 아니라고 했다.

41.14 大象[1]은 無形이라

1) 大象 : 竹簡本에는 '大象'이 '天象'으로 되어 있다.

커다란 형상은 형체가 없다.

【注】有形이면 則〔亦〕[1]有分이니 有分者는 不溫則(炎)〔凉〕[2]하고 不炎則寒이라 故象而形者는 非大象이라

1) 〔亦〕 : 저본에는 없으나, 바그너는 ≪文選≫의 李善 注에 근거하여 '亦'을 보충하였는데 이를 따른다.
2) (炎)〔凉〕 : 저본에는 '炎'으로 되어 있으나, 注35.1에 '不溫不凉'이라 한 것을 근거로 '凉'으로 바로잡는다.

형체가 있으면 분별이 있으니 분별이 있는 것은 따뜻하지 않으면 서늘하고 뜨겁지 않으면 차갑다. 그래서 형상에 해당되지만 형체를 갖춘 것은 커다란 형상이 아니라고 했다.

41.15 道隱無名이니 夫唯道는 善貸且〔善〕[1]成이니라

1) 〔善〕 : 저본에는 없으나, 傅奕本과 아래 注에서 '善成'이라 한 것에 의거하여 보충한 바그너의 견해에 따라 '善'을 보충하였다.

도는 은미하여 이름이 없으니 오로지 저 도만이 잘 꾸어주고 또 잘 이루어준다.

【注】 凡此諸(善)〔大〕¹⁾는 皆是道之所成也라 在象則爲大象이나 而大象無形하고 在音則爲大音이나 而大音希聲하니라 〔夫道〕²⁾는 物以之成이나 而不見其(成)³⁾形이라 故隱而無名也라 貸之는 非唯供其乏而已요 一貸之면 則足以永終其德이라 故曰 善貸也라하니라 成之는 不加機匠之裁나 無物而不濟其形이라 故曰 善成이라하니라

1) (善)〔大〕: 저본에는 '善'으로 되어 있으나, 바그너는 맥락에 맞추어 이를 '大'로 바꾸었는데 이를 따른다.

2) 〔夫道〕: 저본에는 없으나, 바그너는 ≪文選≫의 李善 注에서 인용한 王弼 注에 근거하여 보충하였는데, 뜻이 보다 분명해지므로 이를 따라 '夫道'를 보충하였다.

3) (成): 저본에는 '成'이 있으나, 道藏集注本에 없고, 注6.1과 注14.2에서 모두 '不見其形'이라 하였으므로, 여기에 의거하여 '成'을 衍文으로 처리하였다.

무릇 여기서 〈나열된〉 모든 큰 것들은 모두 도가 이루어주는 것이다. 형상에 있어서는 커다란 형상이 되지만 커다란 형상은 형체가 없다. 音에 있어서는 커다란 음이 되지만 커다란 음은 소리가 희미하다. 무릇 도란 만물이 그에 의해 완성되지만 만물은 그 형체를 보지 못하기 때문에 은미하여 이름이 없는 것이다. 〈도가 만물에게 무언가를〉 꾸어주는 것은 그 부족한 것을 공급해줄 뿐만 아니라 〈도가〉 한번 〈만물에게〉 꾸어주면 그 덕을 영원히 다하기에 족하기 때문에 "잘 꾸어준다."고 했다. 〈도가 만물을〉 이루어주는 것은 匠人이 하는 재단을 가하는 것이 아니지만, 어떤 사물이든 그 형체를 가지런하게 하지 않음이 없기 때문에 "잘 이루어준다."고 했다.

제42장

　제42장은 제40장과 내용상 관련이 깊다. 전반부는 道, 一, 二, 三, 萬物에 이르는 우주발생론적 설명이라면 후반부는 强梁함을 피하라는 교훈을 강조하는 내용이다. 이는 이 두 가지 모두 제40장의 내용과 이어지는 부분들로 되어 있다. 다만 제40장은 竹簡本에 있으나 제42장은 竹簡本에 없다는 것이 주목할 사항이다.

　獨逸學者 한스 게오르그 묄러(Hans-Georg Moeller)는 제40장과 제42장의 우주론을 비교하면서 이렇게 말한다.

　"제40장에서 개념적 용어를 통해 말한 것이 여기서는 수적 상징을 통해 표현되고 있다. 제40장은 이렇게 진술하고 있다. '천하만물은 有에서 생겨나지만 有는 無에서 생겨난다.' 제42장은 순서를 거꾸로 하여 이렇게 진술한다. '하나는 둘을 낳고, 둘은 셋을 낳고…….' 이러한 創生(generation) 과정의 중심에 도가 있는데, 無 또는 虛로서 숫자 하나 ─ 주목할 것은 0이 아니라는 점이다. ─ 와 동일시되는 이 도는 唯一性과 全體性을 동시에 나타낸다. 바퀴의 이미지를 통해 설명되는 도는, 비어 있으면서 하나의 중추가 되는 것(the empty and single hub) ─ 내적인 중심이자 바퀴의 기능의 '기원' ─ 이면서 동시에 바퀴 전체 ─ 일어나는 모든 외적 총체 또는 일원론적 우주 ─ 이다. 도의 전체 시나리오는 이렇게 陰과 陽, 밤과 낮, 어둠과 밝음의 교체로 또는 생물학적인 세계에서 암컷과 수컷으로 이루어져 있다. 생산과 재생산의 진행은 이러한 가장 일반적인 二元性에 근거를 두고 있다.

　이렇게 볼 때 일원론적인 전체는 둘(twoness)을 포괄하고 있다. 이러한 하나이자 둘이 함께 만물로 이루어진 多의 세계(the multiplicity)를 나타내는 셋(the threeness)을 구성한다. 하나의 전체로서 볼 때 도는 하나이지만, 그 하나됨이란 다만 변화와 재생산의 중심에 있는 근본적인 둘로 이루어진 틀(the frame)일 뿐이다. 따라서 저기의 모든 것을 일으키는 이러한 이원성은 세계 속에 있다.

　여기서 數的 상징으로 묘사되는 창생의 전체 과정은 〈기독교적인〉 創造論이나 단선적 進化論으로 이해해서는 안 되고 차라리 바퀴의 이미지와 같이 '통합된 圓(the integrate circle)'으로 이해하는 것이 마땅하다. 바퀴의 운동은 중심에 비어 있는 바퀴축을 둘러싸고 회전하지만, 그 축 자체는 바퀴의 회전을 앞서지도 않고 먼저 시작하지도 않는다. 도는 최초의 운동자나 창조주가 아니다. 그것은 생산과 재생산 과정의 중심에 있을 뿐이다."

전통적인 주석에서는 道와 一을 어떻게 볼 것이냐를 둘러싸고 논의되는데 대체로 두 가지 흐름으로 구분된다. 하나는 氣와 陰陽에 근거하여 우주발생론으로 해석하는 것이고, 다른 하나는 ≪莊子≫를 원용하여 道와 萬物의 일체를 강조하는 흐름이다. 왕필은 후자의 입장에 서 있지만 이를 재해석하여, 一을 民心으로 연결하여 정치철학으로 나아간다는 점이 특징적이다.

뒤에 이어지는 强梁에 대한 경계는 제40장에서 '道의 用은 弱에 있다.'고 한 것과 상통하는 교훈을 말하고 있다.

42.1 道生一하고 一生二하고 二生三하고 三生萬物[1]하나니 萬物負陰而抱陽하여 沖氣以爲和[2]니라 人之所惡(오)는 唯孤寡不穀이언마는 而王公以爲稱[3]이라 故로 物或損之而益하고 或益之而損[4]이니라

1) 道生一……三生萬物 : 전통적으로 이 문장은 두 가지 방식으로 해석한다. 그 가운데 하나가 河上公에서 시작하는 氣와 陰陽論에 입각한 우주발생론적 해석인데, 河上公은 이렇게 주석한다. "도가 처음 낳는 것이 '하나[一]'이다. '하나'는 陰과 陽을 낳는다. 음양은 和氣, 淸氣, 濁氣를 낳는데 이것들이 분화되어 각각 하늘, 땅, 인간이 된다. 하늘, 땅, 인간이 함께 만물을 생성한다. 하늘은 베풀고 땅은 화육하며 인간은 보살펴 기른다.〔道始所生者 一也 一生陰與陽 陰陽生和淸濁三氣 分爲天地人也 天地人共生萬物也 天施地化人長養之〕" 이는 道에서 一, 陰陽, 三氣(和氣, 淸氣, 濁氣) 그리고 萬物로 이어지는 우주발생론적 이해이다.

그런데 이와 다른 방식은 萬物一體의 세계관으로 보는 해석으로서 ≪莊子≫〈齊物論〉에 나온다. "천지는 나와 나란히 생겨났고 만물은 나와 하나이다. 이미 하나가 되었다면 또 무슨 말이 있을 수 있겠는가. 그러나 이미 一이라고 말하였다면 또 말이 없을 수 있겠는가. 一과 말〔言〕이 二가 되고 二와 一은 三이 된다. 이로부터 이후로는 아무리 曆法에 뛰어난 사람이라도 계산해낼 수 없을 터인데, 하물며 보통 사람이겠는가. 그 때문에 無로부터 有로 나아가도 三이 됨에 이르니, 하물며 有로부터 有로 나아감이겠는가. 나아가지 말아야 할 것이니 절대의 是를 따를 뿐이다.〔天地與我並生 而萬物與我爲一 旣已爲一矣 且得有言乎 旣已謂之一矣 且得無言乎 一與言爲二 二與一爲三 自此以往 巧曆不能得 而況其凡乎 故自無適有 以至於三 而況自有適有乎 無適焉 因是已〕"

두 가지 해석 사이의 긴장은 河上公本에서는 道가 一을 낳는다는 것을 중시한다면 ≪莊

子≫는 이를 부정하고 萬物齊同의 一을 긍정한다는 점에서 발생한다. 때때로 一을 一氣, 元氣, 太極으로 바꾸어 해석하는 경우도 있으나 이 두 가지 해석의 논란은 '道生一'이다. 그런데 ≪老子≫ 자체에 의거하면 "도가 〈만물을〉 낳는다.〔道生之〕(經51.1)"고 한 것과 여기서 道가 一을 낳는다고 한 것은 다르다.

  竹簡本에는 이 구절이 없는데, 通行本 ≪老子≫에 이 두 가지 목소리가 다 있으니, 이것은 ≪老子≫가 형성되는 과정에서 이러한 두 세계관을 수용하고자 했던 것으로 읽어야 할 듯하다. 하지만 王弼은 음양 우주발생론을 배격하고 ≪莊子≫를 따르면서 자신의 논지로 이어간다. 즉 '道生一'의 우주론은 一을 心으로 해석하여 得一과 연결하여 이를 民心을 얻어야 군주가 된다는 政治哲學으로 바꾸어 이해한다.

2) 沖氣以爲和 : 帛書本에는 '沖氣'가 '中氣'로 되어 있다. '沖'에 대해서는 두 가지 해석이 있다. 하나는 沖의 의미를 따라 陰陽의 기운이 뒤섞인 상태로 보는 것이고, 다른 하나는 元氣, 一氣 등 근원성을 강조하는 해석이다. 그런데 帛書本에는 '中氣' 즉 음과 양 어느 하나에 치우치지 않는 중앙의 氣라는 뜻으로도 풀이할 수 있다. 하지만 王弼은 충기를 心으로 해석하고 이를 民心으로 연결시킨다. 결국 民心을 얻는 자가 군주가 된다는 儒家의 政治哲學으로 연결시키고 있다.

3) 人之所惡(오)……而王公以爲稱 : 河上公本에는 '以爲稱'이 '以自稱'으로 되어 있고, 帛書本에는 '以自名也'로 되어 있다. 孤는 부모가 없고, 寡는 배우자가 없으며, 不穀은 도와줄 어떤 知人도 없다는 뜻이다. 즉 모든 관계에서 벗어난 사람이란 뜻이기도 하지만 그래서 수많은 臣下와 百姓과 관계를 맺어야 한다는 뜻이기도 하다. 이런 표현은 스스로를 낮추는 표현인데 왕은 이를 가지고 스스로를 지칭하거나 호명한다는 뜻이다.

4) 故物或損之而益 或益之而損 : 백서본에는 '物或□□□損 損之而益'으로 되어 있다. 의미상 큰 차이는 없다.

道가 하나를 낳고 하나는 둘을 낳고 둘은 셋을 낳고 셋은 만물을 낳는다. 만물은 陰을 등에 지고 陽을 끌어안아 沖氣로써 조화롭게 된다. 사람이 싫어하는 것은 오직 홀로 되고〔孤〕, 버려지고〔寡〕, 가진 게 없는 것〔不穀〕이지만 王公은 이것들을 칭호로 삼는다. 그러므로 사물이란 혹 덜어내면 보태지고 혹 보태면 덜어진다.

【注】萬物萬形은 其歸一也이니 何由致一이오 由於無也니라 由無乃一하니 一可謂無오 已謂之一이니 豈得無言乎아 有言有一이니 非二如何오 有一有二니 遂生乎三이라 從無之有에 數盡乎斯니 過此以往이면 非道之流니라 故萬物之生에 吾知其主니 雖有萬形이라도 沖氣一焉이라 百姓有心이니 異國殊風이라도 而〔王侯〕得一者가 (王侯)主焉[1]하니라 以一爲主니 一何可舍리오 愈多愈遠이니 損則近之하고 損之至盡이라야

乃得其極이니라 旣謂之一하면 猶乃至三이니 況本不一이로되 而道可近乎아 損之而
益하고 〔益之而損이〕²⁾ 豈虛言也아

1) 而〔王侯〕得一者 (王侯)主焉 : 저본에는 '而得一者 王侯主焉'으로 되어 있으나, 陶鴻慶의
   설에 따라 바로잡는다.
2) 〔益之而損〕 : 저본에는 없으나, 陶鴻慶의 설에 따라 '益之而損'을 보충하였다.

萬物과 萬形은 아마도 '하나〔一〕'로 돌아갈 것이다. 무엇을 말미암아 '하나'에 이르는
가? 無를 말미암아서이다. 無를 말미암아 하나가 되니 〈그렇다면〉 이 하나를 無라 일컫
을 수 있는가? 이미 그것을 하나라 일컬었으니 어찌 '말〔言〕'이 없다 할 수 있는가? 말
이 있고 하나가 있으니 둘이 아니면 무엇이라 하겠는가? 하나가 있고 둘이 있으니 셋을
낳기에 이른다. 無로부터 有로 나아감에 숫자는 여기에서 다하였으니 이 셋을 지나 더
나아가면 道의 부류가 아니다.

그러므로 萬物이 생성할 때에 나는 그 주인을 알고 있으니, 비록 萬形이 있더라도 沖
氣는 하나가 된다. 百姓에게는 이 마음이 있으니 나라와 풍속이 달라도 王侯 가운데 이
'하나(沖氣, 心)'를 얻은 자가 그들의 주인이 된다. 이 하나로 주인이 되는데 그 하나를
어찌 버릴 수 있겠는가? 많아질수록 더욱 멀어지니 덜어내면 그것에 가까워지고 그 덜
어냄이 다함에 이르러야 이에 그 궁극을 얻는다. 이미 그것을 일컬어 하나라고 하면 오
히려 이내 셋에 이르게 되니, 하물며 근본이 하나가 아닌데 도가 가까워질 수 있겠는
가? 덜어내면 보태지고 보태면 덜어진다는 것이 어찌 헛된 말이겠는가.

42.2 人之所敎를 我亦敎之¹⁾하나니

1) 人之所敎 我亦敎之 : 帛書本에는 '故人□□敎 亦議而敎之'로 되어 있는데 議를 義의 가차자
   로 보면 뜻이 크게 다르지는 않다.

다른 사람이 가르치는 것을 나 또한 〈다른 사람에게〉 가르치니,

【注】我之〔敎人〕¹⁾엔 非强使人從之也하고 而用夫自然하니라 擧其至理니 順之必
吉이요 違之必凶이니라 故人相敎에 違之必自取其凶也라하여늘 亦如我之敎人에 勿
違之也하니라

1) 〔敎人〕 : 저본에는 없으나, 陶鴻慶의 설에 따라 '敎人'을 보충하였다.

내가 다른 사람을 가르칠 때에는 다른 사람에게 억지로 가르침을 따르게 하지 않고,

저 자연스러움을 쓸 뿐이다. 〈나는〉 그 지극한 도리를 들어서 〈가르칠 뿐이니〉 그에 따르면 반드시 길하고, 그를 어기면 반드시 흉하다. 그래서 다른 사람들이 서로를 가르칠 때에 그것을 어기면 반드시 그 흉함을 자초할 것이라고 하는데, 마찬가지로 나 또한 다른 사람을 가르칠 때에는 그것을 어기지 말라고 한다.

42.3 强梁者不得其死¹⁾하나니 吾將以爲教父²⁾하리라

1) 强梁者不得其死 : 帛書本에는 '故强梁者不得死'로 되어 있다.
2) 吾將以爲教父 : 帛書本에는 '教父'가 '學父'로 되어 있으나, 뜻은 차이가 없다.

강하고 굳세기만 한 사람은 제명에 죽지 못하니, 나는 장차 이것을 가르침의 아버지로 삼는다.

【注】强梁則必不得其死니라 人相教爲强梁은 則必如我之教人不當爲强梁也하니라 擧其强梁不得其死以教耶는 若云順吾教之必吉也니라 故得其違教之徒로 適可以爲教父也니라

강하고 굳세기만 하면 반드시 제명에 죽지 못한다. 사람들이 서로 강하고 굳세라고 가르치는 것은 내가 반드시 강하고 굳세게 하는 것은 마땅치 않다고 가르치는 것과 같다. "강하고 굳세기만 하면 제명에 죽지 못한다."는 〈말을〉 들어 가르치는 것은 "내 가르침을 따르면 반드시 길하다."라고 말하는 것과 같다. 그러므로 가르침을 어기는 무리를 얻어 가르침의 아버지로 삼을 수 있다는 뜻이다.

제43장

　제43장은 口碑文學이나 ≪노자≫의 전형적인 말하기 방식으로 하나의 수수께끼와 같이 정식화된 격언으로 시작한다. 여기서 '가장 부드러운 것'이란 전통적으로 볼 때 그리고 제78장과 연관 지어 보면 물로 해석되며, 또한 '가장 딱딱한 것'은 그 물이 위로 흘러가는 돌이나 바위이다. '가진 게 없음〔無有〕'이라 하는 것은 道로 해석되어 왔는데, 이 해석은 필자가 가장 우선시하는 것이자 河上公 주석에 의해 지지된다. 이와 다른 대안으로서 왕필과 다른 주석자들은 그것을 보편적인 매개자이자 에너지인 氣로 해석하는데, 이것은 바로 앞의 장에 언급되어 있다. 우리는 여기서 '無有'를 또한 구체적으로는 '가득 차 있지 않음(no fullness)'으로 번역할 수도 있는데, 가득 차 있지 않으면서 비어 있는 것은 명백하게 도이다.

　둘째 부분은 앞의 진술을 統治術과 연결시켜 준다. 여기서 '나'는 기대되는 독자 또는 청자로서의 '나'인데, 성인 통치자인 것은 물론이다. 일단 첫째 부분의 수수께끼가 풀이되면 물과 도의 역설적 기능은 자명한데, 즉 역전의 전술에 대한 통찰을 고려하는 것이다. '無爲'는 '有爲'보다 우월한 방식이자 가장 이로운 통치 형식이다.

　마지막 부분은 무위의 격률을 '말하지 않는 가르침'에 연결시키고 있다. '無爲'와 '不言'은 동반되는 것인데, 여기서 '不言'은 언어를 완전히 끊는 것으로 이끌어지지는 않는다. 통치자를 위한 무위는 백성들을 위한 완벽한 행위(유위)의 토대이다. 비슷하게 추론될 수 있는 것은, '말하지 않기' 또는 명시적으로든 암묵적으로든 어느 편을 드는 것이 없는 것이란 모든 언어를 멈춘다는 뜻이 아니라 언어가 방해받지 않고 기능하도록 하는 것이다. 군주는 스스로 어떤 행동을 취하거나 논쟁에 참여하지 않는다. 군주에게 있어 어떤 행동이나 언어가 조화롭게 전개되도록 하는 것은 이와 같이 끼어들지 않는 것(noninterference) 그리고 치우치지 않는 것(impartiality)이다.

43.1 天下之至柔가 馳騁於天下之至堅[1]하고 無有入無間하나니

　1) 天下之至柔 馳騁於天下之至堅 : 이 부분에 대해 ≪淮南子≫〈道應訓〉에서는 罔兩과 景이

神明을 논하는 이야기로 설명한다. 비슷한 내용이 ≪莊子≫〈刻意〉에 나오는데, 두 화자인 罔兩과 景은 ≪莊子≫〈齊物論〉에서 따온 것으로 보인다. ≪회남자≫에서 곁그림자(罔兩)가 그림자(景)에게 환하게 빛나는 빛이 神明이냐고 묻는다. 그러자 그림자는, 문을 걸고 창문을 닫으면 빛은 들어올 수 없는데 신명은 사방에 두루 통해서 미치지 못하는 곳이 없다고 답하여 그 차이를 드러낸다. ≪회남자≫는 이 대화를 소개하면서 ≪노자≫의 "天下之至柔 馳騁天下之至堅"을 인용하고 있는데, 내용상으로 보면 뒤의 "無有入無間"까지 포함하여 이해하는 것이 좋겠다.

천하에서 가장 부드러운 것이 천하에서 가장 견고한 것을 몰아대고, 無有는 틈 없는 데까지 들어가니,

【注】氣無所不入이요 水無所不(出於)[1]經이니라

> 1) (出於) : 저본에는 '出於'가 있으나, 易順鼎 등의 학자들은 '出於'가 잘못 끼어 들어간 것으로 보았는데, 이를 따라 衍文으로 처리하였다.

氣는 들어가지 못하는 곳이 없고, 물은 지나지 못하는 곳이 없다.

43.2 吾是以知無爲之有益[1]이로다

> 1) 無有入無間 吾是以知無爲之有益 : 이 부분을 ≪淮南子≫〈道應訓〉에서는 光耀와 無有의 이야기로 풀이하는데, 이 이야기는 ≪莊子≫〈知北遊〉에 바탕을 둔 듯하다. ≪淮南子≫에서 光耀는 無有에 대해 자신은 '無의 경지〔有無〕'에 이르렀지만 무유는 '무조차 없는 경지〔無無〕'에 이르렀기에 볼 수도, 들을 수도, 잡을 수도, 바라볼 수도 없다고 감탄하면서 ≪老子≫의 이 구절을 인용하고 있다.

나는 이로써 無爲가 유익함을 안다.

【注】虛無柔弱은 無所不通이라 無有는 不可窮하며 至柔는 不可折하니라 以此推之컨대 故知無爲之有益也라

虛無와 柔弱은 통하지 못하는 곳이 없다. 無有는 다하지 아니하며, 지극히 부드러운 것은 꺾이지 않는다. 이것으로 미루어보면 無爲의 유익함을 알 수 있다.

43.3 不言之敎와 無爲之益은 天下希及之라

말 없는 가르침, 무위의 유익함은 천하에 미치는 자가 드물다.

234   老子道德經注

【注】〔夫孰能過此哉리오〕[1]

  1) 〔夫孰能過此哉〕: 저본에는 없으나, 바그너는 董思靖의 集解本에 의거하여 '夫孰能過此
     哉' 6자를 보충하였는데, 이를 따른다.

  대저 누가 이를 넘어설 수 있겠는가?

제44장

河上公 주석은 제44장에 대해 '경고하는 말'이라고 특징짓는데 이것은 분명히 딱 들어맞는 것이다. 첫째 부분이 경고하는 바는, 名聲과 富에 관한 관심은 자신의 몸을 대가로 치르는 것일 수 있음을 말한다. 신체적으로나 정신적으로 건강을 유지하는 비법, 곧 아프다거나 걱정이 없게 되려면 물질적 재화나 관직을 추구하지 않아야 하는 것이다.

둘째 부분은 동일한 맥락에서 계속되는데, 정서와 물질을 소비하는 것을 피하라고 말하고 있다. 정서적인 투자와 물질적인 투자 모두 결국에는 손해를 낳게 되고 자신의 안녕을 해치게 된다는 것이다.

마지막 부분은 제44장의 道家的 메시지를 요약하고 있다. '멈출 줄 아는 것〔知止〕' (이 표현에 관해서는 제32장을 보라.) 이것이야말로 만족과 건강으로 이끌어준다. 족함을 아는 것은 흡족함의 기초이다.

44.1 名與身이 孰親고

명성과 몸 어느 것이 소중한가?

【注】尙名好高하면 其身必疏니라

명성을 숭상하고 높은 지위를 좋아하면 제 몸은 반드시 소홀히 한다.

44.2 身與貨가 孰多오

몸과 재화 어느 것이 더 중요한가?

【注】貪貨無厭하면 其身必少니라

재화를 탐함에 싫증냄이 없으면 제 몸은 반드시 사소하게 여긴다.

44.3 得與亡이 孰病고

〈名利를〉 얻음과 〈제 몸을〉 잃음 어느 것이 병통인가?

【注】 得(多)〔名〕[1]利而亡其身이면 何者爲病也리오

> 1) (多)〔名〕: 저본에는 '多'로 되어 있으나, 波多野太郎은 ≪老子王注校正≫에서 魏源, 馬
> 其昶의 설에 의거하여 '名'으로 바로잡는데 이를 따른다.

명예와 이익을 얻었으나 제 몸을 잃으면 어떤 것을 병이라 하겠는가?

44.4 是故로 甚愛면 必大費요 多藏이면 必厚亡이니

이 때문에 너무 아끼면 반드시 크게 쓰고, 많이 쌓아두면 반드시 크게 잃으니,

【注】 甚愛면 不與物通하고 多藏이면 不如物散이라 求之者多하고 攻之者衆하니 爲物
所病이라 故大費厚亡也라

너무 아끼면 다른 사람과 소통하지 못하고, 많이 쌓아두면 다른 사람과 나눔만 못하
다. 〈명성과 재물은〉 추구하는 사람은 많고 〈재산을 많이 쌓아두면〉 빼앗으려 하는 사
람이 늘어나니 〈이것은〉 재물 때문에 병이 되는 것이다. 그래서 크게 쓰고 크게 잃는다.

44.5 知足이면 不辱[1]이요 知止면 不殆니 可以長久니라

> 1) 知足 不辱: ≪淮南子≫ 〈道應訓〉은 魯나라 公儀休의 이야기를 예화로 제7장과 함께 이 구
> 절의 뜻을 해설하고 있다. 公儀休의 고사에 대해서는 經7.2의 역주 3)에 소개하였다.

만족할 줄 알면 치욕당하지 않고, 그칠 줄 알면 위태롭지 않으니 오래오래 갈 수
있다.

제45장

첫째 부분은 《노자》의 다른 부분들 예를 들어 제6장과 제2장 같은 부분들과 共
鳴하는데, 비어 있음의 고갈되지 않는 성질을 찬양하는 내용이다. 전혀 지치거나 피
로함이 없이 완벽하게 사용할 수 있는 것은 그 주된 기능으로 '비어 있음'을 갖는다.
여기서 우리는 제2장에 나오는 그릇, 문, 창을 떠올릴 수 있다.

둘째 부분은 제25장에서 "크다는 것은 간다는 뜻이고, 두루 다닌다는 것은 멀어
진다는 뜻이고, 멀어진다는 것은 되돌아온다는 뜻이다."라고 한 것과 공명한다. 여
기서 '큰〔大〕' 것이란 그 시작으로 돌아오는 원의 그것이다. 시간과 공간이 선형적으
로 전개되는 듯이 보이더라도, 거대한 우주적 시나리오로서 도는 '굽어 있다.' 도는
낳고 낳고 또 되돌아오는 순환이다. 비슷하게 성인의 기술 또한 역설적이다.

서툴러 보이는 것은 바로 기술이 없기 때문이다. 그러나 어떤 특수한 기능을 훈
련하지 않음으로써 성인 군주는 無爲에 거하고 그렇게 함으로써 모든 특수 활동의
중심에서 자리를 차지하고 있는 유일한 사람이다. 가장 위대한 장인은 어떤 특수한
기술을 완성하지 않는다. 커다란 재능이 있다는 것은 어떤 특수한 특질이나 재화를
이렇게 가지고 있지 않음에 있다.

45.1 大成은 若缺이나 其用不弊하고

크게 이룬 것은 모자란 듯하나 그 쓰임이 낡지 않고,

【注】隨物而成호대 不爲一象이라 故若缺也라

사물에 따라서 이루되 하나의 형상이 되지 않는다. 그래서 모자라는 듯한 것이다.

45.2 大盈은 若沖이나 其用不窮하고

크게 찬 것은 비어 있는 듯하나 그 쓰임이 다하지 않고,

【注】大盈充足하여 隨物而與로되 無所愛矜이라 故若沖也라

크게 채워져 충족되어 사물에 따라 주되 아끼고 자랑할 것이 없다. 그래서 빈 듯한 것이다.

45.3 大直은 若屈하고

크게 곧은 것은 구부러진 듯하고,

【注】隨物而直이나 直(下)〔不〕[1]在一이라 故若屈也라

1) (下)〔不〕: 저본에는 '下'로 되어 있으나, 華亭張氏原本에 의거하여 '不'로 바로잡는다.

사물에 따라 곧아지지만 곧음이 한 가지에만 있지 않다. 그래서 구부러진 듯한 것이다.

45.4 大巧는 若拙[1]하고

1) 大直……若拙 : 이 부분을 ≪淮南子≫ 〈道應訓〉은 秦 繆公과 좋은 말을 잘 가리는 伯樂의 이야기를 통해 설명하는데, 이 이야기는 ≪列子≫ 〈說符〉에도 실려 있다. ≪淮南子≫에서 秦 繆公이 伯樂에게 좋은 말을 잘 가려낼 수 있는 사람을 추천하라고 하자, 백락은 九方堙을 추천한다. 그런데 구방인이 암컷의 검은 말을 골라오자, 목공이 암수조차 구별 못한다고 불쾌해하면서 백락을 불렀다. 그러자 백락은 구방인의 경지에 찬탄을 하며, 구방인이 天機를 볼 줄 안다고 더욱 감탄한다. 구방인이 골라 온 말을 실제로 보니 千里馬였다. ≪회남자≫는 이 이야기를 소개하며 ≪노자≫의 이 문장을 인용한다.

크게 정교한 것은 엉성한 듯하고,

【注】大巧는 因自然以成器하고 不造爲異端이라 故若拙也라

크게 정교한 〈기술은 사물의〉 자연스러움을 따라 그릇을 만들지 독특한 것을 고안해 내려 하지 않는다. 그래서 엉성한 듯한 것이다.

45.5 大辯은 若訥이니라

뛰어난 언변은 어눌한 듯하다.

【注】大辯은 因物而言호대 已無所造라 故若訥也라

뛰어난 언변은 사물에 따라서 말하되 스스로 조작하는 게 없다. 그래서 어눌한 듯한 것이다.

45.6 躁勝寒하며 靜勝熱이니 淸靜하면 爲天下正하리라

부지런한 움직임은 추위를 이기고, 고요히 가만 있음은 더위를 이기니, 맑고 고요히 가만 있으면서 〈백성을 부리는 일을 하지 않으면〉 천하가 바르게 된다.

【注】躁罷然後에 勝寒하고 靜無爲로 以勝熱하니라 以此推之면 則淸靜爲天下正也니라 靜則全物之眞하고 躁則犯物之性이라 故唯淸靜이라야 乃得如上諸大也니라

바쁘게 움직인 후에야 추위를 이겨내고, 고요히 가만히 있음으로써 더위를 이겨낸다. 이로 미루어보면 맑고 고요히 가만 있으면서 〈백성을 부리는 일을 하지 않으면〉 천하가 바르게 된다. 고요히 가만 있으면 사물의 참됨을 보전하고, 바삐 움직이면 사물의 본성을 해친다. 그러므로 오로지 맑고 고요히 가만 있으면서 〈백성을 부리는 일을 하지 않아야만〉 위에서 말한 '큰 것들'을 얻을 수 있다.

제46장

　제46장은 慾望과 그것들이 초래하는 불리함에 대해 말하고 있다. 첫째 부분은 천하의 두 가지 상이한 상태를 비교하고 있다. 천하에 道가 있을 때에는 어느 누구든 만족하고 있기 때문에 다른 어디도 가려고 하지 않는다. 그때에는 말이 農耕을 위해 사용되지 여행 수단으로 사용되지 않는다. 천하에 도가 없을 때에는 전쟁을 위해서 말을 기른다. 이러한 상태에서는 情(emotions)이 절제되지 않고 욕망(desires)이 지배하게 된다. 즉 그것은 欲求(want)가 충족되지 않는 상태이다.

　둘째 부분은 첫째 부분과 직접적으로 연결되는데, 군주는 그러한 상태의 욕망과 욕구가 일어나지 않도록 해야 한다는 점을 지적하고 있다. 욕망이란 사람들이 만족을 모르고서 더 많은 것을 갈구할 때 일어난다. 그러한 상태의 욕구는 전쟁, 사회의 무질서 그리고 갈등(strife)의 원인이 된다. 획득의 욕망은 정치적 불안과 국가간 혹은 사회간의 경쟁의 핵심적인 이유이다.

　마지막 부분은 만족이란 소유의 양과는 무관하고 족함을 아는 데에 있음을 말하고 있다. 만약 사람이 이러한 技藝(art)를 깨우치지 못한다면 그는 늘 더욱 더 많은 것을 열망할 것이다. 그러한 욕망의 상태에서 일어나는 중독의 순환에는 한계가 없다. 오로지 그침을 깨우침으로써 비롯되는 만족감만이 오래갈 수 있다.

46.1 天下有道면 却[1]走馬以糞하고

1) 却 : 河上公本, 傅奕本 등은 '卻'으로 되어 있으나 서로 통용되므로 바꾸지는 않는다.

천하에 道가 있으면 잘 달리는 말을 되돌려 〈밭에〉 거름 주는 〈농사일에 쓰고〉

【注】天下有道면 知足知止하여 無求於外하고 各修其內而已라 故却走馬以治田糞也라

　천하에 도가 있으면 만족할 줄 알고 멈출 줄 알아, 바깥에서 구함이 없고 각각 제 안을 닦을 뿐이다. 그래서 잘 달리는 말을 되돌려 〈밭에〉 거름 주는 〈농사일에 쓰는〉

것이다.

46.2 天下無道면 戎馬生於郊하나니

천하에 도가 없으면 軍馬가 군사 훈련장에서 새끼를 낳는다.

【注】貪欲無厭이면 不修其內하고 各求於外라 故戎馬生於郊也라

탐욕이 싫증낼 줄 모르면 그 안을 닦지 않고 각각 바깥에서 구한다. 그래서 군마가 군사 훈련장에서 새끼를 낳는 것이다.

46.3 禍莫大於不知足이요 咎莫大於欲得[1]이라 故知足之足은 常足矣니라

1) 咎莫大於欲得 : 바그너는 傅奕本에 근거하여 '大'를 '憯'으로 보았는데 참고만 한다.

만족할 줄 모르는 것보다 더 큰 재앙이 없고 얻기만 바라는 것보다 더 큰 허물이 없다. 그래서 만족할 줄 아는 〈데에서 오는〉 만족이야말로 영원한 만족이다.

242

제47장

제47장은 "하는 게 없으되 하지 못하는 게 없다.〔無爲而無不爲〕"는 격률에 관하여 가장 유명한 해설을 담은 장 가운데 하나이다. 그런데 놀랍게도 그것은 孔子의 ≪論語≫에 나오는 두 문장과 유사하다.

"공자께서 말씀하셨다. '함이 없이 다스리신 이는 아마도 舜임금일 것이다. 그는 도대체 어떻게 하였는가? 그는 단지 몸을 공손히 하고 앉아서 남쪽을 바라보았을 뿐이다!'"

"공자께서 말씀하셨다. '덕으로써 다스리는 것은 비유컨대 북극성과 같다. 북극성은 제자리에 있는데 뭇별이 그를 중심으로 도는 것과 같다.'"

우주적 정치적 시나리오의 중심에 가만히 있음으로써 성인 통치자는 자연과 국가를 다스리는데 마치 바퀴축이 바퀴를 돌리는 것과 같다. 동시에 그는 나면서부터 天道를 아는 자이다. 제33장과 관련하여 이미 앞에서 주석하였듯이, '안다는 것(to know)'은 또한 '체득했다(to master)'는 것을 의미한다. 자신의 자리를 지킴으로써 통치자는 세상을 다스리는 법(how)을 안다. 역설적이게도 바로 그가 움직이지 않은 채 중심에 남아 있기에 성인 통치자는 자신이 우주와 사회에 대한 '노하우'를 지니고 있다는 것을 증명한다.

만약 그가 자신의 자리를 떠난다면 더 많은 지식을 얻지 못하는 게 아니라 통치술에 대한 진정한 이해를 하지 못한 것이 된다. 통치자는 안으로부터 사회를 안정시킬 수 있으며 또한 올바르게 '이름을 지을 수' 있는데, 즉 자신의 자리를 떠남이 없이 국가에서 고유한 기능들을 할당할 수 있다.

47.1 不出戶호대 知天下¹⁾하고 不(闚)〔窺〕²⁾牖호대 見天道하니

1) 知天下 : 저본에는 '以'가 없으나, 바그너는 注54.7에서 "所謂不出戶 以知天下者也"라고 한 것에 근거하여 '知天下'는 '以知天下'로, 뒤의 '見天道'는 '以見天道'라고 수정할 것을 주장하였다. 실제로 傅奕本, 范應元本에는 '以'가 있다. 참고할 만하다.

2) (闚)〔窺〕: 저본에는 '闚'로 되어 있으나, 아래 注文에 '窺'로 되어 있으므로 바그너의 설에

따라 '窺'로 바로잡는다.

문밖을 나서지 않아도 천하의 〈모든 일을〉 알고, 창밖을 내다보지 않아도 天道를 아니.

【注】事有宗而物有主[1]하니 途雖殊而〔其〕歸同也요 慮雖百而其致一也[2]라 道有大常이요 理有大致하니 執古之道하여 可以御今이라 雖處於今이나 可以知古始니 故不出戶窺牖라도 而可知也라

> 1) 事有宗而物有主 : 注49.5에서는 같은 문장이 "物有其宗 事有其主"라 하여 '宗'과 '主'가 바뀌어 있다.
>
> 2) 雖殊而〔其〕歸同也 慮雖百而其致一也 : 저본에는 '其歸同'의 '其'가 없으나 道藏集注本 그리고 이어지는 '其致一也'에 비추어볼 때 있는 것이 마땅하므로 보충한다. 이 부분은 ≪周易≫〈繫辭傳〉에서 온 것인데 원문과 동일하지는 않다. 본래는 "孔子가 말했다. '천하가 무엇을 생각하고 무엇을 걱정하겠는가. 천하 사람들은 돌아가는 곳은 같지만 길은 다르며, 이르는 곳은 하나지만 생각은 백 가지로 다르니, 천하가 무엇을 생각하고 무엇을 걱정하겠는가.'〔子曰 天下何思何慮 天下同歸而殊塗 一致而百慮 天下何思何慮〕"라고 되어 있다.

일에는 으뜸이 있고 사물에는 주인이 있으니 〈≪周易≫〈繫辭傳〉에서 孔子가 말씀하신 바와 같이〉 길은 비록 달라도 돌아가는 곳은 같고 생각은 비록 백 가지로 다양해도 이르는 곳은 하나이다. 도에는 커다란 원칙이 있고 이치에는 커다란 일치점이 있다. 〈제14장에서〉 "옛날 〈성왕이 다스리던 때의〉 도를 잡아 오늘을 다스릴 수 있다."고 했다. 비록 처한 현실은 오늘이지만 옛 시작을 알 수 있기 때문에 문밖을 나서지 않고 창밖을 내다보지 않아도 天道를 아는 것이다.

47.2 其出이 彌遠에 其知彌少[1]니라

> 1) 不出戶……其知彌少 : ≪淮南子≫〈道應訓〉에서는 白公 勝의 이야기로 이 문장을 설명한다. 白公 勝이 반란을 꾸미는 일에 몰두하여 조정이 파한 줄도 모르고 계속 서 있었는데, 자신이 들고 있던 채찍 끝의 바늘이 턱에 꽂혀 피가 흐르는 것조차 잊고 있었다. ≪회남자≫는 이에 대해 "정신을 쓰는 곳이 멀리 있으면 가까운 곳의 일은 잊는다.〔神之所用者遠 則所遺者近也〕"고 평하면서 ≪노자≫의 이 문장을 인용하고 있다.

멀리 나가면 나갈수록 앎이 더욱 적어진다.

【注】無在於一이로되 而求之於衆也라 道는 視之不可見하고 聽之不可聞하며 搏之不可得하니 如其知之면 不須出戶요 若其不知면 出愈遠愈迷也니라

無는 하나에 있는데 많은 것에서 그것을 찾기 때문이다. 道는 〈제14장에서 말하였듯이〉 보아도 볼 수 없고 들어도 들을 수 없고 만져도 만져지지 않으니 만약 이것을 알면 구태여 문밖으로 나가지 않을 것이고, 만약 이것을 모르면 〈문밖으로〉 나아가 멀어질수록 더욱 미혹될 것이다.

47.3 是以로 聖人은 不行而知하고 不見而名하니

이런 까닭에 성인은 〈이리저리〉 다니지 않아도 알고, 보지 않아도 이름 지으니,

【注】得物之致라 故雖不行이라도 而慮可知也요 識物之宗이라 故雖不見이라도 而是非之理可得而名也니라

〈성인은〉 사물이 도달할 곳을 깨달았기에 비록 〈이리저리〉 길을 나서지 않아도 〈천하 모든 사람들이 무엇을〉 생각하는지 알 수 있다. 사물의 으뜸을 알기에 비록 보지 않아도 옳고 그름의 이치를 〈정확히 파악하여〉 이름을 정할 수 있다.

47.4 不爲而成하니라

하지 않고도 〈모든 일을 다〉 이룬다.

【注】明物之性하여 因之而已라 故雖不爲라도 而使之成矣니라

〈성인은〉 사물의 본성을 밝게 알아 그에 따를 뿐이다. 그러므로 비록 하지 않아도 〈사람들로 하여금 모두〉 이루게 한다.

제48장

　　제48장은 앞 장에서 논의하였던 도가의 중심 주제 無爲를 계속하여 다루고 있다.
道를 행한다는 것은 일부 儒者들이 하듯 배움과 '사물에 대해 알기(knowing-that)'
의 증가를 의미하지 않는다. 그것은 차라리 자기-최소화(self-minimization)이다.
완벽한 성인은 스스로의 생각, 말, 행동을 비워야만 한다.

　　≪노자≫가 정치적 관점으로부터 이러한 실천을 본다는 것은 이 장의 마지막 부
분에서 명백해진다. 무위란 성인 통치자의 실천이다. 성인 통치자는 국가에서 어떤
특정한 기능을 수행하지 않는 유일한 사람이다. 왜냐하면 그는 사회라는 바퀴의 바
퀴살이 되지 않기 때문이며, 그는 지도자의 자리 — 이른바 바퀴의 축 — 를 차지할
유일한 자격이 있는 사람이기 때문이다. 만약 그가 어떤 특수한 의무를 수행한다면
그는 더 이상 지도자로서 적절한 자리에 있지 않게 될 것이다.

　　그의 입장에서 이러한 무위는 제48장이 명백하게 논의하고 있듯이 〈다른 사람들
에 의해〉 모든 의무가 실현되고 모든 행위가 조화롭게 수행되기 위한 선결조건이다.
아무것도 하지 않음으로서, 즉 무위함으로써 성인 통치자는 그의 나라에서 어떤 것
도 이루어지지 않은 게 없도록 하는 것이다.

48.1 爲學〔者〕는 日益하고

배움을 추구하는 것은 날로 보태는 것이요,

　【注】務欲進其所能하고 **益其所習**이라

　　〈이와 같이 하는 사람은〉 자신이 능한 것을 증진하고 자신이 익힌 것을 보태고자 힘
쓴다는 뜻이다.

48.2 爲道〔者〕는 日損[1]이라

　1) 爲學〔者〕日益 爲道〔者〕日損 : 저본, 河上公本 모두 "爲學日益 爲道日損"이라 되어 있으나,

傳奕本에는 "爲學者日益 爲道者日損"으로 되어 있고, 帛書本에는 '爲道'가 '聞道'로 되어 있다. 竹簡本에는 "學者日益 爲道者日損"이라 하여 板本에 따라 조금씩 차이가 있다. 그런데 注20.1에서 王弼은 "〈≪노자≫의〉 하편에서 '배움을 추구하는 것은 날마다 보태는 것이요, 도를 추구하는 것은 날마다 덜어내는 것이다.'고 했다.〔下篇云 爲學者日益 爲道者日損〕"라 하였으므로 본래의 文章은 本文과 같았을 것으로 추측할 수 있다. 바그너는 이러한 근거로 이와 같이 수정하였는데 이를 따른다.

도를 추구하는 것은 날로 덜어내는 것이다.

【注】務欲反虛無也라

〈이와 같이 하는 사람은〉'虛無'로 돌아가고자 힘쓴다는 뜻이다.

48.3 損之又損하여 以至於無爲면 無爲而無不爲[1]라

1) 以至於無爲 無爲而無不爲 : 傅奕本에는 "以至於無爲 無爲則無不爲"라 되어 있고, 竹簡本에는 "以至亡爲也 亡爲而亡不爲"로 되어 있다.

덜어내고 또 덜어내어 無爲에 이르면 하는 게 없으나 하지 못하는 게 없다.

【注】有爲면 則有所失이라 故無爲라야 乃無所不爲也니라

함이 있으면 잃는 것이 있다. 따라서 함이 없어야 하지 못하는 것이 없는 것이다.

48.4 取天下〔者〕[1]는 常以無事하니

1) 〔者〕: 저본에는 없으나, 帛書本에는 '者'가 있다. 앞의 '爲學者', '爲道者'에 맞추어 '者'를 넣는 것이 문장의 패턴에 맞으므로 바그너의 견해에 따라 보충하였다.

천하를 취하는 것은 늘 일삼음이 없음으로 하니

【注】動常因也라

〈천하를 취하는 것은〉움직일 때에 늘 〈상황과 사물에〉따른다는 뜻이다.

48.5 及其有事하여는

일삼음이 있게 되면

【注】自己造也라

자신으로부터 〈무언가를〉 만들어낸다는 뜻이다.

48.6 不足以取天下라

또한 천하를 취하기에는 부족하다.

【注】失統本也라

〈천하를〉 통솔하는 근본을 잃었다는 뜻이다.

제49장

　　이상적인 통치자는 개인적인, 자기만의 감정을 가지지 않는다. 그는 공동체의 중심에 있는 사람들의 마음이다. 그의 마음은 어떤 개인적인 것으로부터도 비어 있으며, 그는 그 자신의 감정을 가지지 않으므로 그는 마음속에 모든 다른 것들의 마음을 위한 공간을 만들 수 있다. 이러한 방법으로 그는 세상과 함께 스스로를 융합할 수 있다. 그는 하나의 정치적인 본체 속으로 사람들을 결합하지만 여전히 이 통합 안에서 다른 부분으로 남겨진다. 모든 사람들은 그를 에워싸고 중심에 있는 그에게로 향해 규합된다. 마치 아이들이 아버지를 향하고 그의 주변을 빙글빙글 도는 것처럼 말이다. 오직 그만이 사회의 중심부에 있는 혼자만의 공간에 머무른다.

　　통치자는 모든 자리 가운데 가장 낮은 곳을 취하기 때문에 그의 자리는 또한 특별하다. 역전의 전략에 따르면, 이것은 물과 여성의 이미지로 설명되는데 통치자는 '낮은 곳에 기대어' 그의 절정의 힘과 잠재력을 나타내는 前兆가 된다. 이런 방법으로 그는 사람들에게 위로부터의 '압력'을 가하지 않고 다만 낮은 곳에서 사람들을 지원하는 것이다.

49.1 聖人無常心[1]하니 以百姓心爲心이라

　1) 聖人無常心 : 帛書本에는 "聖人恒無心"으로 되어 있다.

성인은 고정된 마음이 없으니 백성의 마음을 〈자신의〉 마음으로 삼는다.

【注】動常因也라

〈성인은〉 움직일 때에 늘 〈상황과 사물에〉 따른다는 뜻이다.

49.2 善者를 吾善之하고 不善者를 吾亦善之하니

뛰어난 자에 대해 나는 그를 뛰어난 사람으로 대접하고, 뛰어나지 못한 자에 대해

나는 또한 뛰어난 사람으로 대접하니

【注】各因其用하면 則善不失也니라

〈도를 행하는 성인이〉 각각 저마다의 쓰임새에 따르면 〈만물 각각의〉 뛰어남을 잃지 않는다.

49.3 德善이라

〈이것이〉 덕 있는 자의 뛰어남이다.

【注】無棄人也라

〈도를 행하는 군주는〉 다른 사람을 버림이 없다는 뜻이다.

49.4 信者를 吾信之하고 不信者를 吾亦信之하니 德信이라 聖人在天下에 歙歙하여 爲天下渾其心하니 百姓皆注其耳目[1]이라

1) 百姓皆注其耳目 : 저본에는 있으나 생략된 판본도 있다. 道藏集注本에서는 아래의 注文이 이 구절에 대한 注이다.

믿음직스러운 자에 대해 나는 그를 믿고, 믿음직스럽지 못한 자에 대해 나는 또한 믿으니 〈이것이〉 덕 있는 자의 믿음이다. 성인은 천하에 있으면서 〈천하 백성들과〉 화합하여 천하를 위해 자신의 마음을 〈천하 백성의 마음과〉 뒤섞으니, 백성이 모두 그에게 이목을 집중한다.

【注】各用聰明하니라

각각 총명함을 쓴다는 뜻이다.

49.5 聖人皆孩之하니라

성인은 〈백성을〉 모두 어린아이로 여긴다.

【注】皆使和而無欲이 如嬰兒也하니라 夫天地設位하고 聖人成能하며 人謀鬼謀하니 百姓與能者라하니 能者與之하고 資者取之[1]하니 能大則大요 資貴則貴니라 物有其

宗하고 事有其主하니 如此면 則可冕旒²⁾充目而不懼於欺하고 黈纊³⁾塞耳而無戚於慢하니라 又何爲勞一身之聰明하야 以察百姓之情哉리오

1) 能者與之 資者取之 : 이것이 왕필의 '適用'의 논리이다. 적용이란 각각이 지닌 재능과 능력에 따라 주어져야 할 자리가 주어지는 것을 의미한다. 국가가 제대로 기능하는 요체는 바로 '적용'에 있다. 적용을 하면 관리의 부패도 없고, 자연스럽게 통치자는 할 일이 없게〔無爲〕 된다. 그런데 왕필의 '무위' 해석의 특징을 이루는 '적용'은 그 출전이 ≪노자≫에 있지 않다. 왕필이 말하는 적용의 핵심인 '各得其所'는 ≪논어≫에 나오는 말이다. ≪論語≫〈子罕〉에서 공자는 "내가 위나라에서 노나라로 돌아온 후에 악곡이 바르게 되어 雅와 頌이 각각 제자리를 얻게 되었다.〔吾自衛反魯 然後樂正 雅頌各得其所〕"고 말한다. 왕필은 공자의 이 말을 음악에 관한 언명이 아니라 정치의 요체를 담은 의미로서, 즉 '의리적'으로 해석한 것이다.
2) 冕旒 : 冕은 직사각형의 판을 가리키고, 旒는 앞뒤로 구슬을 꿰어 늘어뜨려 장식한 冠이다.
3) 黈纊 : 면류관 양쪽으로 늘어뜨려 귀에 닿게 달아 맨 솜으로 만든 방울을 가리킨다.

〈성인은 백성들을〉 모두 어린아이와 같이 화합하고 욕심이 없게 만든다는 뜻이다. 무릇 〈≪周易≫〈繫辭傳〉에서〉 "천지는 만물 각각의 자리를 베풀어주고 성인은 만물 각각의 타고난 능력을 이루어주며 사람이 도모하고 귀신도 도모하니 백성들이 자신의 능력을 다 내어준다."고 했으니, 능력이 있는 자는 〈그에 합당한〉 자리를 주고 자질이 뛰어난 자는 〈그에 합당하게〉 취하여 쓰니, 능력이 크면 크게 쓰고 자질이 귀하면 귀하게 대한다. 만물에는 으뜸되는 것이 있고 일에는 주인이 있으니

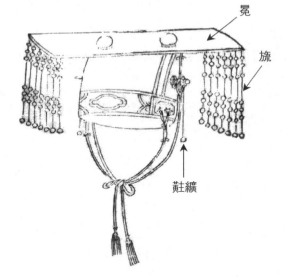

冕旒冠(≪三才圖會≫)

이와 같이 한다면 〈군주가〉 冕旒冠의 술〔冕旒〕이 눈을 가려도 〈신하가〉 속일까 걱정하지 않을 수 있고, 귀막이 솜〔黈纊〕이 귀를 막아도 〈신하가〉 태만하지 않을까 염려하지 않을 수 있다. 그런데 어찌 다시 제 일신의 총명함을 수고롭게 해서 백성의 실정을 〈까칠하게〉 살피겠는가!

【注】夫以明察物하면 物亦競以其明應之하고 以不信察物하면 物亦競以〔其〕¹⁾不信
應之하니라 夫天下之心不必同한대 其所應不敢異하면 則莫肯用其情矣러니 甚矣로다
害之大也여 莫大於用其明矣로다 夫在智則人與之訟하고 在力則人與之爭하니라 智
不出於人而立乎訟地면 則窮矣요 力不出於人而立乎爭地면 則危矣니라 未有能使
人無用其智力乎己者也하니 如此則己以一敵人하나 而人以千萬敵己也니라 若乃
多其法網하고 煩其刑罰하며 塞其徑路하고 攻其幽宅하면 則萬物失其自然하고 百姓
喪其手足하며 鳥亂於上하고 魚亂於下니라

1) 〔其〕: 저본에는 없으나 道藏集注本에는 '其'가 있고, 앞의 '以其明應之'에 짝하므로 '其'
를 보충하였다.

무릇 〈군주가 자신의〉 밝음으로 만물을 〈까칠하게〉 살피면 만물 또한 다투어 자신들
의 밝음으로 그에 응하고, 〈군주가〉 不信하는 마음으로 만물을 살피면 만물 또한 다투
어 불신하는 마음으로 그에 응한다. 대저 천하의 마음이 반드시 같지는 아니한데 저들
이 응하는 바를 감히 다르게 하지 못하면 제 마음을 드러내려 하지 않을 것이니, 심하
구나! 폐해가 큼이여! 〈군주가 자신의〉 밝음을 쓰는 것보다 큰 게 없도다.

무릇 지혜에서는 사람들이 그와 訟事하고, 힘에서는 사람들이 그와 더불어 다툰다.
지혜가 남보다 못한데 법정에 서면 궁색해지고, 힘이 남보다 못한데 싸움터에 서면 위
태로워진다. 아직까지는 다른 사람이 그 지혜와 힘을 자신에게 쓰지 못하게 만든 사람
은 없으니, 이와 같이 한다면 나는 혼자 다른 사람을 대적하지만 다른 사람은 천만의
〈사람이〉 내게 대적하게 된다.

만약 이에 법망을 촘촘히 하고 형벌을 세세하게 하며 〈사람들이 도망할〉 좁은 길까지
막고 숨겨진 은신처까지 공격한다면, 만물은 자연스러움을 잃고 백성들은 수족을 둘 곳
을 잃으며 새들은 위에서 어지러이 날고 물고기들은 아래에서 혼란스럽게 헤엄친다.

【注】是以聖人之於天下에 歙歙焉은 心無所主也요 爲天下渾心焉은 意無所適
莫也라 無所察焉하면 百姓何避리오 無所求焉하면 百姓何應이리오 無避無應이면
則莫不用其情矣니라 人無爲舍其所能하여 而爲其所不能하고 舍其所長하여 而爲
其所短하나니 如此면 則言者言其所知하고 行者行其所能하고 百姓各皆注其耳目
焉하나니 吾皆孩之而已러라

이 때문에 성인이 천하에 화합함은 마음에 〈사적인〉 주장이 없는 것이요, 천하를 위

해 자신의 마음을 〈천하 백성의 마음과〉 뒤섞음은 그 뜻에 지나치게 욕심을 부림이 없
는 것이다. 〈성인이 법망과 형벌로 까칠하게〉 살피는 것이 없으면 백성들이 왜 피하려
하겠는가! 〈성인이 불신하는 마음으로〉 구하는 것이 없으면 백성들이 왜 〈불신으로〉 응
하겠는가!

〈백성들이〉 피하는 일도 없고 〈불신으로〉 응하는 일도 없으면 마음을 드러내지 못하
는 일이 없다. 그래서 사람들이 자신이 할 수 있는 것을 버리고 할 수 없는 일을 하는
일이 없으며, 자신이 뛰어난 것을 버리고 모자라는 것을 하는 일도 없다. 이와 같이 한
다면 말하는 자는 자신이 아는 것을 말하고, 행하는 자는 자신이 할 수 있는 것을 행하
고, 백성들은 각각 자신의 이목을 〈성인에게〉 집중하니 나는 〈백성들을〉 모두 어린아이
로 여길 뿐이다.

제50장

　삶과 죽음은 분명히 다르다. 사물들은 삶에서 죽음으로 바뀔 때 변형된다. 죽은 것은 잘 부러지고, 살아 있는 것은 탄력적이다. 그러나 이 두 가지 단계는 모두 동일하게 실재하며 相互補完的이다. 부서지기 쉬운 것은 탄력적인 것 못지않게 실제적이다. 제50장의 서두에서는 또한 삶과 죽음의 '同伴者'적 관계에 대해 말하고 있는데, 이는 유사한 방식으로 이해될 수 있다.

　제76장과 관련해서 이러한 구절들은 삶과 죽음이 상호의존적이라는 또 다른 실례로 이해될 수 있다. 삶과 죽음은 서로 대치되고 따라서 서로 따른다. 일생은 '죽음의 시간'으로 이어진다. 삶으로 나오는 것은 동시에 죽음으로 가는 것이다. 道는 삶과 죽음 둘 모두로 구성되어 있고, 이 순환적인 운동은 항상 태어나는 것이기도 하고 죽는 것이기도 하다.

　이런 견해에서 볼 때, 老年에 이르는 것은 한편으로는 그가 때에 알맞은 방식으로 자신의 삶을 살았다는 것, 즉 그가 너무 빨리 生을 마감하지 않았다는 것을 의미하지만, 다른 한편으로 그것은 그가 不滅이 될 것임을 의미하진 않는다. '哲學的인' 관점에서 늙어가는 것은 단지 너무 이른 시기에 죽지 않는다는 것, 따라서 자연적 일시성을 중단시키지 않았다는 것만을 의미한다.

　이것은 예를 들어 제42장이 진술하는 것처럼, 위험하게 살고 그러므로 '그의 자연적인 끝을 보지 못할' '강제적이고 폭력적인' 남자와는 다른 것이다. 이상 사회에서 사람들은 오래 살겠지만 끝없이 살진 않을 것이다. 그들은 딱 알맞은 때 죽을 것이다. 이것은 사람들이 집에 머물고 '노년에 이르고 생을 마감한다'는 제80장에 기술된다.

　언급한 것과 같은 구절들은 죽음이 궁극적으로 피할 수 있는 것이라고 암시하지 않는 반면, 다른 구절들은 만일 어떤 이가 단지 충분히 주의하기만 한다면 아마 예방될 병이나 사고의 일종으로 죽음을 묘사하는 것처럼 보인다.

50.1 出生入死하나니

삶에서 나와 죽음으로 들어가니

【注】 出生地하여 入死地하니라

살 곳을 나와 죽을 곳으로 들어간다는 뜻이다.

50.2 生之徒十有三이요 死之徒十有三이로되 (人之生動之死地)〔而民之生生하여 而動皆之死地〕[1]가 十有三이니 夫何故오 以其生生之厚일새라 蓋聞에 善攝生者는 陸行에 不遇兕虎하고 入軍에 不被甲兵이니 兕無所投其角하고 虎無所措其爪하고 兵無所容其刃이니라 夫何故오 以其無死地일새라

> 1) (人之生動之死地)〔而民之生生 而動皆之死地〕: 저본에는 '人之生動之死地'로 되어 있으나, 이는 "사람이 살아 움직이다가 사지로 들어간다."는 애매모호한 문장이 된다. 하지만 傅奕本, 帛書本 등은 '而民之生生 而動皆之死地'로 되어 있는데 이는 注文의 "而民生生之厚 更之無生之地焉"과 호응한다. 따라서 傅奕本과 帛書本에 의거하여 수정한 바그너를 따라 바로잡는다.

삶으로 가는 무리가 열에 셋이요 죽음으로 가는 무리가 열에 셋인데, 백성 가운데 살고 또 살려고만 하여 움직이다가 모두 死地로 가는 것이 또한 열에 셋이다. 〈이는〉 무슨 까닭인가? 〈백성들이〉 살고 또 살려고 하는 마음이 강하기 때문이다.

대저 듣건대 攝生을 잘하는 자는 육지로 다녀도 외뿔들소나 호랑이를 만나지 않고 군대에 들어가도 갑옷과 무기를 착용하지 않으니, 외뿔들소의 뾰족한 뿔에 치받힐 일이 없고 호랑이의 날카로운 발톱에 할퀼 일이 없고 兵仗器의 날카로운 칼날에 베일 일이 없다. 무슨 까닭인가? 〈섭생을 잘하는 자에게는〉 死地가 없기 때문이다.

兕(≪三才圖會≫)

【注】 十有三은 猶云十分有三分이라 取其生道하여 全生之極이 十分有三耳이요 取死之道하여 全死之極이 十分亦有三耳라 而民生生之厚면 更之無生之地焉하나니 善攝生者는 無以主爲生이라 故無死地也라 器之害者는 莫甚乎戈兵하고 獸之害者는 莫甚乎兕虎로되 而令兵戈無所容其鋒刃하고 虎兕無所措其爪角하니 斯誠不以欲累其身者也라 何死地之有乎리오 夫蚖蟺以淵爲淺하여 而鑿穴其中하고 鷹鸇以山爲卑하여 而增巢其上이라 矰繳不能及하고 網罟不能到하니 可謂處於無死地矣라 然而卒以甘餌로 乃入於無生之地하니 豈非生生之厚乎아 故物이 苟不以求離其本하고 不以欲渝其眞이면 雖入軍而不〔可〕¹⁾害하고 陸行而不可犯也니 赤子之可則而貴는 信矣니라

1) 〔可〕 : 저본에는 없으나, 바그너는 뒤의 '不可犯'과 대구를 맞춰 '可'를 보충하였는데 이를 따른다.

'열에 셋'이란 전체의 10분에서 3분을 차지한다고 말한 것과 같다. 생명의 길을 취해 가능한 한 오래 살고자 하는 사람이 10분 가운데 3분이며, 죽음의 길을 취해 가능한 한 빨리 죽고자 하는 사람이 또한 10분 가운데 3분이다. 〈그런데〉 백성들이 살고 또 살려고 하는 마음이 강하면 도리어 생명이 없는 땅으로 가게 된다. 攝生을 잘하는 자는 살기 위해 살려고 함이 없다. 그래서 사지가 없는 것이다.

〈사람이 만든〉 기물 가운데 〈전쟁에 쓰이는〉 칼이나 창보다 더 해로운 것이 없고, 짐승 가운데 〈뾰족한 뿔을 가진〉 외뿔들소나 〈날카로운 발톱을 가진〉 호랑이보다 더 해로운 것이 없다. 그런데 그 창칼로 찌를 곳이 없고 호랑이나 외뿔들소가 뿔이나 발톱으로 치받거나 할퀼 곳이 없게 하니, 이는 진실로 욕심 때문에 자신에게 누가 되지 않도록 한 사람이다. 그러니 어찌 사지가 있겠는가!

〈저 독을 가진〉 爬蟲類들은 연못을 얕다고 하며 그 속에 구멍을 파 들어가 살고, 매와 수리는 산을 낮다고 여겨서 나무 꼭대기 위에 둥지를 틀고 산다. 그래서 주살이 닿지 않고 그물이 미치지 못하니, 사지가 없는 곳에 산다고 할 수 있다. 그런데 결국 달콤한 미끼 때문에 생명이 없는 땅으로 들어가니, 이것이 어찌 살고 또 살려는 마음이 강해서가 아니겠는가!

그러므로 만물 중에 자신이 구하는 것으로 인해 근본을 떠나지 않고 자신의 욕심으로 인해 타고난 본성〔眞〕을 더럽히지 않으면, 비록 군대에 들어가도 〈창칼에〉 해코지당하지 않고 육지를 다니더라도 〈맹수에게〉 당하지 않을 수 있으니, 〈이렇게 볼 때〉 갓난아기야말로 본받을 만하고 귀하다는 말은 믿을 만하다!

제51장

　　성인의 완벽한 지배 아래에서 백성들은 어떠한 강제 없이도 저마다 의무를 할 것이다. 해야만 하는 일을 '자연스럽게' 할 것이며, 이렇게 해서 모종의 '존재의 가벼움'을 느낌과 동시에 天體들이 자신의 궤도에 따라 운행하고 식물이 생장하고 시드는 것과 같이 자신들의 과업을 수행할 것이다. 그들은 어떤 뚜렷한 노력 없이 자신의 일만 할 것이다. 이것이 자연의 결과 즉 '스스로 그렇게' 일어나고 '자신의 과정'을 취하는 사물의 효과이다.

　　자연과 文明, 우주와 사회는 마치 영원한 운동계처럼 기능할 때, 즉 어떤 외적인 에너지의 투입이나 내적인 마찰에 따른 에너지의 손실도 없이 그 자신의 과정을 따라가는 기계처럼 기능할 때 가장 잘 기능한다. 외부 에너지의 원천, 말하자면 우주적 배터리에 의존하는 어떠한 기계도 그 배터리와 더불어 멈추게 될 것이다. 오로지 내재적으로 에너지를 자급하는 기계만이 절대로 다함이 없을 것이다. 만약 하나의 유기체가 전적으로 닫혀 있으면서 '스스로 그러하다'면 그것은 '새지 않을' 수 있다. 그 힘이나 효력은 방해받지 않는다. 이것이 ≪노자≫의 관점에서 우주와 국가 모두의 이상적인 시나리오이다. 여기의 제51장은 이러한 성격을 잘 보여준다.

　　도가적 우주나 국가엔 道나 王에게 표하는 '尊敬'이 없다. 만일 존경을 표한다면 그 시나리오의 절대적 내재성을 방해할 것이다. 거기에는 외적인 기원이나 원천, 그 과정을 '인도하는' 적극적인 힘이 없다. 완벽한 力學 안의 제요소들은 확실히 자신들의 방해받지 않는 '존재의 가벼움'을 소중히 여긴다. 완벽한 국가 안의 백성들은 자신의 왕을 소중하게 생각하고 존중할 것인데, 마치 자연 속의 만물이 道를 소중하게 생각하고 존중하듯이, 즉 그들이 해야 할 것을 지속적이고 소박하게 하면서 말이다.

51.1 道生之하고 德畜之하고 物形之하고 勢成之라

　　道는 〈만물을〉 낳고, 德은 〈만물을〉 길러주며, 物은 〈만물이〉 형체를 갖추게 하고, 勢는 〈만물을〉 이루어준다.

【注】物生而後畜하고 畜而後形하고 形而後成이라 何由而生이오 道也요 何得而畜이오 德也요 何(由)〔因〕[1]而形이오 物也요 何使而成이오 勢也니라 唯因也라 故能無物而不形하고 唯(勢)〔使〕[2]也라 故能無物而不成이라 凡物之所以生과 功之所以成은 皆有所由니 有所由焉이면 則莫不由乎道也라 故推而極之컨댄 亦至道也라 隨其所因이라 故各有稱焉이니라

1) (由)〔因〕: 저본에는 '由'로 되어 있으나, 陶鴻慶의 설에 따라 '因'으로 바로잡는다.
2) (勢)〔使〕: 저본에는 '勢'로 되어 있으나, '唯因也'에 짝하는 '唯使也'가 되어야 한다고 본 바그너의 견해에 따라 '使'로 바로잡는다.

만물은 낳아진 이후에 길러지고 길러진 이후에 형체를 갖추고 형체를 갖춘 이후에 완성된다. 무엇을 말미암아 낳아지는가? 道이다. 무엇을 얻어서 길러지는가? 德이다. 무엇을 인하여 형체를 갖추는가? 物이다. 무엇이 부려서 이루어지는가? 勢이다.

오로지 인하기에 어떤 것이든 형체를 갖추지 못하게 하는 일이 없고, 오로지 부리기만 하기에 어떤 것도 이루지 못하게 하는 일이 없다. 무릇 만물이 생겨나는 까닭, 공이 이루어지는 까닭에는 모두 말미암는 바가 있으니, 말미암는 바가 있다면 도를 말미암지 않음이 없다. 그러므로 이를 끝까지 미루어보면 또한 도에 이른다. 〈만물은〉 저마다 인하는 바에 따르기 때문에, 각각 그에 적절한 칭호가 주어진다.

51.2 是以로 萬物은 莫不尊道而貴德하나니

이런 까닭에 만물은 道를 받들고 德을 귀하게 여기지 않음이 없으니,

【注】道者는 物之所由也요 德者는 物之所得也니라 由之乃得이라 故(日)[1]不得(失)〔不〕[2]尊이요 失之則害라 〔故〕[3]不得不貴也니라

1) (日): 저본에는 '日'이 있으나 陶鴻慶의 설에 따라 衍文으로 처리하였다
2) (失)〔不〕: 저본에는 '失'로 되어 있으나, 樓宇烈은 문의가 통하지 않으므로 陶鴻慶을 따라 교정하였는데, 이를 따른다.
3) 〔故〕: 저본에는 없으나, 樓宇烈은 앞의 '故不得不尊'과 일치하도록 陶鴻慶을 따라 보충하였는데, 이를 따른다.

도란 만물이 말미암는 것이고, 덕이란 만물이 얻는 것이다. 이 〈도를〉 말미암아 〈덕을〉 얻기 때문에 받들지 않을 수 없고, 그 〈덕을〉 잃으면 해롭기 때문에 귀하게 여기지 않을 수 없다.

51.3 道之尊과 德之貴는 夫莫之命而常自然이라

道가 높고 德이 귀한 것은 대저 누가 명령하지 않아도 항상 자연스럽게 된다.

【注】 (命은 幷作爵라)[1]

　　1) (命 幷作爵): 經51.3 '夫莫之命而常自然'의 命이 다른 판본에는 모두 '爵'으로 되어 있
　　　는데, 樓宇烈은 板本상의 차이를 가리키면서 이 注文을 校勘者가 쓴 것으로 보아야 한
　　　다고 했다. 이를 따라 衍文으로 처리하였다.

　　('命'은 〈다른 곳에는〉 모두 '爵'으로 되어 있다.)

51.4 故道生之하고 德畜之하며 長之育之하고 亭之毒之하며 養之覆之니라

그래서 도는 〈만물을〉 낳고 덕은 〈만물을〉 기르며, 자라게 하고 기르며, 형체를
주고 바탕을 이루어주며, 먹을 것을 주고 덮어준다.

【注】 (謂成其質)〔亭謂品其形이요 毒謂成其質이니〕[1] 各得其庇蔭하여 不傷其體矣니라

　　1) (謂成其質)〔亭謂品其形 毒謂成其質〕: 저본에는 '謂成其實'로 되어 있으나, 易順鼎·宇惠
　　　등의 학자들이 ≪初學記≫에 인용된 王弼의 注文에 의거하여 '亭謂品其形 毒謂成其質'이
　　　라고 하였는데, 이를 따른다.

　　亭은 형체를 품부한다는 뜻이고, 毒은 바탕을 이루어준다는 뜻이니, 각각 저마다 의
　　지할 곳을 얻어 그 몸을 상하게 하지 않는다는 뜻이다.

51.5 生而不有하고 爲而不恃하며

낳으면서 가지지 않고, 하되 의지하지 않으며,

【注】 爲而不有니라

　하면서도 가지지 않는다는 뜻이다.

51.6 長而不宰하니 是謂玄德이라

자라게 하되 다스리지 않으니 이것을 일컬어 '신묘한 덕'이라 한다.

【注】 有德而不知其主也니라 出乎幽冥이라 故謂之玄德也라

덕이 있으나 그 주인을 알지 못한다. 그윽하고 어두운 데에서 나오는 까닭에 이를 일컬어 '신묘한 덕'이라 했다는 뜻이다.

제52장

시간의 부분들이 사슬로 연결되어 있을 때, 한 부분의 종결은 또 다른 부분의 시작을 나타낸다. 이렇게 시작과 끝은 시간의 지속에 있어서 상호의존적이며, 둘 다 시간의 전개 과정 속에서 동일하게 중요한 부분이다. 만일 어떤 것이 '適時性'이 '탁월'하다면 누군가는 시작처럼 끝에 대한 고려를 해야만 할 것이다. 시간의 과정이 끝을 상정하고 있지 않는 것처럼, 특정한 단계들은 그것들의 시간이 다 되었을 때 종결되어야만 한다. 永續은 '중단의 통제(숙달)'에 의해 좌우된다.〔知止〕

영속과 같은 ≪노자≫의 시간개념은 영속과 中絶을 구분하는 토대에서 확립되었다. 영속은 시간의 완벽한 형상이고 이것은 그 안에 중단이 없을 때 실현된다. 그러나 중단되지 않는 영속은 동일한 영속이 아니라 오히려 한 부분에서 그 다음 시간의 한 부분으로의 영속적이고 매끄러운 전환이다.

영속은 이와 같이 사물이 변화하지 않는다는 것, 시간이 중단된다는 것을 의미하진 않는다. 그것은 질서 정연한 전환을 의미한다. 따라서 시간을 교란시키는 두 가지 주요한 원인이 있다. 활동들이 너무 빨리 끝나버려서 그 활동의 목표에 도달하는데 실패할 수 있거나, 그것들이 너무 많은 시간을 할애하여서 시간의 진행을 저해할 수 있다는 것이다. 그러므로 영속은 정확한 종결과 시작의 지속적인 감독에 기반을 둔다.

만일 시작과 종결이 영속을 탐구하는 道家에서 그렇게 중요하다면 아마도 질문이 생길 수 있을 것이다. 도가적 '시간의 사슬'은 때에 맞춘 '완전무결'한 시작을 가지고 있는가? 혹은 그것이 시작이나 끝이 없는 주기와 유사한 것인가?

≪노자≫에서의 몇몇 구절은 정말로 시간에 시작이 있었음을 나타내는 것처럼 보인다. 그러나 이 시작은 우리가 볼 것처럼, 사실 정말로 시간을 先行하지는 않는다. 시작은 시간요소의 안에 있다. ≪노자≫에서 몇몇 구절들은 '시작'의 문제나 혹은 제14장에서 표현하는 '고대에 시작이 있었다.'와 같은 것들을 논한다.

여기의 제52장은 말한다. '천하에는 시작이 있으면 이를 천하의 어미로 여긴다.' 이런 문구들은 '시작'과 '母性'에 대해 말하는 제1장과도 共鳴한다. 그것은 시간이 어

떤 것을 시작했던 것처럼, 그러므로 먼 과거에서 현재와 미래에 이르는 화살의 형상
처럼 어떤 것을 나타내는 것처럼 보인다. 그러나 ≪노자≫의 제52장은 그러한 線形
的 형식에서 진행되지 않다. 거기에는 이러한 상당히 수수께끼 같은 신비한 단어들
을 덧붙인다.

52.1 天下有始면 〔可〕¹⁾以爲天下母니

1) 〔可〕: 저본에는 없으나, 바그너는 아래의 注文에 의거하여 '可'를 보완하였는데, 이를 따
른다.

천하에 시작이 있으면 이를 천하의 어미로 삼을 수 있으니,

【注】善始之면 則善養畜之矣라 故天下有始면 則可以爲天下母矣니라

잘 시작하면 잘 먹이고 기르게 된다. 그래서 천하에 시작이 있으면 천하의 어미로 삼
을 수 있는 것이다.

52.2 旣(知)〔得〕¹⁾其母하여 (復)〔以〕²⁾知其子하고 旣知其子하여 復守其母면 沒 (其)〔身〕³⁾不殆니라

1) (知)〔得〕: 저본에는 '知'로 되어 있으나, 아래 注文에서 '得本'이라 했고, 諸本에 '得'으로
되어 있는 것에 의거하여 '得'으로 바로잡는다.
2) (復)〔以〕: 저본에는 '復'로 되어 있으나, 諸本에 의거하여 '以'로 바로잡는다.
3) (其)〔身〕: 저본에는 '其'로 되어 있으나, 諸本에 의거하여 '身'으로 바로잡는다.

이미 그 어미를 얻어 이를 통해 그 자식을 알고, 이미 자식을 알아 〈이를 통해〉
다시 그 어미를 지키면 죽을 때까지 위태롭지 않다.

【注】母는 本也요 子는 末也라 得本以知末이요 不舍本以逐末也니라

어미는 근본이요, 자식은 말단이다. 근본을 얻어 말단을 알아야지 근본을 버리고 말
단을 좋아서는 안 된다는 뜻이다.

52.3 塞其兌하고 閉其門이면

〈욕심이 나오는〉 구멍을 막고 〈욕심이 나오는〉 문을 닫으면,

> 【注】兌는 事欲之所由生이요 門은 事欲之所由從也라

兌란 일 벌이려는 욕심이 생겨나오는 곳이요, 門이란 일 벌이려는 욕심이 따라 나오는 곳이다.

52.4 終身不勤[1]이어니와

> 1) 塞其兌……終身不勤 : 이 부분을 ≪淮南子≫ 〈道應訓〉에서는 孟嘗君의 아버지 靖郭君 薛公 田嬰의 이야기로 설명한다. 이 이야기에 나오는 齊王이 ≪韓非子≫ 〈外儲說 右上〉에서는 威王, ≪戰國策≫ 〈齊策〉에서는 宣王으로 등장한다. ≪淮南子≫에서, 齊나라 王后가 죽자 薛公이 누구를 왕후로 책봉할지 왕의 생각을 알고자 10개의 귀고리를 선물한다. 가장 아름다운 귀고리를 왕이 누구에게 주었는지 알아본 후 설공은 그 여인을 왕후로 추천하였다. 그러자 齊王이 기뻐하며 설공을 중용한다. ≪淮南子≫는 이 이야기를 소개한 후 "군주의 의욕이 밖으로 드러나면 신하에게 제어당하게 된다.〔人主之意欲 見於外 則爲人臣之所制〕"고 평하고 나서 ≪노자≫의 이 문장을 인용한다.

죽을 때까지 수고롭지 않겠지만

> 【注】無事永逸이라 故終身不勤也라

일이 없이 길이길이 편안하므로 죽을 때까지 수고롭지 않은 것이다.

52.5 開其兌하고 濟其事면 終身不救니라

〈욕심이 나오는〉 구멍을 열고 그 일을 다스리면 죽을 때까지 구제받지 못한다.

> 【注】不閉其原하여 而濟其事라 故雖終身不救니라

그 〈욕심의〉 근원을 막지 않고서 그 일을 다스리기 때문에 비록 그 몸이 다하더라도 구제받지 못하는 것이다.

52.6 見小曰明[1]이요 守柔曰强이니

> 1) 見小曰明 : 이 구절은 ≪淮南子≫ 〈道應訓〉에서 子貢과 孔子의 이야기로 설명하는데, 같은 고사가 ≪呂氏春秋≫ 〈先識覽 察微〉, ≪孔子家語≫ 〈致思〉, ≪說苑≫ 〈治理〉에 두루 보인

다. 魯나라 法에는 노나라 사람이 다른 나라의 종이나 첩으로 있는 사람을 돈으로 빼내 오면 국고에서 보상하게 되어 있었다. 그런데 子貢이 그렇게 하고도 보상금을 사양했다. 그러자 공자는 자공이 실수했다고 한탄하며 앞으로 노나라 사람은 다른 나라의 종이나 첩이 된 노나라 사람을 돈으로 빼내 오는 일을 하지 않을 것이라고 걱정한다. ≪淮南子≫는 이 이야기를 소개한 후 "공자가 변화를 읽을 줄 안다.〔孔子亦可謂知化矣〕"고 칭찬하며 ≪老子≫의 이 문장을 인용한다.

작은 것을 보는 것을 '밝다' 하고, 부드러움을 지키는 것을 '강하다' 하니,

【注】爲治之功은 不在大니 見大不明이요 見小乃明이며 守强不强하고 守柔乃强也라

다스림을 이루는 공은 큰 것에 있지 않으니 큰 것을 보는 것은 밝은 것이 아니며, 작은 것을 보아야 밝은 것이다. 강함을 지키는 것은 강한 것이 아니라 부드러움을 지켜야 강한 것이다.

52.7 用其光하여

그 밝은 빛을 써서

【注】顯道以去民迷라

도를 드러내어 백성들의 미혹됨을 제거한다는 뜻이다.

52.8 復歸其明이면

다시 그 밝음으로 되돌아오면,

【注】不〔以〕[1]明察也라

1) 〔以〕: 저본에는 없으나, 注18.2, 注49.5 등 여러 곳에서 언급되는 표현이므로 '以'를 넣어주어야 한다는 바그너의 설에 따라 '以'를 보충하였다.

〈성인은 자신의〉 밝음으로 〈까칠하게〉 살피지 않는다는 뜻이다.

52.9 無遺身殃이니 是爲習常이니라

제 몸에 재앙거리를 남기지 않으니 이것이 '늘 그러함을 익힌다.'는 것이다.

【注】 道之常也니라

　도의 늘 그러함을 뜻한다.

제53장

제53장은 1인칭 視點으로 말을 시작한다. 한스 게오르그 묄러(Hans-Georg Moeller)는 여기에 언급된 '나'는 著者가 아니고, 차라리 讀者나 聽者가 동일시하리라 생각되는 그 '나'를 가리킨다고 보았다.

도는 하나의 평탄한 길이다. 그러나 너무 평탄하기에 그 길을 걷는 사람들을 '흥분시킬 만한' 또 다른 길을 찾게 만들 수도 있다. 그러나 실제로 행동에 옮겨 평탄한 길을 떠나 더욱 고된 길로 가는 것은 성공으로 이끌지 못한다.

제53장의 나머지 부분은 무질서의 상태를 묘사하고 있다. 명백하게 도에서 벗어난 지배 엘리트는 그 나라의 富를 거두어들이고, 통치의 의무는 소홀히 한다. 그러한 통치자들은 '도적놈'에 비교되고 있다. 그런데 도적놈을 뜻하는 '盜'는 '道'와 발음이 같다. 백성을 착취하는 통치자들의 道는 도적놈의 盜이지 진정한 道가 아니다.

53.1 使我介然有知하여 行於大道면 唯施是畏라

내가 조금이라도 아는 바가 있어 〈천하에〉 큰 道를 행하게 된다면 오로지 〈자연스러움을 거슬러 하는 것을〉 베풀게 될까 두려울 뿐이다.

【注】言若使我可介然有知하여 行大道於天下면 唯施爲(之)[1]是畏也라

1) (之) : 저본에는 '之'가 있으나, 樓宇烈은 道藏集注本에 의거하여 생략하는데, 이를 따른다.

만약 내가 조금이라도 아는 바가 있어 천하에 큰 도를 행하게 된다면 오로지 그것이 〈자연스러운 본성에 거슬러〉 하는 것을 베풀게 될까 두렵다는 것을 말한 것이다.

53.2 大道甚夷어늘 而民好徑이로다

큰 길은 매우 평탄한데, 백성들은 샛길을 좋아한다.

【注】言大道蕩然正平이어늘 而民猶尚舍之而不由하고 好從邪徑하니 況復施爲以塞大道之中乎리오 故曰 大道甚夷어늘 而民好徑이라하니라

큰 길이 널찍하고 바르며 평평한데 백성들은 오히려 그 길을 버려둔 채 다니지 않고 샛길로 다니기를 좋아하니, 하물며 다시 〈자연스러움을 거슬러〉 하는 일을 베풀어 큰 길의 한가운데를 막음에 있어서랴라고 말한 것이다. 그래서 "큰 길은 매우 평탄한데, 백성들은 샛길을 좋아한다."고 했다.

53.3 朝甚除면

궁궐 안이 너무 깨끗하면

【注】朝는 宮室也요 除는 潔好也라

朝는 궁궐의 뜻이고, 除는 깨끗하고 좋다는 뜻이다.

53.4 田甚蕪하고 倉甚虛하며

〈농사짓는〉 밭은 〈잡초가〉 무성하고 창고는 텅텅 비며,

【注】朝甚除면 則田甚蕪하고 倉甚虛하니 設一而衆害生也라

궁궐 안이 너무 깨끗하면 〈농사짓는〉 밭은 잡초가 무성하고 창고는 텅텅 비게 되니, 〈군주가 궁궐〉 하나를 설치하여 수많은 해로움이 생겼다는 뜻이다.

53.5 服文綵하고 帶利劍하고 厭飮食호대 財貨有餘면 是謂盜夸로다 非道也哉인저

아름다운 무늬로 꾸민 비단옷을 입고 날카로운 검을 차고 싫증나도록 먹고 마시고도 재산이 남아돈다면 이런 이들을 일컬어 도둑질하여 사치 부리는 놈이라 한다. 〈도둑질한 것이지〉 道가 아니다!

【注】凡物不以其道得之면 則皆邪也요 邪則盜也라 (夸)〔貴〕而不以其道得之면 竊位也니 〔竊則夸也〕[1]라 故擧非道以明이니 非道면 則皆盜夸也라

1) (夸)〔貴〕而不以其道得之……〔竊則夸也〕: 저본에는 '夸而不以其道得之 竊位也'로 되어 있으나, 樓宇烈은 이 부분을 '夸而不以其道得之 盜夸也 貴而不以其道得之 竊位也'로 보았다.

그 뜻은 "사치스럽게 사는데 마땅한 도리로 얻는 게 아니면 그것은 도둑질하여 사치 부리는 것이요, 신분이 귀한데 마땅한 도리로 얻은 게 아니면 지위를 훔친 것이다."이다. 바그너는 集注本에 의거하여 物과 貴가 대구를 이루고, '邪則盜也'에 대구를 이루도록 '竊則夸也'를 보충하였는데, 바그너의 교정이 무리가 없다 생각되어 이를 따랐다. 王弼은 注의 끝에서 '皆盜夸也'라 하였으니 맥락상 樓宇烈의 순서보다 바그너의 것이 타당해 보인다.

어떤 물건이든 마땅한 도리로 얻은 게 아니면 모두 잘못된 것이요, 잘못된 것은 도둑질한 것이다. 귀한 〈지위는〉 마땅한 도리로 얻은 게 아니면 지위를 훔친 것이니, 훔친 것이라면 사치 부리는 것일 뿐이다. 그래서 도가 아닌 것을 들어 밝혔으니, 도리가 아니라면 모두 도둑질하여 사치 부리는 것일 뿐이다.

제54장

　제54장은 아주 儒家的인 것처럼 보인다. 첫 부분은 家門의 연속성을 찬양하는데 유가에게 가장 중요한 것이다. 孟子는 다음과 같이 말하였다.

　"세 가지의 가장 커다란 不孝가 있는데 가장 큰 것이 後嗣가 없는 것이다."

　한 가문이 후사를 갖지 못하면 조상에 대한 제사를 계속 이어서 조상을 살아 있게 하는 사람이 없는 것이다. 아들을 낳지 못하는 것은 조상들의 家系를 단절시켜 가문 전체를 滅門에 이르게 한다. 이것이 ≪老子≫ 이외의 道家 문헌에서 전형적으로 발견되는 것과는 다른 永遠의 추구이다. 도가에게 영원함이란 가문이나 씨족에 매여 있는 것이 아니라 신체나 국가 또는 우주에 결속되어 있다. 예를 들어 자연은 生死의 영원한 순환과정으로 파악하는 것이다.

　둘째와 셋째 부분은 애초에 儀禮 문헌의 일부였던 유가의 ≪大學≫과 아주 유사하다. 이 두 부분의 주제와 ≪대학≫의 주제는 모두 군주의 수양이 자신의 몸으로부터 천하로까지 확장되는 것이다. 유가와 도가 모두는 개인적 신체, 사회 공동체 그리고 자연을 상호 연결된 하나의 전체로 보았다.

54.1 善建[者][1]는 不拔하고

　1) [者] : 저본에는 없으나, 아래의 經54.2와 호응하므로 '者'를 보충하였다.

　잘 심어 세운 것은 뽑히지 않고,

　【注】 固其根而後에 營其末이라 故不拔也라

　　그 뿌리를 굳건히 한 후에 그 줄기와 가지를 돌본다. 그래서 뽑히지 않는 것이다.

54.2 善抱者는 不脫하니

　잘 끌어안은 것은 벗겨지지 않으니,

【注】 不貪於多하고 齊其所能이라 故不脫也라

많은 것을 탐내지 않고 제 능력에 맞추어 한다. 그래서 벗겨지지 않는 것이다.

54.3 子孫以祭祀不輟하나니라

〈이러한 道를 子孫에게 전하는 자는 그〉 자손들이 지내는 제사가 끊기지 않는다.

【注】 子孫傳此道하여 以祭祀면 則不輟也라

자손이 이러한 도를 전하여 제사 지낸다면 제사가 끊기지 않는다.

54.4 修之於身하면 其德乃眞[1]이요 修之於家하면 其德乃餘요

1) 修之於身 其德乃眞 : ≪淮南子≫ 〈道應訓〉에서 楚 莊王과 詹何의 이야기로 해설한다. 楚
莊王이 詹何에게 '나라 다스리는 방법[治國]'을 묻자 첨하는, "자기 몸이 잘 다스려지는데
나라가 어지러운 경우를 들어본 적 없고, 또한 자기 몸이 어지러운데 나라가 잘 다스려진
경우도 들어본 적 없다. 근본은 자기 몸에 있으니 감히 말단에 대해서는 말하지 않겠다.
〔未嘗聞身治而國亂者也 未嘗聞身亂而國治者也 故本在於身 不敢對以末〕"고 답한다. ≪회남
자≫는 이 이야기를 소개한 후 ≪노자≫의 이 문장을 인용한다.

〈그 道를〉 내 몸에 닦으면 그 德이 곧 참되며, 〈그 도를〉 내 집에 닦으면 그 덕이
곧 남음이 있으며,

【注】 以身及人也라 修之身則眞이요 修之家則有餘하니 修之不廢하면 所施轉大하리라

제 자신으로부터 다른 사람에게까지 미치는 것이다. 〈이러한 도를〉 제 몸에 닦으면 참
되고(자신의 참된 본성이 실현되고.) 〈이 도를〉 집안에 닦으면 〈집안이〉 넉넉해진다. 이
도를 닦는 것을 멈추지 않으면 그 〈덕이 미치는〉 범위가 점점 커진다.

54.5 修之於鄕하면 其德乃長이요 修之於國하면 其德乃豊이요 修之於天下하면 其德乃普라 故로 以身觀身하고 以家觀家하고 以鄕觀鄕하고 以國觀國하고

〈그 도를〉 내 마을에 닦으면 그 덕이 곧 자라날 것이며, 〈그 도를〉 내 나라에 닦
으면 그 덕이 곧 풍성해질 것이며, 〈그 도를〉 천하에 닦으면 그 덕이 곧 두루 미칠
것이다. 그러므로 그 몸으로써 몸을 보고, 그 집안으로써 집안을 보고, 그 마을로써

마을을 보고, 그 나라로써 나라를 보고,

【注】彼皆然也라

〈자기 자신, 집안, 마을, 나라는 물론 천하 등〉 저들 모두가 다 그러하다.

54.6 以天下觀天下하니

천하로써 천하를 보니,

【注】以天下百姓心으로 觀天下之道也하니라 天下之道는 逆順吉凶호대 亦皆如人之
道也라

천하 백성들의 마음으로 천하의 道를 본다는 뜻이다. 천하의 도는 거스르기도 하고
따르기도 하고 길하기도 하고 흉하기도 한데, 또한 모두 사람의 도와 같다.

54.7 吾何以知天下然哉리오 以此로다

내가 어떻게 천하가 그러함을 아는가? 이 때문이다.

【注】此는 上之所云也라 言吾何以得知天下乎아 察己以知之요 不求於外也라하니
所謂不出戶以知天下者也라

'이것'이란 위에서 말한 것이다. '내가 무엇으로 천하를 알 수 있는가? 내 자신을 살펴
그것을 아는 것이지 밖에서 구한 것이 아니다.'라는 말이니, 이른바 〈제47장에서〉 "문
밖을 나가지 않아도 천하를 안다."는 것이다.

제55장

갓난아기는 道家에서 말하는 聖人의 중요한 이미지이다. 제52장에서 말하는 '어미로의 회귀(the return to the mother)'는 道家的 修養의 목적으로 읽힐 수 있다.

사람은 幼兒 상태 또는 심지어 胎兒 상태로 회귀하는 것을 상상할 수 있는데, 그 때는 사람이 생명의 정기가 새나가는 어떠한 '구멍들'(제52장을 보라.)도 없는 상태이다. 갓난아기는 상처 입힐 수 없다고 묘사된다. 제50장의 언어로 말하자면 갓난아기나 태아는 '삶을 살려고 하는[生生]' 것을 아직 시작하지 않은 상태이기에 아직 死地가 없다. 이것이 바로 야생동물이 해치지 못하는 까닭이다.

동시에 구멍이 없고 정기가 새나가는 일도 없기에 갓난아기는 잠재력이 무한한 精氣를 갖게 된다. 그래서 하루 종일 울어도 지치지 않고 손을 쥐면 꽉 쥘 수 있는 것이다. 비슷하게 性的 활동을 하지 않는데도, 즉 射精하지 않는데도 그 性器가 오랫동안 곧게 서 있다. 이런 것들은 정기의 지극함(the maximum of vital essence)의 사례들인데, 이것은 어떠한 힘도 낭비하거나 잃지 않음으로써 유지된다.

'어미로의 회귀' 그리고 '갓난아기로의 회귀'는 최소한 문자 그대로는 신체수양을 위한 처방으로 이해할 수 있다. 도가적 수행은 자신의 신체를 '닫는 것(closing)', 예를 들어 사정을 피하는 房中術이 잘 증명하듯이 자기 안의 모든 정기를 保持하는 것을 목적으로 하는 것이었을 것이다.

그러나 그것은 또한 자의식 출현 이전 상태로의 회귀라는 철학적 해석도 가능하다. 갓난아기나 태아는 아직 발달된 自我가 없으며, 자유의지도 도덕성도 없고, 옳고 그름도 분별할 줄 모른다. 갓난아기와 태아는 여전히 '동물적 본성'을 보존하고 있는 본능적 존재이다. 갓난아기와 태아는 無爲하듯이 행동하고, 하는 바가 '자연스럽게[自然]' 일어난다. 삶의 변두리에서 갓난아기의 상태는 우리 삶의 최소의 '인간적' 국면이다. 그래서 가장 자연적이다.

도가적인 정신 수양은 이러한 前意識的 상태(preconscious state)로의 회귀를 목적으로 한다. 이러한 상태는 제30장에서 말하는 '强壯하면 늙는[壯則老]' 상태와 대립된다. 갓난아기가 자연 상태를 유지하는 것은 도와 조화를 이루고 있는 것으로 파악되고 있다.

55.1 含德之厚〔者〕¹⁾는 比於赤子하니 蜂蠆(채)虺蛇不螫(석)하고 猛獸不據하고 攫鳥不搏²⁾이니라

1) 〔者〕 : 저본에는 없으나, 아래의 注에 의거하여 '者'를 보충한 바그너의 설에 따라 '者'를 보충하였다.
2) 猛獸不據 攫鳥不搏 : 바그너는 帛書本, 竹簡本 등을 근거로 '猛獸攫鳥不搏'으로 바꾸어야 한다고 주장하였는데, 수용하지 않고 참고로만 밝혀둔다.

도타운 덕을 품은 사람은 갓난아기에 견줄 수 있다. 벌과 전갈, 도마뱀과 뱀도 쏘지 않고, 猛獸도 덤비지 않고, 날짐승도 낚아채지 않는다.

【注】 赤子는 無求無欲하여 不犯衆物이라 故毒蟲之物無犯之¹⁾人也라 含德之厚者는 不犯於物이라 故無物以損其全也라

1) 之 : 樓宇烈은 '於'로 교감하였으나, '之'에 '於'의 훈고가 있으므로 교감하지 않고 '於'의 뜻으로 풀이하였다.

갓난아기는 구하는 게 없고 하고자 하는 것도 없어 뭇 사물을 범하지 않는다. 그래서 독으로 쏘는 벌레들도 〈갓난아기 같은〉 사람을 범하는 일이 없다. 도타운 덕을 품은 사람은 다른 사물을 범하지 않는다. 그래서 어떤 것도 그 온전함을 손상시키는 일이 없다.

55.2 骨弱筋柔而握固하고

뼈가 여리고 근육이 부드러운데도 꽉 움켜쥐면 빼기 어렵고

【注】 以柔弱之故로 故握能(周)〔堅〕¹⁾固하니라

1) (周)〔堅〕 : 저본에는 '周'로 되어 있으나, 道藏集注本에 의거하여 '堅'으로 바로잡는다.

여리고 부드럽기 때문에 쥔 것이 아주 견고할 수 있다.

55.3 未知牝牡之合而全作¹⁾은

1) 未知牝牡之合而全作 : 帛書本에는 '合'이 '會'로 되어 있는데 뜻의 차이는 없다. 하지만 '全

作'의 경우 河上公本에는 '峻作', 傅奕本에는 '朘作', 帛書本에는 '朘怒', 竹簡本에는 '然怒'로 되어 '갓난아기의 고추가 발기하다.'는 뜻이 분명하게 표현되어 있다. 이에 비추어보면 王弼의 注가 모호하게 이루어진 까닭을 유월은 ≪諸子平議≫에서 '全作'이라 되어 있는 誤本에 근거했기 때문일 것이라 추정하였는데 참고할 만하다.

암수의 交合을 알지 못하는데도 온전하게 자라나는 것은

【注】作은 長也라 無物以損其身이라 故能全長也라 言含德之厚者는 無物可以損其德渝其眞이라 柔弱不爭而不摧折하니 皆若此也니라

作은 '자라난다〔長〕'는 뜻이다. 어떤 것도 그 몸을 손상시키는 일이 없다. 그래서 온전하게 자라날 수 있다. 도타운 덕을 품은 사람은 어떤 것도 그의 덕을 손상시키고 그 참된 본성을 바꾸는 일이 없음을 말한 것이다. 여리고 부드럽게 대하면서 다투지 않아 꺾이고 부러지지 않음이 모두 이와 같다.

55.4 精之至也며 終日號而不嗄(사)는

정기의 지극함 때문이며, 하루가 다하도록 울어 젖히는데도 그 목이 쉬질 않는 것은

【注】無爭欲之心이라 故終日出聲而不嗄也라

다투려는 마음이나 욕심이 없기 때문에 하루 종일 소리 내어 울어도 목이 쉬지 않는 것이다.

55.5 和之至也니라 知和曰常이요

조화의 지극함 때문이다. 조화를 아는 것을 '늘 그러함'이라 하고

【注】物以和爲常이라 故知和則得常也라

만물은 조화로움을 늘 그러함으로 여기기 때문에 조화로움을 알면 늘 그러함을 얻는 것이다.

55.6 知常曰明이요

늘 그러함을 아는 것을 '밝음'이라 하며,

【注】不曒不昧하고 不溫不涼하니 此常也라 無形不可得而見이라 〔故曰 知常〕[1]曰
明也라하니라

1)〔故曰 知常〕: 저본에는 없으나, 宇惠의 ≪王注老子道德經≫의 설에 따라 '故曰知常'을
보충한다.

밝지도 않고 어둡지도 않으며, 따뜻하지도 않고 차갑지도 않으니 이것이 늘 그러함
이다. 형체가 없어 볼 수가 없다. 그래서 "늘 그러함을 아는 것을 '밝음'이라 한다."고
했다.

55.7 益生曰祥이요

삶을 보태는 것을 '상서롭다'고 하며,

【注】生不可益하니 益之면 則夭也니라

삶이란 보탤 수가 없으니, 보태면 요절한다.

55.8 心使氣曰强[1]이니

1) 知和曰常……心使氣曰强: ≪淮南子≫ 〈道應訓〉은 中山公子 牟와 詹子의 이야기로 이 부
분을 해설하는데, 이 고사는 ≪呂氏春秋≫ 〈開春論 審爲〉, ≪莊子≫ 〈讓王〉에도 보인다.
中山公子 牟가 詹子에게 자신의 욕망을 이기기 어려움을 말하자, 첨자는 "욕망을 스스로
이겨낼 수 없으면 그냥 욕망을 따르라. 욕망을 따르면 정신에 한이 맺히지 않는다. 욕망을
스스로 이겨낼 수 없는데 억지로 욕망을 따르지 않는 것을 '몸이 심하게 상한다.'고 한다.
몸이 심하게 상한 사람은 長壽하지 못한다.〔不能自勝則從之 從之神無怨乎 不能自勝
而强弗從者 此之謂重傷 重傷之人 無壽類矣〕"고 답한다. 이 이야기를 소해한 후 ≪회남자≫는 여기
의 문장과 經52.7-8의 "그 밝은 빛을 써서 다시 그 밝음으로 돌아온다.〔用其光 復歸其明
也〕"는 문장을 인용한다.

마음이 몸의 氣를 부리는 것을 '강하다' 한다.

【注】心宜無有하니 使氣則强이라

마음속에 마땅히 아무것도 없으니 〈이 마음이〉 기를 부리면 강해진다.

55.9 物壯則老하니 謂之不道라 不道면 早已니라

만물은 强壯하면 곧 늙어버리니 이를 일컬어 道답지 못하다고 한다. 도답지 못하면 일찍 죽는다.

제56장

　'말하지 않음[不言]'이란 주제는 ≪老子≫에 자주 보인다. 예컨대 제2장, 제23장, 제43장 그리고 제73장이 그러하다. 그런데 이 不言은 無爲와 연결된다. 성인 군주는 무위를 행하여 모든 행동이 아무런 방해도 받지 않고 수행되도록 한다. 이와 비슷하게 성인 군주는 말하지 않는다. 그는 개인적으로 어떠한 명령도 내리지 않는다. 그렇게 함으로써 그가 하는 모든 말 즉 명령이나 지시가 제23장에서 진술하듯 '자연스럽게' 일어나도록 하는 상태에 이르게 된다.

　성인 군주의 말하지 않음은 또한 道의 無名에 상응한다. 도에 이름이 없다는 것이 천하에 어떠한 이름도 없다는 것을 의미하는 것이 아닌 것처럼, 성인 군주의 '不言' 또한 천하에 아무런 말이 없다는 것을 의미하지 않는다. 이름 없는 도는 모든 이름 있는 것들을 정박시켜주는 돛(the anchor of all the named)이며, 말하지 않는 성인 군주는 천하 모든 말의 중심(the center of all speech in society)이다.

　또한 한 번 더 주목해야 할 것은, 제33장에서 보았듯이 '안다'는 것은 '어떻게 하는가를 아는' 것이거나 '완성한다'는 것을 의미한다는 점이다. 통치의 노하우를 가진 성인 군주는 무위를 하는 것과 마찬가지로 말하지 않을 것이며, 이와 반대로 이러한 노하우를 갖지 못한 군주는 자신의 言行으로 나라를 다스리고자 할 것이다. 그런데 그렇게 하면 혼란해지게 될 것이다.

　둘째 부분은 제50장과 제52장에서 보았던 '구멍 닫기'라는 주제를 언급하고 있다. 다소 '그윽한(dark)' 언어로 둘째 부분은 사람에게 아끼고, 마찰이나 정력의 낭비를 피하라고 조언하고 있다.

　마지막 부분은 다시 정치적 맥락에서 이해할 수 있다. 성인 군주는 어떠한 종류의 '특수한 관계'도 발전시키지 않으려 한다. 모든 바퀴살에 대해 동일하게 관계를 맺는 수레바퀴의 중심인 '轂(hub)'과도 같이 군주는 완벽하게 치우침이 없다. 예를 들어 제13장에서 선물도 받지 않고 호의도 받아들이지 않는다고 말하듯이, 군주는 누구와도 친구가 되지 않으며 또한 누구도 멀리하지 않는다. 이러한 '치우침 없음(indifference)'으로 인하여 성인 군주는 명성이 있게 되고 또한 백성들의 존경을 받게 되는 것이다.

56.1 知者는 不言하고

아는 자는 말하지 않고

【注】因自然也라

〈말하지 않고〉 자연스러운 〈본성에〉 따른다는 뜻이다.

56.2 言者는 不知¹⁾라

1) 知者不言 言者不知 : 竹簡本에는 '知之者不言 言之者不知'라고 되어 있다. 풀이하면 "도에 대해 아는 사람은 말하지 않고, 도에 대해 말로 하는 자는 알지 못한다."는 뜻이다. 이는 道에 대한 것에 한정되는 의미로 이해해야 한다. 하지만 후대의 판본들은 知와 言에 대한 일반적인 논의로 내용이 바뀌어 있다.

이 구절에 대해 ≪淮南子≫〈道應訓〉과 ≪莊子≫〈知北遊〉에서는 太淸과 無窮, 無爲, 無始의 대화를 통해 우화한다. ≪淮南子≫〈道應訓〉에서 太淸이 無窮에게 도를 아느냐고 물으니 무궁은 모른다고 답한다. 다시 태청이 無爲에게 도를 아느냐고 물으니 무위는 안다고 답한다. 태청이 다시 無始에게, 무궁은 도에 대해 모른다 하고 무위는 안다 하는데 어느 쪽이 옳고 어느 쪽이 그르냐고 물었더니, 무시는 "도는 들을 수 없으니 들린다면 도가 아니고, 도는 볼 수 없으니 보인다면 도가 아니다. 도는 말할 수 없으니 말하면 도가 아니다.〔道不可聞 聞而非也 道不可見 見而非也 道不可言 言而非也〕"고 답한다. 이 대화를 소개한 후, ≪회남자≫는 ≪노자≫의 經2.1과 함께 이 문장을 인용한다.

말하는 자는 알지 못한다.

【注】造事端也라

〈말하는 자는〉 사단을 만든다는 뜻이다.

56.3 塞其兌하고 閉其門하며

〈성인은 감정이 나오는〉 구멍을 막고, 〈욕정이 나오는〉 문을 닫으며,

【注】含守質也라

질박함을 품고 지킨다는 뜻이다.

56.4 **挫其銳**하고 **解其紛**하며

날카로움을 무디게 하고 그 엉킴을 풀며,

【注】除爭原也라

다툼의 원인을 제거한다는 뜻이다.

56.5 **和其光**하고

그 밝은 빛을 부드럽게 하고

【注】無所特顯이면 則物無偏爭也라

유독 드러내는 게 없으면 누구도 특별히 다툴 게 없다는 뜻이다.

56.6 **同其塵**하니

그 티끌을 고르게 하니,

【注】無所特賤이면 則物無偏恥也라

유독 천시하는 게 없으면 누구도 특별히 수치스러울 게 없다는 뜻이다.

56.7 **是謂玄同**이라 **故不可得而親**이요 **不可得而疎**며

이것을 일컬어 '현묘한 고름'이라 한다. 그러므로 이는 친할 수도 없고, 멀리할 수도 없으며,

【注】可得而親이면 則可得而疎也라

친할 수 있으면 멀리할 수도 있다.

56.8 **不可得而利**요 **不可得而害**며

이롭게 할 수도 없고, 해롭게 할 수도 없으며,

【注】可得而利면 **則可得而害也**라

이롭게 할 수 있으면 해롭게 할 수도 있다.

56.9 不可得而貴요 不可得而賤이니

귀하게 할 수도 없고, 천하게 할 수도 없으니,

【注】可得而貴이면 **則可得而賤也**라

귀하게 할 수 있으면 천하게 할 수도 있다.

56.10 故爲天下貴니라

그렇기 때문에 하늘 아래 귀함이 되는 것이다.

【注】無物可以加之也라

어떤 것도 그에 보탤 수가 없다는 뜻이다.

280

제57장

제57장은 두 가지 방식의 통치, 즉 어떠한 과업(tasks)도 가지지 않음으로써 천하를 인수하는 '無爲의 통치(nonactive rulership)'와 사회를 불안케 하고 문제를 일으키는 '有爲의 통치(active rulership)'를 대조시키고 있다.

훌륭한 통치는 소박함에 근거한다. 그것은 단순한 방식의 지배로써 지배당하는 사람들에게 단순하지만 만족스러운 삶을 가져다주는 것이다. 제49장과 제55장에서 말하듯 백성들로 하여금 無知한 상태를 유지하게 함으로써 어린이나 갓난아기와 같이 되게 한다. 백성들을 우쭐거리게 하지 않고 가혹하게 다루지도 않는다.

군주의 의무란 백성들로 하여금 자연 상태 속에서 어떠한 이기적 욕망 – 물론 食欲과 같이 자연스러운 생리적 욕구는 제외하고 – 도 일어나지 않게 하는 것이다. 군주 자신이 無欲의 상태에 있을 때에만, 군주는 오로지 백성들이 그러한 상태를 유지하게 할 수 있다. 군주가 만약 욕망을 내보이게 되면 백성들 또한 마찬가지로 그러한 욕망들을 발전시키게 될 것이다.

그리고 만약 군주가 어떤 종류의 지배나 규칙을 도입하게 되면 군주는 사회의 자연스러운 조화와 소박함을 손상시키게 될 것이다. 군주가 사회를 더욱 복잡하게 하면 할수록 질서를 유지하기란 더욱 더 어려워질 것이다. 규칙이 많다고 해서 삶이 더 나아지는 것은 아니며 오히려 더 많이 다투게 할 뿐이다. "줄일수록 늘어난다.(less is more)"는 것이야말로 道家的 통치술의 핵심이다.

57.1 以正治國하고 以奇用兵하니 以無事取天下하니라

바름으로 나라를 다스리고 기이한 계책으로 군대를 운용하니 일삼음이 없음으로 하면 천하를 취할 수 있다.

【注】以道治國하면 則國平하고 以正治國하면 則奇(正)〔兵〕起(九)〔也〕[1]하니 以無事하면 則能取天下也라 上章云 其取天下者는 常以無事하니 及其有事하여는 又不

足以取天下也라하니라 故以正治國하면 則不足以取天下하여 而以奇用兵也라 夫以道
治國은 崇本以息末이요 以正治國은 立辟以攻末이니 本不立而末淺하고 民無所及이라
故必至〔於〕²⁾以奇用兵也라

1) 則奇(正)〔兵〕起(九)〔也〕 : 저본에는 '兵'이 '正'으로 되어 있으나, 바그너는 張之象本에
따라 '兵'으로 교정하였다. '九'는 '也'의 誤記이므로 바로잡는다.

2) 〔於〕 : 저본에는 없으나, 東條弘의 설에 따라 '於'를 보충하였다.

道로 나라를 다스리면 나라가 평안해지고, 바름으로 나라를 다스리면 奇兵이 일어나
니, 일삼음이 없음으로 하면 천하를 취할 수 있다. 앞의 〈제48장에서〉 말하기를, "천하
를 취하는 것은 늘 일삼음이 없음으로 하니, 일삼음이 있게 되면 또한 천하를 취하기에
는 부족하다."고 했다. 그러므로 바름으로 나라를 다스리면 천하를 취하기에 부족하여
기이한 계책으로 군대를 운용한다고 한 것이다.

대저 道로 나라를 다스리는 것은 근본을 받들어 말단을 그치게 하는 것이요, 바름으
로 나라를 다스리는 것은 법을 세워 말단을 다스리는 것이니, 근본이 서지 않으면 말단
이 천박해지고 백성들이 미칠 곳이 없다. 그래서 반드시 기이한 계책으로 군대를 운용
하는 데에 이르는 것이다.

57.2 吾何以知其然哉리오 以此로다 天下多忌諱면 而民彌貧¹⁾하고 民多利器면國家滋昏하고

1) 天下多忌諱 而民彌貧 : 竹簡本에는 "夫天多忌諱 而民彌叛"으로 되어 있다. 이는 "꺼리고 피
해야 할 것이 많을수록 백성이 모반하는 일이 더 많아진다."는 뜻이니 의미의 차이가 크다.

내가 어떻게 그렇다는 것을 알겠는가? 이 때문이다. 천하에 꺼리고 피해야 할 것
이 많으면 백성은 더욱 가난해지고 백성에게 이로운 기물이 많으면 국가는 더욱 혼
란해진다.

【注】利器는 凡所以利己之器也니 民强則國家弱하니라

利器는 무릇 자신을 이롭게 하는 기물이니 백성이 강하면 국가는 약해진다.

57.3 人多(伎巧)〔智慧〕¹⁾면 (奇物)〔邪事〕²⁾滋起하고

1) (伎巧)〔智慧〕 : 저본에는 '伎巧'로 되어 있으나, 아래 注文에서 王弼이 '民多智慧'라고 한 것

에 의거하여 '智慧'로 바로잡는다.

2) (奇物)〔邪事〕: 저본에는 '奇物'로 되어 있으나, 集注本과 王弼의 注에 의거하여 '邪事'로 바로잡는다.

사람에게 지혜가 많아지면 사악한 일이 더욱 일어나고,

【注】民多智慧면 則巧僞生하니 巧僞生하면 則邪事起하니라

백성에게 지혜가 많아지면 교묘함과 거짓이 생기니, 교묘함과 거짓이 생기면 사악한 일이 일어난다.

57.4 法令滋彰하면 盜賊多有¹⁾하니라

1) 法令滋彰 盜賊多有 : 河上公本, 帛書本, 竹簡本에는 '法令'이 '法物'로 되어 있다. 이때의 物은, 예컨대 "얻기 어려운 재화를 귀하게 여기지 말라.〔不貴難得之貨〕(經3.1)" 할 때의 의미와 통한다.

　이 구절에 대해 ≪呂氏春秋≫ 〈審應覽〉, 〈淫辭〉와 ≪淮南子≫ 〈道應訓〉은 梁 惠王과 翟煎의 이야기로 설명한다. ≪淮南子≫ 〈道應訓〉에서 惠子는 양 혜왕을 위해 국법을 만든다. 혜자가 원로들에게 보이자 모두 좋다 하므로 양 혜왕에게 바쳤다. 양 혜왕은 매우 기뻐하며 적전에게 보여주었는데, 적전 또한 좋다고 하였으나 시행은 반대하였다. 그 까닭을 묻자 적전은 "나라를 다스리는 도리는 禮에 있지 〈법령의〉 문장의 세밀함에 있지 않다.〔治國有禮 不在文辭〕"고 답한다. 이 대화를 소개한 후 ≪회남자≫는 ≪노자≫의 이 문장을 인용한다.

법령이 많아지면 도적이 늘어난다.

【注】立正欲以息邪나 而奇兵用하고 多忌諱欲以(恥)〔止〕¹⁾貧者也나 而民彌貧하고 〔多〕²⁾利器欲以强國者也나 而國愈昏(多)〔弱〕³⁾하니 皆舍本以治末이라 故以致此也라

1) (恥)〔止〕: 저본에는 '恥'로 되어 있으나, 波多野太郎의 설에 따라 '止'로 바로잡는다.
2) 〔多〕: 저본에는 없으나, 바그너는 經57.2에서 "天下多忌諱 而民彌貧 民多利器 國家滋昏"이라 하였으므로 '多'가 있어야 한다고 주장하였는데, 타당하게 여겨지므로 이를 따라 '多'를 보충하였다.
3) (多)〔弱〕: 저본에는 '多'로 되어 있으나, 陶鴻慶의 설에 따라 '弱'으로 바로잡는다.

바름을 세워 사악함을 없애려 하나 奇兵이 사용되고, 꺼리고 피해야 할 것을 많게 해

서 가난을 그치게 하려 하나 백성은 더욱 가난해지고, 이로운 기물을 많게 해서 나라를 강하게 하려 하나 나라는 더욱 혼란스럽고 약해진다. 이 모두가 근본을 버리고 말단을 다스리는 것이기 때문에 이런 상태에 이르른 것이다.

57.5 故로 聖人云 我無爲而民自化하고 我好靜而民自正하고 我無事而民自富하고 我欲無欲而民自樸[1]이라하니라

1) 我欲無欲而民自樸 : 帛書本, 竹簡本에는 모두 '我欲不欲而民自樸'으로 되어 있으나, 왕필의 경우에도 注에서 '我之所欲 唯無欲'이라 하였으니 의미상의 차이는 없다.

그러므로 성인은 "내가 無爲하면 백성이 저절로 敎化되고, 내가 고요함을 좋아하면 백성이 저절로 바르게 되고, 내가 일삼음이 없으면 백성이 저절로 부유해지고, 내가 無欲을 바라면 백성이 저절로 소박해진다."고 했다.

【注】 上之所欲을 民從之速也라 我之所欲이 唯無欲이면 而民亦無欲而自樸也니라 此四者는 崇本以息末也라

윗사람이 원하는 것을 백성은 재빨리 따른다. 내가 바라는 게 오로지 무욕이면 백성 또한 욕심을 없애고 저절로 소박해진다. 이 네 가지는 근본을 숭상하여 말단을 그치게 하는 것이다.

제58장

　　제58장의 첫째 부분은 제57장의 둘째 부분과 연결된다. 훌륭한 통치자는 앞에 나서지 않고서도 다스린다. 그는 가만히 숨어 있듯 하면서 어떠한 명령도 제한도 가하지 않는다. 만약 그의 통치가 소박함을 지키면 백성들 또한 자연스럽게 소박하고 만족스러운 삶에 이르게 될 것이다. 만약 통치자가 어떤 행동을 취하게 되면 백성들 또한 음모를 꾸미고 다투게 될 것이다.

　　≪노자≫는 확실히 모든 사람들의 정치 참여를 권장하는 市民社會(a civil society)를 주창하지 않는다. 최선의 통치는 백성들이 정치적 영향력을 행사하고자 하고 또한 정권에 참여할 수 있는 모든 종류의 제도를 만드는 그런 것과는 무관하다. ≪노자≫에서 훌륭한 통치란 은밀하고 '자동적으로' 작동한다. 백성들은 자신들이 다스림을 받고 있다고 느끼지 못하고, 또한 스스로 통치에 참여해야겠다는 욕구를 느끼지 못한다.

　　둘째 부분은 하나의 禁言에서 시작한다. 행운과 불운은 상호의존적이다. ≪노자≫는 天地의 運行과 사회적 삶을 吉凶이 수반되는 사건(a rhythm of fortunate and unfortunate events)의 리듬으로 묘사한다. 사물의 진행은 하나의 상황에서 그 다음 상황으로 변화하면서 나아가며, 오늘 행운이라 여겨지는 것, 예를 들어 로또 당첨과 같은 것이 다음날에는 불운으로 바뀔 수도 있는 것이다. 즉 당신이 돈을 주고 산 차로 사고가 났을 때가 그렇다. 행운과 불운이란 단지 순간적인 인간의 평가일 뿐이며 하나의 특수한 관점에서 의존하기 때문에, 그것들은 전혀 고정된 범주가 아니다.

58.1 其政이 悶悶이면 其民이 淳淳하고

〈군주의〉 정사가 어리숙하면 백성의 〈삶이〉 순박하고,

【注】 言善治政者는 無形無名無事하고 無(政)〔正〕[1)]可擧하여 悶悶然한대 卒至於大

治라 故曰 其政悶悶也라하니라 其民이 無所爭競하고 寬大淳淳이라 故曰 其民淳淳
也라하니라

> 1) (政)〔正〕: 저본에는 '政'으로 되어 있으나, 張之象本과 注58.3에 의거하여 '正'으로 바로
>   잡는다.

정사를 잘 다스리는 사람은 형체도 없고 이름도 없고 일삼음도 없고 열거할 만한 정
책도 없어 어리숙한데 어느새 큰 다스림에 이르렀다. 그래서 "〈군주의〉 정사가 어리숙
하다."고 했다. 〈또 그가 다스리는〉 백성이 싸우고 다투는 일이 없이 너그럽고 순박하
다. 그래서 "백성의 〈삶이〉 순박하다."고 했다.

58.2 其政이 察察하면 其民이 缺缺[1]하니라

> 1) 其政察察 其民缺缺 : ≪淮南子≫ 〈道應訓〉에서는 맑은 澧水와, 中行氏와 知氏의 정치를 토
>   론하는 趙文子가 叔尙의 이야기를 예로 들어 설명한다. 澧水는 너무 맑기만 할 뿐 가려주
>   고 덮어주지 못해 물고기도 모이지 않고 사슴이 뛰놀지 않는다고 이야기한다. 그리고 趙文
>   子가 叔尙에게 晉나라의 여섯 장군들 중에 누가 가장 먼저 망하겠느냐고 묻자, 숙향은 中
>   行氏와 知氏가 정치하는 것이 가혹함을 잘 살핀다 여기고, 철저함을 지혜롭다 여기고, 아
>   랫사람 쥐어짜는 것을 충성스럽다 여기고, 계교가 많은 것을 공로로 삼으니〔以苛爲察 以切
>   爲明 以刻下爲忠 以計多爲功〕, 이것은 가죽을 잡아 늘이는 것과 같아 결국 찢어지게 될 것
>   이라 답한다. 이 두 이야기를 소개한 후 ≪회남자≫는 ≪노자≫의 이 문장을 인용한다.

〈군주의〉 정사가 깐깐하게 살피면 백성의 〈삶이〉 퍽퍽하다.

【注】立刑名하고 明賞罰하여 以檢姦僞라 故曰 〔其政〕[1]察察也라하고 殊類分析하니
民懷爭競이라 故曰 其民缺缺이라하니라

> 1) 〔其政〕: 저본에는 없으나, 經文에 '其政察察'이라 하였으니 宇惠, 東條弘의 설에 따라
>   '其政'을 보충하였다.

법률〔刑名〕을 세우고 賞罰의 〈조목을〉 밝혀 간사하고 거짓된 행동을 단속하기 때문에
"〈군주의〉 정사가 깐깐하게 살핀다."고 했다. 부류에 따라 나누고 쪼개니 백성이 싸우고
다투려는 마음을 품기 때문에 "백성의 〈삶이〉 퍽퍽하다."고 했다.

58.3 禍兮여 福之所倚로다 福兮여 禍之所伏이로다 孰知其極이리오 其無正이리라

재앙이여! 복이 거기에 기대어 있도다. 복이여! 재앙이 거기에 숨어 있도다. 누가 그 〈善政의〉 극치를 알겠는가? 〈善政의 극치를 아는 자는〉 아마도 바름을 세우는 일이 없을 것이다.

【注】言誰知善治之極乎리오 唯無(可正)〔正可〕[1]擧하고 無(可形)〔形可〕名하여 悶悶然하면 而天下大化하니 是其極也라

> 1) (可正)〔正可〕: 저본에는 '可正'으로 되어 있으나, 道藏集注本, 張之象本에 의거하여 '正可'로 교감한 바그너의 견해에 따라 '正可'로 바로잡는다. 뒤의 '形可'도 이와 같다.

'누가 훌륭한 다스림의 극치를 알겠는가? 오직 열거할 만한 바름도 없고 이름 지을 만한 형체도 없이 어리숙하면 천하가 크게 교화되니, 이것이 〈다스림의〉 극치이다.'라고 말한 것이다.

58.4 正復爲奇하고

바름은 다시 기이함이 되고,

【注】以正治國이면 則便復以奇用兵矣라 故曰 正復爲奇하니라

바름으로 나라를 다스리면 결국 다시 기이한 계책으로 군대를 운용하게 된다. 그래서 "바름은 다시 기이함이 된다."고 했다.

58.5 善復爲妖하니

선함은 다시 妖邪함이 되니

【注】立善以(和)〔利〕[1]萬物하면 則便復有妖〔佞〕[2]之患也라

> 1) (和)〔利〕: 저본에는 '和'로 되어 있으나, 波多野太郎이 '利'로 바꾸어야 맞다고 주장한 것에 따라 '利'로 바로잡는다.
> 2)〔佞〕: 저본에는 없으나, 道藏集注本에 따라 '佞'을 보충하였다.

善이라는 〈기준을〉 세워 만물을 이롭게 하면 결국 다시 요사스럽게 아첨하는 우환이 있게 된다.

58.6 人¹⁾之迷가 其日固久라

1) 人 : 傅奕本에 '民'으로 되어 있어 바그너는 民으로 볼 것을 제안하고 있어 소개해둔다.

사람이 미혹된 날이 진실로 오래되었다.

【注】 言人之迷惑失道固久矣니 不可便正善治以責이라

사람이 미혹되어 도를 잃은 지 진실로 오래되었으니, 곧 善治로 바르게 되기를 책할 수 없다는 말이다.

58.7 是以로 聖人方而不割하고

이런 까닭에 성인은 모남으로 〈만물을〉 해치지 않고,

【注】 以方導物하여 令去其邪하되 不以方割物이니 所謂大方無隅라하니라

모남으로 만물을 인도하여 사악한 것을 제거하게 하되 그 모남으로 만물을 해치지 않으니, 이른바 〈經41.11에서 말하였듯〉 '크게 모난 것은 모서리가 없다.'라는 것이다.

58.8 廉而不劌(귀)¹⁾하고

1) 方而不割 廉而不劌(귀) : ≪淮南子≫〈道應訓〉에서는 이 부분을 晏子의 이야기로 설명한다. 齊 景公이 太卜에게 무엇을 할 수 있느냐고 묻자 태복은 땅을 움직일 수 있다고 답한다. 경공이 안자에게 태복의 답변을 들려주니 아무 말도 하지 않더니, 물러나와 안자는 태복을 만나 은근하게 깨우쳐준다. 눈치를 챈 태복은 경공에게 찾아가 자신이 땅을 움직일 수 있는 것이 아니라 움직임을 예측할 수 있다고 말을 고친다. 이 이야기를 들은 田子陽은 "안자가 경공에게 묵묵부답한 것은, 태복의 죽음을 원치 않았기 때문이고, 안자가 가서 태복을 만난 것은 경공이 속을까 걱정하였기 때문이다. 안자는 진실로 윗사람에게 충성스럽고 아랫사람에게 은혜롭다고 할 수 있다.〔晏子默然不對者 不欲太卜之死 往見太卜者 恐公之欺也 晏子可謂忠於上 而惠於下矣〕"≪회남자≫는 이 이야기를 소개한 후 ≪노자≫의 이 문장을 인용한다.

청렴함으로 〈만물을〉 상하게 하지 않고,

【注】 廉은 淸廉也요 劌는 傷也라 以淸廉淸民하여 (令去其邪)¹⁾令去其汙하되 不以淸廉劌傷於物也라

1）〔令去其邪〕：저본에는 있으나, 道藏集注本에는 없다. 그래서 陶鴻慶은 이것이 앞의 注 58.7의 文章이 끼어들어갔다고 보았는데, 이를 따라 衍文으로 처리하였다.

廉은 '청렴하다'는 뜻이고, 劌는 '상하게 하다'는 뜻이다. 청렴함으로 백성을 깨끗하게 하여 그 더러움을 없애게 하되 그 청렴함으로 만물을 상하게 하지 않는다는 뜻이다.

58.9 直而不肆하고

곧게 하되 〈다른 사람에게〉 뻗대지 아니하며,

【注】 以直導物하여 令去其僻하되 而不以直激(沸)〔拂〕[1]於物也니 所謂〔大〕[2]直若屈也라

1）（沸）〔拂〕：저본에는 '沸'로 되어 있으나, 陸德明의 ≪經典釋文≫과 道藏取善集本에 의거하여 '拂'로 바로잡는다. 樓宇烈은 '激拂'의 뜻을 '거스르다〔違逆〕'라고 보았는데 바그너는 '세차게 쳐서 억누르다(shock and supress)'라고 풀이하였다. 이 두 해석을 참조하여 보면 좋다. 여기서는 앞의 흐름을 따라 '쳐서 다치게 하다'로 번역하였다.
2）〔大〕：저본에는 없으나, 經54.3에 의거하여 '大'를 보충하였다.

곧음으로 만물을 인도하여 편벽됨을 없애게 하되 곧음으로 만물을 쳐서 다치게 하지 않으니, 이른바 〈經45.3에서 말하였듯이〉 '크게 곧은 것은 구부러진 듯하다.'는 것이다.

58.10 光而不燿하니라

밝게 비추되 속을 들추지 않는다.

【注】 以光鑑其所以迷하되 不以光照求其隱慝也니 所謂明道若昧也라 此는 皆崇本以息末이요 不攻而使復之也하니라

빛으로 그 미혹된 까닭을 비추되 그 빛으로 깊이 숨겨져 있는 것까지 비추지 않으니, 이른바 〈經31.3에서 말하였듯이〉 '밝은 도는 어두운 듯하다.'는 것이다. 이것은 모두 근본을 받들어 말단을 그치게 하자는 것이고, 다스리지 않고도 돌아가게 한다는 것이다.

제59장

통상 제59장은 ≪老子≫의 목적인 長生久視의 道가 서술된 文章으로 유명하다. 이러한 목적의 달성을 위해 ≪老子≫는 자신의 몸과 국가를 유지 보전하는 가장 기본적인 전략으로 '아끼는 것〔嗇〕'을 제시하는데, 이는 國家의 財政을 아끼는 것이나 신체의 精氣를 아끼는 것 모두를 포함한다. 河上公의 이해는 여기에 바탕해 있다. 바로 이런 아낌이야말로 장생구시의 비결로서 신체적 장생에 도달하는 것은 물론 정치적 사회적 안정을 확립하는 핵심이라 말한다. 또한 정기를 보전하고 마찰을 피하고 고요히 숨어 있음으로써 덕이 쌓이는 것이 가능해진다.

이러한 제59장의 내용은 漢代 초기에 유행하였던 黃老學의 핵심적인 사상을 잘 보여주는데, 河上公의 표현대로 하면 그것은 국가의 통치〔治國〕와 신체의 수련〔治身〕을 같은 원리로 보는 것과 통한다. 황로학이 바로 여러 종류의 ≪黃帝書≫와 ≪老子≫를 함께 아우르는 명칭이라고 王充이 설명한 것을 따른다면, 제59장의 사상은 황로학의 主題는 물론 그 論理를 잘 드러내주는 것이라 볼 수 있다.

하지만 王弼은 이러한 황로학과 일정한 거리를 둔 해석을 취한다. 왕필은 '嗇'을 농사일에 비유한 것으로 해석하면서 根本에 충실함으로써 末端을 다스린다는 사상을 드러낸다. 즉 왕필은 "근본을 받들어 말단을 키운다.〔崇本息末〕", 혹은 "근본을 받들어 말단을 세운다.〔崇本擧末〕"는 논리로 이 장을 해석한다.

59.1 治人事天은 莫若嗇[1]이라

1) 治人事天 莫若嗇 : 河上公의 경우 '治人'은 백성을 다스리는 일이고, '事天'은 天道를 써서 사계절의 변화에 따르는 것이라 구분하여 이해하지만, 王弼은 구분하지 않고 함께 보았다. 또 河上公은 嗇을 '아끼다〔愛〕'는 뜻으로 보아 재물을 아껴 사치하지 않는 것과 精氣를 아껴 방종하지 않는다는 뜻으로 풀이하였는데 뜻이 간단명료하다. 대개의 주석자들은 '嗇'을 '아끼다'의 뜻으로 보았다.

하지만 王弼은 '嗇'을 '穡'의 뜻으로 보아 농사일에 견주어 문제의 근본 원인을 다스린다는 뜻으로 해석하였으나 자연스럽지는 않다.

사람을 다스리고 하늘을 섬기는 것은 농사일보다 나은 게 없다.

【注】莫(如)〔若〕[1]은 猶莫過也요 嗇은 農〔也〕라 夫農人之治田[2]엔 務去其殊類하여 歸於齊一也니 全其自然호대 不急其荒病하여 除其所以荒病하니라 上承天命이 下綏百姓하니 莫過於此니라

　1) (如)〔若〕: 저본에는 '如'로 되어 있으나, 經文에 따라 '若'으로 바꾸었다.
　2) 嗇……夫農人之治田: 저본에는 '嗇農夫 農人之治田'으로 되어 있는데, 樓宇烈은 "嗇 農夫 農人之治田"으로 읽을 것으로 제안하는 반면, 바그너는 王弼의 주석에서 "甲은 乙이다"와 같은 방식의 구문에서는 모두 '也'가 쓰인다는 것과 '夫'가 일반적인 이야기를 할 때 문두에 등장한다는 분석을 근거로 '嗇 農也 夫農 人之治田'으로 보아야 한다고 주장한다. 여기서는 '嗇'과 '農'이 동사로 쓰이기에 '農夫'로 보는 것이 어색하다고 판단하여 바그너의 주장을 따랐다.

莫若은 '……보다 나은 게 없다'는 말과 같다. 嗇은 농사일이다. 농부가 밭을 경작할 때에는 잡초〔殊類〕를 제거하여 가지런히 하는 데로 돌아가도록 힘쓰니, 〈이는 작물이 지닌〉 자연스러운 본성을 온전히 하되 가뭄과 병충해에 급급해하지 않고서 가뭄과 병충해가 드는 원인을 제거하는 것이다. 위로는 天命을 받들고 아래로는 백성들을 편안케 하는 데 이보다 더 나은 건 없다.

59.2 夫唯嗇이니 是謂早服[1]이며

　1) 早服: "도를 따른다.〔從於道〕"(≪韓非子≫〈解老〉), "일찍부터 복종하여 천도를 섬긴다.〔早而服事天道〕"(范應元) 등 일찍 따른다는 의미이다.

대저 오로지 농사짓듯이 하니 이 때문에 일찍 따른다 하며

【注】早服은 常也[1]라

　1) 早服 常也: 아래 注59.3에서 王弼은 '早復其常'이라 하였으니 실제의 의미는 항상됨을 회복한다는 뜻이다. 王弼은 앞서 '治人'과 '事天'을 농부의 농사일에 비유하면서 잡초를 제거하고 농작물의 자연스러운 본성을 온전케 하는 근본에 힘쓴다는 뜻으로 풀이하였으니, 이는 근본에 힘쓰는 것이 곧 덕을 두텁게 쌓는 것이라는 의미로 풀이한 듯하다.

일찍 항상됨을 따른다는 뜻이다.

59.3 早服을 謂之重積德이니

〈항상됨을〉일찍 따름을 일컬어 거듭 德을 쌓는다고 하니,

【注】唯重積德호대 不欲銳速然後에 乃能使早服其常이라 故曰 早服謂之重積德者也라

오직 거듭 덕을 쌓되 날카롭게 하거나 서두르려고 하지 않은 후에야 능히 항상됨을 따를 수 있다. 그래서 "〈항상됨을〉일찍 따름을 일컬어 거듭 덕을 쌓는다."고 한 것이다.

59.4 重積德則無不克하고 無不克則莫知其極이니

거듭 덕을 쌓으면〈무궁한 도를 얻어〉이기지 못할 게 없고, 이기지 못할 게 없으면 그 끝을 알지 못하니

【注】道는 無窮也라

〈거듭 덕을 쌓으면〉도는 다함이 없다.

59.5 莫知其極이면 可以有國이라

그 끝을 알지 못하면 나라를 가질 수 있다.

【注】以有窮而莅國[1]하니 非能有國也니라

1) 以有窮而莅國 : 有窮은 궁핍한 수단, 막히는 방법이다. 나라를 다스리면[莅] 온전하게 나라를 소유할 수 없다는 뜻이다.

끝이 있는 것을 가지고 나라를 다스리니 나라를 가질 수 없다.

59.6 有國之母면 可以長久니

나라의 어미를 가지면 오래오래 갈 수 있으니,

【注】國之所以安을 謂之母라 重積德은 是唯圖其根然後에 營末이라야 乃得其終也[1]라

1) 國之所以安……乃得其終也 : 王弼의 ≪老子≫ 注釋에서 핵심적인 논리가 나타나는 부분

이다. 왕필은 母子, 本末의 관계에서 母와 本을 중시하고 이를 통해 子와 末을 얻거나 실현할 수 있다고 본다. 여기의 설명은, 군주가 덕을 쌓는 것이야말로 나라가 평안한 까닭이자 근본〔母·本·根〕이라는 점을 강조하는 논리로 볼 수 있다.

　나라가 편안한 까닭을 일컬어 어미라 한다. 거듭 덕을 쌓음은 오로지 그 뿌리를 도모한 후에 말단을 다스려야 그 마침을 얻을 수 있다.

59.7 是謂深根固祗며 長生久視之道니라

이를 일컬어 뿌리를 깊고 단단하게 하며 오래 살고 오래 보는 道라 한다.

제60장

제60장의 첫 부분은 여러 가지로 해석될 수 있다. 문제는 작은 물고기가 어떻게 조리되는가 하는 것이다. 그러나 대부분의 주석자들과 번역자들은, 그것들을 아주 간단하게 그리고 전혀 수고로움도 없이 조리한다는 데 동의한다. 비슷하게 聖人 君主는 나라를 다스릴 때 많은 행동을 해서는 안 된다. 그는 그것들을 이리저리 뒤집어가면서 복잡한 조리법으로 하지는 않을 것이다.

작은 물고기를 요리할 때와 마찬가지로 道의 지배는 단순한 활동이다. 가장 단순한 형태의 통치는 만물로 하여금 자신들이 타고난 자리를 차지하게 하고 또한 그들의 타고난 기능을 실현시켜주는 것이다.

만약 모든 것이 도와 조화를 이루며 세워진다면 鬼神과 神靈조차 떠돌면서 말썽을 일으키지 않게 될 것이다. 국가와 우주의 질서는 또한 귀신과 신령의 영역까지 포괄한다는 것을 상기해야만 한다. 이상적인 왕의 지배 아래에서 귀신은 사람을 괴롭히지 않으며 사람 또한 귀신을 괴롭히지 않는다. 이것은 최소한 馬王堆 帛書가 암시하는 바를 해석한 것이다.

이렇게 해서 마지막 부분은 백성과 귀신이 서로에게 해를 끼치지 않는다면 이것이 군주의 德(efficacy)을 강화하게 될 것이라는 의미이다. 귀신조차 그의 無爲의 통제 아래 복속될 것이다.

60.1 治大國은 若烹小鮮이라

큰 나라를 다스림은 작은 생선을 삶듯 한다.

【注】不擾也라 躁則多害요 靜則全眞[1]이라 故其國彌大나 而其主彌靜然後에 乃能廣得衆心矣니라

1) 靜則全眞 : 注45.6에서 "이로 미루어보면 맑고 고요히 가만 있으면서 〈백성을 부리는 일을 하지 않으면〉 천하가 바르게 된다. 고요히 가만 있으면 사물의 참됨을 보전하고, 바

뼈 움직이면 사물의 본성을 해친다.〔以此推之 則淸靜爲天下正也 躁則全物之眞 躁則犯物之性〕"라고 한 것이 참고할 만하다.

어지럽히지 않는다는 뜻이다. 조급히 〈자연에 거슬러〉 하면 해가 많고 고요히 〈자연에 따라〉 하면 참된 본성을 보전한다. 따라서 그 나라는 크면 클수록 그 군주는 더욱 〈자연에 따라〉 고요히 한 후에야 뭇사람의 마음을 널리 얻을 수 있다.

60.2 以道莅天下면 其鬼不神이라

道로써 천하를 다스리면 그 귀신조차 신령하지 않게 된다.

【注】治大國은 則若烹小鮮이라 以道蒞天下면 則其鬼不神也라

큰 나라를 다스림은 작은 생선을 삶듯 한다. 도로써 천하를 다스리면 그 귀신조차 신령하지 않게 된다.

60.3 非其鬼不神이라 其神不傷人이요

그 귀신이 신령하지 못해서가 아니라 그 신령함이 사람을 상하게 하지 않는 것이요.

【注】神不害自然也라 物守自然이면 則神無所加요 神無所加면 則不知神之爲神也라

〈귀신의〉 신령함도 자연스러움을 해치지 않는다. 만물이 자연스러움을 지키면 〈귀신의〉 신령함조차 보탤 게 없고, 〈귀신의〉 신령함조차 보탤 게 없으면 〈귀신의〉 신령함이 신령하다는 것을 〈사람들이〉 알지 못하게 된다.

60.4 非其神不傷人이라 聖人도 亦不傷人이라

〈귀신의〉 신령함이 사람을 상하게 하지 못해서가 아니라 聖人 또한 사람을 상하게 하지 않는다.

【注】道洽하면 則神不傷人이요 神不傷人하면 則不知神之爲神이라 道洽하면 則聖人亦不傷人이요 聖人不傷人하면 則亦不知聖人之爲聖也라 猶云 非獨不知神之爲神이요 亦不知聖人之爲聖也라 夫恃威網하여 以使物者는 治之衰也니 使不知神聖

之爲神聖이 道之極也라

　　도가 〈만물을〉 윤택하게 적셔주면 〈귀신의〉 신령함이 사람을 상하게 하지 않고, 〈귀신의〉 신령함이 사람을 상하게 하지 않으면 〈귀신의〉 신령함이 신령하다는 것을 알지 못하게 된다. 도가 〈만물을〉 윤택하게 적셔주면 성인 또한 사람을 상하게 하지 않고, 성인이 사람을 상하게 하지 않으면 또한 성인이 성스럽다는 것을 알지 못하게 된다.

　　이것은 '〈만물이 귀신의〉 신령함이 신령하다는 것을 알지 못할 뿐만 아니라 또한 성인이 성스럽다는 것을 알지 못하게 된다.'는 말과 같다.

　　대저 권위와 법망에 의지하여 만물을 부리는 것은 다스림이 쇠퇴한 것이다. 〈귀신의〉 신령함과 〈성인의〉 성스러움이 신령하고 성스럽다는 것을 알지 못하게 하는 것이 지극한 도이다.

60.5 夫兩不相傷이라 故德交歸焉이니라

　　대저 〈귀신의 신령함과 성인의 성스러움〉 둘이 서로 상하게 하지 않는다. 그래서 德이 서로 그들에게 돌아가는 것이다.

【注】神不傷人하니 聖人亦不傷人이요 聖人不傷人하니 神亦不傷人이라 故曰 兩不相傷也라라고 神聖合道니 交歸之也라

　　〈귀신의〉 신령함이 사람을 상하게 하지 않으니 성인 또한 사람을 상하게 하지 않고, 성인이 사람을 상하게 하지 않으니 〈귀신의〉 신령함 또한 사람을 상하게 하지 않는다. 그래서 "둘이 서로 상하게 하지 않는다."라고 하였고, 〈귀신의〉 신령함과 〈성인의〉 성스러움이 道에 합치하니 서로가 그에게로 돌아간다.

제61장

　　제61장은 제28장에서 수컷[雄]의 행동방식보다 암컷[雌]의 행동방식을 권하는 내용과, 제66장에서 "강과 바다가 모든 골짜기의 왕이 될 수 있는 까닭은 아래에 처하기를 잘하기 때문이다. 이 때문에 모든 골짜기의 왕이 될 수 있다.[江海 所以能爲百谷王者 以其善下之也 故能爲百谷王]"는 이론을 함께 논의하고 있다. 이는 여성성에 대한 강조가 君主의 處世는 물론 國家間의 관계에까지 적용, 확대되는 일관된 사상을 보여주는 문장이다.

　　그런데 이러한 사상은 ≪論語≫의 사상과는 분명하게 대비된다. "子貢이 말했다. 〈폭군〉紂의 악행이 그렇게까지 심하지는 않았을 것이다. 그러므로 군자는 下流에 처하는 것을 싫어하니, 천하의 온갖 더러운 것이 모두 거기로 흘러들기 때문이다.' [子貢曰 紂之不善 不如是之甚也 是以君子惡居下流 天下之惡皆歸焉]" 이는 下流에 대한 전혀 상이한 생각이다.

　　또한 제61장은 자연 세계 속의 性的 측면, 즉 생식의 조건이 되는 性 구분에 관한 내용을 포함한다. 性交時에 암컷은 낮은 자리를 차지하는데, 이 때문에 잉태하고 생산하는 결과에 도달한다. 이와 마찬가지로 물 또한 아래쪽으로 흐르는데 큰 강과 바다는 낮은 데에 처하여 모든 물이 모여든다. 더 나아가 가장 낮은 지점에 도달하면 물의 운동은 멈추는데 이는 고요함[靜]과 연결된다.

　　또한 이 장에서는 小國과 大國 사이의 관계에 대한 논의가 나오는데, 이는 ≪孟子≫ 〈梁惠王 下〉의 내용과 견주어볼 수 있다. "대국을 다스리는 자이면서 소국을 섬기는 자는 하늘〈의 이치를〉 즐거워하는 자이고, 소국을 다스리는 자이면서 대국을 섬기는 자는 하늘〈의 이치를〉 敬畏하는 자이다. 하늘〈의 이치를〉 즐거워하는 자는 천하를 보전할 수 있고, 하늘〈의 이치를〉 경외하는 사람은 나라를 보전할 수 있다.[以大事小者 樂天者也 以小事大者 畏天者也 樂天者保天下 畏天者保其國]" 孟子가 天에 대한 태도로 小國과 大國의 자세를 구분한다면, ≪老子≫는 大國이 아래에 처한다는 원리로부터 관계의 축을 이끌어간다.

61.1 大國者는 下流¹⁾니

1) 大國者 下流 : 帛書本에는 '大國'만 있고 '者下流'가 없다. '大國者 下流'를 그대로 풀이하면 "큰 나라는 下流이다."라고 보아야 하지만, 王弼은 강과 바다에 비유하면서 "큰 곳을 차지하고 아래쪽에 처한다."고 하였으니 이를 따라 '下流'를 '아래쪽에 처한다.'고 풀이하였다.

큰 나라는 〈강과 바다처럼〉 아래쪽에 처하니

【注】 江海居大而處下일새 則百川流之하니 大國居大而處下면 則天下流之라 故曰 大國者下流也니라

강과 바다가 큰 곳을 차지하고 아래쪽에 처해 있기 때문에 모든 시냇물이 그것을 향해 흘러들고, 큰 나라가 큰 곳을 차지하고 아래쪽에 처하면 천하 사람들이 그에게로 흘러들 것이다. 그래서 "큰 나라는 아래쪽에 처한다."고 했다.

61.2 天下之交¹⁾요

1) 天下之交 : 帛書本에는 '天下之牝也'로 되어 있어 經61.3과 순서가 바뀌어 있다. 河上公은 '천하의 선비와 백성이 모여드는 곳〔天下之士民之所交會〕'이라 했으니 참조할 만하다.

천하 사람들이 모여드는 곳이요,

【注】 天下所歸會也라

천하 사람들이 모여들어 만나는 곳이다.

61.3 天下之牝¹⁾이라

1) 天下之牝 : 帛書本에는 '天下之交也'로 되어 있어 經61.2와 순서가 바뀌어 있다.

천하 사람들이 〈돌아오는〉 암컷이다.

【注】 靜而不求나 物自歸之也라

〈암컷은〉 고요히 가만히 있으면서 구하지 않는데 만물이 스스로 그에게 돌아온다.

61.4 牝은 常以靜勝牡¹⁾하고 以靜爲下²⁾라

1) 牝 常以靜勝牡 : 帛書本에는 '常'이 '恒'으로 되어 있다. 벤자민 슈워츠(Benjamin J. Sch
   wartz)는 ≪중국 고대 사상의 세계≫에서 이 부분을 "본래 생식의 과정에서 주도적 역할
   을 하는 것은 여성이다. 성행위와 생산 모두에서 여성은 행동하지 않음으로써 행동한
   다.……〈이렇게 해서〉여성은 無爲의 성격을 축약적으로 보여준다."라고 설명한다. 달리
   말하면 여성성의 강조는 되돌아옴의 역설과 無爲의 작동 방식 두 가지를 함축하는 의미를
   갖는다.
2) 以靜爲下 : 帛書本에는 '爲其靜也, 故宜爲下也'로 되어 있다. 帛書本의 경우에도 고요하기
   때문에 아래에 처한다는 뜻이므로 의미의 차이는 없다.

암컷은 늘 고요함으로 수컷을 이기고 고요함으로 아래가 된다.

【注】 以其靜이라 故能爲下也니라 牝은 雌也라 雄은 躁動貪欲이나 雌는 常以靜이라 故
能勝雄也라 以其靜復能爲下라 故物歸之也라

〈암컷의〉고요함으로써 하기 때문에 아래가 될 수 있다. '牝'이란 암컷이다. 수컷은 조
급히 움직이고 탐욕스러운데 암컷은 늘 고요함으로 하는 까닭에 능히 수컷을 이길 수가
있다. 〈암컷의〉고요함으로 다시 아래가 될 수 있기 때문에 만물이 그에게로 돌아온다.

61.5 故로 大國以下小國이면

그러므로 큰 나라로서 작은 나라 아래에 처하면(자신을 낮추면)

【注】 大國以下는 猶云 以大國下小國이라

'큰 나라로서 아래에 처한다.'는 말은 '큰 나라로서 작은 나라 아래에 처한다(낮춘다)'
는 말과 같다.

61.6 則取小國하고

작은 나라를 취하고

【注】 小國은 則附之라

작은 나라는 〈큰 나라에게〉 의지한다.

61.7 小國以下大國이면 則取大國[1]하나니

1) 則取大國 : 帛書本에는 '則取於大國'으로 되어 있으니 문장이 보다 분명하다.

작은 나라로서 큰 나라 아래에 처하면(낮추면) 큰 나라에게 취해지니,

【注】大國이 納之也라

　큰 나라가 〈작은 나라를〉 거두어준다.

61.8 故로 或下以取하고 或下而取로대

그러므로 어떤 경우는 아래에 처하여 취하고 어떤 경우는 아래에 처하여 취해지는데

【注】言唯修卑下然後에 乃各得其所〔欲〕1)이라

1) 〔欲〕: 저본에는 없으나, 아래의 注61.9에 '各得其所欲'으로 된 것에 의거하여 '欲'이 있어야 한다고 주장한 陶鴻慶의 설에 따라 '欲'을 보충하였다.

　오로지 낮춤의 〈덕을〉 닦은 후에야 비로소 각자가 원하는 바를 얻게 된다는 말이다.

61.9 大國은 不過欲兼畜人1)이요 小國은 不過欲入事人이니 夫兩者各得其所欲이면 〔則〕大者宜爲下2)니라

1) 大國 不過欲兼畜人 : 帛書本에는 '大國 不過欲開畜人'으로 되어 있다. 河上公은 '兼畜(겸축)'을 "작은 나라를 겸병하여 기르다.〔兼併小國而牧畜之〕"라 했으니 참고할 만하다.

2) 夫兩者各得其所欲 〔則〕大者宜爲下 : 저본에는 '則'이 없으나, 아래 注文에 의거하여 '則'을 보충한 바그녀의 설에 따라 '則'을 보충하였다. 帛書本에는 '夫皆得其欲 則大者宜爲下'로 되어 있다.

큰 나라는 다른 사람들을 다 거느리기를 바랄 뿐이고, 작은 나라는 다른 사람 밑에 들어가 섬기기를 바랄 뿐이다. 〈큰 나라와 작은 나라〉 둘이 각자 바라는 것을 얻을 수 있다면 큰 나라는 마땅히 아래에 처해야 한다.

【注】小國은 修下하여 自全而已요 不能令天下歸之라 大國은 修下면 則天下歸之라 故曰 各得其所欲이면 則大者宜爲下也니라

　작은 나라는 아래에 처하는 〈미덕을〉 닦아 스스로를 보전할 뿐 천하가 돌아오게 할

수는 없다. 큰 나라가 아래에 처하는 〈미덕을〉 닦으면 천하가 돌아온다. 그래서 "각자 바라는 것을 얻을 수 있다면 큰 나라는 마땅히 아래에 처해야 한다."라고 했다.

제62장

　　이 장에서 말하는 '이것'은 王弼과 여러 편집자들이 그들의 주석에서 말하고 있듯이 道이다. 그럼에도 제62장을 해석하기는 쉽지 않다.

　　셋째 부분은 군주에게 寶玉이나 말[馬]과 같은 통상적인 선물을 제공하는 것보다 도의 가르침을 선물하는 것이 더 낫다는 것을 말하고 있는 듯하다. 그런 선물 증여는 훌륭한 상담보다 도움이 되지는 않는다. '古典' 중국 문헌에서 흔히 보이듯이 제62장은 그 다음에 '古代(antiquity)'를 賢者가 지배한 모범사회로 지적하고 있다. 그들은 과거 군주들의 위대한 선례를 따르도록 조언하고 있다.

　　첫 번째와 특히 두 번째 부분은 '아름다운 말', '훌륭한 행위' 그리고 심지어 '좋은 사람'조차 반드시 善하지는 않다고 말하고 있는 듯하다. 아름다운 말은 어떤 것을 팔 때 쓰이는 것이며, 또한 공손한 행동은 완전히 알랑거림일 수 있다. '善(goodness)'이란 전략적으로 사용될 수 있고 또한 그 반대의 것으로 변할 수도 있다. 이는 똑같이 그 반대도 참일 수 있다는 말이다. 말도 잘하지 못하고 행동도 미숙한 사람이 가장 나쁜 종류의 사람이 아닐 수도 있다.

　　이런 식으로 읽다 보면 첫째와 둘째 부분은 儒者와 그들의 예의 바른 행동에 대한 주장을 암묵적으로 비판하는 것일 수 있다. 선하고 공손하게 보이는 것이 실제로는 표면적이거나 또는 심지어 더 나쁜 기만적인 것으로 판명될 수도 있다.

62.1 道者는 萬物之奧[1]니

1) 道者 萬物之奧 : 帛書本에는 '奧'가 '注'로 되어 있다. 高明은 이를 '主'라고 보았는데 이를 따르면 "도는 만물의 주인이다."는 뜻이 된다.

道는 만물을 덮어 가려줄 수 있으니

【注】奧는 猶曖也니 可得庇蔭之辭나라

'奧'는 '가려준다'는 뜻이니, 덮어 가려줄 수 있다는 말이다.

62.2 善人之所寶요

선한 사람이 보배로 여기는 것이고,

【注】 寶以爲用也라

보배로 쓰임을 삼는다는 뜻이다.

62.3 不善人之所保니라

선하지 않은 사람이 지키는 것이다.

【注】 保以全也라

지킴으로써 온전케 한다는 뜻이다.

62.4 美言하면 可以市하고 尊行하면 可以加於人[1]하니

1) 美言……可以加於人 : 《淮南子》〈道應訓〉에는 "美言可以市尊 美行可以加人(멋진 말은 〈사람들의〉 존경을 받을 수 있고, 멋진 행동은 〈사람들에게 영향을〉 줄 수 있다.)"라고 인용되어 있다.

〈도에 대해〉 멋지게 말하면 시장에서 장사할 수 있고, 〈도를〉 받들어 행하면 사람에게 〈영향을〉 미칠 수 있으니,

【注】 言道無所不先하니 物無有貴於此也요 雖有珍寶璧馬라도 無以匹之니라 美言之면 則可以奪衆貨之賈하니 故曰 美言하면 可以市也요 尊行之면 則千里之外應之니 故曰 可以加於人也라하니라

도는 앞서지 않는 것이 없으니 만물 가운데 〈그 어느 것도〉 이보다 귀한 것이 없다는 말이다. 비록 진귀한 보옥으로 치장한 말이 있더라도 그것에 짝할 수 없다. 멋지게 말하면 뭇 재화를 파는 상인의 〈마음도〉 빼앗을 수 있으니 그래서 "멋지게 말하면 시장에서 장사할 수 있다."고 했다. 그것을 받들어 행하면 천리의 밖에서도 응하니 그래서 "사람에게 〈영향을〉 미칠 수 있다."고 했다.

62.5 人之不善을 何棄之有리오

선하지 않은 사람을 어찌 버릴 수 있겠는가!

【注】不善도 當保道以免放하니라

　선하지 않은 사람도 마땅히 도를 보존하여 쫓겨남을 면하게 해야 한다.

62.6 故立天子하고 置三公호대

그러므로 天子를 세우고 三公을 두는데

【注】言以尊行道也라

　존귀함으로 도를 행한다는 말이다.

62.7 雖有拱璧하고 以先駟馬나 不如坐進此道니라

비록 보석을 끌어안고 네 마리 말이 끄는 마차를 앞세워 바치더라도 가만히 앉아 이 道를 進上하는 것만 못하다.

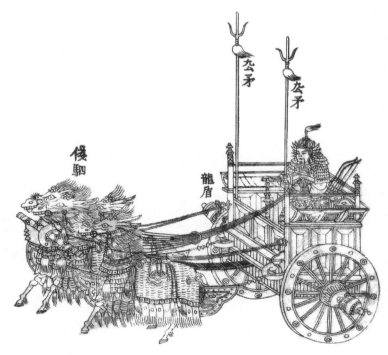

네 마리 말을 끄는 마차(≪五經圖彙≫)

【注】 此道는 上之所云也라 言故立天子하고 置三公하여 尊其位하고 重其人이 所以
爲道也라 物無有貴於此者니 故雖有拱抱寶璧하야 以先駟馬而進之나 不如坐而進
此道也니라

이 道는 위에서 말한 것이다. 그러므로 천자를 세우고 삼공을 두어 그 지위를 존숭하
고 그 사람을 중시하는 것이 도를 행하는 것임을 말한 것이다. 만물 가운데 어떤 것도
이보다 귀한 것은 없는 까닭에 비록 寶玉을 끌어안고 네 마리 말이 끄는 마차를 앞세워
진상하더라도 가만히 앉아서 이 도를 진상하는 것만 못한 것이다.

62.8 古之所以貴此道者는 何오 不曰以求得이요 有罪以免耶아 故爲天下貴니라

옛날 이 도를 귀하게 여긴 까닭은 무엇인가? 구하면 〈이 도로〉 얻을 것이요 죄가
있어도 〈이 도로〉 사면을 받는다고 말하지 않았던가? 그러므로 천하에서 귀하게 여
겨지는 것이다.

【注】 以求則得求요 以免則得免이니 無所而不施라 故爲天下貴也니라

이로써 구하면 구하게 될 것이요, 이로써 면하면 면하게 될 것이니, 베풀지 못할 것이
없는 까닭에 천하에서 귀하게 여겨지는 것이다.

제63장

첫째 부분은 자기 설명적이다. 즉 無爲의 기술을 찬양하고 있다. 무위로 다스릴 수 있다는 것은 처음 단계에서 일어나는 발전을 쥘 수 있는 능력을 갖고서 나아가는 것이다. 만약 군주가 침착하되 유쾌하지 않은 마음으로 만물을 취한다면 그는 역기능의 미소한 징후도 알아챌 수 있고, 따라서 그다지 수고스럽지 않게 만물을 다룰 수 있을 것이다. 한 나라를 다스린다는 것은 자신의 몸을 건강하게 유지하는 것과 유사하다.

統治의 기술(the art of government)이란 豫防의 기술(the art of prevention)이다. 누구든 건강하게 살려는 사람은 몸에 해로운 모든 것을 피하고, 질환의 징후가 일어날 때 바로 조치를 취할 것이다. 질환이 아직 제대로 발달하지 않았을 때 그것을 예방하거나 막는 것이 훨씬 쉽고 더욱 효과적이다.

이와 비슷하게 국가의 질서는 무질서를 처음에 예방하면 쉽사리 유지될 수 있다. 오로지 조금만 해야 하는 사람들 또는 전혀 아무것도 하지 않는 사람들이, 많은 활동을 해서 악화된 위기를 처리해야 하는 사람들보다 훨씬 더 낫고 효과적인 군주가 될 것이다.

오로지 아주 오래 기다린 사람들, 말하자면 정치 신참자들은 더 많은 것을 행동에 옮겨야만 할 것이다. 그들은 질병이 마지막 단계에까지 이른 환자를 처치해야 하는 의사와 같다. 가장 훌륭한 의사는 가장 훌륭한 통치자와 꼭 같이 해야 할 것이 거의 없다. 그들의 전문지식은 사물을 진지하게 다루는 능력 그리고 이 때문에 최소한의 수고로 그것들을 다룰 줄 아는 능력에 있다.

63.1 爲無爲하고 事無事하고 味無味하며

無爲를 행하고 無事를 일삼고 無味를 맛으로 삼으며,

【注】 以無爲爲居하고 以不言爲敎하고 以恬淡爲味가 治之極也라

무위를 거처로 삼고 말하지 않음을 가르침으로 삼고 고요하고 담담함을 맛으로 삼는 것이 다스림의 극치이다.

63.2 大小多少¹⁾히 報怨以德²⁾하며

1) 大小多少 : 이 부분은 다양한 해석이 가능한데, 河上公은 "크게 되고자 하면 오히려 작아지고, 많아지고자 하면 오히려 적어지는 것이 자연의 도이다.〔欲大反小 欲多反少 自然之道也〕"라고 보아 뒤의 구절과 구분하여 이해하였고, 王弼은 이를 연결하여 풀이한다.

2) 報怨以德 : ≪論語≫〈憲問〉에서 "어떤 사람이 말했다. '은혜〔德〕로 원한을 갚는다면 어떻겠습니까?' 공자가 말했다. '그러면 은혜는 무엇으로 갚겠는가? 원한은 곧음〔直〕으로 갚고, 은혜는 은혜로 갚아야 한다.'〔或曰 以德報怨 何如 子曰 何以報德 以直報怨 以德報德〕"라고 한 것을 참고하면, 王弼은 이러한 공자의 말을 원용하여 해석한 것으로 보인다.

크든 작든 많든 적든 〈천하가 원하는 대로〉 德으로 원한을 갚으며,

【注】小怨은 則不足以報요 大怨은 則天下之所欲誅니 順天下之所同者가 德也라

작은 원망은 갚을 만한 것이 못 되고, 큰 원망은 천하 사람들이 죽이고자 하는 것이니 천하 사람들이 같이하는 바에 따르는 것이 덕이다.

63.3 圖難於其易하고 爲大於其細라 天下難事는 必作於易요 天下大事는 必作於細라 是以聖人은 終不爲大하니 故能成其大니라 夫輕諾은 必寡信이요 多易는 必多難이라 是以聖人猶難之라

쉬운 데서 어려운 것을 도모하고 작은 데서 큰일을 행한다. 천하의 어려운 일은 반드시 쉬운 일에서 시작되고 천하의 큰일은 반드시 작은 일에서 시작된다. 그래서 성인은 끝내 큰일을 행하지 않으니 그 때문에 그 위대함을 이룰 수 있다. 무릇 가벼이 승낙함은 반드시 믿음이 적고 매우 쉬운 일은 반드시 매우 어려워진다. 이 때문에 성인은 오히려 그것을 어렵게 여긴다.

【注】以聖人之才로 猶尙難於細易어늘 況非聖人之才로 而欲忽於此乎리오 故曰 猶難之也라하니라

성인의 재주를 갖고서도 오히려 작고 쉬운 것을 어렵게 여기는데, 하물며 성인의 재

주가 아닌데도 이를 소홀히 하고자 하겠는가? 그래서 "오히려 그것을 어렵게 여긴다."고
했다.

63.4 故終無難矣니라

그 때문에 끝내 어려운 일이 없게 된다.

【注】〔惟其難於細易라 故終無難大之事니라〕[1]

> 1) 惟其難於細易 故終無難大之事 : 저본에는 없고 오직 道藏取善集本에만 보이는 주석이다.
> 바그너는 이 문장이 왕필의 것이 확실하다고 보아 수용하였는데, 이를 따른다.

작고 쉬운 일을 어렵게 여기기 때문에 끝내 어렵고 큰일이 없게 되는 것이다.

제64장

처음 세 부분은 분명 앞의 제63장을 잇고 있다. 위험스러운 현상이나 상황에 대처하는 가장 효과적인 수단은 예방과 초기의 반동이라는 점을 다시 지적하고 있다.

셋째 부분은 이와 같은 格率과 유사하게 이해되는 세 가지 대중적인 格言으로 구성되어 있지만 공통적이면서도 다소 다른 듯한 점이 있다. 이른바 아주 큰일을 할 때조차 작은 걸음에서 시작한다는 것이 이것이다. 이는 초기의 징후를 잘 살피라는 경고라기보다는, 처음에는 불가능한 것처럼 보이는 것일 때조차도 큰일에 착수하라고 고무하는 것이다.

그러나 제64장의 맥락에서 이러한 '대중적인' 해석은 의도되었던 것처럼 보이지는 않는다. 넷째 부분이 한 번 더 단언하고 있듯이 적극적 實踐主義와 거대 사업을 벌이는 것은 정말로 도가의 '無爲'의 전략과는 일치하지 않는다.

마지막 부분은, '처음'을 잘 살피는 것이 중요할 뿐만 아니라 적절한 순간에 '끝'에 대해서도 잘 살피는 것이 중요하다는 점을 진술하고 있다. 서민들은 종종 이러한 조심성이 없으며 오로지 성인만이 '끝내기의 大家(a master of endings)'라고 말하고 있다.

어떠한 행위에 있어서도 適時性이 결정적이다. 나쁜 일이 보다 커지는 것을 반격하기에 충분할 정도로 일찍 조치를 취하는 것만큼이나 적절한 때에 과업을 완수하는 것은 중요하다.

사물을 다루는 가장 효과적인 방법은 행동을 예방하고 피하는 것이다. 그러나 만약 행동해야만 한다면 적절한 때에 멈추기에 충분할 정도로 조심스럽게 해야만 한다. 예를 들어 전쟁 상황에서 처음의 성공 후에 승리감에 도취한 상태에서 계속 싸우는 것은 나중에 치명적인 패배로 이끌 수 있다. 모든 행동들은 나름의 적절한 시작과 끝이 있다. 만약 그 가운데 어느 하나라도 놓친다면 도에 맞지 않는 것이다.

이것은 자연의 운행에 대해서도 또한 참이다. 계절이란 나름의 표준적인 길이를 갖는데 이것이 어긋나게 될 때 끔찍한 결과가 일어날 수 있다. 예를 들어 겨울의 酷寒이 봄까지 지속되면 그해의 곡물 수확이 크게 줄어들 수 있다.

적시성은 올바른 끝맺음만큼이나 매우 알맞은 시작에 의존한다. 순환하는 시간 진로에서 어떤 것의 끝맺음은 또한 새로운 어떤 것의 시작이다. 만약 사람이 그 끝을 놓치면 그 다음의 시작을 놓치는 것이다. 알맞은 끝맺음과 시작은 서로 의존한다.

64.1 其安에 易(이)持요 其未兆에 易謀며

편안할 때 유지하기 쉽고 아직 조짐이 드러나지 않은 때에 도모하기 쉬우며

【注】以其安不忘危하고 (持之)〔其存〕不忘亡[1]은 謀之無功之勢니 故曰 易也라하니라

1) 以其安不忘危 (持之)〔其存〕不忘亡 : 저본에는 '其存'이 '持之'로 되어 있으나 波多野太郎의 설에 따라 바로잡는다.

樓宇烈은 이 부분이 ≪周易≫〈繫辭傳 下〉에서 "공자께서 말씀하셨다. '위태로울까 하는 것은 제자리를 편안히 하는 것이요, 망할까 하는 것은 생존을 보존하는 것이요, 어지러울까 하는 것은 다스림을 두는 것이다. 이 때문에 군자는 편안해도 위태로움을 잊지 않고, 보존되어도 망함을 잊지 않고, 다스려져도 어지러움을 잊지 않는다.〔子曰 危者安其位者也 亡者保其存者也 亂者有其治者也 是故君子安而不忘危 存而不忘亡 治而不忘亂〕'라고 한 데에서 가져온 것이라 지적한다.

또한 바그너는 이 부분이 조금 다른 형태로 ≪老子指略≫ 4.1에도 "夫存者 不以存爲存 以其不忘亡也 安者 不以安爲安 以其不忘危也(보존되는 자는 보존됨을 보존됨으로 여기지 않으니 망함을 잊지 않기 때문이다. 편안한 자는 편안함을 편안함으로 여기지 않으니 위태로움을 잊지 않기 때문이다.)"라고 나오는데, 이에 근거할 때 '持之'는 '其存'으로 보는 것이 맞다고 한다.

편안할 때에 위태로움을 잊지 않고 보존될 때에 망하는 것을 잊지 않으니, 이와 같은 일들은 아무런 공이 없는 형세에서 도모하는 것이다. 그래서 "쉽다."고 했다.

64.2 其脆에 易泮이요 其微에 易散일새

무를 때 쪼개기 쉽고 작을 때 흐트러뜨리기 쉽기 때문에,

【注】雖失無入有나 以其微脆之故로 未足以興大功하니 故易也라 此四者는 皆說愼終也라 不可以無之故而不持하고 不可以微之故而弗散也니 無而弗持인댄 則生有

焉하고 微而不散인댄 則生大焉이라 故慮終之患을 如始之禍하면 則無敗事니라

　　비록 無를 잃고 有로 들어갔으나 그것이 아직 작고 무른 까닭에 커다란 노력을 들이
지 않아도 되니 그래서 쉬운 것이다. 이 네 가지는 모두 마침을 신중히 함을 말한다. 없
다고 해서 잡아두지 않아서는 안 되고 작다고 해서 흐트러뜨리지 않아서는 안 된다. 없
다고 해서 잡아두지 않으면 있음〔有〕이 생겨나게 되고, 작다고 해서 흐트러뜨리지 않으
면 큰일이 생겨나게 된다. 그러므로 시작할 때 재앙을 걱정하듯 마칠 때의 우환을 걱정
한다면 실패하는 일이 없게 될 것이다.

64.3 爲之於未有하고

　　아직 있지 않을 때 실행하고

　　【注】謂其安未兆也라

　　　편안할 때와 조짐이 드러나지 않았을 때를 말한다.

64.4 治之於未亂이라

　　아직 어지럽지 않을 때 다스린다.

　　【注】謂微脆也라

　　　작을 때와 무를 때를 말한다.

64.5 合抱之木은 生於毫末하며 九層之臺는 起於累土하며 千里之行은 始於足下라 爲者는 敗之요 執者는 失之라

　　한 아름 되는 나무는 털끝만 한 〈작은 싹에서〉 자라나며 아홉 층이나 되는 누대는
바닥부터 쌓은 흙에서 세워지며 천 리의 먼 길은 발 아래 〈한 걸음에서〉 시작한다.
〈자연스러움에 거슬러〉 하는 자는 실패하고 〈形名으로〉 잡으려는 자는 잃는다.

　　【注】當以愼終除微하고 愼微除亂호대 而以施爲治之하고 形名執之하면 反生事原하여
巧辟滋作이니 故敗失也라

　　　마땅히 마침을 신중히 하여 작을 때에 제거하고 작은 것을 신중히 하여 어지러운 것

을 제거해야 한다. 그러나 억지로 베풀어서 다스리고 形名으로 잡는다면 도리어 일의 근원을 낳아 교묘하고 편벽된 일이 더욱 일어난다. 그래서 실패하고 잃는 것이다.

64.6 是以聖人은 無爲라 故無敗요 無執이라 故無失이라 民之從事엔 常於幾成而敗之니라

이 때문에 성인은 〈억지로〉 함이 없으므로 패함이 없고, 잡음이 없으므로 잃음이 없다. 백성이 일을 할 때는 항상 일이 다 될 때쯤 잘못되게 마련이다.

【注】不愼終也일새라

〈잘못되는 것은〉 그 마침을 신중히 하지 않았기 때문이다.

64.7 愼終如始면 則無敗事니 是以聖人은 欲不欲하고 不貴難得之貨[1]하며

1) 欲不欲 不貴難得之貨 : ≪韓非子≫ 〈喩老〉에서는 子罕이 옥을 거절한 이야기를 통해 이를 설명한다. 宋나라의 어느 시골 사람이 옥을 얻어 子罕에게 바쳤으나 자한은 받지 않는다. 시골 사람이 왜 귀한 사람이 귀한 보물을 받지 않느냐 묻자, 자한은 "당신은 옥을 보물로 여기지만 나는 당신의 옥을 받지 않는 것을 보물로 여긴다.〔爾以玉爲寶 我以不受子玉爲寶〕"고 답한다. ≪한비자≫는 이 이야기를 소개한 후 이것이 자한의 "옥을 바라지 않음〔不欲玉〕"이라 설명한다. 그리고는 ≪老子≫의 이 문장을 인용한다.

마침을 신중히 하기를 시작할 때처럼 하면 실패하는 일이 없다. 이 때문에 성인은 바라지 않기를 바라고 얻기 어려운 재물을 귀하게 여기지 않으며,

【注】好欲은 雖微나 爭尙爲之興하고 難得之貨는 雖細이나 貪盜爲之起也하니라

좋아하고 바라는 것은 비록 작아도 다투고 숭상하는 〈풍조가〉 일어나게 하고, 얻기 어려운 재화는 비록 적어도 탐욕과 도둑이 일어나게 한다는 뜻이다.

64.8 學不學하고 復衆人之所過하니

배우지 않기를 배우고 뭇사람들이 지나치는 것을 돌이키는 것이니,

【注】不學而能者는 自然也요 (喩)〔蹄〕[1]於不學者는 過也라 故學不學하고 以復衆

人之所過하나라

1) (喩)〔踰〕: 저본에는 '喩'로 되어 있으나, 陶鴻慶의 설에 따라 '踰'로 바로잡는다.

배우지 않았는데 능한 것은 자연이요, 〈이러한〉 배우지 않음을 넘어서는 것은 지나침이다. 그래서 '배우지 않음'을 배우고 뭇사람들이 지나치는 것을 돌이키는 것이다.

64.9 **以輔萬物之自然而不敢爲**[1]라

1) 以輔萬物之自然而不敢爲 : ≪韓非子≫〈喩老〉에서는 宋나라 사람과 列子의 이야기로 설명한다. 어느 宋나라 사람이 임금을 위해 3년이 걸려 상아로 나뭇잎을 만들었는데, 진짜 나뭇잎과 구분하기 어려울 정도였다. 그 공으로 송나라에서 俸祿을 받게 되자 이를 전해들은 列子가, "만일 天地가 3년 걸려서 나뭇잎 하나를 만든다면 식물 중에 잎 달린 나무 수가 적을 것이다.……한 사람의 힘만으로 일하면 后稷이라 해도 부족하고 자연을 따른다면 종들조차 여유 있게 된다.〔使天地三年而成一葉 則物之有葉者寡矣……以一人之力 則後稷不足 隨自然 則臧獲有餘〕"고 한 말을 소개하고, ≪한비자≫는 ≪노자≫의 이 문장을 인용한다.

능히 만물의 자연스러움을 도와 감히 〈자연스러움에 거슬러 억지로〉 하지 않는다.

제65장

제65장은 '智'란 말의 이중적 의미를 연속적으로 보여주는데, 그것은 〈어떠한 것의 방법을〉 안다'는 의미에서 '완성하다(to master)'는 의미와 '다스리다(to rule)'(이에 대해서는 제33장을 보라.)는 의미를 갖는다.

이상적인 군주는 백성들을 교육시키지 않는다. 다스림을 받는 사람들은 알 수 없다. 그렇지 않으면 그들은 '주인'이지 더 이상 다스림을 받는 사람들이 아니게 된다. 만약 백성들에게 앎이 생기면 제49장에서 진술한 말로 '미소 짓는 아이들(smiling children)'이 될 자질을 잃게 될 것이다. 백성들이 오로지 자신들의 과업을 자연스럽게 그리고 만족스럽게 완수하는 것은 그들이 그렇게 하는 것이 대체로 無意識的으로 또는 '스스로 그렇게' 하는 한에서이다.

현대 심리학적인 방식으로 造語하여 표현해본다면 이러한 '自動反射性(automaticity)'은 그들의 '위대한 유순함'의 뿌리이자 욕구와 충족되지 않는 소망으로부터의 자유의 원천이기도 하다.

여기서 어리석음(dullness)이란 부정적인 어떤 것이 아니다. '소박함'과 같이 그것은 道와 부합한다는 것을 나타내주는 자질이다. 백성들을 지혜롭게 만드는 것은 죄가 된다. 이것은 백성들을 불행하게 할 뿐만 아니라 무질서와 경쟁으로 이끌게 될 것이다.

여기서 '유순함(compliance)'이라고 번역한 한자는 '順'인데 이것은 '시내'와 '나뭇잎'이라는 두 가지의 형태적 요소로 이루어져 있다. 道家에서 말하는 '順'의 개념은 글자 그대로는 '흐름에 맡기고 가다.(to go with the flow)'라는 의미인데, 이것은 물위에 떠다니는 나뭇잎과 꼭 같다. 그러므로 이러한 유순함은 자유 또는 자기 결정의 결핍이라는 부정적인 것으로 이해되지 않고 차라리 수고스럽지 않고, '느긋한' 자연적 운동(effortless and 'easygoing' natural motion)으로 이해된다.

65.1 古之善爲道者는 非以明民하고 將以愚之하니라

옛날에 道를 잘 행한 자는 백성을 현명하게 만들지 않고 어리석게 만들었다.

【注】明은 謂多(見)〔智〕¹⁾巧詐하여 蔽其樸也요 愚는 謂無知守眞하여 順自然也라

> 1) (見)〔智〕: 저본에는 '見'으로 되어 있으나, 아래 두 注文에 '多智巧詐', '以其多智也'로 되어 있는 것에 근거하여 '智'로 수정한 陶鴻慶의 설에 따라 '智'로 바로잡는다.

明이란 꾀 많고 교묘히 속여 그〈본래의〉소박함을 가리는 것을 이른다. 愚는 꾀가 없고 참된 본성을 지켜 자연스러운〈본성에〉순응하는 것을 이른다.

65.2 民之難治는 以其智多라

백성을 다스리기 어려운 것은 백성이 꾀가 많기 때문이다.

【注】多智巧詐라 故難治也라

꾀 많고 교묘히 속이기 때문에 다스리기 어려운 것이다.

65.3 故以智治國은 國之賊이요

그러므로 꾀로써 나라를 다스리는 것은 나라의 해악이고,

【注】智는 猶(治)〔術〕¹⁾也니 以智而治國을 所以謂之賊者라하니 故謂之智也라하니라 民之難治는 以其多智也니 當務塞兌閉門하여 令無知無欲하니라 而以智術動民하면 邪心旣動하니 復以巧術防民之僞라도 民知其術하여 隨防而避之하니 思惟密巧하고 姦僞益滋하니 故曰 以智治國은 國之賊也라하니라

> 1) (治)〔術〕: 저본에는 '治'로 되어 있으나, 바그너는 이어지는 문장에서 '以智術動民'이라고 한 것을 근거로 '治'를 '術'로 보는데, 타당하므로 이를 따른다.

智는 꼼수〔術〕와 같으니, 꾀로 나라를 다스리는 것을〈나라의〉해악이라 일컬으니 이 때문에 그것을 꾀라고 일컫는다. 백성을 다스리기 어려운 것은 꾀가 많기 때문이니, 마땅히〈욕심이 나오는〉구멍을 막고 문을 닫아 꾀가 없고 욕심이 없게 힘써야 한다. 꾀와 꼼수로 백성을 동원하면 사악한 마음이 발동하게 되니, 다시 교묘한 꼼수로 백성들의 거짓된 행동을 막더라도, 백성도 그 꼼수를 알아 막는 것에 따라 그를 피하게 되니 생각이 정밀하고 교묘해지고 간사함과 거짓이 더욱 늘어나게 된다. 그래서 "꾀로써 나

라를 다스리는 것은 나라의 해악이다."라고 했다.

65.4 不以智治國은 國之福이라 知此兩者는 亦稽式이라 常知稽式을 是謂玄德이니 玄德은 深矣요 遠矣라

꾀로 나라를 다스리지 않는 것은 나라의 福이다. 이 두 가지를 아는 것은 또한 〈예나 지금이나〉 동일한 준칙이다. 늘 동일한 준칙을 아는 것을 현묘한 덕이라 하니, 현묘한 덕은 깊고도 아득하다.

【注】稽는 同也라 今古之所同則이니 不可廢라 能知稽式을 是謂玄德이니 玄德은 深矣요 遠矣라

'稽'는 '같다〔同〕'는 뜻이다. 지금이나 옛날이나 같이 본받는 것이니 폐할 수 없다. 〈옛날이나 지금이나〉 동일한 준칙을 늘 아는 것을 현묘한 덕이라고 일컬으니, 현묘한 덕은 깊고도 아득하다.

65.5 與物反矣니

만물과 함께 〈참된 본성으로〉 되돌아가니

【注】反其眞也라

그 참된 본성으로 돌아간다는 뜻이다.

65.6 然後에 乃至於大順이니라

그런 후에야 비로소 크게 순응하는 데 이른다.

제66장

　제66장은 다시 한 번 '낮은 데에 처하는 것' – 제61장에서 보듯 물과 연관된 자질 – 을 찬양하면서 시작하고 있다. 그것은 또한 장래가 촉망되는 군주가 익혀야 하는 자질이기도 하다. 그들은 제39장에서 보듯 스스로를 낮추는 용어들로 자신을 지칭한다.

　道家的 성인 군주는 자신의 인격을 최소화한다. 즉 '적극적인' 어떠한 것도 남아 있지 않는 데에 이를 정도로 모든 사사로움을 비운다. 그에게는 어떠한 특성, 행동, 욕망, 의도가 없다. 스스로를 가장 낮은 데에 처함으로써 역설적으로 모든 사람이 그에게 향하게 된다. 물과 같이 그는 어떠한 '개인적인(personal)' 형태가 없으며 자연스럽게 스스로를 가장 낮은 위치에 처하게 한다.

　이렇게 하여 그는 사회의 풍성한 활력소(the nourishing spring in society), 즉 〈정치적〉 생명의 원천(the source of political life)이 될 수 있다. 여기서 다시 도가적 규칙인 逆轉이 적용된다.

　백성들은 利己心을 최소화한 사람을 소중히 여기고 존경할 것이며, 권력을 추구하지 않는 사람에게 권력을 양보하고자 할 것이다. 성인 군주는 누구와도 경쟁하지 않으며, 그리하여 누구도 그와 다툴 수가 없게 된다.

　이상적인 도가적 국가는 오로지 자연적 힘이 지배하는 그러한 사회이다. 성인 군주는 이러한 자연적 힘들을 사용한다. 그는 백성의 지지를 위해 적극적으로 투쟁하지 않으며, 경쟁자와 전투를 벌이지 않는다. 그는 비경쟁적인 전략을 차용하여 '스스로 그러하게' 움직인다. 백성들이 군주와 그의 통치를 무겁다고 느끼지 않는 것은 적극적인 노력이 결핍되어 있기 때문이다. 그는 백성들의 아래에 처하며 이렇게 하여 그들을 누르거나 하지 않는다.

66.1 江海所以能爲百谷王者는 以其善下之라 故能爲百谷王이라 是以聖人은 欲上民하여는 必以言下之하고 欲先民하여는 必以身後之하니라 是以聖人處上而

民不重하고 處前而民不害하며 是以天下樂推而不厭이라 以其不爭이라 故로 天
下莫能與之爭이라

　강과 바다가 모든 골짜기의 王이 될 수 있는 까닭은 아래에 잘 처하기 때문이다.
그래서 모든 골짜기의 왕이 될 수 있다. 이 때문에 聖人은 백성 위에 있고자 할 때
에는 반드시 그 말을 낮추고, 백성 앞에 서고자 할 때에는 반드시 그 몸을 뒤로 물
린다.

　이러한 까닭에 성인이 위에 처해도 백성은 무겁다 여기지 않고, 앞에 처해도 백
성은 해롭다 여기지 않으며, 이 때문에 천하가 즐거이 추대하고 싫어하지 않는다.
〈이렇게 성인은〉 다투지 않기 때문에 천하의 어느 누구도 그와 다툴 수 없다.

제67장

제67장의 첫째 부분에는 일종의 才談(pun)이 포함되어 있다. 여기서 '不肖'는 글자 그대로는 "어떤 것과도 닮지 않았다."라는 뜻이다. 그러나 그 표현은 또한 연장자나 윗사람에게 말할 때 자기를 낮추거나 온화하고 공손하게 자신을 가리키는 말로 사용되기도 한다. 이 말을 사용하게 되면 다른 사람보다 자신이 못하다고 말하거나 또는 자신에게 어떤 목적을 실현할 수 있는 덕이나 재능 또는 특질이 없다고 하는 것이다. 이런 식으로 그 사람은 스스로를 '쓸모없다' 즉 불초하다고 표현하는데, 道家의 逆說의 논리 즉 통치자가 되기에 적당한 유일한 사람이라고 주장하는 셈이 된다.

첫째 부분에 나오는 '나'는 스스로를 '쓸모없다'고 선언함으로써 오히려 국가에서 無爲하는 유일한 지위, 즉 통치의 首長이라는 지위를 차지하게 될 운명을 타고난 사람이라고 선언하는 것과 같다. 다른 모든 사람들은 그들 나름의 기능과 그에 해당하는 이름을 갖지만 군주는 오로지 아무것도 갖지 않는다.

제67장의 둘째 부분 또한 역설에 근거하고 있다. 세 가지 보물 즉 자애로움(compassion), 아낌(frugality), 그리고 감히 나서지 않음(placing oneself behind)은 그 반대의 것으로 변화한다. 수동적인 자애로움은 과감한 용감함이 되고, 아낌은 넉넉함이 되고, 감히 나서지 않는 사람은 앞에 서게 될 것이다. 오로지 이러한 결과에 도달할 수 있는 것은 그들이 그 반대가 되는 자질에 뿌리를 두고 있기 때문이니, 만일 그렇게 하지 않는다면 실패하게 될 것이다. 세 가지 보물 가운데 첫째 것은 마지막 부분의 논제이다.

이 장에 대한 ≪韓非子≫의 주석은 자애로움을 어미다움의 덕(the virtue of motherhood)으로 해석하고 있다. 어미는 자기 자식들을 자애롭게 돌보는데 그래서 자식들이 위험에 빠지면 본능적으로 그들을 지켜준다. 이렇게 해서 어미의 본능적인 자애로움은 과감하고 용감무쌍한 힘으로 변화되기도 한다. 만약 어떤 사람의 용기가 역설적으로 자애로움에 뿌리하고 있다면 그는 전쟁에서 승리할 수 있다. 만약 한 나라의 군주가 어미다운 자애로움을 갖추고 있다면 그 나라는 보전되고 '둘러싸여지게' 될 것이다.

67.1 天下皆謂我道大나 似不肖라하니 夫唯大하니 故似不肖하니라 若肖면 久矣其細也夫인저

천하가 모두 나의 道가 위대하지만 닮은 게 없는 듯하다고 한다. 오직 위대하기 때문에 닮은 게 없는 듯한 것이다. 만약 〈어떤 것과〉 닮았다면 오래 전에 〈나의 도의 위대함은〉 하찮게 되었을 것이다!

【注】 久矣其細는 猶曰 其細久矣라 肖則失其所以爲大矣니 故(夫)曰 若肖면 久矣其細也〔夫〕[1]인저니라

> 1) 故(夫)曰……久矣其細也〔夫〕: 저본에는 '夫'가 '故' 뒤에 있으나, 經文에 의거하여 바로잡는다.

久矣其細(오래 전에 〈나의 도의 위대함은〉 하찮게 되었을 것이다.)는 '其細久矣(〈나의 도의 위대함이〉 하찮게 된 지 오래되었다.)'라는 말과 같다. 〈어떤 것과〉 닮았다면 〈나의 도가〉 위대해진 까닭을 잃었을 것이다. 그래서 "만약 〈어떤 것과〉 닮았다면 오래 전에 〈나의 도의 위대함은〉 하찮게 되었을 것이다!"라고 했다.

67.2 我有三寶하니 持而保之하니라 一曰慈요 二曰儉이요 三曰不敢爲天下先이라 慈하니 故能勇하고

나에게는 세 가지 보배가 있으니, 그것을 간직하고 지킨다. 첫째는 자애로움이고 둘째는 검소함이며 셋째는 감히 천하에 나서지 않는 것이다. 〈무릇 내가 간직하고 지키는〉 자애로움 때문에 용감할 수 있고,

【注】 夫慈로 以陳則勝하고 以守則固하니 故能勇也라

〈經67.6-7에서 말하듯이〉 대저 자애로움으로 〈전쟁에서〉 진을 치면 승리하고, 〈자애로움으로〉 지키면 견고하다. 이 때문에 용감할 수 있는 것이다.

67.3 儉하니 故能廣하고

검소하기 때문에 넉넉할 수 있고

【注】 節儉愛費하여 天下不匱하니 故能廣也라

　절약하고 검소하며 불필요한 씀씀이를 아껴서 천하가 모자람이 없다. 그래서 넉넉할 수 있는 것이다.

67.4 不敢爲天下先하니 故能成器長이라

감히 천하에 나서지 않기 때문에 기물의 우두머리가 될 수 있는 것이다.

【注】 唯後外其身하여 爲物所歸然後에 乃能立成器하여 爲天下利하니 爲物之長也하니라

　오로지 〈經7.2에서 말한 바와 같이 성인이〉 자신의 몸을 뒤로 하고 도외시하여 만물이 돌아오는 곳이 된 후에야 〈≪周易≫〈繫辭傳〉에서 말하듯이 성인은〉 "기물을 완성하여 천하를 이롭게 하니" 만물의 우두머리가 된다는 뜻이다.

67.5 今에 舍慈且勇하고

오늘날에는 자애로움을 버리고 용감함을 취하며,

【注】 且는 猶取也라

　'且'는 '취하다〔取〕'는 뜻과 같다.

67.6 舍儉且廣하며 舍後且先하니 死矣로다 夫慈로 以陳則勝하고

검소함을 버리고 넉넉하기를 취하며, 자신을 뒤로 물리는 〈미덕을〉 버리고 앞에 나서는 것을 취하니 죽게 될 것이다. 무릇 자애로움으로 진을 치면 승리하고,

【注】 相慜(민)而不避於難하니 故勝也라

　서로 사랑하여 어려운 일을 피하지 않기 때문에 승리하는 것이다.

67.7 以守則固하니 天將救之는 以慈衛之니라

〈자애로움으로〉 지키면 견고하니, 〈이러한 사람을〉 하늘이 장차 구하는 것은 자애로움으로 지키기 때문이다.

제68장

　'天' 즉 하늘 또는 자연·본성에 어울려 道에 부합하는 전략은 정치는 물론 전쟁에서 승리로 이끌 것이다. 첫째 부분은 이와 같은 도가적 전략을 묘사하고 있다. 이러한 도가적 전략을 따르는 사람은 공개적인 혹은 직접적인 대결을 추구하지 않고, 물러서고 감히 나서지 않는 전략을 취한다. 앞 장에서 묘사한 '자애로움'의 덕에 일치하게 도가적 戰士는 공세적인 것에 의존하지 않고, 대신 전쟁에 대한 태도는 방어에 뿌리를 두고 있다.

　도가의 兵法은 백성을 '부리고 쓰는(using or employing)' 기술과 연관된다. 이 장에서 한 번 더 표현하고 있는 도가적 관념은, 지도자는 역설적으로 스스로를 피통치자들의 아래에 처함으로써 '자연스럽게' 그들의 지도자로 떠오르게 되도록 한다는 것이다. 마지막 부분에서 말하고 있듯이 이것은 고대 즉 만물이 고요하게 질서를 이루고 있던 때인 고대의 '최고의 방법(the golden way)'이다. 도가는 儒家와 마찬가지로 자신들의 立論을 지지하기 위해 현재를 위한 모델로 고대를 언급한다.

68.1 善爲士者는 不武하고

　장수 노릇을 잘하는 자는 武勇을 뽐내지 않고

　【注】士는 卒之帥也요 武는 尙先陵人也하니라

　　士는 병졸을 부리는 장수이다. 무용은 앞장서기를 숭상하고 다른 사람을 무시한다.

68.2 善戰者는 不怒하고

　싸움을 잘하는 자는 분노하지 않고

　【注】後而不先하고 應而不唱이라 故不在怒라

　　〈자신을〉 뒤로 물려 앞장서지 않고, 뒤에 응할 뿐 먼저 부르지 않는 까닭에 분노에 이르지 않는다.

68.3 善勝敵者는 不與하고

적을 잘 이기는 자는 함께 다투지 않고

【注】 不與爭也라

함께 다투지 않는다는 뜻이다.

68.4 善用人者는 爲之下니 是謂不爭之德이며 是謂用人之力이며

남을 잘 부리는 자는 〈자신을〉 아래로 낮추니 이것을 일컬어 다투지 않는 덕이라고 하며, 이것을 일컬어 남을 부리는 힘이라고 하며,

【注】 用人而不爲之下면 則力不爲用也하니라

남을 부리면서 〈자신을〉 낮추지 않으면 〈그의〉 힘을 〈내가〉 이용할 수 없게 된다.

68.5 是謂配天이니 古之極이라

이것을 일컬어 하늘에 짝한다고 하니 예로부터의 준칙이다.

324

제69장

첫째 부분의 格言은 앞의 두 장에서 이미 언급했던 전략적 지침을 확인해주고 있다. 승리하는 전략은 방어와 회피에 의존한다. 적군은 그때 먼저 나서고자 할 것이고, 말하자면 '스스로 발목 잡히는 꼴(shoot himself in the foot)'이 된다. 방어 전술은 '無爲而無不爲' 즉 "함이 없으나 하지 못함이 없다."는 격률의 실천적 적용이며, 역설의 논리의 실제적 적용이기도 하다. 도를 따르는 사람은 다른 사람이 움직이도록 할 때 가장 효과적으로 행동하는 것이다.

성공하기 위해서는 조심스러워야 한다. 셋째 부분은 제64장의 조언 '처음을 유의하라'와 연관하여 해석할 수 있다. 적이 없으면 사람은 소홀해지게 되고 아마도 재앙을 당하게 될 것이 뻔하다. 정치, 신체적 건강, 그리고 전쟁에서 조심스러운 것 혹은 걱정이 많은 것은 극히 중요하다. 그것은 어미다운 품성으로서 도와 일치하는 것이며('어미'에 대해서는 제1장, 제20장, 제25장, 제52장 그리고 제59장을 보라.), 이 때문에 결국에는 성공이라는 결과를 낳게 되는 것이다.

69.1 用兵에 有言하니 吾不敢爲主而爲客하고 不敢進寸而退尺하니 是謂行無行이요 (彼遂不止)¹⁾攘無臂요 〔執無兵〕²⁾이요 扔(잉)無敵이라

1) (彼遂不止) : 저본에는 '是謂行無行' 뒤에 '彼遂不止'라는 王弼의 주석이 있으나 陶鴻慶에 따르면 이것은 王弼이 아니라 河上公의 注文이라고 한다. ≪河上公章句≫에 "〈내가 물러나도〉 저들이 멈추지 않으면 천하의 적이 된다.〔彼遂不止 爲天下賊〕"라는 注文이 나오는데, 이 문장을 王弼의 주석 맥락에서 보면 문맥이 연결되지 않는다. 따라서 陶鴻慶의 설에 따라 '彼遂不止'를 衍文으로 처리하였다.

2) 〔執無兵〕 : 저본에는 經69.2의 맨 앞에 나오지만, 王弼의 注에서는 注69.1에 보인다. 따라서 注文에 의거하여 여기에 두고 經69.2에서는 생략한다.

用兵家들 사이에는 이런 말이 있으니, 나는 감히 주인이 되지 않고 손님이 되고, 감히 한 치도 나아가지 않고 한 자를 물러난다고 한다. 이것을 행군할 때에는 흔적이 없고 팔뚝을 걷어붙이려 해도 팔뚝이 없으며, 잡으려고 해도 兵器가 없고 잡아끌려 해도 적이 없다 한다.

【注】行은 謂行陳也라 言以謙退哀慈로 不敢爲物先이라 用戰에 猶行無行이요 攘無臂요 執無兵이요 扔無敵也하니 言無有與之抗也라

　　行이란 행군을 말한다. 이것은 겸손하고 물러서고 슬퍼하고 자애로움으로써 감히 만물에 앞장서지 않는다는 말이다. 〈이러한 원리로〉 전쟁에 임할 때 오히려 행군하여도 흔적이 없고, 〈소매를〉 걷어붙여도 팔뚝이 없고, 잡으려고 해도 병기가 없고 잡아끌려 해도 적이 없는 것처럼 해야 하니, 이것은 더불어 대항하는 자가 없다는 말이다.

69.2 (執無兵) 禍莫大於輕敵이니 輕敵하면 幾(喪)〔亡〕[1]吾寶라

1) (喪)〔亡〕 : 저본에는 ‘喪’으로 되어 있으나, ‘幾亡吾寶’라고 한 注文에 의거하여 ‘亡’으로 바로잡는다.

　　재앙은 적을 가볍게 여기는 것보다 큰 게 없으니, 적을 가볍게 여기면 거의 내 보배를 잃게 될 것이다.

【注】言 吾哀慈謙退는 非欲以取强無敵於天下也라 不得已而卒至於無敵이니 斯乃吾之所以爲大禍也라 寶는 三寶也라 故曰 幾亡吾寶라하니라

　　이것은 내가 슬퍼하고 자애롭고 겸손하고 물러나는 것은 강함을 취하여 천하에 적이 없게 하려는 것이 아니라, 부득이하여 마침내 적이 없는 경지에 이르렀으니, 이것이 바로 내가 큰 재앙이라 여기는 까닭이라 말한 것이다. 寶는 〈슬퍼함, 자애로움, 겸손히 물러남의〉 세 가지 보배이다. 따라서 “거의 내 보배를 잃게 될 것이다.”라고 한 것이다.

69.4 故抗兵相(加)〔若〕[1]엔 哀者勝矣니라

1) (加)〔若〕 : 저본에 ‘加’로 되어 있으나, 樓宇烈은 道藏集注本에 근거하여 아래 注文의 ‘加’를 ‘若’으로 바로잡고 經文도 ‘若’이 되어야 한다고 주장하였다. 또 范應元本에 ‘若’으로 되어 있다. 따라서 이를 따라 ‘若’으로 바로잡는다.

　　그러므로 군사를 동원한 것이 서로 대등할 때는 〈동료를〉 아끼는 사람이 이긴다.

【注】抗은 擧也요 (加)〔若〕[1]은 當也라 哀者는 必相惜而不趣利避害하니 故必勝이라

1) (加)〔若〕: 저본에는 '加'로 되어 있으나, 道藏集注本에는 '若'으로 되어 있다. 앞의 經
   69.4 역주 1) 참조.

抗은 '〈군사를〉 일으키다〔擧〕'는 뜻이다. 若은 대등하다는 뜻이다. 애통해하는 사람은
반드시 서로 아껴서 이로움을 추구하고 해를 피하지 않기 때문에 반드시 승리한다.

제70장

제70장은 '知'가 '안다'는 뜻과 '완성하다'라는 뜻을 이중적으로 갖는다는 것을 이용하여 논의하고 있다. '知'에 대한 논의는 제33장과 제56장에서도 다루고 있다.

聖人의 말은 알기 쉽고 행하기도 쉽다. 그런데도 그것을 행하거나 배울 필요성을 느끼는 사람은 없다. 도가에서 말하는 〈통치의〉 技藝의 역설적 완성은 오로지 자신의 행동, 행위, 의도를 최소화할 것을 요구할 뿐이다. 게다가 성인은 이러한 탈인간화의 기예(art of dehumanization)를 완벽하게 완성한 유일한 인간이다. 轂, 즉 바퀴 중심부의 비어 있는 허브는 단 하나이다. 비록 虛靜과 無爲의 길을 따르는 것이 이론상으로 쉽다 해도, 이 중심의 자리에는 오직 한 사람만이 있을 수 있다.

첫째 부분을 反響하면서 셋째 부분은 도가적 통치술의 논리(logic of rulership)에 완벽하게 상응한다. 성인 군주가 군주가 된 까닭은 그가 어떤 특정한 과업도 수행하지 않는, 즉 無를 체득한(to master nothing) 유일한 사람이기 때문이다. 무를 체득함(mastering)으로써 성인 군주는 모두의 주인(the master)이 되는데 이 때문에 그 누구도 그를 지배하지(to master) 못하는 것이다. 성인 군주의 명성(esteem)은 이런 방식으로 이루어지는 것이다.

이어서 제70장은 성인 군주의 아낌과 소박함을 찬양하면서 결론짓는다. 즉 성인 군주는 허름한 베옷을 입는다. 그런데 이것은 역설적으로 그의 예외적인 존재임을 표현해준다.

때때로 제70장은 ≪老子≫의 저자로 추정되는 사람의 우울한 불만, 즉 사람들이 도가적 메시지를 이해하지 못하고 따라서 이를 행하고자 하지 않는 것에 대한 우울한 불만의 표현으로 해석되기도 한다.

그런데 필자는 ≪노자≫에 어떤 한 사람의 著者나 한 사람의 話者가 있다고 생각하지는 않는다. 차라리 ≪노자≫에 등장하는 '나', 특히 여기 제70장에 등장하는 '나'는 장래가 촉망되는 讀者 또는 聽者의 '나', 이른바 성인 군주가 되기를 열망하는 사람이라고 생각한다. 필자의 해석에 따르면 제70장은 오해되고 있다는 점에 불만을 말하고 있지 않고, 차라리 도가의 역설의 규칙을 표현하고 있다고 생각한다.

　　오로지 단 한 사람만이 '不知'라는 '쉬운' 기예를 완성할 수 있다. 그리고 이것이
가장 좋은 것이기도 하다. 제70장은 지성적인 讀解法(intelligent readership)의 결
핍을 비난하지 않지만, 오히려 이상적으로는 오직 한 사람만이 도의 가르침을 완성
하리라는 점을 지적하고 있다. 그러므로 그 밖의 어느 누구도 도를 완성할 수는 없
는 것이다. 제70장은 ≪노자≫가 이상적으로는 오로지 단 한 사람의 독자나 청자를
의도한 것이라는 점을 지적하고 있는 것이다.

70.1 吾言甚易知하고 甚易行이어늘 天下莫能知하고 莫能行하나니

　　내 말은 무척 알기 쉽고 무척 행하기 쉽지만 천하의 〈누구도〉 알 수 없고, 행할
수 없으니,

　　【注】可不出戶窺牖而知하니 故曰 甚易知也요 無爲而成하니 故曰 甚易行也요 惑
於躁欲하니 故曰 莫之能知也요 迷於榮利하니 故曰 莫之能行也라

　　문을 나서거나 창밖을 내다보지 않아도 알 수 있기 때문에 "무척 알기 쉽다."고 했
다. 하는 게 없으나 이루기 때문에 "무척 행하기 쉽다."고 했다. 조급한 욕심에 혹하기
때문에 "누구도 알 수 없다."고 했다. 榮利에 미혹되기 때문에 "누구도 행할 수 없다."
고 했다.

70.2 言有宗하고 事有君[1]한대

1) 言有宗 事有君 : 이 부분은 판본에 따라 다르게 나타나는데, 帛書本조차 甲本은 '言有宗 事
　　有主'로, 乙本은 '言有宗 事有君'으로 되어 있다. ≪淮南子≫ 〈道應訓〉에서는 '言有宗 事有
　　本'으로 되어 있고 淳于髡의 이야기를 들면서 이 부분을 언급하는데, 본래 ≪회남자≫ 〈도
　　응훈〉에서 말하고자 했던 것은 愼子의 말이었다. 하지만 논의의 맥락을 보면 이 부분에 대
　　한 해설이라 보아도 무방하여 여기에 싣는다. 순우곤의 이야기는 ≪呂氏春秋≫ 〈審應覽
　　離謂〉에도 보인다.
　　　齊나라 사람 淳于髡이 합종책으로 魏나라 王에게 유세하니, 왕은 수레 열 대를 마련해
　　楚나라에 사신으로 보내려 하였다. 막 인사를 하고 떠나려고 할 때, 사람들이 합종책만으
　　로는 부족하다 여겨 다시 연횡책을 들려주었다. 왕은 사신 행차를 멈추게 하고 순우곤을
　　멀리하였다. 합종책도 연횡책도 모두 쓸 수 없게 된 것이다.
　　　이 이야기를 소개한 후 ≪회남자≫는 "무릇 말에는 으뜸이 있고 일에는 주인이 있다. 으

뜸과 주인을 상실하면, 비록 기술과 재능이 많아도 차라리 적은 것만 못하다.〔大言有宗 事有本 失其宗本 技能雖多 不若其寡也〕"라고 평하는데, 《노자》의 문장으로 인용하고 있지는 않다. 그리고 이어서 《회남자》는 愼子의 말이라며 다음과 같이 인용한다. "장인은 문을 만들 때 잘 열리는 것만 생각하는데, 이는 문을 제대로 알지 못하는 것이다. 문은 반드시 닫아 보아야 잘 열리게 된다.〔匠人知爲門能以門 所以不知門也 故必杜然後能門〕"

말에는 으뜸이 있고 일에는 주인이 있는데

【注】宗은 萬物之宗也요 君은 萬事之主也라

宗은 만물의 으뜸이요, 君은 만사의 주인이다.

70.3 夫唯無知라 是以不我知[1]라

1) 言有宗……是以不我知 : 이 부분은 《淮南子》〈道應訓〉, 《呂氏春秋》〈審應覽 精諭〉, 그리고 《列子》〈說符〉에도 실려 있다. 《회남자》〈도응훈〉에서 百公은 공자에게, 사람이 微言을 할 수 있느냐고 묻는다. 공자는 "무릇 말을 안다고 할 수 있는 사람은 말을 가지고 말하지 않는다. 물고기를 잡으려는 사람은 물에 젖고 짐승을 쫓는 사람은 달려야 하는데 이는 즐거운 일이 아니다. 그러므로 지극한 말은 말을 떠나고 지극한 행동은 〈드러내어〉 행함이 없다.〔夫知言之謂者 不以言言也 爭魚者濡 逐獸者趨 非樂之者也 故至言去言 至爲無爲〕"라고 하였다. 하지만 백공은 끝내 공자의 말을 이해하지 못했고, 결국 욕실에서 죽임을 당하고 말았다며 《노자》의 이 부분을 인용하고 나서, 《회남자》는 이 말이 바로 백공을 두고 한 말이라고 끝맺는다.

저들(으뜸과 주인)을 모를 뿐이다. 이 때문에 나를 알지 못하는 것이다.

【注】以其言有宗하고 事有君之故라 故有知之人은 不得不知之也라

말에는 으뜸이 있고 일에는 주인이 있는 까닭에 지혜가 있는 사람은 알지 못할 수 없다.

70.4 知我者希면 則我者貴라

나를 아는 자가 드물면 나는 귀해지리라.

【注】唯深하니 故知之者希也라 知我益希하면 我亦無匹이라 故曰 知我者希면 則我者貴也라하니라

오로지 깊기 때문에 아는 자가 드물다. 나를 아는 자가 더욱 드물어지면 내게는 또한 필적할 만한 이가 없기 때문에 "나를 아는 자가 드물면 나는 귀해지리라."고 했다.

70.5 是以聖人은 被褐懷玉하니라

이 때문에 성인은 〈겉으로는〉 갈옷을 입고 〈안으로〉 옥을 품는다.

【注】被褐者는 同其塵이요 懷玉者는 寶其眞也라 聖人之所以難知는 以其同塵而不殊하고 懷玉而不(渝)〔顯〕[1]이라 故難知而爲貴也하니라

  1) (渝)〔顯〕: 저본에는 '渝'로 되어 있으나, 樓宇烈은 문장의 뜻이 통하지 않으므로 道藏取善集本에 따라 '顯'으로 볼 것을 주장하였는데, 이를 따른다.

'〈겉으로는〉 갈옷을 입는다.'는 것은 티끌(세속)과 같이한다는 뜻이요, '〈안으로〉 옥을 품는다.'는 것은 그 참된 본성을 보배처럼 여긴다는 뜻이다. 성인이 알기 어려운 까닭은 그가 티끌과 같이하면서 두드러지지 않고 〈안으로〉 옥을 품었으면서 드러내지 않기 때문이다. 그래서 알기가 어렵고 귀하게 되는 것이다.

제71장

　제71장은 계속 '不知의 知'에 대해 논의하고 있다. 최상의 知의 형식은 역설적이다. 성인의 노하우(知, know-how)는 어떠한 노하우도 갖지 않는 데 있지, 국가에서 어떤 특수한 기능을 맡는 데에 있지 않다.

　모든 기예 가운데 가장 효과적인 것은 바로 이러한 否定의 기예(negative art)이다. 만약 군주가 이러한 기예를 터득하지 못한다면 결국 흠이 된다. 이러한 결점을 터득한 사람만이, 즉 이러한 역설적인 흠을 하나의 흠으로서 아는 사람만이 훌륭한 다스림 혹은 완성(mastery)의 기예에 성공할 수 있다.

　道家에서 말하는 非完成(non-mastery) 혹은 '노하우가 없음(non-knowhow)'은 소크라테스가 말하는 식의 '無知의 知'와는 판이하게 다르다.

　소크라테스가 말하는 무지는 철학자로 하여금 지혜를 추구하게 만들어서 感覺-知識과 전통적 진리가 불충분하다는 점에 대해 통찰하도록 이끄는 것이다. 진정한 진리의 추구자는 완전하게 진리라고 이해할 수 있는 더 고차원적인 진리에 대한 탐구에서 시작한다.

　도가에서 말하는 '無知'는 오로지 어떠한 노하우도 갖지 않는 데에 달려 있다. 그것은 "아무것도 하는 게 없으나 하지 못하는 게 없다."는 역설적 격률에 근거하는데, 이것은 근본적으로 정치 전략이다.

71.1 知不知는 上이요 不知知[1]는 病[2]이라

1) 不知知 : 帛書乙本 이후 대개 '不知知'라고 되어 있으나, 帛書甲本은 '不知不知'로 되어 있다. 김홍경의 ≪老子≫에서처럼 이를 따르게 되면, "모른다는 것을 모르는 것은 병이다."란 뜻이 된다.

2) 知不知……病 : 이 부분이 ≪淮南子≫ 〈道應訓〉에서는 "知而不知 尙矣 不知而知 病也"라 되어 있고, 秦 穆公과 蹇叔의 이야기로 설명하는데, ≪呂氏春秋≫ 〈先識覽 悔過〉에도 보인다.

　　≪淮南子≫에 따르면, 秦 穆公이 군대를 일으켜 鄭나라를 습격하려 하자 蹇叔이 만류하

였으나 목공은 듣지 않았다. 그러자 건숙은 군대를 배웅하며 상복을 입고 곡을 했다. 군대가 周나라를 지나는데 鄭나라 상인 弦高가 정나라 제후의 명령인 듯이 소 열두 마리를 바치며 위로하자 장수들이 두려워하며, 아직 도착하지도 않았는데 그 나라가 다 알고 있으니 이미 대비가 끝났을 것이라 생각하여 군대를 돌려 물러났다.

　　마침 晉 文公이 사망하였는데 목공이 조문하러 오지 않았다. 先軫이 襄公에게 무시한 댓가를 치르도록 秦나라를 공격하자고 청하여, 殽 땅에서 선진은 진나라를 크게 이겼다. 목공은 이 소식을 듣고는 소복을 입고 사당에서 해명을 해야만 했다. 이 두 이야기를 소개한 후 ≪회남자≫는 ≪노자≫의 이 구절을 인용한다.

　　經71.1에 대한 해석은 여러 가지인데, 王弼은 "모르는 것을 아는 것이 좋고, 앎의 부족함을 모르면 병이다.", 河上公은 "알면서 모르는 척하는 것이 최상이고 알지 못하면서 아는 체하는 것은 병이다.", 薛惠는 "아는 사람은 무지로 돌아가니 가장 좋고, 모르는 사람은 앎에 집착하니 병이다."와 같이 다양하게 해석되어 왔다.

모른다는 것을 아는 것이 가장 좋다. 앎의 〈부족함을〉 모르는 것은 병이다.

【注】 不知知之不足任이 則病也라

앎이란 것에 맡기기 부족하다는 것을 모르는 것이 병이 된다.

71.2 夫唯病病이라 是以不病이니라 聖人不病은 以其病病이라 是以不病이니라

대저 오로지 병을 병으로 여기는 까닭에 병이 되지 않는 것이다. 성인이 병폐가 없는 것은 그 병을 병으로 여기는 까닭에 병이 되지 않는 것이다.

제72장

백성들이 지도자를 존경하지 않고 법을 어기는 것을 두려워하지 않을 때, 그 나라는 위험에 직면하게 된다. 역으로 만약 백성들이 권력이 있는 사람들, 특히 성인 군주를 존경할 때에는 천하가 다스려지고 정치적으로 안정될 것이다.

다른 한편 군주는 단순하게 두려움의 대상이 되어서는 안 된다. 제17장에서 진술하듯이 두려움의 대상이 되는 군주는 그 아래에 최악이 있다 하더라도 최상의 통치자 가운데 세 번째에 지나지 않는다.

군주는 거꾸로 자신의 臣民들의 삶을 편안하게 해주고 백성들의 요구를 충족시켜 주어야만 한다. 제17장에서 진술하고 있듯이 "최상의 통치자는 아랫사람들이 그가 있다는 것만을 안다."고 하였다.

군주는 백성들을 해쳐서도 안 되고 그들의 어깨 위에 무거운 짐이 되어서도 안 된다. 그의 다스림은 권력과 富에 대한 이기적 관심에 의존해서도 안 되고, 道와 조화를 이루려는 의도에 근거해야 한다. 그가 백성을 억누르지 않을 때 백성들은 그를 무겁다고 여기지 않는다.(이에 대해서는 제66장과 비교해보라.)

이렇게 해서 互惠的 循環이 확립된다. 이때 백성은 군주를 존경하고 법을 두려워하며 군주는 백성들의 안녕을 위해 수고한다. 이런 식으로 그들은 서로를 지지하며, 다투거나 싸우는 일이 없게 된다.

72.1 民不畏威면 則大威至니 無狎其所居하며 無厭其所生하라

백성이 위엄을 두려워하지 않으면 큰 위엄이 이르니, '가만히 있음'에 소홀함이 없고, '조용히 살아감'에 싫증냄이 없다.

【注】淸靜無爲謂之居요 謙後不盈謂之生이라 (雖)〔離〕[1]其淸靜하여 行其躁欲하고 棄其謙後하여 任其威權하면 則物擾而民僻하니 威不能復制民하고 民不能堪其威하면 則上下大潰矣니 天誅將至하나라 故曰 民不畏威면 則大威至니 無狎其所居며 無厭

其所生이라하니 **言威力不可任也**라

1) (雖)〔離〕: 저본에는 '雖'로 되어 있으나, 華亭張氏原本에 의거하여 '離'로 바로잡는다.

맑고 고요하게 〈억지로〉 함이 없는 것(어떤 특정한 기준을 세우거나 일을 벌이지 않아 백성의 삶에 간섭하지 않으며 치우침이 없이 하는 것)을 일컬어 '가만히 있음〔居〕'이라 하고, 겸손한 자세로 물러나 채우고자 하지 않는 것을 일컬어 '조용히 살아감〔生〕'이라 한다. 〈군주가〉 청정한 〈마음에서〉 떠나 조급히 무언가 하려는 〈마음을〉 행동으로 옮기고, 겸손한 자세로 물러나는 것을 버리고서 자신의 위엄과 권력에 맡기면 만물이 어지러워지고 백성들이 〈그의 감시와 법망을〉 피한다. 〈그래서〉 위엄은 백성을 다시 통제할 수 없고 백성들은 그의 위엄을 감당할 수 없게 된다면 위와 아래가 크게 혼란스러워지니 하늘의 징벌이 장차 닥치게 된다.

그래서 "백성이 위엄을 두려워하지 않으면 큰 위엄이 이르니, 가만히 있음'에 소홀함이 없고, '조용히 살아감'에 싫증냄이 없다."고 했으니, 이는 '위세의 힘〔威力〕'이란 〈몸을〉 맡길 만한 것이 못 된다는 것을 말한다.

72.2 **夫唯不厭**하니

대저 오로지 싫증내지 않으니

【注】不自厭也라

스스로 싫증내지 않는다는 뜻이다.

72.3 **是以不厭**이라

이 때문에 〈천하 사람들이〉 싫증내지 않는다.

【注】不自厭하니 **是以天下莫之厭**하니라

스스로 싫증내지 않기 때문에 천하가 싫증내지 않는 것이다.

72.4 **是以聖人**은 **自知**나 **不自見**하고

이 때문에 성인은 스스로 알지만 스스로 드러내지 않고,

【注】不自見其所知하여 以耀光行威也하니라

자신이 아는 것을 스스로 드러내어 빛을 내거나 위세를 부리지 않는다는 뜻이다.

72.5 自愛나 不自貴라

스스로 아끼지만 스스로 귀하다고 여기지 않는다.

【注】自貴하면 則物狎厭居生이라

스스로를 귀하다고 여기면 만물이 '가만히 있음'을 소홀히 하고 '조용히 살아감'에 싫증내게 된다는 뜻이다.

72.6 故去彼取此하니라

그러므로 저것을 버리고 이것을 취한다.

제73장

'감히 ~한다(daring)'는 것은 삼가는 것을 선호하는 道家에서 볼 때는 이상해 보인다. 성인은 제3장과 제64장에서 말하듯이 감히 무언가를 하고자 하지 않으며, 제67장에서 말하듯이 앞에 나서고자 하지 않으며, 제69장에서 말하듯이 주인이 되고자 하지 않는다.

이와 같이 감히 무엇을 한다는 것은 스스로를 노출시켜 위험에 빠지거나 실패할 수 있게 만든다. 적극적인 양식의 행동 대신에 도가적 성인은 逆說的으로 감히 무언가를 하지 않는 것을 감히 한다. 무언가를 하지 않고 앞에 나서지 않는 것은 또한 감히 무언가를 하는 하나의 방식으로 이해될 수 있다.

도가의 受動的 성격은 또한 둘째 부분의 논제이다. 대면하지 않고서 성인은 자신의 적을 이겨낸다. 성인의 無爲는 그의 침묵과 나란히 간다. 어떠한 명령도 내리지 않음으로써 백성들은 자연스럽게 그를 따르게 된다. 텍스트가 말하는 미리 계획하는 것의 중요성은 제63장과 제64장에서 논의된 '시작'에 신중한 것의 중요성에 상응한다.

73.1 勇於敢이면 則殺이요

감히 〈무엇을 하는〉데에 용감하면 죽을 것이요,

【注】必不得其死也라

반드시 제대로 된 죽음을 맞을 수 없다는 뜻이다.

73.2 勇於不敢이면 則活[1]이니

1) 勇於不敢 則活 : 이 구절은 ≪呂氏春秋≫〈愼大覽 順說〉, ≪淮南子≫〈道應訓〉에서 惠盎과 宋 康王의 이야기를 통해 설명된다.

≪淮南子≫에 따르면, 惠盎이 宋 康王을 만났는데, 강왕이 자신이 좋아하는 것은 용맹

함〔勇〕과 힘쓰는 것〔力〕이지 仁이나 義가 아니라며 가르침을 청한다. 혜앙은 처음에는 용맹하고 힘 있는 사람이 찌르거나 공격해도 이에 당하지 않는 이야기로 시작하더니, 점점 수위를 높여서 찌르거나 칠 생각조차 못하게 하는 방법, 모두가 나를 이롭게 하고 사랑하게 만드는 방법을 말한다. 결국에는 孔丘와 墨翟과 같은 뜻을 지니면 지위가 없었던 공자나 묵자보다 훨씬 뛰어난 군주가 될 것이라 설득한다. 혜앙이 나가자 강왕은 주변 사람들에게 칭찬하며 자신이 설득되었다고 말한다.

　　이 이야기를 소개한 후 《회남자》는 《노자》의 이 구절을 인용하고 나서, "정말로 용맹한 사람은 오히려 용맹함을 드러내지 않는다.〔大勇反爲不勇耳〕"는 말로 끝맺는다.

감히 〈무엇을 하지〉 않는 데에 용감하면 살 것이다.

【注】必齊[1]**命也**라

1) 齊 : 道藏集注本에는 '濟'로 되어 있다. 樓宇烈은 여기서 '齊'가 '온전케 한다'는 뜻으로 齊와 濟 두 글자는 뜻이 통하므로 바꾸지 않았는데, 이를 따른다.

반드시 제 명을 다할 때까지 산다는 말이다.

73.3 **此兩者**는 **或利或害**나

이 두 가지는 어떤 것은 이롭고 어떤 것은 해롭지만,

【注】俱勇而所施者異하고 **利害不同**이라 **故曰 或利或害也**라하니라

모두 용감함이지만 적용되는 것이 다르고 〈그것이 초래하는〉 이로움과 해로움이 같지 않다. 그래서 "어떤 것은 이롭고 어떤 것은 해롭다."고 한 것이다.

73.4 **天之所惡**를 **孰知其故**리오 **是以聖人**은 **猶難之**니라

하늘이 싫어하는 그 이유를 누가 알겠는가? 이 때문에 성인은 오히려 그것을 어렵게 여긴다.

【注】孰은 **誰也**라 **言誰能知天(下之所惡)意(故)邪**[1]에 **其唯聖人**이라하니라 **夫聖人之明**으로도 **猶難於勇敢**이어늘 **況無聖人之明**하여 **而欲行之也**아 **故曰 猶難之也**라하니라

1) 誰能知天(下之所惡)意(故)邪 : 저본에는 '誰能知天下之所惡意故邪'로 되어 있으나, 道藏集注本, 張之象本에는 '誰能知天意邪'로 되어 있다. 또한 樓宇烈은 이 부분의 문장이

≪列子≫〈力命〉의 張湛 注에서도 같다는 점을 지적하는데, 이와 같은 근거로 상기와 같이 바로잡는다.

孰은 '누구〔誰〕'란 뜻이다. 이 말은 '누가 능히 하늘의 뜻을 알겠는가? 아마도 성인뿐일 것이다.'라고 말한 것이다. 대저 성인의 밝음으로도 오히려 감히 무엇을 하는 데에 용감한 것을 어렵게 여기는데, 하물며 성인의 밝음이 없는데도 그렇게 행하고자 함에 있어서랴. 그래서 "오히려 그것을 어렵게 여긴다."고 했다.

73.5 天之道는 不爭而善勝하고

하늘의 도는 다투지 않으면서도 잘 이기고,

【注】(天雖)〔夫唯〕[1]不爭이라 故天下莫能與之爭이라

> 1) (天雖)〔夫唯〕: 저본에는 '天雖'로 되어 있으나, 道藏集注本에 의거하여 '夫唯'로 바로잡는다.

대저 오로지 다투지 않는 까닭에 천하의 어느 누구도 그와 더불어 다툴 수가 없다.

73.6 不言而善應하며

말하지 않아도 잘 응답하며,

【注】順則吉하고 逆則凶하니 不言而善應也라

〈이러한 하늘의 도에〉 따르면 길하고 거스르면 흉하니, 말하지 않아도 잘 응답한다.

73.7 不召而自來하고

부르지 않아도 스스로 오고,

【注】處下則物自歸라

아래에 처하면 만물이 스스로 돌아온다.

73.8 繟然而善謀니

느긋하게 하지만 잘 계획하니,

【注】垂象而見吉凶¹⁾하고 先事而設誠²⁾하며 安而不忘危하고 未(召)〔兆〕³⁾而謀之라 故曰 繟然而善謀也라하니라

1) 垂象而見吉凶 : ≪周易≫〈繫辭傳〉을 인용한 것인데, 다음과 같다. "하늘이 상을 드리워 길흉을 보이니 성인이 이를 본받는다.〔天垂象 見吉凶 聖人象之〕"
2) 誠 : 宇惠는 '誠'을 '誠'로 보았는데, 참고할 만하다.
3) (召)〔兆〕 : 저본에는 '召'로 되어 있으나, 道藏集注本에는 '兆'로 되어 있고, 經64.1에 '其 未兆易謀', 〈老子微旨例略〉6.2에 '謀之於未兆'라는 유사한 표현이 보이므로 '兆'로 바로 잡는다.

象을 드리워 吉凶을 보이고 일을 벌이기에 앞서 정성을 다하며 편안할 때에 위급한 때를 잊지 않고 아직 조짐이 드러나지 않을 때에 미리 계획한다. 그래서 "느긋하게 하지만 잘 계획한다."고 했다.

73.9 天網恢恢하여 疎而不失하니라

하늘의 그물은 넓고 커서 엉성하지만 놓치는 것이 없다.

제74장

　　통행본 텍스트와 달리 馬王堆 帛書本은 첫째 부분에 '死刑(the death penalty)'에 해당하는 용어가 있어서 - 왕필본은 물론 다른 고대 판본들에도 단지 '죽음'을 뜻하는 '死'로만 되어 있다. - 말하고자 하는 주제(issue)를 명확하게 보여준다. 사형 제도가 있다는 것은, 전형적으로 역설적인 변화에 따라 결국 어떤 상황에서는 그것이 사용되지 않는다는 것을 말한다.

　　제74장은 道家的 抑制 모델(a Daoist model of deterrence)을 묘사하고 있다. 만일 백성들이 자신들의 삶을 즐기며 산다면 그들은 죽음을 두려워할 것이다. 만약 그들이 죽음을 두려워한다면 그들은 사형을 무서워 할 것이다. 이러한 환경에서는 누구도 '감히'(이는 앞장의 '감히 ~함'에 관한 도가적 견해와 비교해보라.) 법을 어기거나 사회의 자연적 질서를 해치지 못할 것이다.

　　둘째 부분에 나오는 '나'는 성인 군주를 가리킨다는 점은 아주 분명하다. 오로지 성인 군주만이 사형제도를 관리할 수 있다. 그만이 홀로 사사로움이 없기에(because of his empty self) 자기 자신의 이익을 위해서 또는 어떤 적을 제거하기 위해 사형제도를 사용하지는 않을 것이다. 도에 따라 행하는 완전히 치우침이 없는 군주에게만이 生死與奪權(the power over life and death)을 맡길 수 있다.

　　만약 누군가가 그를 대신하여 이러한 기능을 맡는다면 끔찍한 일이 일어날 것이다. 이러한 모델에서 사형은 오로지 예방 차원으로만 작동할 것이다. 사형제도는 그것이 사용되지 않는 동안만큼만 작동할 것이다. 그것은 결국 스스로 폐기될 것이다.

　　만약 개인적인 이해관계를 가진 지도자가 사형제도를 적극적으로 사용하고자 한다면 그는 反目과 對立을 낳고야 말 것이다. 백성들은 그의 통치를 獨裁로 보고 그에 대항할 음모를 꾸미게 될 것이다.

　　결국에는 적극적으로 사형제도를 사용하는 사람들은 궁극적으로 그 제도의 희생물이 될 것이다. 만약 누군가 폭력과 복수가 난무하는 사회적 풍토를 만든다면 그 자신 또한 그러한 풍토에서 벗어날 수 없다. 권력이 이동할 때 그가 다른 사람을 다루었던 것과 유사하게 그 또한 다루어질 것이 뻔하기 때문이다.

74.1 民不畏死어늘 奈何以死懼之리오 若使民常畏死라도 而爲奇者면 吾得執而 殺之니 孰敢이리오

백성이 죽음을 두려워하지 않는데 어떻게 죽음으로 두렵게 하겠는가! 만약 백성
으로 하여금 항상 죽음을 두려워하게 하여도 기이한 행동을 하는 자가 있다면 내가
잡아서 죽일 수 있으니, 누가 감히 그렇게 하겠는가?

【注】詭異亂群[1]을 謂之奇也라

1) 群 : 道藏取善集本에는 '眞'으로 되어 있다. 王弼의 논리에 맞기에 소개해둔다.

속임수와 신기한 것으로 무리를 어지럽히는 것을 일컬어 '기이하다〔奇〕'고 한다.

74.2 常有司殺者殺하니 夫〔代〕司殺者〔殺〕이면 是〔代〕大匠斲[1]이니 夫代大匠 斲者는 希有不傷其手矣[2]니라

1) 夫〔代〕司殺者〔殺〕 是〔代〕大匠斲 : 저본은 '夫司殺者 是大匠斲'이라 되어 있으나 帛書本 등
여러 판본이 '夫代司殺者殺 是代大匠斲'이라 되어 있다. 누우열과 바그너의 교감본 또한 마
찬가지이므로 이를 따른다.
2) 夫代大匠斲者 希有不傷其手矣 : 이 부분은 ≪爾雅≫〈釋地〉, ≪山海經≫〈海外北經〉, ≪呂
氏春秋≫〈愼大覽 不廣〉 등 여러 典籍에 보인다. ≪淮南子≫〈道應訓〉에 따르면, 옛날 堯
임금, 舜임금, 武王은 모두 자신을 보좌하는 신하들의 능력에 비하면 어느 하나 잘하는 것
이 없었는데, 그럼에도 여러 공적을 이룬 것은 잘 활용했기 때문이라고 한다. 마치 사람이
천리마와 시합하면 천리마를 이길 수 없지만, 천리마가 끄는 수레를 타면 천리마도 이길
수 있으니, "이것은 곧 자신이 능한 것으로 능하지 못한 것을 보완하였기 때문〔此以其能 託
其所不能〕"이라고 평하면서 ≪노자≫의 이 구절을 인용한다.

늘 죽이는 일을 담당하는 자를 두어 죽인다. 대저 죽이는 일을 담당한 자를 대신
해서 죽인다면 이것은 뛰어난 목수를 대신해서 나무를 다듬는 격이니, 무릇 뛰어난
목수를 대신해 나무를 다듬는 자는 손을 다치지 않는 경우가 드물다.

【注】爲逆은 順者之所惡忿也요 不仁者는 人之所疾也라 故曰 常有司殺也라하니라

반역은 순종하는 자들이 미워하고 분노하는 것이요, 어질지 못한 것은 사람들이 싫어
하는 것이다. 그래서 "늘 죽이는 일을 담당하는 자를 둔다."고 했다.

제75장

    살아 있을 때 중요한 것은 지나치지 않게 사는 것(to live excessively)이다. 오로지 이렇게 할 때에만 衰弱과 夭折을 피할 수 있다. 어떠한 종류의 탐닉이건 생명에 해가 된다.

    한 나라에서 백성들이 겪는 飢餓는 그 나라 통치자들의 過慾 때문이다. 나쁜 통치자(a bad regent)는 글자 그대로 백성들에게 죽음을 부과할 수 있다. 그런 근시안적인 통치자는 오로지 단기간에 개인적 이익을 챙기고자 '적극적인' 척도를 취하기에, 그의 권위를 뿌리부터 파먹고 국가의 무질서를 초래한다. 이것이 첫째와 둘째 부분이 함축하고 있는 내용이다.

    이와 유사하게 지나치게 산다는 것은 죽음을 가벼이 다루는 것이며 따라서 삶 또한 그러하여 결국 요절하게 될 것이 틀림없다. 지나친 군주가 '좋은 삶(the good life)'에 대한 그의 갈망으로 인하여 그의 나라를 파괴하듯이 그러한 사람 또한 모든 종류의 지나침에 빠짐으로써 자신의 몸을 파괴할 것이다.

    道에 따라 산다는 것은 이와 달리 사람이 바랄 수 있는 것에 대해 적극적으로 추구하지 않는다는 것을 의미한다. 자신의 삶을 적극적으로 산다는 것은 동시에 제50장에서 진술하듯이 죽음에 이르는 것을 의미한다. 자신의 생명을 지키고 자신의 자원을 함부로 쓰지 않는 사람들만이 '지혜롭다'고 말할 수 있다.

75.1 民之飢는 以其上食稅之多니 是以飢며 民之難治는 以其上之有爲니 是以難治며 民之輕死는 以其求生之厚니 是以輕死니 夫唯無以生爲者는 是賢於貴生[1]이라

> 1) 夫唯無以生爲者 是賢於貴生 : 이 부분을 ≪淮南子≫〈道應訓〉에서는 佽非의 이야기로 설명하는데, ≪呂氏春秋≫〈恃君覽 知分〉에는 차비가 次非로 나온다. ≪淮南子≫에서 莉나라의 佽非는 干隊에서 보검을 얻는다. 돌아오는 길에 강 중간에서 큰 파도가 일고 교룡 두 마리가 배를 에워쌌는데도, 차비는 두려워하지 않고 "무사는 仁義의 예로 설득되기는 해도

겁박하여 뺏을 수는 없다.〔武士可以仁義之禮說也 不可劫而奪也〕"고 하며 강물에 뛰어들어 마침내 교룡의 머리를 베었다. 荊나라에서는 그에게 작위를 내렸다. ≪회남자≫는 이 죽음을 무릅쓴 용기를 칭찬하며 ≪노자≫의 이 문장을 인용한다.

백성이 굶주리는 것은 윗사람들이 받아먹는 세금이 많기 때문이다. 그래서 굶주리는 것이다. 백성을 다스리기 어려운 것은 윗사람들이 무언가 하는 게 있기 때문이다. 그래서 다스리기 어려운 것이다. 백성이 죽음을 가볍게 여기는 것은 〈윗사람들이〉 풍요로운 삶만을 구하기 때문이다. 그래서 죽음을 가볍게 여기는 것이다. 오직 〈풍요로운〉 삶을 위함이 없는 것이 삶을 귀하게 여기는 것보다 낫다.

【注】 言民之所以僻과 治之所以亂은 皆由上이요 不由其下也니 民從上也라

백성이 〈법망을〉 피하는 까닭과 다스림이 어지러워지는 까닭은 모두 위로부터 말미암는 것이지 그 아랫사람들로부터 말미암는 게 아니니 백성은 윗사람을 따르기 때문임을 말한 것이다.

제76장

　柔弱함과 堅强함은 각각 살아 있음과 죽어 있음의 특질이다. 살아 있는 것은 부드럽고 유연한 데 반해, 죽으면 이러한 특질을 잃어 딱딱하고 말라비틀어진다. 자연에서 이러한 특질들은 동물과 식물 또는 인간의 상태를 나타내준다.

　《노자》의 맥락에서 '지배'는 한 사회의 상태 그리고 통치와 전쟁의 전략에 적용될 수 있다. 국가나 군대를 이끌고자 하는 사람들은 만약 살아남기를 원한다면 부드러움과 유연한 전술을 따라야만 한다. 경직되게 다스리거나 전쟁에 직면하고자 하는 사람들은 깨지거나 패배하게 될 것이다. 부드러운 것과 연약한 것은 딱딱한 것과 강한 것보다 우월하며 결과적으로 그것들을 이겨낼 것이다. 제36장과 제78장이 설명하고 있듯이 말이다.

　마지막 부분은 부드러운 것과 연약한 것을 위에 있는 것과 동일시하고 딱딱한 것과 강한 것을 아래에 있는 것과 동일시하고 있다. 이것은 제61장과 같이 낮은 자리를 지배적인 자리와 동일시하는 다른 장들과는 대조적이다. 그러므로 여기서 '아래'와 '위'라는 말은 헨릭스(Robert G. Henricks)의 견해처럼 '열등한'과 '우월한'이란 의미로 읽힐 수 있다.

76.1 人之生也엔 柔弱하고 其死也엔 堅强하며 萬物草木之生也엔 柔脆하고 其死也엔 枯槁라 故堅强者는 死之徒요 柔弱者는 生之徒니 是以兵强則不勝하고

　사람이 살아 있을 때에는 부드럽고 연약하지만 죽게 되면 딱딱하고 굳어진다. 萬物과 草木도 살아 있을 때에는 부드럽고 여리지만 죽게 되면 마르고 딱딱해진다. 그러므로 딱딱하고 굳은 것은 죽음의 무리이고, 부드럽고 약한 것은 삶의 무리이다. 이 때문에 군대가 강하면 이기지 못하고,

　【注】强兵以暴於天下者는 物之所惡(오)也라 故必不得勝이라

　강한 군대로 천하에 난폭한 짓을 하는 것은 만물이 싫어하는 것이다. 그래서 반드시

승리할 수 없다.

76.2 木强則(共)〔折〕¹⁾하니

1) (共)〔折〕: 저본에는 '共'으로 되어 있으나, ≪列子≫〈黃帝〉의 張湛 注에 '共'이 '折'로 되어
   있으니, 이를 따른다.

나무가 강하면 베어지고

【注】物所加也라

〈이러한 베어짐은〉 만물이 가하는 것이다.

76.3 强大는 處下하고

강하고 큰 것은 아래에 처하고,

【注】木之本也라

나무의 뿌리이다.

76.4 柔弱은 處上하니라

부드럽고 약한 것은 위에 처한다.

【注】枝條是也라

나뭇가지가 이에 해당한다.

제77장

제40장에서 진술하고 있듯이 逆轉(reversal)은 道의 운동이다. 첫째 부분은 자연 속에서 그러한 역전을 묘사하고 있다. 하늘 또는 자연은 심지어 사물을 탈락시키기도 한다. 불행하게도 인간은 종종 역전의 규칙을 따르지 않는다는 점을 제77장은 함축하고 있다.

부유한 자는 더욱 부유해지고, 가난한 자는 더욱 가난해진다. 이것은 사회를 '부자연스러운' 환경으로 이끈다. 그러한 경향을 예방하고 대신 사회가 자연과 道에 일치하도록 발전시키고 지키는 것이 성인 군주의 의무이다.

만약 성인이 주기도 하고 빼앗기도 하는 자연의 리듬에 사회가 일치하도록 한다면, 공급의 부족이나 음식의 결핍은 사라질 것이고 백성들은 자신들의 농업 활동을 통해 자연의 향상에 공헌하게 될 것이다.

오로지 도에 따라 작동하는 사회만이 이런 식으로 번영할 수 있다. 그러한 사회에서는 성인 군주는 스스로를 위해 아무것도 주장하지 않으며, 심지어 名譽조차 거부할 것이다. 그의 지배는 인간적 존경에 근거하지 않고 도와의 조화에 근거하고 있다.

77.1 天之道는 其猶張弓與인저 高者를 抑之하고 下者를 舉之하며 有餘者를 損之하고 不足者를 補之하도다 天之道는 損有餘而補不足이어늘 人之道則不然하여

하늘의 道는 아마도 팽팽하게 당겨진 활과 같을 것이다! 높은 것은 눌러주고 낮은 것은 들어올리며, 남는 것은 덜어내고 부족한 것은 보태준다. 하늘의 도는 남는 것을 덜어내고 부족한 것을 보태어주지만, 사람의 도는 그렇지 않아

【注】 與天地合德하니 乃能包之如天之道라 如人之量이면 則各有其身하여 不得相均하고 如唯無身無私乎自然이면 然後乃能與天地合德[1]하니라

1) 如唯無身無私乎自然 然後乃能與天地合德 : 樓宇烈은 "如唯無身無私乎? 自然, 然後乃能

與天地合德."이라고 교점하였지만 뜻이 자연스럽지 않다. 여기서는 김학목 ≪노자 도덕
경과 왕필의 주≫의 교점을 따른다.

　〈대인은〉 天地와 더불어 德을 함께하니 능히 〈만물을〉 끌어안음이 하늘의 도와 같다.
〈만약 성인의 도가〉 사람과 같은 역량이라면 각각 제 몸을 갖고 있기에 서로 고르게 할
수가 없고, 만약 자연스러움의 경지에서 제 자신을 의식하지 못하고 사사로움이 없이
한다면 그런 후에야 비로소 천지와 더불어 덕을 함께할 수 있다.

77.2 損不足以奉有餘하나니 孰能有餘以奉天下리오 唯有道者로다 是以聖人은 爲而不恃하고 功成而不處하며 其不欲見賢이라

　부족한 것을 덜어 남는 것을 받드니 누가 남는 것으로 천하를 받들 수 있겠는가?
오로지 道가 있는 자만이 그럴 것이다. 이 때문에 성인은 하되 의지하지 않고, 공이
이루어져도 처하지 않으며, 자신의 현명함을 드러내고자 하지 않는다.

　【注】言(唯)〔誰〕[1]能處盈而全虛하고 損有以補無하며 和光同塵하고 蕩而均者리오
唯其道也인저 是以聖人不欲示其賢하여 以均天下하니라

　　1) (唯)〔誰〕: 저본에는 ‘唯’로 되어 있으나, 樓宇烈은 陶弘景의 주장과 經文에서 ‘孰能’이라
　　　한 것을 근거로 ‘誰’로 교감하였는데, 이를 따른다.

　누가 가득한 데에 처해 있으면서 비움을 온전히 하고, 있는 곳에서 덜어서 없는 곳에
보태며, 〈눈부신〉 빛을 부드럽게 하여 티끌과 함께하고, 평평하면서도 고르게 할 수 있
는 자인가? 오직 도를 가진 자일 것이다. 이런 까닭에 성인은 자신의 현명함을 드러내
보이고자 하지 않음으로써 천하를 고르게 한다는 말이다.

제78장

　　물은 道의 형상이고 聖人의 길잡이이다. 제61장에서 말하듯이 萬物은 아래에 처하는 강과 바다로 흘러든다. 이 장에서는 물의 다른 특징으로, 물은 氣로 이루어진 것 가운데 가장 부드러운 것이지만 또한 단단한 바위조차 이긴다고 말한다. 마치 물은 '함이 없으나 하지 못하는 것이 없는〔無爲而無不爲〕' 것처럼 작용한다. 또한 "바른 말은 마치 반대로 하는 말과 같다."는 것은 ≪老子≫의 유명한 逆說의 언어를 잘 보여준다.

　　이 장의 첫 부분도 제28장과 제67장처럼 性的으로 이해될 수 있다. 柔弱이 암컷과 연결된다면 强剛은 수컷과 연결되기 때문이다. 따라서 물의 비유에 의존하는 이 장은 제28장의 "수컷다움을 알고서 암컷다움을 지킨다."는 생각과도 통한다. ≪老子≫는 이와 같이 雌雄의 이미지에서 柔弱의 이미지로, 그리고 水와 같은 이미지로 다양하게 이동하면서 사유와 실천의 지침을 암시하는 특징적인 수사법을 보여주는 책이다.

　　또 1930년대에 美國에서 활동한 中國의 文人 林語堂은 이 장에 나오는 "나라의 더러움을 받아들이는 자를 일컬어 社稷의 주인이라 하고, 나라의 상서롭지 못한 일을 받아들이는 자를 일컬어 천하의 왕이라 한다.〔受國之垢 是謂社稷之主 受國之不祥 是謂天下之王〕"는 말을, 기독교의 ≪성경≫〈요한복음〉 1 : 29의 "보라. 세상 죄를 지고 가는 하나님의 어린 양이로다."와 유사한 톤으로 번역하여 서구의 독자들을 주목시키기도 했다. ≪老子≫의 警句的이고 詩的인 표현은 세계적으로 유명한 고전이 되는 데에 큰 역할을 하였다.

78.1 天下莫柔弱於水[1]로되 而攻堅强者엔 莫之能勝하나니 〔以〕[2]其無以易之니라

1) 天下莫柔弱於水 : 河上公本은 "天下柔弱莫過於水"라고 되어 있는데 뜻은 같다.
2) 〔以〕 : 왕필 주에 其의 주석 앞에 '以'자가 있으니 왕필이 본 판본에는 '以其無以易之'로 되

어 있었을 것으로 생각된다. '以'가 있어야 '言' 이하의 풀이도 본문과 이질감이 없다. 帛書甲·乙本, 華亭張氏原本에 의거하여 '以'를 보충하였다.

천하에 물보다 부드럽고 약한 것은 없지만 굳고 강한 것을 공격하는 데에는 〈물을〉 이길 수 있는 것은 없다. 물〈의 부드럽고 약한 성질〉을 쓰지만 어떤 것도 그것을 바꿀 수 없기 때문이다.

【注】 以는 用也요 其는 謂水也라 言用水之柔弱이로되 無物可以易之也[1]니라

> 1) 言用水之柔弱 無物可以易之也 : 이 부분은 번역자마다 해석이 다르다. 김학목의 ≪노자 도덕경과 왕필의 주≫에서는 吳澄, 薛蕙처럼 "어떤 것으로도 그것을 대신할 수 없다."라 하였고, 대부분의 英譯者들 또한 이와 같이 '대신하다(replace)'로 보았다. 이와 조금 달리 임채우의 ≪왕필의 노자주≫에는 河上公, 林希逸과 같이 "물과 바꿀 수 있는 것은 없다."라 하였다. 바그녀는 呂惠卿, 董思靖처럼 '바꾸다(change)'로 옮기면서 注13.5에서 "어떠한 외물로도 제 몸과 바꿀 수 없다.〔無物可以易其身〕"는 구절과 '身'과 '之'만 다른 같은 문장으로 볼 수 있다고 근거를 제시하였는데 이를 따른다.

以는 '쓰다〔用〕'는 뜻이고, 其는 '물'을 이른다. 물의 부드럽고 약한 〈성질을〉 쓰지만 어떤 것도 그것을 바꿀 수 없다는 말이다.

78.2 弱之勝强과 柔之勝剛은 天下莫不知호대 莫能行[1]하나니 是以聖人云 受國之垢를 是謂社稷主요 受國不祥을 是謂天下王[2]이라하니 正言은 若反이니라

> 1) 弱之勝强……莫能行 : ≪淮南子≫ 〈道應訓〉은 이 부분을 越王 句踐의 이야기로 해설한다. 越王 句踐이 吳나라와 전쟁하여 패하였다. 하지만 오나라 왕의 신하를 자청하고 아내는 첩으로 주고 직접 오나라 왕의 길 안내까지 맡는 치욕을 감당하며 끝내 오나라 왕을 사로잡았다. 이 이야기를 소개하면서 ≪회남자≫는 ≪노자≫의 이 부분을 인용하고서, "이것을 월나라 왕 구천이 몸소 실천했기에 중국의 패자가 되었다.〔越王親之 故覇中國〕"고 평하며 끝맺는다.
>
> 2) 受國不祥 是謂天下王 : 이 부분을 ≪淮南子≫ 〈道應訓〉은 楚 莊王의 이야기로 해설한다. 晉나라가 楚나라를 공격해 오자 초나라 대부들이 반격을 요청한다. 莊王이 예전에는 쳐들어오지 못하던 진나라 쳐들어온 것이 자신이 허물이라 하자, 여러 대부들 또한 자신들의 죄라 하면서 진나라 군대를 공격하게 해달라고 다시 요청하였다. 초왕이 눈물을 흘리며 대부들에게 절을 하였다. 이 소식을 들은 진나라 사람들이, 이런 나라는 이길 수 없다고 하며 한밤중에 군대를 거두어 돌아갔다. 이 이야기를 소개하며, ≪회남자≫는 ≪노자≫의 이 부분을 인용한다.

약한 것이 강한 것을 이기는 것과 부드러운 것이 강건한 것을 이기는 것은 천하 사람이 다 알지만 능히 행할 수 있는 자는 없다. 이 때문에 성인의 말씀에 "나라의 더러움을 받아들이는 자를 일컬어 社稷의 주인이라 하고, 나라의 상서롭지 못한 일을 받아들이는 자를 일컬어 天下의 왕이라 한다."고 했다. 바른말은 마치 반대로 하는 말과 같다.

제79장

　제79장은 다음과 같은 내용에 따라서 설명될 수 있다. 군주의 의무에는 정치와 전쟁과 함께 법적 문제와 徵稅가 포함된다. 道家的 관점에서 볼 때 주요 목적은 전쟁에 대한 최선의 태도가 그것을 피하는 것인 것과 마찬가지로 우선 분쟁이 일어나는 것을 예방하는 것이다. 심지어 어떤 불평불만이 진정된다 할지라도 어느 정도의 유해한 분위기는 여전히 남아 있을 가능성이 있다. 그러한 분쟁의 씨앗(quarrel)조차도 조화로운 사회(frictionless society)에는 도움이 되지 않는다.

　고대 중국에서 契約의 징표는 두 부분으로 구성된다. 왼쪽 반은 채권자측(the side that had some claims)이 갖고, 반면 오른쪽 반은 채무자측(the indebted one)이 갖는다. 군주는 평소 징표의 왼쪽과 동일시되는데, 이는 그가 채권자라는 것을 뜻한다.

　그러나 역설이라는 도가적 규칙은, 모든 것을 합당하게 주장할 수 있는 군주는 결국에는 그의 신민들에게 아무것도 요구하지 않을 것임을 함축한다. 군주는 왼쪽 반의 징표를 꽉 쥐고는 있지만 그것을 사용하지는 않으며, 특히 피통치자들에게 불이익이 될 경우에 그러하다.

　그의 통치는 오로지 그의 '德'에 의해 가능해진다. 이런 식으로 해서 그는 도전받지 않는 상태로 있게 되고 또한 어떠한 불만도 예방하는 것이다. 동시에 그는 왼쪽 징표 모두를 갖고 있을 때조차 그것을 자신의 사적인 이익이 되도록 사용하지 않으니, 백성들에게 과하게 징세하는 것을 피한다.

　비슷하게 군주는 어떤 특별한 호의도 베풀지 않는다. 그는 어떤 특정 집단을 자신의 親族처럼 대하지 않는다. 완벽한 공평함을 유지함으로써 그는 백성들 사이의 불만 그리고 그와 그의 권력에 대한 원망 모두를 예방할 수 있는 것이다.

79.1 **和大怨**이라도 **必有餘怨**이니

커다란 원한은 풀어주어도 반드시 원한의 앙금이 남기 마련이니,

【注】不明理其契하여 以致大怨已至어늘 而德以和之하나 其傷不復이라 故必有餘怨也라

본래 맺었던 계약을 밝게 다스리지 못하여 커다란 원한이 생겼는데 이를 덕으로 화해하고자 하나 그 상처는 회복되지 않는다. 그래서 반드시 원한의 앙금이 남는 것이다.

79.2 安可以爲善이리오 是以聖人은 執左契[1]하여

1) 左契 : 고대사회에서 채무의 징표로 왼쪽과 오른쪽을 채권자와 채무자가 나누어 갖는 것을 말한다. 좌계는 채권자의 징표이다.

어찌 잘했다고 여기겠는가? 이 때문에 성인은 左契를 잡고서도

【注】左契는 防怨之所由生也이니라

左契는 원한이 말미암아 생겨나는 것을 막아준다.

79.3 而不責於人하니라 有德은 司契하고

다른 사람에게 〈갚으라고〉 요구하지 않는다. 덕이 있는 사람은 계약을 잘 살피고,

【注】有德之人은 念思其契하여 不令怨生而後責於人也라

덕 있는 사람은 계약을 잘 생각하여 원한이 생기지 않도록 한 뒤에 다른 사람에게 〈갚으라고〉 요구한다.

79.4 無德은 司徹하니

덕이 없는 사람은 사람들의 過誤를 살펴보는 일을 담당하니

【注】徹은 司人之過也라

徹은 다른 사람의 잘못을 살펴본다는 뜻이다.

79.5 天道無親하여 常與善人하니라

하늘의 도는 끈끈한 정이 없어 늘 훌륭한 사람과 함께한다.

제80장

제80장은 이상적인 道家的 國家를 묘사하고 있다. 절제 있는 사회(a society of moderation)는 세계와 평화롭게 산다. 모든 것이 현존하지만 그것 가운데 많은 것이 결코 사용되지 않는다. 제74장에서 보았듯이 백성들이 "죽음을 무겁게 여기기에" 군대와 사형제도는 그것들이 금지하는 기능을 실현하고 따라서 결코 실행에 옮겨지지 않는다.

內的으로든 外的으로든 武力을 사용하고자 하는 욕구가 전혀 없는 것은 물론 얻기 어려운 재화(luxury goods)나 자신의 마을을 떠나고자 하는 욕구도 없다. 모든 사람이 자신의 자리에 남아 있으면 어떠한 갈망도 일어나지 않는다.(이에 대해서는 제46장을 보라.) 이렇게 하여 모든 기능들이 실현된다.

그러한 나라에서 滿足이 있다. 역전의 규칙과 나란히 속박은 만족으로 변화한다. 음식, 의복 및 생필품이 제공됨으로써 모두가 행복하고 평화로운 삶에 이르게 된다.

그 나라는 가장 古代的이고 가장 단순한 형태의 문자로 돌아가기 때문에 그것은 또한 가장 단순한 형태의 행정과 통치로 회귀한다. 이것은 ≪易經≫에서 발견되는 전설을 가리키는 儒家의 정치적 이상에 대한 암시적인 비평이다.

유가에 따르면 사회란 고대의 성인 군주에 의해 세워지는데 이들 성인 군주들은 '문명화된' 사회의 기본 요소를 발명한 作制者이다. 다음 글은 이러한 점을 잘 보여준다.

"아주 오랜 옛날 매듭을 묶어서 통치 목적에 사용하였다. 그 후대의 성인들은 이것들을 문자 기록으로 바꾸어 많은 관리들을 다스렸고 다수의 백성들을 단속하였다."(≪周易≫〈繫辭傳〉)

이 문장과 연결하여 읽을 때 ≪노자≫ 제80장은 명백하게 '유가 이전의' 통치 형태로의 회귀를 주창하고 있는 것이라 할 수 있다.

80.1 小國寡民호되

나라의 규모를 작게 하고 백성의 수를 적게 하되,

【注】國旣小하고 民又寡라도 尙可使反古어늘 況國大民衆乎리오 故擧小國而言也하니라

　나라가 이미 작고 백성이 또 적더라도 〈옛 성왕이 다스리던〉 옛날로 되돌아가게 하는 것이 가능하다. 하물며 나라가 크고 백성이 많은 경우에는 어떠하겠는가! 그래서 작은 나라를 들어 말한 것이다.

80.2 使〔民〕有什佰之器而不用¹⁾하고

1) 使〔民〕有什佰之器而不用 : 저본에는 '民'이 없으나 아래 注文에 의거하여 보충한다. 河上公本에는 '使有什百 人之器而不用(〈백성들을〉 열 명 백 명 단위로 조직하고 농사꾼을 아무 때나 부리지 않는다.)'으로 되어 있고, 帛書本에는 '使什百人之器毋用(열 명 백 명을 감당할 인재가 쓰일 일이 없게 한다.)'으로 되어 있다.

백성들에게 열 가지 백 가지 〈이로운〉 기물이 있다 해도 쓰지 않게 하고,

【注】言使民雖有什佰之器나 而無所用之當하니 何患不足也리오

　백성들에게 열 가지 백 가지 〈이로운〉 기물이 있다 해도 쓸 곳이 없게 하니, 어찌 부족함을 걱정하겠는가를 말한 것이다.

80.3 使民重死而不遠徙하라

백성들로 하여금 죽음을 중히 여겨 멀리 이사 다니지 않도록 하라.

【注】使民不用하고 惟身是寶하며 不貪貨賂라 故各安其居하고 重死而不遠徙也라

　백성들로 하여금 〈이로운 기물을〉 쓰지 않고 오로지 제 몸을 소중하게 생각하며 값비싼 재화를 탐하지 않게 한다. 그러므로 각자 제 거처를 편안히 여기고 죽음을 중히 여겨 멀리 이사 다니지 않는 것이다.

80.4 雖有舟輿나 無所乘之요 雖有甲兵이나 無所陳之하라 使(人)〔民〕¹⁾復結繩而用之하라 甘其食하고 美其服하며 安其居하고 樂其俗하라 隣國相望하고 鷄犬之聲相聞²⁾호대 民至老死不相往來리라

1) (人)〔民〕: 저본에는 '人'으로 되어 있으나, 注80.1과 經80.3에 '民'이라 하였으므로 이에 따른다.

2) 鷄犬之聲相聞 : 이 표현은 ≪老子≫에만 있는 것이 아니라 ≪孟子≫〈公孫丑 上〉에도 유사한 표현이 나온다. "닭이 울고 개 짖는 소리가 서로 들려 사방의 국경에 도달하니, 齊나라는 이만 한 백성을 가지고 있다.〔鷄鳴狗吠 相聞而達乎四境 而齊有其民矣〕"고 하였는데, 이는 仁政만 행하면 되는 최상의 상태를 의미한다. 王弼은 이런 맥락에서 이 구절을 이해하고 있는 듯하다.

비록 배와 수레가 있어도 그것을 탈 일이 없고, 갑옷과 병기가 있어도 그것을 쓸 일이 없게 하라. 백성들로 하여금 다시 새끼를 꼬아서 〈문자생활에〉 쓰게 하라. 그 음식을 맛있게 여기도록 해주고, 그 옷을 아름답게 여기도록 해주며, 그 거처를 편안하게 여기도록 해주고, 그 風俗을 즐겁게 여기도록 해주어라. 〈그러면〉 이웃 나라가 서로 바라다 보이고 닭 울고 개 짖는 소리가 서로 들려도 백성들이 늙어서 죽을 때까지 서로 왕래하는 일이 없게 될 것이다.

【注】無所欲求니라

〈백성들이〉 바라고 구하는 것이 없다.

제81장

신뢰받고 좋은 사람은 성인 군주이다. 그런 사람의 말은 부드럽고 절제되어 있다. 그는 '아름답게' 말하지 않는다. 사실상 그는 대개 침묵한다.(이에 대해서는 제23장을 보라.) 스스로를 낮추는 아름답지 않은 명칭으로 부르면서 그는 신뢰받게 된다.(이에 대해서는 제66장을 보라.) 특정한 지식도 능력도 없는 그 사람, 즉 통치의 道를 완성한(master the Dao of rulership) 바로 그 사람은 '박식하다(erudite).' 어떠한 앎도 갖지 않음으로써 그는 모두의 주인이 된다.

오로지 통치를 받는 사람들만이 특별한 능력과 지식을 갖고서 특수한 기능을 완수하게 된다. 제33장에서 보았듯이 그들의 앎은 성인의 앎과는 다르다.

道家的 君主는 또한 단 한 사람일 뿐이다. 한때에 한 사람 이상의 군주가 있을 수는 없는 것이다. 좋은 것은 다면적이지 않다. 오로지 단 한 사람의 군주만이 백성을 통합시킬 수 있다.

즉 그는 사회의 일체감을 제공한다.(제39장을 보라.) 사회의 비어 있는 중심으로서 성인 군주는 어떤 개인적인 소유물도 축적하지 않는다. 그의 유일한 기능은 사회의 軸이 되는 것이며, 이렇게 하여 그는 자기 자신의 목적을 위해서가 아니라 다른 모든 사람들을 위해 사회의 모든 것에 영향을 미친다.(이에 대해서는 제77장을 보라.) 모든 다른 사람들에게 제공함으로써 그는 그 누구에게도 그와 다툴 만한 이유를 주지 않는다. 그가 다투지 않기에 따라서 그 누구도 그와 다투지 않는다.(이에 대해서는 제66장, 제68장 그리고 제73장을 보라.)

81.1 信言은 不美하고

믿음직스런 말은 아름답지 않으며,

【注】實在質也라

실질은 바탕에 있다는 뜻이다.

81.2 美言은 不信하며

아름다운 말은 믿음직스럽지 않으며

【注】 本在樸也라

근본은 소박함에 있다는 뜻이다.

81.3 善者는 不辯하고 辯者는 不善하며 知者는 不博하고

선한 자는 말을 잘하지 못하고, 말을 잘하는 자는 선하지 못하며, 지혜로운 자는 넓지 못하고,

【注】 極在一也라

궁극의 표준[極]은 하나에 있다는 뜻이다.

81.4 博者는 不知하니라 聖人은 不積하니

넓은 자는 지혜롭지 못하다. 성인은 쌓아두지 않으니

【注】 無私自有하니 唯善是與요 任物而已라

자신의 소유를 사사로이 함이 없으니 오로지 선한 자에게 주고, 사물에 맡길 따름이다.

81.5 旣以爲人하니 己愈有요

이미 그것으로 다른 사람을 위했으니 자신은 더욱 가지게 될 것이요,

【注】 物所尊也라

만물이 존숭한다는 뜻이다.

81.6 旣以與人하니 己愈多리라

이미 그것으로 다른 사람에게 주었으니 자신은 더욱 많아질 것이다.

【注】物所歸也라

만물이 돌아간다는 뜻이다.

81.7 天之道는 利而不害하고

하늘의 도는 이롭게 하지 해롭게 하지 않고,

【注】動常生成之也라

움직일 때마다 항상 〈만물을〉 낳고 이루어준다는 뜻이다.

81.8 聖人之道는 爲而不爭하니라

성인의 도는 하되 다투지 않는다.

【注】順天之利하니 不相傷也니라

하늘이 이롭게 하는 도리를 따르니 서로 상하지 않게 한다는 뜻이다.

〔附錄 1〕

老子微旨例略 上篇

　〈老子微旨例略〉은 1951년 王維誠의 〈魏王弼撰老子指略佚文之發見〉이란 글에서 처음 王弼의 저술로 확인되었다. 何邵의 〈王弼傳〉에 따르면, "왕필이 ≪노자≫에 注하고, 〈指略〉을 지었다.〔弼注老子 爲之指略〕"고 하였는데, 王維誠은 道藏에 전해져오는 匿名의 著者의 글 〈老子微旨例略〉을 왕필이 지었다고 하는 '指略'으로 확인한 것이다. 그 후 학자들은 〈老子微旨例略〉이 왕필이 지은 것이라는 데에 이견이 없다. 따라서 이 책에서도 譯註하여 소개한다.

제1장

1.1 (天)〔夫〕[1] 物之所以生과 功之所以成은 必生乎無形하고 由乎無名하니라 無形無名者[2]는 萬物之宗也[3]니 不溫不涼[4]하고 不宮不商[5]하며 聽之라도 不可得而聞하고 視之라도 不可得而彰하며 體之라도 不可得而知하고 味之라도 不可得而嘗[6]하니라 故로 其爲物也則混成[7]하고 爲象也則無形[8]하며 爲音也則希聲[9]하고 爲味也則無呈[10]이라 故能爲品物之宗主[11]하여 包通天地[12]하니 靡使不經也라

  1) (天)〔夫〕: 저본에 '天'으로 되어 있으나, ≪雲笈七籤≫에 따라 '夫'로 수정하였다. '夫'는 문장의 시작을 나타내는 것이 일반적 용례인데, 王弼에게서 '夫'는 일반적으로 타당한 논의를 한다는 뜻으로 쓰인다. 따라서 여기서는 '대체로 그러하듯이'라고 옮겼다.

  2) 無形無名者: ≪老子≫에서 '無名'은 '道常無名'(經32.1)과 '道隱無名'(經41.15)에서 2회 나오며 道의 특징을 가리킨다. 이와 달리 '無形'은 '大象無形'(經41.14)에 단 1회 나온다. 물론 ≪老子≫에서 '無形'과 '無名'은 중요한 의미를 갖는 것이지만 王弼처럼 '無形無名者'와 같이 명사로서 함께 쓰인 경우는 없다.

  3) 萬物之宗也: "道沖而用之或不盈 淵兮似萬物之宗"(經4.1)과 "無形無名者 萬物之宗也"(注14.5)에 보인다.

  4) 不溫不涼: "大象 天象之母也 不炎不寒 不溫不涼 故能包統萬物 無所犯傷"(注35.1)과 "有形

則亦有分 有分者 不溫則涼 不炎則寒 故象而形者 非大象"(注41.14), 그리고 "不噭不味 不
溫不涼 此常也"(注55.6)에 보인다.

5) 不宮不商 : "聽之不聞名曰希 不可得聞之音也 有聲則有分 有分則不宮而商矣 分則不能統衆
故有聲者非大音也"(注41.13)라 하였다.

6) 聽之……不可得而嘗 : 이 부분은 經14.1과 經35.3 그리고 그 注를 참조하면 좋다. 여기서
중요한 것은 王弼이 "나의 귀, 눈, 몸의 감각으로는 무어라 이름 지어야 할지 모르겠다. 그
래서 꼬치꼬치 캐물을 수 없어 뭉뚱그려 '하나'라고 하였다.〔更以我耳目體 不知爲名 故不可
致詰 混而爲一也〕"(注14.1)라고 하였듯이, 많은 번역자들이 해석하는 것처럼 감각을 초월
해 있는 것에 대해 지칭하는 것이 아니다. 달리 말하면 정확하게 어떤 것이라고 규정할 수
없기에 이름 지어 확정할 수 없다는 뜻이다.

7) 其爲物也則混成 : 이 말은 도를 '하나의 사물로서 말한다면'이란 뜻이다. 經21.2 '道之爲物'
이라 한 것에 대해 왕필은 "특정한 형체가 없이 매여 있지 않다."는 점에 주목하고, 經
25.1 '有物混成'에 대해서는 天地보다 앞서 있다는 점에 주목한다. 따라서 이 말은 도가
어떤 특정한 형체에 매여 있지 않으며 天地보다 앞서 있다는 의미로 '뒤섞여 이루어져 있
다'고 서술한 것이다.

8) 爲象也則無形 : 經41.14의 인용이다.

9) 爲音也則希聲 : 經41.13에 보인다.

10) 爲味也則無呈 : 바그너에 따르면 여기서 '呈'은 앞의 두 가지와 달리 짝이 되어 쓰이는 것
없이 '淡然' '無味' '無呈'의 세 가지로 나타나는 것이 차이가 있다고 지적한다. 어떤 표현이
쓰이든 王弼에게서는 어느 특정한 하나의 맛으로 단정할 수 없는 맛을 뜻한다.

11) 能爲品物之宗主 : 여기서 '宗主'는 注47.1과 注49.5에 보인다. '品物'은 ≪周易≫의 용어
로서, 각 부분과 종류로 나누어진 물건이란 뜻으로 곧 萬物을 가리킨다.

12) 包通天地 : 여기서 '包通'은 포용하고 소통한다는 뜻이다. 王弼이 자주 쓰는 표현으로 예
컨대 注16.6과 注35.1에 보이는데, 王弼은 이것이 도가 萬物에 대해 포용하면서도 상처
주거나 해치지 않는 위대한 힘을 갖고 있음을 표현하는 것으로 이해한다.

대체로 그러하듯이, 物이 생성하는 까닭과 功이 이루어지는 까닭은 반드시 無形에서
생겨나고 無名에서 말미암는다. 無形하고 無名한 것은 만물의 으뜸이니, 〈온도로 말하
면〉 따뜻하지도 않고 시원하지도 않으며 〈五音으로 말하면〉 宮音도 아니고 商音도 아니
며, 〈귀 기울여〉 듣더라도 알아들을 수 없고 〈눈으로〉 보아도 〈분명한 모습을〉 확인할
수 없으며, 〈몸으로〉 느껴보아도 〈어떤 상태인지 분명하게〉 지각할 수 없고 〈혀로〉 맛
보아도 〈어떤 맛인지 분명하게〉 맛을 알 수 없다.

그러므로 그것의 '사물로서의 상태〔爲物〕'는 뒤섞여 이루어져 있고, 그것의 형상은
〈일정한〉 형체가 없으며, 그것의 소리는 희미한 소리이고, 그것의 맛은 〈어떠하다고〉

확정할 수 없다. 그러므로 〈다양한 형태의〉 만물의 근본이 되어서 천지를 포용하고 소통할 수 있으니 〈어느 것이든〉 경유하지 않도록 함이 없다.

1.2 若溫也하면 則不能涼矣[1]요 宮也하면 則不能商矣[2]니 形必有所分이요 聲必有所屬이라 故象而形者는 非大象也요 音而聲者는 非大音也라 然則四象으로 不形하면 則大象이 無以暢[3]하고 五音으로 不聲하면 則大音이 無以至하리니 四象으로 形하되 而物無所主焉하면 則大象暢矣요 五音으로 聲하되 而心無所適焉하면 則大音至矣라

1) 若溫也 則不能涼矣：注41.14에서 '不溫則涼'이라 한 것을 참조할 수 있다.
2) 宮也 則不能商矣：注41.13에서 '有分則不宮而商'이라 한 것을 참조할 수 있다.
3) 然則四象……無以暢：≪老子≫ 經文에는 '四象'이 나오지 않으며 ≪周易≫ 〈繫辭傳〉에 "易有太極 太極生兩儀 兩儀生四象 四象生八卦"에 나온다. 이로 미루어보면 王弼은 이를 ≪주역≫의 논리를 통해 이해하고 있음이 드러나는 듯하다. ≪주역≫에서 兩儀는 陰陽, 四象은 太陽, 太陰, 少陽, 少陰을 가리키는데, 여기 〈繫辭傳〉의 문장은 卦가 형성되는 과정을 설명한 문장이다.

만약 〈道에 대해 어느 하나라고 확정하여〉 '따뜻하다'고 하면 '차갑다'고 할 수 없고, '宮音이다'라고 하면 '商音이다'라고 할 수 없게 된다. 형체는 반드시 구분하는 바가 있고, 소리는 반드시 〈五音 가운데 어느 음인지〉 속하는 곳이 있다. 그러므로 형상으로서 〈특정한〉 형체를 갖는 것은 커다란 象이 아니고, 음으로서 〈어느 한 음으로〉 소리가 나는 것은 커다란 音이 아니다.

그렇기는 하지만 네 가지 象으로 드러나지 않으면 커다란 상이 〈구체적인 사물로〉 펼쳐질 도리가 없고, 五音을 통해 소리 나지 않으면 커다란 음이 미칠 방법이 없다. 그러니 네 가지 상으로 드러나되 만물이 주로 하는 것이 없다면 커다란 상이 〈만물을 통해〉 펼쳐지게 되고, 오음으로 소리 나더라도 마음이 가는 바가 없다면 〈오음을 통해〉 커다란 음이 미치게 된다.

1.3 故로 執大象하면 則天下往[1]하고 用大音하면 則風俗移也[2]라 無形이 暢하면 天下雖往이나 往而不能釋也요 希聲이 至하면 風俗雖移나 移而不能辯也라 是故로 天生五物[3]에 無物爲用[4]하고 聖行五敎에 不言爲化하니 是以道可道면 非常道요 名可名이면 非常名也[5]라 五物之母는 不炎不寒하고 不柔不剛하며 五敎之母는 不皦

不昧하고 不恩不傷하니 雖古今不同하여 時移俗易이라도 此는 不變也하니 所謂自古
及今히 其名不去者也⁶⁾라

1) 執大象 則天下往 : 이 부분은 經35.1의 '執大象者 天下往'의 인용이다. 王弼은 이에 대한
注에서 大象을 '천상의 어미〔天象之母〕'라 풀이하면서 군주〔主〕가 이를 꼭 잡고 있으면 천
하의 백성들이 그에게 귀의할 것이라 풀이한다.

2) 用大音 則風俗移也 : 《老子》 經文에는 '執大象'에 짝하는 '用大音'을 말하고 있지 않다.
바그너는 이 부분을 經2.2-3의 "是以聖人 處無爲之事 行不言之敎"와 유비적으로 이해할
수 있는데, 달리 말하면 '執大象'은 '處無爲之事'에, '用大音'은 '行不言之敎'에 짝하는 것으
로 볼 수 있다고 주장한다. 충분히 납득할 만한 주장이므로 참고로 제시한다.

3) 天生五物 : 五物은 의미가 불분명하다. 바그너는 이 말이 《春秋左氏傳》의 '五材'가 아닐
까 추정한다.

4) 無物爲用 : 無物은 經14.2에 보이는데, 이는 道로서의 一을 표현한 말에서 취해 온 것이다.

5) 道可道……非常名也 : 經1.1의 인용이다.

6) 自古及今 其名不去者也 : 이 부분은 經21.6의 인용으로 道를 가리키며, 또한 無名과 道가
서로 혼용되어 쓰이고 있음을 보여준다.

그러므로 〈군주가〉 大象을 꼭 쥐고 있으면 천하의 〈백성들이 모두 그에게〉 갈 것이
요, 大音을 사용하면 풍속이 바뀌게 될 것이다. 無形이 〈직접〉 펼쳐지면 천하의 〈백성
들이 그에게〉 간다 하더라도 〈백성들이 그에게〉 간 것에 대해 설명할 길이 없고, 希聲
이 이르게 되면 풍속이 바뀌게 되더라도 그 바뀜에 대해 변별할 수가 없다.

이런 까닭에 하늘이 五物을 생성할 때에 無物로 작용을 삼고, 성인은 五敎를 행할 때
에 말하지 않음으로 교화를 삼는다. 이 때문에 道는 〈문자로〉 표현하면 영원한 도가 아
니고, 이름은 〈문자로〉 규정하면 영원한 이름이 아니다. 五物의 어미는 뜨겁지도 않고
차갑지도 않으며 부드럽지도 않고 강하지도 않으며, 五敎의 어미는 밝지도 않고 어둡지
도 않으며 은혜롭지도 않고 해롭지도 않다. 비록 옛날과 오늘날이 같지 않아 시대와 풍
속이 바뀌고 변하더라도 이것은 변하지 않으니, 이른바 옛날부터 오늘날에 이르기까지
그 이름이 없어지지 않았다는 것이다.

1.4 天不以此면 則物不生하고 治不以此면 則功不成¹⁾하니 故古今通하고 終始同이니라
執古可以御今²⁾하고 證今可以知古始³⁾하니 此所謂常者也⁴⁾라 無曒昧之狀과 溫涼之
象이니 故知常을 曰明也⁵⁾라하고 物生功成이 莫不由乎此니 故以閱衆甫也⁶⁾라하니라

1) 天不以此……則功不成 : 《老子》 經文에서는 天과 治가 짝을 이루어 나오지 않는데, 王弼은 이 세계를 두 가지 영역 즉 天과 物 그리고 治와 功이 짝을 이루도록 병치하여 제시한다.
2) 執古可以御今 : 經14.4에서 가져온 표현이다.
3) 證今可以知古始 : 經14.5에서 가져온 표현이다.
4) 此所謂常者也 : 이는 經 14.5의 '道紀'와 '常'을 연결하여 이해하려는 시각이 드러난 부분이다. 이러한 이해에 따르면 '道紀'는 '도의 벼리'로서 도의 항상성, 불변성, 영속성을 의미한다.
5) 故知常 日明也 : 經16.6에 보인다.
6) 以閱衆甫也 : 經21.7에 보인다. 王弼은 注21.7에서 衆甫에 대해 '만물의 태초〔萬物之始〕'라고 풀이하였다.

하늘이 이것을 사용하지 않는다면 만물이 생성되지 않고, 다스림에 이것을 사용하지 않는다면 공이 이루어지지 않는다. 그러므로 옛날과 오늘날이 통하고 시작과 끝이 같다. 옛것을 가지고 오늘날을 다스릴 수 있고 오늘날을 증험하여 옛 시작을 알 수 있으니, 이것이 이른바 항상됨이라는 것이다.

밝거나 어두운 상태와 따뜻하거나 시원한 모양이 없으므로 항상됨을 아는 것을 '밝음'이라고 한다. 만물이 생성되고 공이 이루어지는 것이 이것에서 말미암지 않음이 없으므로 이것으로 만물의 태초〔衆甫〕를 살피는 것이다.

제2장

2.1 夫奔電之疾이라도 猶不足以一時周하고 御風之行[1]이라도 猶不足以一息期하니 善速은 在不疾이요 善至는 在不行[2]이라 故可道之盛[3]은 未足以官天地하고 有形之極은 未足以府萬物[4]이라 是故歎之者는 不能盡乎斯美하고 詠之者는 不能暢乎斯弘하니 名之不能當이요 稱之不能旣라 名必有所分하고 稱必有所由하여 有分則有不兼이요 有由則有不盡이니 不兼則大殊其眞하고 不盡則不可以名하니 此可演而明也라

1) 御風之行 : 이 표현은 《莊子》〈逍遙遊〉에서 列子에 대해 한 말이다. "저 열자는 바람을 조종하여 하늘을 날아다녀 가뿐가뿐 즐겁게 잘 날아서 15일이 지난 뒤에 땅 위로 돌아온다.〔夫列子御風而行 泠然善也 旬有五日而後反〕"
2) 善速……在不行 : 이 문장은 《周易》〈繫辭傳 上〉에서 '神'에 대해 말한 부분에서 온 표현

이다. 原文은 다음과 같다. "오로지 신령한 까닭에 달리지 않아도 빠르고 가지 않아도 이른다.〔唯神也 故不疾而速 不行而至〕"

3) 可道之盛 : 여기서 '可道'는 經1.1에서 온 표현이다.

4) 可道之盛……未足以府萬物 : 經1.1에서 보면 道와 名이 짝하지만 王弼은 可道와 有形을 같은 것으로 취급하면서 道와 대비시키고 있는 것으로 보인다. 또 여기서 '官天地', '府萬物'은 ≪莊子≫〈德充符〉의 "하물며 천지를 주관하고 만물을 저장함에랴.〔況官天地 府萬物〕"에서 가져온 표현이다.

번개의 빠름일지라도 오히려 일시에 두루 하기에는 부족하고, 바람을 타고 가는 것일지라도 한순간에 도착하기에는 부족하다. 〈≪周易≫에서 '神'에 대해 말한 것처럼〉 정말 빠른 것은 내달리지 않는 데 있고, 잘 도달하는 것은 가지 않음에 있다. 그러므로 말할 수 있으면 아무리 성대해도 天地를 주관하기에는 부족하고, 형체가 있으면 아무리 커도 만물을 저장하기에는 부족하다.

이런 까닭에 감탄하는 자는 그 아름다움을 다 표현할 수 없고, 영탄하는 자는 그 광활함을 다 펼쳐낼 수 없으니, 무엇이라고 이름 지어도 적당하지 않고, 무엇이라고 일컬어도 다할 수 없다. 이름 지으면 반드시 분별하는 것이 있고, 일컬으면 반드시 말미암는 것이 있다. 분별하는 것이 있으면 겸하지 못하고, 말미암는 것이 있으면 다하지 못한다. 겸하지 못하면 원래의 참된 상태와 매우 달라지고, 다하지 못하면 이름 지을 수 없으니, 이에 대한 것은 미루어 밝힐 수 있다.

2.2 夫道也者는 取乎萬物之所由也[1]요 玄也者는 取乎幽冥之所出也[2]요 深也者는 取乎探賾而不可究也[3]요 大也者는 取乎彌綸而不可極也[4]요 遠也者는 取乎綿邈而不可及也[5]요 微也者는 取乎幽微而不可覩也[6]니 然則道玄深大微遠之言은 各有其義나 未盡其極者也라 然이나 彌綸無極을 不可名細하고 微妙無形을 不可名大라 是以로 篇에 云 字之曰道[7]하고 謂之曰玄[8]이라하여 而不名也니라 然則言之者는 失其常하고 名之者는 離其眞하며 爲之者는 則敗其性하고 執之者는 則失其原矣라 是以로 聖人不以言爲主라 則不違其常하고 不以名爲常이라 則不離其眞하고 不以爲爲事라 則不敗其性하고 不以執爲制라 則不失其原矣라

1) 道也者 取乎萬物之所由也 : ≪老子≫의 經文과 王弼의 注文 21.1-4, 24.5, 34.2, 51.1을 참조하면 좋다.

2) 玄也者 取乎幽冥之所出也 : 이 부분은 經1.5를 가리킨다.

3) 深也者 取乎探賾而不可究也 : 이 부분은 經65.4와 관계된다. 여기서 深과 아래의 遠은 모두 玄德에 대한 묘사로 사용되었다. 또 '探賾'은 ≪周易≫ 〈繫辭傳 上〉의 '探賾索隱'에서 온 말이다.

4) 大也者 取乎彌綸而不可極也 : 이 부분은 經25.6과 관계된다. '彌綸'은 두루 미친다는 뜻으로 ≪周易≫ 〈繫辭傳 上〉의 "易與天地準 故能彌綸天地之道"에 보인다.

5) 遠也者 取乎綿邈而不可及也 : 이 부분은 經25.8에서 道와 함께 나오고, 앞의 주 3)에서 深과 함께 德과 관련하여 經65.4에도 등장한다.

6) 微也者 取乎幽微而不可覩也 : 經14.1에 夷, 希와 함께 등장하는 표현이다.

7) 字之曰道 : 經25.5에 보인다.

8) 謂之曰玄 : 經1.5를 함께 보면 좋다.

道란 만물이 유래함에서 취한 것이고, 아득함〔玄〕이란 어두움이 드러남에서 취한 것이며, 깊음〔深〕이란 탐색해도 궁구할 수 없음에서 취한 것이고, 큼〔大〕이란 두루 미치려 해도 다할 수 없음에서 취한 것이며, 멂〔遠〕이란 매우 멀어서 미칠 수 없음에서 취한 것이고, 세미함〔微〕이란 어둡고 작아서 볼 수 없음에서 취한 것이다. 그렇다면 도, 아득함, 깊음, 큼, 세미함, 멂이라는 말은 제각기 나름대로 뜻이 있지만, 궁극을 다하지는 못한 것이다.

그러나 두루 미쳐서 끝이 없음을 작다〔細〕고 이름 붙일 수 없고, 미묘해서 형체가 없음을 크다〔大〕고 이름 붙일 수는 없다. 이 때문에 ≪노자≫ 본문에서 "字를 붙여 道라고 한다." 하고 "신비하다〔玄〕고 한다." 하면서 이름을 붙이지 않았다.

그렇다면 말로 표현하는 것은 그 항상됨을 상실한 것이고, 이름을 붙이는 것은 그 참된 상태를 벗어나는 것이며, 作爲하는 것은 본성을 잘못되게 하는 것이고, 〈무엇인가〉 고수하는 것은 그 근원을 상실한 것이다. 이 때문에 성인은 말을 근본으로 삼지 않기에 그 항상됨을 벗어나지 않고, 이름으로 항상된 상태를 삼지 않기에 그 참된 상태를 이탈하지 않으며, 작위함으로 일을 삼지 않기에 그 본성을 잘못되게 하지 않고, 〈무엇을〉 고수하는 것으로 제도를 삼지 않기에 그 근원을 잃지 않는다.

2.3 然則老子之文을 欲辯而詰者는 則失其旨也하고 欲名而責者는 則違其義也라 故其大歸也는 論太始之原[1]하여 以明自然之性하고 演幽冥之極하여 以定惑罔之迷하니 因而不爲하고 順而不施하며 崇本以息末하고 守母以存子[2]하며 賤夫巧術하고 爲在未有하며 無責於人하고 必求諸己하니 此其大要也라

1) 論太始之原 : 太始는 ≪周易≫ 〈繫辭傳 上〉의 '乾知大始 坤作成物'에 전거가 있다. ≪易緯

乾鑿度≫에 따르면 "태초는 형체의 시작이다.〔太初 形之始〕"라고 한다.

2) 崇本以息末 守母以存子 : 本末과 母子의 관계를 통해 설명하는 논리는 王弼의 고유한 부분이다. 本末에 대해서는 注38.1, 57.1, 57.5, 58.10을 참조하면 좋다. 또한 母子에 대해서는 52.2 經文과 注文 그리고 57장과 58장을 함께 살피면 좋다.

그렇다면 ≪노자≫의 글을 변론하고 캐내고자 할 경우에는 그 大旨를 잃게 되고, 이름 붙이고 따지고자 할 경우에는 그 本義를 벗어나게 된다. 그러므로 그 대지는 始原을 논함으로써 자연의 본성을 밝히고, 어두움의 극치를 추론함으로써 미혹되고 속이는 것을 바로잡는 것이다. 따르고 작위하지 않으며, 순응하고 시행하지 않으며, 근본을 숭상함으로써 말단을 끊어버리며, 어미를 지킴으로써 자식을 보존하며, 교묘한 술책을 천하게 여기고, 조짐도 없는 상태에서 행하고, 남을 책하지 않고 반드시 자신에게서 구한다. 이런 점들이 중요한 핵심이다.

2.4 而法者는 尙乎齊同하여 而刑以檢之하고 名者는 尙乎定眞하여 而名以正之하고 儒者는 尙乎全愛하여 而譽以進之하고 墨者는 尙乎儉嗇하여 而矯以立之하고 雜者는 尙乎衆美하여 而總以行之라 夫刑以檢物하면 巧僞必生하고 名以定物하면 理恕必失하고 譽以進物하면 爭尙必起하고 矯以立物하면 乖違必作하고 雜以行物하면 穢亂必興하니 斯皆用其子而棄其母라 物失所載하니 未足守也[1]라

1) 而法者……未足守也 : 이 부분 전체에서 王弼은 法家, 名家, 儒家, 墨家, 雜家의 五家에 대해 개괄하면서 논의하고 있다. 우선 왕필이 이해하는 법가의 핵심은 '형벌'에 의한 '평등'의 실현이다. 또한 명가의 핵심은 '언어'를 바로잡음으로써 '참을 판정'하는 데에 있다. 그런데 '명가'에 대해 왕필은 아무런 비판적인 언급도 하지 않고 있는데, 어떤 입장을 지니고 있는지는 불명확하다. 다만 그가 無名의 철학자임은 분명한데 그 또한 尊卑의 名分은 긍정하는 儒家라는 점 또한 분명하다. 그리고 왕필이 보는 儒家는 그 이념이 '온전한 사랑〔全愛〕'에 있다. 그리고 그것을 실행하는 방법은 '명예〔譽〕'이다. 그리고 墨家는 '절약〔儉嗇〕'에 있으며 雜家는 이런 여러 학파의 장점을 모두 이행하려 한다고 이해하고 있다. 그런데 왕필은 이러한 '오가'의 주된 주장이 낳는 폐해를 자신의 유명한 논리로 비판한다. 즉 이러한 방법들은 모두 "그 자식은 쓰면서 그 어미를 버리는 것〔用其子而棄其母〕"이라 비판하고 있다.
　그런데 여기서 무엇보다 눈에 띄는 것은 왕필이 언급한 오가 가운데 유가도 포함되어 있다는 점이다. 중국에서 학문을 家로 구분하는 것은 이미 선대 학자들에 의해 이루어진 전통이다. 司馬談이 〈論六家要旨〉에서 六家를 논한 것이나, 班固가 ≪漢書≫ 〈藝文志〉에서 十家를 논한 것은 너무나 잘 알려진 사실이다. 그런데 반고의 〈예문지〉에서 채택하는 도서

분류 방식은 주의 깊게 검토해볼 필요가 있다. 〈七略〉이란 대분류에 六藝略, 諸子略, 詩賦略, 兵書略, 數術略, 方技略이 있으며, 오늘날 우리가 先秦諸子라 부르는 각 학파는 이 가운데 諸子略에서 儒家, 道家, 陰陽家, 法家, 名家, 墨家, 縱橫家, 雜家, 農家, 小說家의 '십가'로 분류된다. 즉 유가는 제자 가운데 하나로서 여기에는 孟子, 荀子, 曾子, 子思와 같은 선진 儒者는 물론 董仲舒, 公孫弘과 같은 漢代의 유자까지 포함된다. 이는 실상 공자와 그 제자 및 후인을 엄격하게 구분하고자 한 의도라 볼 수 있다. 이렇게 보면 왕필이 말하는 '유가'는 오늘날 공자로 대변되는 유학을 지칭하는 의미와는 구별된다.

聖人 공자가 직접 편찬한 것으로 인식되었던 문헌들은 〈예문지〉에서 '육예략'에 속하는데, 여기에는 六經에 더하여 ≪論語≫, ≪孝經≫이 포함된다. 이것은 달리 말하자면 ≪論語≫, ≪孝經≫이 後漢 이래로 육경과 대등한 위상을 획득하였다는 것을 의미한다. 특히 古文學派의 경전 나열 순서를 따르고 있는 〈예문지〉에서 '육예략'의 중심을 차지하는 것은 ≪易經≫으로서, 반고는 거기에 五常의 도를 대변하는 오경의 근원으로서의 의미를 부여하고 있다. 한대 경학의 주요 경전들이 '육예략'으로 분류되어 있다는 것은, 이러한 경전들이 어느 특정 '학파'에 속하는 것이 아니라 보편적이고 항구적인 가치를 지니는 것들로써 성인 공자의 가르침의 정수로 인식되었음을 의미한다. 달리 말하자면 '육예략'은 성인 공자의 정신을 대변하는 '어미〔母〕'라면 후대의 '유가'는 '자식〔子〕'에 속한다. 그리고 그러한 경학의 중심에 ≪易經≫이 자리하고 있는 것이다. 사실 왕필의 仁義에 대한 부정적인 언급 또한 이와 동일한 논리가 적용된 것이다.

왕필이 이해하는 성인 공자의 정신은 '유가'에 속하는 것이 아니라 어느 학파를 막론하고 그에 근거해야 하는 세계의 보편적 원리이자 삶의 준칙으로서 이른바 '근본'이자 '어미〔母〕'이며, 이것은 ≪論語≫와 같이 공자가 직접 전한 언어의 기록에서 찾아야 하는 것이다. 달리 말하자면 보편적 원리나 사회의 기본 규범은 경전과 공자의 말에서 찾아야 할 성질의 것이다. 문제는 경전의 언어를 어떻게 이해하느냐가 관건이 된다. 왜냐하면 경전이란 언어로 이루어진 것이며, 비록 성인의 뜻이 거기에 담겨 있다 하여도 언어가 지닌 본래적 불완전성은 성인의 眞意를 이해하는 것을 방해하기 때문이다. 기존의 경학이 지닌 문제는 바로 여기에 있다. '경학'이 도달해야 할 목적지는 문자의 訓詁가 아닌 그 문자에 담겨 있는 성인의 뜻〔意〕인 것이다. 그래서 왕필은 "뜻을 얻으면 그 말을 잊을 것〔得意忘言〕"을 강조한다.

그러나 法家는 '법 앞에서의 평등〔齊同〕'을 숭상하여 형벌로써 단속하려 한다. 名家는 '참됨의 판정〔定眞〕'을 숭상하여 말로 바로잡고자 한다. 儒家는 '완전한 사랑〔全愛〕'을 숭상하여 명예로써 진작시키려 한다. 墨家는 절약의 정신을 숭상하여 억지로 그런 기풍을 세우고자 한다. 雜家는 여러 학파의 장점들을 숭상하여 다 같이 실천에 옮기려 한다.

저 형벌로써 '사람〔物〕'을 단속하면 꾸밈과 거짓이 반드시 생겨난다. 이름으로 '사람〔物〕'을 규정하면 '理恕'가 반드시 상실된다. 명예로써 '사람〔物〕'을 진작시키면 '경쟁 심리〔爭尙〕'가 일어나게 된다. 바로잡아 '사람〔物〕'을 세우면 배반하고 어그러짐이 반드시 일어나게 된다. 여러 가지를 섞어서 '사람〔物〕'에게 행하게 되면 혼란이 반드시 일어나게 된다. 이러한 방법은 모두가 그 자식을 쓰되 그 어미는 버리는 것이다. 따라서 '사람〔物〕'이 정작 보존해야 할 것을 잃게 되니 지키기에는 부족한 것이다.

2.5 然致同而塗異하고 至合而趣乖하니 而學者惑其所致하고 迷其所趣라 觀其齊同하면 則謂之法이요 覩其定眞하면 則謂之名이요 察其純愛하면 則謂之儒요 鑒其儉嗇하면 則謂之墨이요 見其不係하면 則謂之雜이라하니 隨其所鑒而正名焉하고 順其所好而執意焉이라 故使有紛紜慣錯之論과 殊趣辯析之爭이 蓋由斯矣라

그렇지만 그 목표는 같으나 길이 다르고 도달하려는 곳은 같으나 행하는 것이 어그러지니, 배우는 자들이 목표에 대해 갈팡질팡하고 행할 바에 대해서도 혼란스러워 하는 것이다.

〈그래서 그 주장이〉'법 앞에서의 평등〔齊同〕'인 것을 보면 法家라 하고, 〈그 주장이〉'참됨의 판정〔定眞〕'임을 보게 되면 名家라 하고, 〈그 주장이〉'순수한 사랑〔純愛〕'인 것을 살피면 儒家라 하고, 〈그 주장이〉'절약〔儉嗇〕'인 것을 보면 墨家라 하고, 〈그 주장이〉어느 쪽에도 속하지 않는 것〔不係〕을 보면 雜家라고 한다.

따라서 비추어진 모습에 따라 이름을 바로잡으려 하고, 자신의 기호에 따라 자신의 뜻을 정한다. 따라서 어수선하고 혼란스러운 논의와, 다르게 행하고 분변하는 다툼이 모두 여기에서 비롯된 것이라 할 수 있다.

제3장

3.1 又其爲文也는 擧終以證始하고 本始以盡終하며 開而弗達하고 導而弗牽[1]하니 尋而後旣其義하고 推而後盡其理라 善發事始로 以首其論하고 明夫會歸로 以終其文이라 故使同趣而感發於事者로 莫不美其興言之始하여 因而演焉하고 異旨而獨構者로 莫不說(열)其會歸之徵하여 以爲證焉이라 夫途雖殊나 必同其歸하고 慮雖百이나 必均其致[2]하니 而擧夫歸致以明至理[3]라 故使觸類而思者로 莫不欣其思之所應하여 以爲得其義焉이라

1) 開而弗達 導而弗牽 : 이 문장은 ≪禮記≫〈學記〉를 인용한 문장으로 동일하지는 않다. "군자가 가르칠 때에는 큰 도리를 보여주지 〈억지로〉 잡아끌지 않고, 강하게 하면서도 억누르지 않으며, 생각을 열어주지 답을 해주지 않는다. 큰 도리를 보여주지 〈억지로〉 잡아끌지 않기에 화합하고, 강하게 하면서도 억누르지 않기에 쉽고, 생각을 열어주지 답을 주지 않기에 생각하게끔 한다. 화합하면서도 쉽게 하여 생각을 열어주니 훌륭한 가르침의 방법이라 할 수 있다.〔君子之敎喩也 道而弗牽 强而弗抑 開而弗達 道而弗牽則和 强而弗抑則易 開而弗達則思 和易以思 可謂善喩矣〕" 본문에서 '道'가 '導'로 되어 있어 '인도하다'로 풀이하였다.

2) 夫途雖殊……必均其致 : 이 부분은 ≪周易≫〈繫辭傳〉에서 따온 문장인데 동일하지는 않다. "공자가 말했다. '천하 사람들이 무엇을 생각하고 무엇을 염려하는가? 천하 사람들이 돌아가는 곳은 같아도 길은 제각기 다르며, 이르는 곳은 하나지만 생각은 백 가지로 다르니 천하 사람들이 무엇을 생각하고 무엇을 염려하겠는가?〔子曰 天下何思何慮 天下同歸而殊塗 一致而百慮 天下何思何慮〕"

3) 至理 : 王弼에게 理는 주로 '다스리다'의 뜻으로 쓰이는데, 이 표현은 注42.2에도 보인다. 注42.2의 문장은 이 본문의 문장과 참조하기에 좋다. "내가 다른 사람을 가르칠 때에는 다른 사람에게 억지로 시켜서 가르침을 따르게 하는 게 아니라 저 자연스러움을 쓸 뿐이다. 〈나는〉 그 지극한 도리를 들어서 〈가르칠 뿐이니〉 그에 따른다면 반드시 길할 것이요, 그를 어긴다면 반드시 흉할 것이다. 그래서 사람들이 서로를 가르칠 때에 그것을 어기면 반드시 그 흉함을 자초할 것이라고 하는데, 마찬가지로 나 또한 다른 사람을 가르칠 때에는 그것을 어기지 말라고 한다.〔我之敎人 非强使人從之也 而用夫自然 擧其至理 順之必吉 違之必凶 故人相敎 違之必自取其凶也 亦如我之敎人 勿違之也〕"

또 그 문장은 끝을 들어서 처음을 증명하고 처음을 근본으로 해서 끝을 극진하게 하며, 〈생각을〉 열어주지 답을 주지 않고, 〈스스로 깨달을 수 있게〉 인도하되 잡아끌지 않으니, 탐구한 뒤에 그 의미를 다하고 추론한 뒤에 그 이치를 다한다. 일의 시작을 잘 드러내는 것으로써 논의의 첫머리를 삼고 귀결을 밝히는 것으로써 글을 끝맺는다.

그러므로 어떤 일에 대해 같은 취향과 동기유발이 되는 자들로 하여금 이론이 시작되는 처음을 훌륭하게 여겨서 그것으로 말미암아 연역하지 않음이 없게 하며, 취지를 달리해서 혼자 도모하는 자들로 하여금 그 귀결의 징조를 흡족하게 여겨서 논증을 삼지 않음이 없게 한다.

길이 비록 다를지라도 귀결을 반드시 같게 하고, 생각이 비록 다를지라도 반드시 이르는 곳을 균일하게 하니, 귀결점을 들어서 지극한 도리를 밝혔기 때문이다. 그러므로 유추하여 생각하는 자들로 하여금 자신의 생각에 반응하는 것을 흔쾌히 여겨서 그 의미를 터득하지 않음이 없게 한다.

老子微旨例略 下篇

제4장

4.1 凡物之所以存은 乃反其形이요 功之所以剋은 乃反其名이니 夫存者는 不以存爲存이니 以其不忘亡也요 安者는 不以安爲安이니 以其不忘危也라 故保其存者는 亡하고 不忘亡者는 存하며 安其位者는 危하고 不忘危者는 安[1]하니라 善力擧秋毫[2]요 善聽聞雷霆하니 此道之與形反也니 安者는 實安이로되 而曰 非安之所安이요 存者는 實存이로되 而曰 非存之所存이요 侯王은 實尊이로되 而曰 非尊之所爲요 天地는 實大로되 而曰 非大之所能이요 聖功은 實存이로되 而曰 絶聖之所立[3]이요 仁德은 實著이로되 而曰 棄仁之所存[4]이라 故使見形而不及道者로 莫不忿其言焉하니라

1) 安其位者危 不忘危者安 : 이 부분은 注64.1과 注73.8을 참고하면 좋다.
2) 秋毫 : ≪莊子≫〈齊物論〉에서 처음 쓰인 표현이다. "천하에 가을 털의 끝보다 큰 것이 없고 太山은 작으며 일찍 죽은 아이보다 오래 산 사람이 없고 彭祖는 일찍 죽었다. 하늘과 땅도 나와 나란히 생겨났고 만물 또한 나와 하나이다.〔天下莫大於秋毫之末 而大山爲小 莫壽於殤子 而彭祖爲天 天地與我並生 而萬物與我爲一〕"
3) 絶聖之所立 : 經19.1과 그에 대한 注를 참조하면 좋다.
4) 棄仁之所存 : 經19.1과 그에 대한 注를 참조하면 좋다.

사물이 보존되는 원인은 곧 그것의 드러남과 상반되고, 공이 완성되는 원인은 그것의 이름과 상반된다. 보존되는 자는 보존됨을 보존됨으로 여기지 않으니 망함을 잊지 않기 때문이고, 편안한 자는 편안함을 편안함으로 여기지 않으니 위태로움을 잊지 않기 때문이다. 그러므로 보존됨을 지키는 자는 망하고, 망함을 잊지 않는 자는 보존되며, 자신의 지위를 편안하다고 여기는 자는 위태롭고, 위태로움을 잊지 않는 자는 편안하다.

힘을 잘 쓰는 자가 가을 털을 들고 잘 듣는 자가 천둥소리를 들으니, 이것은 道가 드

러나는 것과는 상반되는 것이다. 편안한 자는 실로 편안하지만 편안함이 편안하게 한 것이 아니라고 하고, 보존되는 자는 실로 보존되지만 보존됨이 보존되게 한 것이 아니라고 하며, 侯王은 실로 존귀하지만 존귀함이 그렇게 만든 것이 아니라고 하고, 天地는 실로 크지만 큼이 할 수 있는 것이 아니라고 하며, 성인의 功業은 실로 존재하지만 성스러움을 단절함으로써 세운 것이라고 하고, 仁과 德이 실로 드러나 있지만 어짊을 버림으로써 보존한 것이라고 한다.

그러므로 드러나는 것만 보고 도에 미치지 못하는 자로 하여금 그 말에 성내지 않을 수 없게 하는 것이다.

4.2 夫欲定物之本者는 則雖近이나 而必自遠으로 以證其始하며 欲明物之所由者는 則雖顯이나 而必自幽로 以敍其本이라 故取天地之外하여 以明形骸之內하고 明侯王孤寡之義하여 而從道一以宣其始라 故使察近而不及流統之原者는 莫不誕其言以爲虛焉하니라 是以로 云云者는 各申其說하니 人美其亂하여 或迂其言하고 或譏其論하니 若曉而昧하고 若分而亂이 斯之由矣라

만물의 근본을 정하고자 하는 자는 비록 가까이 있을지라도 반드시 먼 곳에서부터 그 시작을 증명할 것이다. 만물이 말미암은 바를 밝히고자 하는 자는 비록 드러나 있다 해도 반드시 드러나 있지 않은 것에서부터 그 근본을 서술할 것이다. 그러므로 天地의 밖에서 취해 肉體의 안을 밝히고, 侯王이 〈자신을〉 孤·寡라고 하는 뜻을 밝혀서 道를 따라 한결같이 그 시작을 드러낸다.

그러므로 가까운 것만을 살펴 변화하고 통괄하는 근원에 이르지 못한 자로 하여금 그 말을 허탄하게 여겨서 내용이 없는 것으로 여기지 않을 수 없게 한다.

이 때문에 이렇다 저렇다 말하는 자들이 제각기 나름대로 자신들의 설을 주장하니, 사람들은 그 혼란된 것을 아름답게 여겨서, 어떤 이는 그 말을 迂遠하다고 하고, 어떤 이는 그 논점을 나무란다. 깨달은 것 같으면서 어둡고, 분명한 것 같으면서 혼란한 것은 바로 여기에서 말미암는다.

제5장

5.1 名也者는 定彼者也요 稱也者는 從謂者也니 名生乎彼하고 稱出乎我[1]니라 故

涉之乎無物而不由면 則稱之曰道[2]요 求之乎無妙而不出이면 則謂之曰玄[3]이니 妙出乎玄하고 衆由乎道니라 故生之畜之는 不禁不塞하여 通物之性하니 道之謂也요 生而不有하고 爲而不恃하고 長而不宰는 有德而無主니 玄之德也라 玄은 謂之深者也요 道는 稱之大者也니 名號生乎形狀하고 稱謂出乎涉求하니 名號不虛生이요 稱謂不虛出이니라 故名號하면 則大失其旨하고 稱謂하면 則未盡其極하니 是以로 謂玄하면 則玄之又玄이요 稱道면 則域中有四大也[4]라하니라

1) 名也者……稱出乎我 : 왕필은 〈周易略例〉 '明象'에서 "象이란 뜻을 드러내는 것이고, 말이란 상을 밝히는 것이다. 뜻을 다하는 데에는 상만 한 것이 없고, 상을 다하는 데에는 말만 한 것이 없다. 말은 상에서 나오니 말을 찾았으면 상을 볼 수 있고, 상은 뜻에서 나오니 상을 찾았으면 뜻을 살필 수 있다. 따라서 뜻은 상으로 다 표현되고, 상은 말로 다 드러나게 된다.〔夫象者 出意者也 言者 明象者也 盡意莫若象 盡象莫若言 言生於象 故可尋言以觀象 象生於意 故可尋象以觀意 意以象盡 象以言著〕"라는 확고한 입장 표명에서 출발한다.

다시 말해 왕필은 ≪周易≫ 〈繫辭傳〉에서 "그렇다면 성인께서 〈전하고자 한〉 뜻은 알 수가 없는 것입니까?〔然則聖人之意 其不可見乎〕"라는 물음에 대한 공자의 답변 가운데 "글은 말을 다 표현하지 못하고, 말은 뜻을 다 드러내지 못한다.〔子曰 書不盡言 言不盡意〕"는 입장을 그대로 긍정하지 않는다. 왕필에 따르면 말은 상을 통해 뜻을 다 드러낼 수 있는 것이다. 달리 말하자면 성인의 뜻을 드러내는 데 있어서 말이 지니는 역할을 긍정하고 있는 것이다.

그러나 왕필은 여기에서 멈추지 않는다. 왕필은 ≪장자≫의 논리를 적용하여 "상을 얻었으면 말을 잊고, 뜻을 얻었으면 말을 잊는다.〔得象而忘言 得意而忘象〕"라고 말한다. 이런 의미에서 보면 말이란 뜻을 얻기 위한 매개에 지나지 않지만 말 없이는 뜻을 얻을 수 없다는 의미에서 필수 불가결한 것이다. 그런데 여기에서 우리는 무엇보다 중요한 한 가지 시사점을 찾을 수 있다. 말이 뜻을 드러내기 위해서는 반드시 상을 통해야 한다는 점이다. 그래서 그의 말과 뜻에 관한 논변의 입장은 '象論'이다. 이 상을 잊음으로써 뜻을 구하게 되고 거기에서 '의리'가 드러나기 때문이다.〔忘象以求其意 義斯見矣〕(〈周易略例〉 明象) 적어도 이 논리에 충실하다면 ≪노자≫에는 성인의 온전한 뜻〔意〕을 담고 있지 않다. 여기서 왕필이 어린 시절에 나누었던 대화를 떠올려볼 필요가 있다.

왕필의 부친 王業이 尙書郞이 되었다. 그때 裵徽는 吏部郞이었다. 아직 스무 살도 되지 않은 왕필이 그를 찾아가 만났다. 배휘는 그를 한 번 보더니 기이하게 여겨 왕필에게 물었다. "無라는 것은 참으로 만물이 바탕으로 삼는 것이다. 그러나 성인께서는 무를 치밀하게 말씀하려고 하시지 않았으나 노자는 끊임없이 무를 말하였다. 그 까닭이 무엇인가?" 왕필이 대답하였다. "성인은 무를 체득하였고 또한 무는 말로 설명할 수 있는 것이 아닙니다. 그래

서 말씀하시지 않은 것입니다. 노자는 아직 有에 있는 사람입니다. 그러므로 늘 자신이 부족한 바였던 무에 대해 말한 것입니다."(《三國志》〈魏書 鍾會傳〉注 소재 何劭의 〈王弼傳〉)

적어도 이 대화에 따르면 진정한 無의 체득자는 노자가 아닌 孔子이다. 무에 대해 어떠한 말을 하든 그것은 진짜 무의 뜻을 드러내주지는 못한다. 오히려 무는 공자와 같이 유를 통해 드러난다. 이것은 "四象이 형체로 드러나지 않으면 大象을 드러낼 수 없고, 五音이 소리 나지 않으면 大音이 이를 수 없는" 것과도 같다.

그렇다면 왕필에게서 《노자》가 지니는 의미는 어디에 있는 것인가? 왕필이 보기에 적어도 《노자》는 말과 뜻이 지니는 긴장 관계에 대한 인식에 이르렀다는 점에 있다. 《노자》 제1장의 유명한 언명은 이를 잘 보여준다. "道는 〈문자로〉 표현하면 영원한 도가 아니고, 이름은 〈문자로〉 규정하면 영원한 이름이 아니다.〔道可道非常道 名可名非常名〕"

문자로 표현할 수 있는 도와 규정할 수 있는 이름은 '구체적 사태'와 '구체적 사물'을 가리키므로 영원한 것이 아니다. 그러므로 문자로 표현할 수 없고, 또 문자로 규정할 수 없다고 한 것이다.

왕필이 여기에서 구사하는 용어 가운데 '指事'와 '造形'이란 표현은 주의해서 살펴볼 필요가 있다. 왜냐하면 이것은 왕필이 살았던 魏나라가 성립하기 직전인 後漢의 古文經學의 용어이기 때문이다. 사실 이 용어들은 漢字를 분류하는 기본 원칙인 '六書'와 관련되는 것으로서, 許愼의 《說文解字》는 전래의 한자를 指事, 象形, 形聲, 會意, 轉注, 假借 여섯 가지로 나누었는데, 이 가운데 '지사'와 '상형'에 대한 설명은 다음과 같다.

"《周禮》에 〈제후의 자제가〉 8살에 小學에 들어가면 保氏가 먼저 六書로 가르친다고 한다. 〈육서는 다음과 같다.〉 첫째가 '指事'이다. 지사라는 것은 보아서 알 수 있고 살펴서 알 수 있는 것으로, 上·下 같은 글자가 이에 속한다. 둘째가 '象形'이다. 상형이라는 것은 그려서 그 물체를 이루는 것이고 형체에 따라 구불구불한 것으로, 日·月 같은 글자가 이에 속한다."(《說文解字》〈敍〉)

그런데 도대체 왜 허신은 이렇게 한자의 유래로부터 한자를 분류하는 체계를 만든 것일까 하는 이유가 여기에서 지적되어야 한다. 상기의 내용에서 알 수 있듯이, 허신이 문자를 이해하는 방식은 지극히 합리적인 색채를 띠고 있다. 허신은 고문경학가의 한 사람으로서 그가 이러한 작업에 매달렸던 것은 실상 六藝의 여러 서적들을 정확히 해석하기 위한 것이었다. 즉, 문자의 의미를 實事求是的이고 실용적인 방식으로 논구함으로써 '六經'을 비롯한 수많은 유가 경전의 의미를 천명하려는 데에 그 목적이 있었다. 그러나 언어에 대한 이러한 태도는 왕필이 보기에 언어의 字意에 매인 것일 뿐 진정한 의미에서 도를 말해주지는 않는다.

왕필이 앞에서 '可道'와 '可名'을 '문자로 표현할 수 있다'와 '규정할 수 있다'는 의미로 해석한 것은 이러한 취지에서이다. 그리고 이러한 성질은 '常'과 대립되는 것이다. 즉 '常'의 영역을 언어적 규정성의 세계로 포괄할 수 없다는 의미가 되는 것이다. 그리고 이러한 전환의 중심에 경전의 근간이 되는 언어적 고정에 대하여 거리를 두는 것으로부터 출발한다.

경전은 그것을 이루고 있는 언어에 의해 완벽하게 이루어지는 완성된 체계가 아니며, 오히려 중요한 것은 그 의미를 자각하고 실현하려는 인간의 능동적 실천성에 있다고 본 것이다. 말 자체는 중요하지 않으며 그것이 지니고 있는 의미와 정신이 중요하기에, 이는 언어적 고정성에 의해 갇힐 수 없다는 것이다. 그런데 왜 이러한 언명이 중요한 의미를 지니는가는 아주 간단하다. 그것은 도 자체가 지닌 본성으로부터 오는 긴장이고 또한 성인이 전하고자 하는 뜻과 그것을 이해하고자 하는 사람을 매개하는 경전의 언어에서 오는 긴장 두 가지를 함축한다.

2) 稱之曰道 : 經25.5를 참조하면 좋다.
3) 謂之曰玄 : 經1.5를 참조하면 좋다.
4) 域中有四大也 : 經25.10과 그에 대한 注를 참조하면 좋다.

이름이란 나 이외의 사물을 확정하는 것이고, 일컬음이란 말하는 사람의 의향을 따르는 것이다. 이름은 나 이외의 사물에서 생기고, 일컬음은 나에게서 나온다.

그러므로 〈위에서 말한 것을〉'어떤 사물도 말미암지 않은 것이 없다.'는 것에 관련시켜 본다면 일컫기를 道라고 하고, 그것을 '미묘해서 나오지 않은 것이 없다.'는 것에서 구해본다면 말하기를 '신비하다'라고 한다.

미묘함은 신비로움에서 나오고, 모든 것은 도에서 말미암는다. 그러므로 '낳아주고 길러준다는 것'은 금지하지 않고 막지 않아서 사물의 성품을 통하게 한다는 것이니, 도를 말하는 것이다. '생겨났지만 자기 것이라 여기지 않고 일했지만 내세우지 않으며, 장성되었지만 주재했다고 여기지 않는다는 것'은 덕은 있지만 주재자가 없다는 것이니, 신비함의 덕이다.

신비함은 말의 깊은 속뜻이다. '도'는 일컬음의 큰 것이다. '명명해서 부르는 것'은 형상화된 것에서 생겼고, '일컬어서 말하는 것'은 관련시켜 보고 구해보는 것에서 나왔으니, 명명해서 부르는 것이 공연히 생기지 않았고, 일컬어서 말하는 것이 공연히 나오지 않았다. 그러므로 〈도나 신비함을〉명명해서 부르면 그 뜻을 크게 잃고, 일컬어서 말하면 그 극치를 다하지 못한다. 이 때문에 '신비하다'고 말하는 것이라면 '신비하고 또 신비함'이고, 도라고 일컫는 것이라면 '우주에는 네 개의 큼이 있음'이다.

제6장

6.1 老子之書는 其幾乎可一言而蔽之[1]러니 噫라 崇本息末而已矣[2]로다 觀其所

由하고 尋其所歸하면 言不遠宗하고 事不失主하니라 文雖五千이나 貫之者一[3)]이요 義雖廣瞻이나 衆則同類라 解其一言而蔽之면 則無幽而不識하니 每事各爲意면 則雖辯而愈惑하니라

1) 其幾乎可一言而蔽之 : ≪論語≫ 〈爲政〉에 나온다. "공자가 말했다. '≪詩經≫에 있는 삼백 편의 시를 한마디로 요약하면 생각함에 사특함이 없다고 할 수 있다.'〔子曰 詩三百 一言以蔽之 曰思無邪〕"

2) 崇本息末而已矣 : 이에 관한 논의는 注38.1, 57.5, 58.10 등에 보인다. 여기서 진술하고 있듯이, 왕필이 ≪老子≫에서 파악하는 주된 내용인 '崇本息末'은 '崇本擧末'로도 표현되는 데, 崇本息末이란 말 그대로 '근본을 받듦으로써 말단을 자라게 하는' 것이다.

　　왕필이 말하는 '息末'은 글자 그대로 '말단을 그치게 하다'는 뜻이다. 하지만 왕필은 '擧末'이라 할 때처럼 '말단을 자라게 한다'는 의미를 함축할 때도 있다. 이는 '息'이 '그치게 하다'와 '자라게 하다'는 두 가지 뜻을 갖고 있기 때문이다. 본문의 번역에서는 '말단을 그치게 하다'로 옮겼으나, 왕필의 '息'은 '근본〔本〕'이나 '어미〔母〕'를 받듦으로써 '말단〔末〕'이나 '자식〔子〕'을 자라게 한다는 긍정적 의미도 염두에 두어야 한다. 왕필이 '恕'를 통해 '仁義'를 긍정한다는 점을 염두에 두고 이해하는 것이 마땅하다.

　　우리는 앞서 왕필이 당시의 사상계에 대해 비판하였던 것을 살펴보았다. 왕필은 다섯 가지 학파를 나열하면서 이들이 모두 공통적으로 저지르는 오류는 모두 근본에서 벗어났다는 점을 지적한다. 왕필은 '儒家' 또한 여기서 예외로 두지 않는다. 왜냐하면 왕필에게 '儒家'란 공자의 제자와 후학으로부터 漢儒까지가 포함되는 대단히 넓은 개념이지만, 이들은 모두 성인 공자의 근본정신〔本〕에서 벗어난 것으로 본 것이다. ≪老子≫의 仁義 비판은 바로 이들을 향한 것이지 '六經'과 공자의 뜻〔意〕에 대한 것이 아니라고 왕필은 본 것이다. 공자의 가장 생생한 말을 담고 있는 ≪論語≫의 경우 '仁'은 109회, '義'는 24회가 나오지만, '仁義'가 연용된 경우는 단 한 번도 없다.

　　물론 왕필에게서 '인의'가 꼭 부정적으로만 나타나는 것은 아니다. 왕필이 '인의'를 언급한 곳은 注文에서 5번, 그리고 이 글에서 3번이다. 이 가운데 다소 부정적인 언급이 있는 것은 사실이지만 긍정적인 언급 또한 있다. 왕필에 따르면 仁義는 사람의 뛰어난 덕성이고 위대한 행동이라는 점을 인정한다. 그러나 그것은 근본적인 것, 어미가 되는 것이 아니라 오히려 근본이나 어미가 낳는 자식(注38.1)에 해당한다. 따라서 비록 마음속에서 우러나오는 인의도 있지만 이 또한 억지로 하는 경우가 되기 쉬우며, 당시와 같이 가식적인 인의가 판치는 세상에서는 말할 필요가 없다(注38.1)고 비판한다. 이는 특히 '인의'가 관리의 선발과 인사의 평가 방법으로 사용되는 '形名'과 결합함으로써 더욱 그러한 행동을 가장하는 데〔顯彰〕 골몰하는 사회 풍조가 만연한 것과 관련된다.

　　왕필이 ≪老子≫에서 발견하는 '崇本息末'의 논리는 새로운 천하의 질서가 도래하도록

하기 위한 정치의 방법이라는 점이다. 그럴수록 왕필은 근본으로 돌아갈 것을 제창하는 것이다. 앞서 우리는 왕필에게서 모든 것을 근본으로 되돌리는 '무를 통한 근본으로의 환원'을 논의해보았다. 왕필이 有에 대해 無를 근본으로 삼는다고 하였던 것은 근본으로서의 '하나[一]'에로 돌아가기 위한 우회의 방법이었다. 그것은 달리 말하자면 공자의 말 속에서, 경전의 언어 속에서 성인이 진정으로 전하고자 했던 것을 회복하려는 의리적 방법을 경유한 것이다.

3) 文雖五千 貫之者一 : '貫之者一'이란 표현 또한 ≪論語≫ 〈里人〉에 나온다. "공자가 말했다. '曾參아, 나의 道는 하나로 꿰어져 있다.[吾道一以貫之]' 증자가 말했다. '예, 무슨 말씀인지 알겠습니다.' 공자가 나가자 문인들이 물었다. '무슨 말씀이신가요?' 증자가 말했다. '선생님의 道는 忠恕일 뿐입니다.'"

≪老子≫라는 책은 한마디로 요약한다면 아! '근본을 높여 말단을 그치게 하는 것'일 뿐이라고 〈하면 거의 맞을 것이다.〉 유래하는 것을 살피고 귀결되는 것을 탐색하면 말한 것이 근본에서 멀어지지 않고 일처리가 근본을 잃지 않는다.

〈老子의〉 글이 비록 5천 글자이나 그것을 꿰고 있는 것은 하나이다. 그 뜻은 비록 넓고 넉넉하지만 그 수많은 말의 〈취지가〉 같은 부류에 속한다. 한마디로 요약한 것을 풀이하면, 어둡지만 알지 못하는 것이 없으니, 일마다 각각 뜻을 삼고자 한다면 비록 아무리 논변할지라도 더욱 미혹되게 된다.

6.2 嘗試論之曰 夫邪之興也는 豈邪者之所爲乎리오 淫之所起也는 豈淫者之所造乎리오 故閑邪는 在乎存誠이요 不在善察[1]이며 息淫은 在乎去華요 不在滋章이며 絶盜는 在乎去欲이요 不在嚴刑이며 止訟은 存乎不尙이요 不在善聽[2]이라 故不攻其爲也는 使其無心於爲也요 不害其欲也는 使其無心於欲也라 謀之於未兆하고 爲之於未始는 如斯而已矣[3]니라

1) 閑邪……不在善察 : 이 문장은 ≪周易≫ 乾卦 〈文言傳〉의 '閑邪 存其誠'을 참조할 수 있다.
2) 止訟……不在善聽 : ≪周易≫ 訟卦 〈象傳〉에 "군자는 이를 본받아서 일을 할 때에 맨 처음을 도모한다.[君子以 作事謀始]"라고 하였는데, 이에 대해 王弼은 ≪論語≫ 〈顔淵〉을 인용하여 "〈공자께서는〉 '송사를 처리할 때에는 나 또한 다른 사람과 다를 바가 없다. 다만 내가 반드시 하려는 것은 송사를 없게 하는 것이다.'"라고 하셨는데, 송사를 없게 하는 것은 처음을 잘 도모함에 있고, 처음을 잘 도모함은 제도를 만드는 데에 있다.[子曰 聽訟 吾猶人也 必也使無訟乎 無訟在於謀始 謀始在於作制]"라고 주석하였다.
   왕필은 공자의 말을 인용하면서 송사가 없는 것이 좋은 상태라는 취지를 밝히는데, 이를

뒤의 "조짐조차 없을 때 일을 계획하고 아직 시작하지 않았을 때에 한다."는 말과 함께 연관지어 생각하면 王弼은 어떤 제도를 만드느냐가 송사를 예방하는 데 중요하다고 생각한 듯하다. 이는 또한 經32.3의 '始制', 즉 '처음 〈관장의〉 제도를 만들 때'에 대한 주석과도 함께 검토해볼 일이다.

　3) 謀之於未兆……如斯而已矣 : 經64.1과 經64.3을 참조할 수 있다.

〈나 왕필이〉 이에 대해 논의해본다면 다음과 같이 말할 수 있다.

사악함이 생겨나는 것이 어찌 사악한 자가 하는 것이겠으며, 음란함이 일어나는 것이 어찌 음란한 자가 만드는 것이겠는가? 그러므로 사악함을 막는 것은 진실함을 보존하는 데 있지 감찰을 잘하는 데 있지 않으며, 음란함을 그치게 하는 것은 화려함을 없애는 데 있지 法令을 세밀하게 만드는 데 있지 않으며, 도둑질을 없애버리는 것은 욕심을 버리는 데 있지 刑罰을 엄격히 하는 데 있지 않으며, 訟事를 그치게 하는 것은 〈얻기 어려운 재화를〉 숭상하지 않는 데 있지 재판을 잘 처리하는 데 있지 않다.

그러므로 백성들이 하는 바를 공격하지 않는 것은 그들이 행위에 無心해지도록 만들려는 것이며, 백성들이 욕심내는 것을 해치지 않는 것은 그들이 욕심에 무심해지도록 하려는 것이다. 조짐조차 없을 때 일을 계획하고 아직 시작하지 않았을 때에 한다는 것은 바로 이와 같은 것일 뿐이다.

6.3 故竭聖智以治巧僞는 未若見質素以靜民欲하고 興仁義以敦薄俗은 未若抱樸以全篤實하고 多巧利以興事用은 未若寡私欲以息華競이라 故絶司察하고 潛聰明하고 去勸進하고 剪華譽하고 棄巧用하고 賤寶貨라 唯在使民으로 愛欲不生이요 不在攻其爲邪也라 故見素樸以絶聖智하고 寡私欲以棄巧利[1]는 皆崇本以息末之謂也라

　1) 見素樸以絶聖智 寡私欲以棄巧利 : 이 부분은 經19章의 내용을 패러디한 문장이다.

그러므로 성스러움과 지혜를 다 부려서 기교와 속임수를 다스리는 것은 소박한 상태를 드러내어서 백성들의 욕심을 고요하게 하는 것만 못하고, 仁義를 일으켜 야박한 풍속을 도탑게 하는 것은 소박한 상태를 견지하고서 독실한 상태를 온전히 하는 것만 못하고, 교묘함과 이로움을 많게 해서 일의 쓸모를 일으키는 것은 私慾을 적게 해서 '겉만 화려하고 실없는 경쟁'을 종식시키는 것만 못하다.

그러므로 司察을 끊고 聰明을 드러내지 않고 부지런히 나아가는 것을 없애고 실속 없는 명예를 제거하고, 교묘한 쓰임을 버리고 寶貨를 하찮게 여긴다. 오로지 백성들에게 愛慾이 생겨나지 않게 하는 데 달려 있고, 사악한 짓을 다스리는 데 달려 있지 않다.

그러므로 소박함을 드러내어서 성스러움과 지혜를 끊어버리고, 사욕을 적게 해서 교묘함과 이로움을 버리게 하는 것은 모두 '근본을 받듦으로써 말단을 그치게 하는 것'을 이르는 것이다.

6.4 夫素樸之道가 不著하고 而好欲之美가 不隱하면 雖極聖明以察之하고 竭智慮以攻之라도 巧愈思精하면 僞愈多變하고 攻之彌深하면 避之彌勤하리니 則乃智愚相欺하고 六親相疑하고 樸散眞離하여 事有其姦이라 蓋捨本而攻末하면 雖極聖智라도 愈致斯災어늘 況術之下此者乎아 夫鎭之以素樸하면 則無爲而自正[1])이요 攻之以聖智하면 則民窮而巧殷이라 故素樸可抱요 而聖智可棄라 夫察司之簡하면 則避之亦簡하고 竭其聰明하면 則逃之亦察하니 簡則害樸寡하고 察則巧僞深矣라 夫能爲至察探幽之術者는 匪唯聖智哉아 其爲害也를 豈可記乎아 故百倍之利未渠多也라

1) 夫鎭之以素樸 則無爲而自正 : 經37.3과 經57.5에 보이는 문장을 따온 것이다. 原文은 다음과 같다. 經37.3은 "侯王 若能守之 萬物將自化 化而欲作 吾將鎭之以無名之樸"이고, 經57.5는 "故聖人之言云 我無爲而民自化 我好靜而民自正 我無事而民自富 我欲無欲而民自樸"으로 되어 있다.

소박한 道가 드러나지 않고 好欲을 아름다운 것이라고 여기는 것이 사라지지 않으면, 설령 성스러움과 명철함을 지극히 하여 백성을 감시하고 지혜와 생각을 다하여 백성을 다스린다 하더라도, 〈다스리는〉기교가 정밀해질수록 속임수는 더욱 변화무쌍해지고 다스림이 가혹해질수록 〈백성들이〉피하기를 더욱 힘쓴다. 그러면 지혜로운 이와 어리석은 이가 서로 속이고 六親이 서로 의심하며 소박함이 흩어지고 진실함이 이탈되어 일에 간사함이 있게 된다. 근본을 제쳐두고 말엽을 다스리면 비록 성스러움과 지혜를 지극하게 할지라도, 위와 같은 재앙을 더욱 초래할 것인데, 더군다나 이보다 못한 술수에 대해서야 말할 나위가 있겠는가!

〈가공되지 않은 통나무 같은〉소박함으로 진정시키면 작위함이 없어도 저절로 바르게 되고 성스러움과 지혜로 다스리면 백성은 궁색하게 되고 교묘함은 커진다. 그러므로 소박한 상태를 〈가슴에〉품고 성스러움과 지혜는 버려야 한다.

살피고 엿보는 것이 간략해지면 피하는 방법도 간략해지고, 聰明을 다하면 도피하는 방법도 세밀해진다. 간략해지면 소박한 상태를 해치는 정도가 적어지고, 세밀해지면 속임수를 교묘하게 하는 정도가 심해진다. 지극하게 감시하고 보이지 않는 곳까지 탐색하는 술수를 부릴 수 있는 사람은 오직 성인과 지혜로운 이가 아닌가? 그 해로움을 어떻게 〈이루 다〉 기록할 수 있을까? 그러므로 '〈성스러움과 지혜로움을 끊어버리면 백성들의〉 이익이 백 배가 된다.'라는 것이 그렇게 과장된 말은 아니다.

6.5 夫不能辯名이면 則不可與言理하고 不能定名이면 則不可與論實也하니라 凡名生於形하고 未有形生於名者也라 故有此名이면 必有此形하고 有此形이면 必有其分하여 仁은 不得謂之聖이요 智는 不得謂之仁이니 則各有其實矣라 夫察見至微者는 明之極也요 探射隱伏者는 慮之極也니 能盡極明은 匪唯聖乎며 能盡極慮는 匪唯智乎아 校實定名하여 以觀絶聖하면 可無惑矣니라 夫敦樸之德이 不著하고 而名行之美가 顯尙하면 則脩其所尙而望其譽하고 脩其所顯而冀其利하니라 望譽冀利하여 以勤其行하면 名彌美而誠愈外하고 利彌重而心愈競하리니 父子兄弟가 懷情失直하여 孝不任誠하고 慈不任實하니 蓋顯名行之所招也라 患俗薄하여 而(名興行)〔興名行하고〕[1]崇仁義하면 愈致斯僞하리니 況術之賤此者乎잇가 故絶仁棄義하여 以復孝慈니 未渠弘也라

1) (名興行)〔興名行〕: 저본에는 '名興行'으로 되어 있으나, 樓宇烈은 앞에서 '名行之美', '顯名行'이라 했고 문맥상으로도 '興名行'으로 보는 것이 맞다고 보았는데 이를 따른다.

이름을 분별할 수 없다면 함께 이치를 말할 수 없고, 이름을 정할 수 없으면 함께 내용을 논할 수 없다. 모든 이름은 형상화된 것에서 생겨나고, 형상화된 것이 이름에서 생겨난 적은 없다. 그러므로 어떤 이름이 있으면 반드시 형상화된 어떤 것이 있고, 형상화된 어떤 것이 있으면 반드시 구분된 것이 있어서 어짊〔仁〕은 성스러움〔聖〕이라고 이를 수 없고, 지혜로움〔智〕은 어짊〔仁〕이라고 이를 수 없으니, 그렇다면 제각기 자신의 내용이 있는 것이다.

지극히 은미한 것을 살피고 보는 것은 명철함의 극치이고, 감추어져 드러나지 않는 것을 탐구하고 알아맞히는 것은 思慮의 극치이다. 지극한 명철함을 다할 수 있는 것은 오직 성인이 아니겠으며, 지극한 사려를 다할 수 있는 것은 오직 지혜로운 자가 아니겠

는가? 그러나 내용을 따지고 이름을 규정하여 '성스러움을 끊는다'는 말을 관찰하면 미혹됨이 없을 수 있을 것이다.

도탑고 소박한 덕이 드러나지 않고, 이름과 행동의 아름다운 것이 드러나고 숭상된다면, 사람들은 숭상하는 것을 닦아서 명예를 바라고 드러난 것을 닦아서 이익을 기대한다. 명예를 바라고 이익을 기대해서 행동에 힘쓰면, 이름이 아름다울수록 진실성은 더욱 도외시되고, 이익이 많을수록 마음속으로 더욱 경쟁한다. 부자지간과 형제지간이 情을 가슴에 품고 있는데도 정직을 상실하여, 孝는 정성에 의지하지 않고 자식을 사랑하는 마음〔慈〕은 진실함에 의지하지 않게 된다. 이것은 이름과 행실을 높인 것이 초래한 결과이다.

풍속이 야박한 것을 근심해서 이름과 행실을 일으키고 仁義를 숭상하면 더욱 이러한 속임수를 초래하게 된다. 그런데 더군다나 이보다 하찮은 술수에 대해서야 말할 나위가 있겠는가? 그러므로 '仁을 끊고 義를 버려서 孝道와 慈愛를 회복한다는 것'이 그리 과장된 것은 아니다.

6.6 夫城高면 則衝生하고 利興이면 則求深하니 苟存無欲이면 則雖賞而不竊[1]하고 私欲苟行이면 則巧利愈昏하니라 故絕巧棄利하여 代以寡欲하면 盜賊無有로되 未足美也라 夫聖智는 才之傑也요 仁義는 行之大者也요 巧利는 用之善也라 本苟不存인댄 而興此三美라도 害猶如之어늘 況術之有利斯以忽素樸乎아 故古人有歎曰 甚矣라 何物之難悟也오하니 旣知不聖爲不聖하고 未知聖之爲不聖也요 旣知不仁爲不仁하고 未知仁之爲不仁也라 故絕聖而後에 聖功全하고 棄仁而後에 仁德厚니라 夫惡强은 非欲不强也라 爲强則失强也요 絕仁은 非欲不仁也라 爲仁則僞成也일새러니 有其治而乃亂하고 保其安而乃危하니라 後其身而身先[2]이니 身先은 非先身之所能也요 外其身而身存[3]이니 身存은 非存身之所爲也라 功不可取하고 美不可用하니 故必取其爲功之母而已矣니라 篇云에 旣知其子하여 而必復守其母[4]라하니 尋斯理也면 何往而不暢哉리오

1) 雖賞而不竊 : ≪論語≫ 〈顏淵〉에 나오는 말이다. "季康子가 도적을 근심하여 孔子에게 물었다. 공자가 답하여 말했다. '만일 당신이 〈재물을〉 탐하지 않으면 상을 준다 해도 도둑질하지 않을 것입니다.'〔季康子患盜 問於孔子 孔子對曰 苟子之不欲 雖賞之不竊〕"
2) 後其身而身先 : 經7.2에 보인다.

3) 外其身而身存 : 經7.2에 나온다.
4) 旣知其子 而必復守其母 : 經52.2에 보인다. 原文은 “旣知其子 復守其母”라고 되어 있는데 王弼은 여기에 ‘而必’을 추가하여 매우 강조하였다.

城이 높으면 성을 부수는 전차(衝)가 생겨나고, 이익이 흥성하면 하고자 하는 것이 간절해진다. 진실로 〈조금도〉 욕심내지 않는 마음을 보존하면 비록 상을 줄지라도 도둑질을 하지 않고, 개인적인 욕심을 구차하게 부리면 교묘함과 이로움으로 더욱 혼미해질 것이다. 그러므로 교묘함을 끊고 이익을 버려서 욕심을 적게 하는 것으로 대신한다면 도적이 없게 되어도 그다지 아름답다고 하지 않는다.

성스러움과 지혜는 재주 중에 뛰어난 것이고, 仁과 義는 행동 중에 훌륭한 것이고, 교묘함과 이로움은 용도 중에 최선의 것이다. 근본이 진실로 보존되지 않으면 이러한 세 가지 훌륭한 것을 흥기해도 해로움이 오히려 위와 같은데, 더군다나 술수를 이롭게 여겨서 소박함을 소홀히 함에랴? 그러므로 옛사람들은 “심하구나! 얼마나 사물에 대해 깨닫기 어려운가.”라고 탄식하였다.

이미 성스럽지 않음이 성스럽지 않은 줄만 알고 성스러움이 성스럽지 않은 줄은 모르며, 이미 어질지 않음이 어질지 않은 줄만 알고 어짊이 어질지 않은 줄은 모른다. 그러므로 성스러움을 끊어버린 이후에 성스러운 功業이 완전해지고, 仁을 버린 이후에 인의 덕이 두터워진다.

강함을 싫어하는 것은 강해지지 않고자 하는 것이 아니라 강해지면 강함을 상실하기 때문이고, 어짊을 끊어버리는 것은 어질지 않고자 하는 것이 아니라 어질어지면 作爲가 이루어지기 때문이다. 그러니 다스림이 있으면 이에 어지럽게 되고, 편안함을 보전하면 이에 위태롭게 된다.

자신을 뒤로 했는데도 자신이 앞서게 되니, 자신이 앞서게 됨은 자신을 앞세워서 할 수 있는 것이 아니다. 자신을 도외시했는데도 자신이 보존되니, 자신이 보존됨은 자신을 보존하여서 할 수 있는 것이 아니다. 그러니 功은 취해서는 안 되고 아름다움은 사용해서는 안 된다. 그러므로 반드시 功이 되는 어미(근본)를 취해야 할 뿐이다. ≪노자≫에서 “이미 자식을 알아 〈이를 통해〉 반드시 다시 그 어미를 지킨다.”고 하였으니, 이 이치를 잘 탐구하면 어디를 간들 통하지 않겠는가!

〔附錄 2〕

老子列傳

清代의 고증학자 錢大昕은 ≪二十二史考異≫에서 ≪史記≫ 〈太史公自序〉에 '老韓 列傳第三'이라 되어 있고, 또 史記索隱本에도 '老子韓非列傳'이라 되어 있는 것을 근 거로 '莊申'이란 두 글자는 후대에 첨가된 것으로 보았다. 이렇게 볼 때, ≪史記≫ 〈老莊申韓列傳〉은 내용에 근거하여 후대에 개작된 제목이다.

老子의 열전에 관해서는 그동안 여러 가지 연구가 있으나, 여기서는 주로 기존의 연구 성과를 바탕으로 하면서 특히 앤거스 그레이엄의 ≪노자전설의 연구≫와 리비 아 콘 ≪도의 도≫의 최근 연구를 참고하여 논의를 진행한다.

이 열전의 내용은 크게 전반부와 후반부로 나눌 수 있고 세부 내용은 5가지 논의 를 중심으로 8단으로 나눌 수 있다.

1.1 노자의 姓名, 字 그리고 출생지, 주요 職位
1.2 노자와 孔子의 만남
1.3 노자의 出關 설화와 ≪道德經≫ 전수
2.1 노자의 또 하나의 후보, 老萊子
3.1 노자의 長壽와 그 이유
4.1 노자의 또 다른 후보, 周의 태사 儋
5.1 노자 後孫의 계보
5.2 노자의 學問과 현황

이상과 같은 단 구분에 의거하여 내용을 분류하고, 각각의 사항들에 대해 여러 학자들의 논의를 참고하여 번역, 분석하였다.

1.1 老子者는 楚苦縣厲鄕曲仁里人也[1]라 姓은 李氏요 名은 耳요 字는 聃[2]이니 周 守藏室之史也[3]라

1) 老子者……曲仁里人也 : ≪史記≫에 따르면 노자는 초
나라 여향 곡인리 출신의 사람이다. 그런데 馬敍倫에
의하면, ≪사기≫의 서법은 "莊子蒙人也"나 "申不害京
人也"와 같은 식으로 서술하는 것이 일반적이다. 後漢
邊韶의 〈老子銘〉에 "楚相縣人"이라고 되어 있는 것이
오히려 원본에 가깝다. 이렇게 보면 "≪사기≫의 원문
은 '老子者相人也'의 6자로서"(小柳司氣太, 1944 : 31)
현재의 문장은 모두가 후인들이 개작한 것으로 생각
할 수 있다.

　　만약 ≪사기≫의 원문이 본래 '老子者相人也'의 6자
뿐이라면, 이때의 相은 어디인가? 상은 춘추시대의
晉과 宋에도 있었는데, 송에 있던 상은 漢 황실 조상
의 고향인 沛에 가까운 곳으로서 漢代에는 苦縣에 속
하였고 지금은 河南省 鹿邑縣에 있다. 이곳에는 원래
커다란 궁전이 있었고 유명한 도교 유적지인 太淸宮
이 있던 곳이다.

老子像(趙孟頫(元))

2) 姓李氏……字聃 : 王念孫은 ≪讀書雜志≫에서 索隱本
≪사기≫나 ≪後漢書≫〈桓帝記〉에서 인용된 ≪사기≫
에 근거하여 원문이 "名耳, 字聃, 姓李氏"였다고 한다.

　漢代의 자료를 보면 노자를 李耳라고 보는 견해가 일단 정착된 것으로 보인다. 하지만
그것은 어느 때부터인가? 얄궂게도 先秦 문헌에서는 노자를 이이로 부르는 경우는 없었
다. 다만 老聃만이 있을 뿐이다. 또한 이 노담을 노자라고 부르지도 않는다. 이 점은 선
진문헌 가운데 노자 – 노담을 언급하고 있는 ≪管子≫, ≪戰國策≫, ≪呂氏春秋≫, ≪荀
子≫, ≪韓非子≫ 등 모두가 노담에 대한 일화를 싣고 있다. 노자가 왜 이씨가 되었는가는
〈노자열전〉의 거의 끝부분에서 이해가 될 것이다.

　노자의 다른 字인 '伯陽'과 같은 이름을 가진 '伯陽'이라는 사람은 周 幽王 시대의 인물로
서 周의 멸망을 예언하였던 ≪國語≫〈周語 上〉에 나오는 인물이다. 노자를 孔子와 동시
대인으로 상정한다 해도 200년이나 앞서는 인물이다. 이러한 字는 노자의 예언자적 성격
을 부각시키는 의미상의 효과가 있다.

3) 周守藏室之史也 : '수장실의 사관'이란 뜻의 '守藏室之史'는 일반적으로 周廟에 있는 장서실
의 사관으로 해석된다. ≪史記≫〈張丞相傳〉의 索隱에서는 "周와 秦에는 모두 柱下史가 있
었는데 御史를 말한다. 주하사는 업무를 집행할 때나 임금을 모실 때 항상 궁전의 기둥 밑
에 있었다. 그래서 노담을 주하사라 한 것이다.〔周秦皆有柱下史 謂御史也 所掌及侍立 恒在
殿柱之下 故老聃爲柱下史〕"라고 설명한다. ≪周禮注疏≫〈春官宗伯第三〉(8 : 527)에 따르
면 '御'는 '侍' 또는 '進'의 뜻으로서 '贊書를 관장하는 직책'이었고 따라서 '禮事'에 해당하는

업무였다고 한다.

　또 ≪莊子≫〈天道〉에서는 노자를 '周之徵藏史'라고 하였는데, ≪經典釋文≫에 의하면 "徵藏은 창고 이름이며 徵典이라고도 부른다."고 하였으니 田穀 등을 거두어들이는 창고 종류를 의미하는 것(小柳司氣太 : 33)이다. ≪주례주소≫〈춘관〉'天府'(8 : 623)에 보면 '祖廟之守藏'이라는 말이 나온다. 祖廟는 周나라의 시조인 后稷의 묘이며 그 안에는 대대로 전해오는 보물이 있어서 수장실의 관리가 이를 지켜 다른 사람이 함부로 들어가지 못하게 하는 일을 관장한다고 하였다. 또 ≪春秋左氏傳≫ 僖公 24년에 "晉 文公〔晉候〕의 어린 관리〔竪頭須〕가 창고를 담당하였는데, 진 문공이 出奔하자 창고를 털어 달아났다.〔晉候之竪頭須 守藏者也 其出也 竊藏以逃〕"라는 기록이 있다. 이로 보면 '守藏'이란 창고의 뜻이고, '守藏之史'에는 두 가지 가능성이 있다. 하나가 창고지기라면 다른 하나는 왕실 의례를 담당하는 수행 관리이다.

　허커(Charles Hucker)는 '守藏室之史'나 '柱下史' 두 가지가 기본적으로 역사 기록의 수집 및 정리, 보존을 담당하는 '기록·보관 담당자(archivist)'라고 하면서도, 이른바 '太史'에 속하는 이 직책들의 周代와 漢代의 차이에 주목한다. 그에 따르면, 한대에 태사란 천문과 자연 현상을 기록, 해석하고 날씨를 예보하며 다양한 신비주의적 점성술까지 포함하는 폭넓은 업무를 담당하였는데, 이러한 배경에서 보면 노자가 일개 사관(the Grand Scribe)에서 예언자(the Grand Astrologer)로 변화하였음을 보여준다고 본다. 즉 漢代人에게 사관으로서의 노자란 천지의 운행을 이해하고 그 변화의 조짐을 예견하는 예언자가 되었다는 것이다.

老子는 楚나라의 苦縣 厲鄕의 曲仁里 사람이다. 성은 李씨요, 이름은 耳, 자는 聃이니 周나라 守藏室의 史官이었다.

1.2 孔子適周하여 將問禮於老子하니라 老子曰 子所言者는 其人與骨皆已朽矣요 獨其言在耳러라 且君子는 得其時則駕하고 不得其時則蓬累而行이라 吾聞之컨대 良賈深藏若虛하고 君子盛德이라도 容貌若愚라 去子之驕氣與多欲과 態色與淫志하니 是皆無益於子之身이라 吾所以告子는 若是而已로다 孔子去하여 謂弟子曰 鳥는 吾知其能飛요 魚는 吾知其能游며 獸는 吾知其能走니 走者可以爲罔하고 游者可以爲綸하며 飛者可以爲矰이로되 至於龍하여는 吾不能知其乘風雲而上天이어늘 吾今日見老子하니 其猶龍邪러라

　孔子가 周나라에 가서 老子에게 禮에 대해 물었다. 그때 노자는 이렇게 대답하였다. "그대가 말한 것은 그 말을 한 사람이 그 뼈와 함께 모두 썩어버렸고 그가 한 말만 남

아 있소이다. 또한 군자는 때를 얻으면 벼슬에 나아가고 그 때를 얻지 못하면 〈구름 따라 바람 따라〉 떠돌 뿐이오이다. 내가 듣건대 훌륭한 商人은 〈寶貨를〉 창고에 깊이 숨겨두고서 마치 비어 있는 듯이 하고, 군자는 성대한 덕을 가지고 있으면서 그 모습이 마치 어리석은 사람과 같다고 합니다. 그대는 교만한 마음과 많은 욕심, 뻣뻣한 태도와 방탕한 뜻을 버려야 합니다. 이런 것들은 모두 그대 자신에게 아무런 도움이 되지 않습니다. 내가 당신에게 해줄 수 있는 말은 다만 이와 같은 것뿐입니다.”

공자는 그 자리를 떠난 뒤 제자들에게 이렇게 말했다.

“새는 잘 날아다니고, 물고기는 잘 헤엄치며, 짐승은 잘 달린다는 것은 나도 잘 안다. 달리는 짐승은 그물로 잡으면 되고, 헤엄쳐 다니는 물고기는 낚싯줄로 잡으면 되고, 날아다니는 새는 활로 잡으면 된다. 하지만 龍에 대해서는 어떻게 바람과 구름을 타고 하늘로 오르는지 나는 도무지 알 수가 없었는데, 내가 오늘 노자를 만나보니 그가 바로 용과 같구나!”

問禮老聃圖(仇英(明), ≪孔子聖蹟圖≫)

【해설】 그레이엄은 〈노자열전〉에 나타난 노자의 전설 가운데 유일하게 지속적으로 제시한 요소 한 가지가 노자와 공자의 만남이라고 지적한다. 이 핵심적인 이야기에 대해 그레이엄은 다음과 같은 방식으로 질문해야 한다고 한다.

"노담 전설은 어디에서 비롯되어 발전하였는가? 과연 그는 처음부터 ≪노자≫의 저자로서, 道家의 창시자로서, 적어도 일개 道士로서 알려졌던 것일까? 도대체 어떤 철학적 정치적 관심이 노자 이야기의 전개 과정에서 차이들을 형성시켰던 것일까?"(그레이엄, 1998 : 25)

재미있게도 공자가 노자에게 가르침을 구하는 이야기는 ≪莊子≫는 물론 ≪禮記≫ 〈曾子問〉, ≪說苑≫, ≪孔子家語≫와 같은 문헌들 속에서까지 등장한다. 이 질문에 대한 검토를 거친 후 그레이엄은 공자와 노담의 만남에 관한 이야기의 기원은 도가가 아니라 儒家라고 판단하였다. 그 주된 추론의 과정은 다음과 같다.

- 이야기의 일반 형식에서 볼 때, 공자는 생애 내내 지극히 다양하고 풍부한 역사적 사건들과 관련을 맺는 반면, 기원전 100년 이전의 자료에서 老聃에 관한 기록들은 하나같이 공자와 노자의 만남이 핵심축으로 전개된다. 사실 공자에게 이 만남은 사소한 것일 수 있다.

- 공자와 노담의 만남 이야기는 기원이 유가에 있으며, 도가가 노담을 자기 학파의 대변자로 차용한 것이다. 만약 노담이 처음부터 도가였다면 유가가 자신의 스승을 도가의 제자로 만드는 꼴이 되는데 그럴 가능성이 있을까? 이는 ≪論語≫에서 공자가 隱者를 만나는 태도와는 분명 다르다.

- ≪장자≫와 ≪예기≫ 〈증자문〉에서는 모두 공자에 대해 '丘'라고 이름을 부른다. 만약 이 이야기가 도가에서 유래한 것이라면, 자신들의 스승을 격하시키는 이런 세부적인 것까지 기록하였을까? 따라서 유가는 자신의 전통에서 보아도 이런 일이 전혀 누가 되는 일이 아니라고 생각한 것으로 보인다.

- 도가는 딴 속셈이 있지만 유가는 전혀 속셈이 없다. 만약 어떤 어리석은 儒者가 그렇게 하였다면 적어도 그는 노담이 仁義를 가르치는 유가였다고 생각했을 것이다. 왜 도대체 그들은 노담을 단지 葬禮의 세부 사항을 가르친 선생으로 두었던 것일까?

- ≪莊子≫ 〈內篇〉에서 노담은 망해가는 '周나라의 徵藏史(archivist)'라는 대단히 무료한 직분을 차지하고 있다. 그런데 그가 공자에게 하는 말이 〈노자열전〉에서 왜 하필이면 "그대가 말한 것은 그 말을 한 사람이 그 뼈와 함께 모두 썩어버렸고 그가 한 말만 남아 있소이다."처럼 문헌 전통에 대한 경멸적 언사였던 것일까? 또한 ≪장자≫ 〈내편〉에는 周, 周 文王, 周 武王, 周公에 대해 일체의 언급이 없다. 外·

〈雜篇〉에서 유일하게 한 번 주 문왕이 나오는데 그 이야기도 주나라에 호의적이지 않다. 그런데 왜 하필이면 노담의 관직이 주나라에 있었던 것일까?

- 司馬遷 이전의 문헌에는 노담은 단지 노담일 뿐 그에게 姓이란 없었다. 이런 식이라면 그는 단지 '述而不作'하는 옛 전통의 수호자로서 존경받는 유가의 전설적 인물로 아주 제격이다. 그런데 왜 도가에서는 자기 학파의 창건자에게 이름 주는 것조차 못하였을까?

- 《사기》 이전의 문헌에서는 노담을 老子라고 부르는 것이 달갑지 않아 보인다. 거의가 다 노담일 뿐 노자가 아니며, 노담이 권위를 갖는 유일한 사건은 공자를 가르친 사건뿐이다.

- 만약 《장자》 〈내편〉이 공자와 노담이 만난 사건의 최초 기록이라면, 주목해야 할 것은 《장자》 〈내편〉에서 공자와 그의 제자들이 도가의 대변자로 등장한다는 점이다. 또한 거기에서 노담은 일정한 위치를 갖는데 그것은 결코 도가로서가 아니다.

이와 같은 그레이엄의 치밀한 분석은 상당히 설득력이 있어 보인다. 이제부터는 노자와 노담의 관계를 살펴보자. 과연 노담이 노자와 연결된 것은 어느 때, 어떤 식으로였을까?

1.3 老子는 脩道德하고 其學以自隱無名爲務하니라 居周久之라가 見周之衰하고 迺遂去하니라 至關에 關令尹喜曰 子將隱矣니 彊爲我著書하니이다 於是에 老子迺著書上下篇하여 言道德之意五千餘言而去하니 莫知其所終하니라

노자는 道와 德을 닦았다. 그의 가르침은 스스로 은둔하여 〈세상에〉 이름을 드러내지 않는 데에 힘쓰라는 것이다. 오랫동안 周나라에 머물다가 주나라가 쇠락하는 것을 보고 마침내 떠나갔다. 函谷關에 이르자 關令 尹喜가 이렇게 말했다.

"그대는 은둔하고자 하시는군요. 제발 저를 위해 글을 써주시기 바랍니다."

이에 노자는 道와 德의 뜻을 말한 5천여 언의 上下 두 편의 글을 써주고는 떠나가버리니 아무도 그가 어디서 인생을 마쳤는지 알지 못한다.

【해설】〈노자열전〉에서 공자가 노자를 만났다는 기록을 부정한 것으로는 처음으로 宋代 葉適의 《學習記言》이 있고, 다음은 宋末 羅壁의 《識遺》이고, 淸代 崔述의 《洙泗考信錄》이 있다. 최술은 공자가 여러 隱逸을 만났는데도 노자에 대해 《論語》에 기록이

없다는 것은 납득하기 어려우며, 아마도 楊朱가 꾸며낸 이야기일 것이라고 주장한다. 왜냐하면 〈노자열전〉에 나오는 공자와 노자의 대화가 실제로는 《莊子》〈外物〉에서 老萊子가 한 말을 바탕으로 기술한 듯한 반면, 〈孔子世家〉의 기록과는 다르기 때문이다.

이와 같은 주장들은 《노자》와 노담이 얼마나 다른가를 이해하기 위해 꼭 필요하다. 적어도 선진문헌에 기록된 노담의 사상은 《노자》의 그것과는 다르다. 그런데 〈노자열전〉에서는 노담이 도와 덕을 닦았다는 것, 그리고 그가 함곡관을 나서면서 관령 윤희에게 《道德經》을 전수해주었다는 내용이 바로 이어진다. 그런데 뒤에서 사마천은 다시 주나라 太史로서 秦 獻公을 만나 진이 霸者가 될 것을 예언하는 儋을 거론하면서 그가 앞서 이야기한 노담인지 아닌지를 미지의 과제로 남겨놓았다. 이러한 혼동은 여기에 이어지는 구절과도 연결된다.

그런데 이 구절에서 중요한 것은 노래자마저도 그 독자성이 인정되는 것이 아니라 공자와 동시대성을 언급하고 있다는 점이다.

老子出關圖(鄭敾(朝鮮))

2.1 或曰 老萊子亦楚人也어늘 著書十五篇하여 言道家之用하니 與孔子同時云이라

어떤 사람들은 이렇게 말한다.

"老萊子도 楚나라 사람인데 글 15편을 지어서 道家의 妙用을 말하였으니, 공자와 같은 시대의 사람이다."

【해설】여기서 司馬遷은 老聃과 마찬가지로 초나라 사람이면서 도가의 실천성을 말하였던 공자와 동시대 인물인 노래자에 주목한다. 하지만 그는 저서의 편수가 15편이나 된다는 점을 감안하면 노담과는 다른 인물로 보인다. 이어지는 논의는 아주 재미있다.

老萊子(≪高士傳圖像≫)

3.1 蓋老子는 百有六十餘歲라하고 或言二百餘歲라하니 以其脩道而養壽也라

대개 노자는 160여 세를 살았다고 하고, 또는 200여 세를 살았다고 하니, 이는 그가 道를 닦아 壽命을 길렀기 때문이다.

【해설】이 구절은 노자가 長生術을 닦은 사람임을 보여준다. 이러한 수명의 연장은 漢代에 方士 전통의 유행 이후의 논의이다. 또한 한대에 이해되었던 노자 이해, 특히 ≪河上公章句≫식의 이해에 의하면 ≪노자≫는 분명 養生 혹은 延年과 깊은 관련을 맺고 있다. 그렇다면 도대체 이러한 장치가 필요한 이유는 무엇일까? 그 까닭은 이어지는 다음의

구절에서 이해된다.

그런데 다음으로 넘어가기 전에 기억해야 할 것은 이른바 장생에 관한 希求가 고대 중국에서 언제 가장 유행하였는가를 따져보는 것이다. 秦 始皇과 漢 武帝, 두 군주는 영원한 제국, 영원한 황제를 꿈꾸며 자신들의 不死藥을 구하기 위해 갖가지 사건을 일으킨 장본인이다. ≪사기≫는 한 무제 때 지어진 작품이다. 이런 점은 두고두고 곱씹어볼 일이다.

4.1 自孔子死之後百二十九年에 而史記周太史儋이 見秦獻公曰 始秦與周合이라가 合五百歲而離하고 離七十歲면 而霸王者出焉이라 或曰 儋卽老子라하고 或曰 非也라하니 世莫知其然否하니 老子는 隱君子也라

공자가 죽은 지 129년 뒤에 사관들은 다음과 같이 기록한다.

"周나라의 太史 儋이 秦 獻公을 만나 이렇게 말했다. '처음 秦나라가 周나라와 합쳐졌습니다. 합친 지 500년이 되자 나뉘어졌습니다. 나뉘어진 지 70년이 지나면 〈진나라에서〉 霸王이 나올 것입니다.'"

어떤 사람들은 "〈여기서 말한〉 담이 곧 노자이다."라고 하고, 어떤 사람들은 "〈노자가〉 아니다."라고 하는데, 세상 누구도 그런지 그렇지 않은지 알지 못한다. 노자는 은둔한 군자이다.

【해설】공자가 죽은 해는 기원전 479년이고 周의 太史 儋이 秦 獻公을 만난 사건은 기원전 374년이다. 사마천은 일정한 연대기 속에서 사건을 기술하는 게 일반적이다. 그런데 양자의 차이는 105년밖에 나지 않는다. 이런 연대 설정의 오류를 제외한다 해도, 적어도 이것은 주나라의 守藏室之史인 노담과 주나라의 태사 담을 동일시하려는 모종의 속셈이라고 가정해볼 수 있다.

閻若璩에 따르면 ≪禮記≫〈曾子問〉에는 공자와 노담의 대화 가운데 日食에 관한 이야기가 나오는데, ≪춘추≫에 나오는 일식 기사와 일치한다. 이를 근거로 추산하면 공자의 나이 38세 때의 일이다. 이러한 설에 근거하면 공자가 38세에 만난 한 나이 든 스승 노담이 그 후 105년을 더 살아서 진의 헌공을 만나 진의 운명을 예언한 것이 된다. 이러한 이야기는 노담과 주나라의 태사 담을 연결시키고, 노자의 長生을 증거하는 등 여러 가지 효과를 갖는다.

하지만 과연 이것이 사실 그대로 이해될 수 있을까? 다음의 구절은 노자가 왜 李耳가 되었는가를 잘 보여준다.

5.1 老子之子는 名宗이니 宗爲魏將하여 封於段干하니라 宗子注요 注子宮이요 宮玄孫假이니 假仕於漢孝文帝라 而假之子解는 爲膠西王卬太傅하여 因家于齊焉하니라

노자의 아들은 이름이 宗인데, 종은 魏나라의 장군이 되어 段干에 봉해졌다. 종의 아들은 注이고, 주의 아들은 宮이며, 궁의 현손은 假이니, 가는 한나라 孝文帝 때 출사하였다. 그리고 가의 아들 解는 膠西王 卬의 太傅가 되어, 이 때문에 〈그의 가문이〉 齊 지방에서 살게 되었다.

【해설】이 구절은 거꾸로 읽어야 한다. 우리는 이 기록에서 노자 후손의 계보를 보게 되는데, 거기서 두드러진 인물은 위나라에서 장군이 된 宗, 한나라 효문제 때 벼슬하였던 假와 그의 아들 解이다.

앞서 주나라가 쇠망하는 것을 본 노담은 서쪽으로 떠나는데, ≪漢書≫나 ≪呂氏春秋≫의 기록 등을 고찰할 때, 關尹은 역사상의 실존 인물로서 莊周보다는 조금 앞서는 기원전 4세기의 인물이다. 그렇다면 이것은 주나라의 태사인 담과도 일치하는 것이며 또한 200여 세에 가까운 노담이 되기도 하는 것이다. 따라서 이러한 설정은 매우 일목요연한 설정이 된다. 그랬던 그가 서쪽으로 갔다면 그는 어디로 간 것일까?

그런데 재미있는 것은 여기에 등장하는 종은 노담의 아들이 되는 격인데, 아쉽게도 태사 담이 진 헌공을 만났던 때인 기원전 374년은 사마천의 기록에 따라 7대를 거슬러 올라가니 이것은 가능한 일이다. 그런데 위나라의 장군이 되었다던 종은 어느 시대의 사람일까? 노담이 공자와 동시대인에서 출발한다면 그리고 그가 젊어서 자식을 보았다면 적어도 그는 기원전 5세기 어느 때에 살았어야 하지 않을까? 그런데 기원전 403년까지는 魏나라가 존재하지 않았다. 적어도 상식적으로 본다면 그는 기원전 4세기 중엽의 사람일 가능성이 높다. 이와 같은 불일치들은 상기의 계보가 믿을 수 없는 것임을 보여준다.

그래서 그레이엄은 단지 두 가지 사건을 중시하면서 달리 해석한다. 즉 노담이 서방으로 여행한 것과 ≪道德經≫ 傳受라는 사건은 노담이라는 인물과 연결시키기에 좋은 거리들이었고, 아마도 秦나라에서 ≪노자≫에 대해 호의를 얻기 위해 지어진 이야기들이라는 것이다. 그래서 노담이라는 이름을 지닌 노자가 출현한 것, 그리고 그 권위는 공자의 스승이었다는 점, 그가 노담이자 곧 주나라의 태사 담이라는 것은 대략 ≪노자≫가 성립된 이후의 시점인 기원전 240년경이라는 것이다.

그랬다가 상황은 또 바뀐다. 왜냐하면 진나라가 망하고 漢나라가 등장하기 때문이다. 그레이엄은 한나라의 유력한 李氏 가문이 老子가 자신의 조상이라 주장하였기에 老子는 李氏가 되었던 것으로 추정한다. 그래서 노담의 이름은 李耳가 되고, 그의 출신 지역은 周에서 楚의 苦縣이라 하는데, 이곳은 한나라 황실의 조상의 고향인 沛의 바로 옆에 해당하는 지역이다. 그래서 老聃, 太史 儋, 李耳는 자연스럽게 노자라는 하나의 인물 속에서 어우러지고 또한 사마천의 〈노자열전〉에 등장하게 되는 것이다. 그리고 한 효문제 시절의 이씨 가문은 매우 유력한 가문이었다.

5.2 世之學老子者는 則絀儒學하고 儒學도 亦絀老子하니 道不同이면 不相爲謀니 豈謂是邪아 李耳는 無爲自化하고 淸靜自正니라

세상에서 老子를 배우는 자들은 儒學을 배척하고 유학을 배우는 자들 또한 노자를 배척한다. "道가 같지 않으면 서로 논의하지 않는다."는 것이니, 어찌 옳은 것이겠는가? 李耳는 無爲하면서 스스로 변화하고, 맑고 고요한 가운데 스스로 바르게 하였다.

【해설】이 부분의 서술은 상당히 의미심장하다. 亂世를 살아가는 지혜에 대한 贊嘆일까, 아니면 嘲笑일까?

索引

索引凡例

1. 색인의 대상

본 색인의 대상은 ≪譯註 老子道德經注≫의 原文(經, 注)으로 하였다.

2. 색인 작성 방법

1) 표제어는 주요 槪念語와 특수하게 사용된 語彙 등을 중심으로 추출하였다.

　　예) 道, 虛, 自然, 無爲 등

2) 표제어를 포함하는 종속항목은 1句를 단위로 하였다.

　　예) 道可道, 上善若水, 小國寡民 등

3) 구체적인 작성 방법은 다음과 같다.

　① 표제어를 먼저 제시하고, 하위에 표제어를 포함하는 종속항목을 제시하였다.

　② 索引語句의 출처는 原文에 부여한 章節番號를 표기하여 밝혔다.

　③ 注文이 너무 길어 역자가 단락을 구분한 경우, '注00.0-0'의 형태로 표기하였다.

　④ 장절번호 앞에 '經' 또는 '注'를 표기하여 經文과 注文의 어구를 구분하였다.

　⑤ 종속항목에 포함된 표제어는 '○'로 표시하여 한눈에 구분할 수 있도록 하였다.

　예) 표제어 : 强

　　　經文 색인어 : ○其骨 (經3.3) → 3章 3節의 經文

　　　　　　　　　　○爲之用 (經15.1) → 15章 1節의 經文

　　　注文 색인어 : 將欲除○梁去暴亂 (注36.1) → 36章 1節의 注文

　　　　　　　　　　人無爲舍其所○ (注49.5-3) → 49章 5節 3번째 단락의 注文

3. 항목 배열 및 표시

1) 표제어의 배열은 한글 가나다順으로 하였다. 첫 글자의 讀音이 동일한 경우에는 두 번째 글자 독음의 가나다順으로 하였으며, 두음법칙을 적용하였다.

2) 한 글자로 이루어진 표제어의 독음이 같은 경우, 漢字의 總劃數 순으로 배열하였다. 한 자의 총획수가 같은 경우, ≪康熙字典≫의 배열 순서를 따랐다.

3) 종속항목의 배열은 語句 첫 글자의 가나다順으로 하였다. 첫 글자의 讀音이 동일한 경 우에는 두 번째 글자 독음의 가나다順으로 하였으며, 두음법칙을 적용하였다.

4) 종속항목의 위치는 '經/注 章節番號'의 형태로 하고, 장절번호는 아라비아 숫자로 표기 하였다.

索 引

【客】

過○止 (經35.3)
儼兮其若○ (經15.3)
吾不敢爲主而爲○ (經69.1)
則能令過○止 (注35.3)

【堅】

○强 (經76.1)
故○强者死之徒 (經76.1)
故握能○固 (注55.2)
而功○强者 (經78.1)
馳騁於天下之至○ (經43.1)

【谷】

江海所以能爲百○王者 (經66.1)
故能爲百○王 (經66.1)
○得一以盈 (經39.2)
○無以盈 將恐竭 (經39.4)
○中央無者也 (注6.1)
曠兮其若○ (經15.3)
上德若○ (經41.6)
爲天下○ (經28.5)
猶川○之與江海 (經32.4, 注32.4)
川○之不求江與海 (注32.4)

【谷神】

○○谷中央無者也 (注6.1)
○○不死 (經6.1)

【公】

○乃王 (經16.9)

【功】

容乃○ (經16.8)
而王○以爲稱 (經42.1)
置三○ (經62.6, 注62.7)
則乃至于蕩然○平也 (注16.8)
蕩然○平 (注16.9)

故○成事遂 (注17.6)
故爲○之母不可舍也 (注39.3)
○不可取 (注28.5)
○成不名有 (經34.2)
○成事遂 (經17.6)
○成而不處 (經77.2)
○成而不居 (經2.4)
○成則移 (注9.5)
○遂身退 (經9.5)
○自彼成 (注2.4)
○之所以成 (注51.1)
謀之無○之勢 (注64.1)
務欲立○生事 (注30.2)
未足以興大○ (注64.2)
本雖有○而自伐之 (注24.2)
不自伐故有○ (經22.7)
使○在己 (注2.5)
雖趣○果濟難 (注30.6)
是以皆無用其○ (注39.3)
謂乃更不如無德無○者也 (注9.1)
爲治之○ (注52.6)
自伐者無○ (經24.2)
則○不可久也 (注2.5)
則其○有也 (注22.3)
何○之有 (注10.9)

【寡】

故能以○統衆也 (注11.1)
小國○民 (經80.1)

少私○欲 (經19.1)

屬之於素樸○欲 (注19.1)

唯孤○不穀 (經42.1)

自謂孤○不穀 (經39.4)

必○信 (經63.3)

【巧】

○利用之善也 (注19.1)

○僞生 (注57.3)

○者可以事役也 (注32.1)

○辟滋作 (注64.5)

多智○詐 (注65.2)

大○若拙 (經45.4)

大○因自然以成器 (注45.4)

明謂多智○詐 (注65.1)

復以○術防民之僞 (注65.3)

思惟密○ (注65.3)

絕○棄利 (經19.1)

則○僞生 (注57.3)

【教】

擧其强梁不得其死以○耶 (注42.3)

故得其違○之徒 (注42.3)

故人相○ (注42.2)

不言爲○ (注17.2, 注23.3)

不言之○ (經43.3)

我亦○之 (經42.2)

我之○人 (注42.2)

若云順吾○之必吉也 (注42.3)

亦如我之○人 (注42.2)

以不言爲○ (注63.1)

人相○爲强梁 (注42.3)

人之所○ (經42.2)

則必如我之○人不當爲强梁也 (注42.3)

行不言之○ (經2.3, 注17.1, 注17.6)

【教父】

吾將以爲○○ (經42.3)

適可以爲○○也 (注42.3)

【久】

可以長○ (經44.5, 經59.6)

○矣其細也夫 (經67.1, 注67.1)

其細○矣 (注67.1)

其日固○ (經58.6)

道乃○ (經16.12)

不失其所者○ (經33.5)

孰能安以○動之徐生 (經15.4)

若肖○矣 (經67.1)

人之迷惑失道固○矣 (注58.6)

長生○視之道 (經59.7)

則功不可○也 (注2.5)

天長地○ (經7.1)

天地尚不能○ (經23.2)

天地所以能長且○者 (經7.1)

必獲○長矣 (注33.5)

【口】

夫耳目心○ (注12.1)

失○之用 (注12.1)

五味 令人○爽 (經12.1)

【咎】

○莫大於欲得 (經46.3)

自遺其○ (經9.4)

【國】

可以有〇 (經59.5)
故其〇彌大 (注60.1)
故以正治〇 (注57.1)
故以智治〇 (經65.3)
〇旣小 (注80.1)
〇之利器 (經36.2)
〇之福 (經65.4)
〇之所以安 (注59.6)
〇之賊 (經65.3, 注65.3)
多利器欲以強〇者也 (注57.4)
利〇之器也 (注36.2)
利〇之器而立刑以示人 (注36.2)
隣〇相望 (經80.4)
夫以道治〇 (注57.1)
不能成〇 (注4.1)
不以智治〇 (經65.4)
非能有〇也 (注59.5)
受〇不祥 (經78.2)
受〇之垢 (經78.2)
修之於〇 (經54.5)
愛民治〇 (經10.4)
有〇之母 (經59.6)
以〇觀〇 (經54.5)
以道治〇 (注57.1)
以有窮而莅〇 (注59.5)
以正治〇 (經57.1, 注57.1, 注58.4)
以智而治〇 (注65.3)
以智治〇 (注65.3)
異〇殊風 (注42.1)
而〇愈昏弱 (注57.4)
而以智治〇 (注17.4)
則〇之利器也 (注36.2)
則〇平 (注57.1)
則民不辟而〇治之也 (注10.4)
執一〇之量者 (注4.1)
治〇無以智 (注10.4)
刑以利〇 (注36.2)
況〇大民衆乎 (注80.1)

【國家】

〇〇自治 (注18.3)
〇〇滋昏 (經57.2)
〇〇昏亂 (經18.3)
民強則〇〇弱 (注57.2)

【君】

事有〇 (經70.2)
事有〇之故 (注70.3)
失〇 (注26.4)
爲失〇位也 (注26.4)
靜爲躁〇 (經26.1)
靜必爲躁〇也 (注26.1)
躁則失〇 (經26.4)

【君子】

〇〇居則貴左 (經31.1)
非〇〇之器 (經31.1)

【窮】

故虛而不得〇屈 (注5.3)
〇極之辭也 (注25.12)
〇極虛無 (注16.12)
〇力擧重 (注4.1)
其用不〇 (經45.2)
其爲無〇亦已極矣 (注4.1)
乃用之不可〇極也 (注35.3)
多言數〇 (經5.4)
道無〇也 (注59.4)
以有〇而莅國 (注59.5)
周行無所不〇極 (注25.8)
則乃至於不可〇極也 (注16.12)
則乃至于〇極虛無也 (注16.11)

則無○盡 (注5.4)
必○之數也 (注5.4)

【鬼】

其○不神 (經60.2)
非其○不神 (經60.3)
人謀○謀 (注49.5)
則其○不神也 (注60.2)

【貴】

故○以身爲天下者 (經13.5)
故難知而爲○也 (注70.5)
故曰○大患若身也 (注13.2)
故爲天下○ (經56.10, 經62.8, 注62.8)
古之所以○此道者 (經62.8)
君子居則○左 (經31.1)
○乃以賤爲本 (注39.4)
○大患若身 (經13.1)
○末飾之華 (注20.15)
○而不以其道得之 (注53.5)
○以賤爲本 (經39.4, 注40.1)
○在其母 (注39.4)
○之曷爲 (注3.1)
○貨過用 (注3.1)
德之○ (經51.3)
莫不尊道而○德 (經51.2)
萬物雖○以無爲用 (注38.2-2)
無以○高 (經39.4)
物無有○於此也 (注62.4)
物無有○於此者 (注62.7)
富○而驕 (經9.4)
不自○ (經72.5)
不○其師 (經27.8)
不○難得之貨 (經3.1, 經64.7, 注27.5)
不能無爲而○博施 (注38.2-2)
不能博施而○正直 (注38.2-2)

不能正直而○飾敬 (注38.2-2)
是賢於○生 (經75.1)
悠兮其○言 (經17.6, 注17.6)
而○食母 (經20.15)
而母無○形 (注39.4)
自○ (注72.5)
資○則○ (注49.5-1)
赤子之可則而○ (注50.2)
則我者○ (經70.4, 注70.4)
天地之性人爲○ (注25.9)
何謂○大患若身 (經13.2)

【歸】

各復○其根 (經16.4)
故物○之也 (注61.4)
交○之也 (注60.5)
○根曰靜 (經16.5)
○根則靜 (注16.5)
○於齊一也 (注59.1)
○終也 (注1.4)
○之自然也 (注13.4)
其○一也 (注42.1)
途雖殊而其○同也 (注47.1)
儽儽兮若無所○ (經20.5)
萬物皆○之以生 (注34.3)
物所○也 (注81.6)
物自○之也 (注61.3)
復○於無物 (經14.2)
復使○於一也 (注28.6)
不能令天下○之 (注61.9)
不自生則物○也 (注7.1)
誠全而○之 (經22.7)
爲物所○ (注67.4)
而物自○之 (注28.1)
而自○者也 (注32.4)
卒復○於虛靜 (注16.3)
則天下○之 (注61.9)
處下則物自○ (注73.7)

天下所〇會也 (注61.2)

【極】

古之〇 (經68.5)
窮〇之辭也 (注25.12)
窮〇虛無 (注16.12)
〇在一也 (注81.3)
〇下德之量 (注38.2-2)
其爲無窮亦已〇矣 (注4.1)
乃得其〇 (注42.1)
乃用之不可窮〇也 (注35.3)
大之〇也 (注38.2-2)
道之〇也 (注60.4)
莫知其〇 (經59.5)
無不克則莫知其〇 (經59.4)
物之〇也 (注10.3, 注16.1)
微之〇也 (注1.3)
復歸於無〇 (經28.4)
少之〇也 (注22.6)
誰知善治之〇乎 (注58.3)
數之始而物之〇也 (注39.1)
孰知其〇 (經58.3)
是物之〇篤也 (注16.3)
與太〇同體 (注6.1)
有分則失其〇矣 (注25.6)
全死之〇 (注50.2)
全生之〇 (注50.2)
周行無所不窮〇 (注25.8)
則乃至於窮〇虛無也 (注16.11)
則乃至於不可窮〇也 (注16.12)
則非其〇也 (注25.10)
則眞精之〇得 (注21.5)
至於〇覽 (注10.3)
至眞之〇 (注21.6)
治之〇也 (注63.1)
致虛〇 (經16.1)

【根】

各復歸其〇 (經16.4)
固其〇 (注54.1)
故謂之天地之〇也 (注6.1)
歸〇曰靜 (經16.5)
歸〇則靜 (注16.5)
〇始也 (注16.4)
是謂深〇固柢 (經59.7)
是謂天地之〇 (經6.1)
是唯圖其〇 (注59.6)
是以重必爲輕〇 (注26.1)
轉多轉遠其〇 (注22.5)
重爲輕〇 (經26.1)
天地之〇 (注6.1)
喜怒同〇 (注2.1)

【氣】

〇無所不入 (注43.1)
使〇則強 (注55.8)
心使〇曰強 (經55.8)
言任自然之〇 (注10.2)
專〇致柔 (經10.2)
沖〇以爲和 (經42.1)
沖〇一焉 (注42.1)

【器】

故能成〇長 (經67.4)
國之利〇 (經36.2)
〇合成也 (注29.2)
〇不可視 (注36.2)
〇之害者 (注50.2)
乃能立成〇爲天下利 (注67.4)
多利〇欲以強國者也 (注57.4)
大〇 (注41.12)
大〇晚成 (經41.12)

利○ (注36.2, 注57.2)
利國之○也 (注36.2)
利國之○而立刑以示人 (注36.2)
民多利○ (經57.2)
樸散則爲○ (經28.6)
凡所以利己之○也 (注57.2)
兵者不祥之○ (經31.1)
不祥之○ (經31.1)
非君子之○ (經31.1)
使民雖有什伯之○ (注80.2)
使民有什佰之○而不用 (經80.2)
若○也 (注28.6)
埏埴以爲○ (經11.2)
謂之神○也 (注29.2)
有○之用 (經11.2)
因自然以成○ (注45.4)
則國之利○也 (注36.2)
天下神○ (經29.2)

【老】

物壯則○ (經30.7, 經55.9)
民至○死不相往來 (經80.4)

【能】

○者與之 (注49.5-1)
務欲進其所○ (注48.1)
方○於物 (注14.4)
百姓與○者 (注49.5-1)
不尙賢○ (注27.5)
不學而○者 (注64.8)
事善○ (經8.3)
聖人成○ (注49.5-1)
然則學者求益所○ (注20.1)
唯○是任 (注3.1)
而爲其所不○ (注49.5-3)
人無爲舍其所○ (注49.5-3)

齊其所○ (注54.2)
行者行其所○ (注49.5-3)
效○相射 (注3.1)

【大】

可名於○ (經34.3)
强○居下 (經76.3)
强爲之名曰○ (經25.6)
居○而處下 (注61.1)
見○不明 (注52.6)
故能成其○ (經34.4, 經63.3)
故○制不割 (經28.7)
故道○ (經25.9)
故復可名於○矣 (經34.3)
故曰强爲之名曰○ (注25.6)
故曰貴○患若身也 (注13.2)
故曰○上 (注17.1)
故曰雖智○迷 (注27.8)
故曰域中有四○者也 (注25.10)
故謂之○患也 (注13.2)
故有聲者非○音也 (注41.13)
故終無難○之事 (注63.4)
故智慧出則○僞生也 (注18.2)
寬○淳淳 (注58.1)
貴○患若身 (經13.1)
乃得如上諸○也 (注45.6)
乃至於○順 (經65.6)
能○則○ (注49.5)
能生全○形也 (注25.3)
○巧若拙 (經45.4)
○軍之後 (經30.3)
○器晚成 (經41.12)
○道氾兮 (經34.1)
○道甚夷 (經53.2, 注53.2)
○道蕩然正平 (注53.2)
○道廢 (經18.1)
○方無隅 (經41.11)
○白若辱 (經41.7)

【大國】

○○納之 (注61.7)

○○不過欲兼畜人 (經61.9)

○○修下 (注61.9)

○○以下 (注61.5)

○○以下小國 (經61.5)

○○者下流 (經61.1, 注61.1)

以○○下小國 (注61.5)

則取○○ (經61.7)

治○○ (經60.1, 注60.2)

【大道】

○○氾兮 (經34.1)

○○甚夷 (經53.2, 注53.2)

○○蕩然正平 (注53.2)

○○廢 (經18.1)

行○○於天下 (注53.1)

行於○○ (經53.1)

況復施爲以塞○○之中乎 (注53.2)

【德】

皆有○而不知其主 (注10.9)

建○若偸 (經41.9)

故○交歸焉 (經60.5)

故失道而後○ (經38.2)

故謂之玄○也 (注51.6)

孔○之容 (經21.1)

廣○若不足 (經41.8)

其○乃普 (經54.5)

其○乃餘 (經54.4)

其○乃長 (經54.5)

其○乃眞 (經54.4)

其○乃豊 (經54.5)

旣不失其○ (注9.1)

○不能過其覆 (注4.1)

○不能過其載 (注4.1)

○善 (經49.3)

○信 (經49.4)

○之貴 (經51.3)

○畜之 (經51.1, 經51.3)

莫不尊道而貴○ (經51.2)

無○司徹 (經79.4)

無物可以損其○溢其眞 (注55.3)

報怨以○ (經63.2)

不○其○ (注41.6)

上○無爲而無不爲 (經38.2)

上○不○ (經38.1)

上○若谷 (經41.6)

上○之人 (注15.2)

聖人與天地合其○ (注5.2)

是謂不爭之○ (經68.4)

是謂玄○ (經10.9, 經51.6, 經65.4, 注65.4)

是以無○ (經38.2)

是以有○ (經38.1)

失○而後仁 (經38.2)

失則相濡之○生也 (注18.3)

言含○之厚者 (注55.3)

與天地合○ (注77.1)

與天合○ (注16.11)

然後乃能與天地合○ (注77.1)

謂乃更不如無○無功者也 (注9.1)

謂不失○也 (注9.1)

有○無主 (注10.9)

有○司契 (經79.3)

有○而不知其主也 (注51.6)

有○之人 (注79.3)

唯以空爲○ (注21.1)

唯重積○ (注59.3)

以○爲名焉 (注38.2)

而○以和之 (注79.1)

早服謂之重積○ (經59.3)

重積○則無不克 (經59.4)

則其○長也 (注22.4)

則足以永終其○ (注41.15)

下○不失○ (經38.2)

下○爲之 (經38.2)

何以得○ (注38.2)

何以盡○ (注38.2)
含○之厚者 (經55.1, 注55.1)
玄○深矣 (經65.4, 注65.4)
後乃○全其所處也 (注28.5)

【盜】

○賊多有 (經57.4)
○賊無有 (經19.1)
沒命而○ (注3.1)
使民不爲○ (經3.1)
邪則○也 (注53.5)
是謂○分 (經53.5)
則皆○夸也 (注53.5)
則民不爲○ (注27.5)
貪○爲之起也 (注64.7)

【道】

可○之○ (注1.1)
皆是○之所成也 (注41.15)
皆由○而生 (注34.2)
故可執古之○以御今之有 (注14.5)
故擧非○以明 (注53.5)
故幾於○ (經8.2)
故○大 (經25.9)
故○生之 (經51.3)
故失○而後德 (經38.2)
故有○者不處 (經24.3, 經31.1)
故將得○ (注32.1)
故從事於○者 (經23.3, 注23.3)
古之善爲○者 (經65.1)
古之所以貴此○者 (經62.8)
觀天下之○也 (注54.6)
貴而不以其○得之 (注53.5)
其○常存 (注14.4)
其○存焉 (注14.5)
其○必失 (注27.8)

其唯於○而論之 (注24.2)
其在○也 (經24.2)
乃能包之如天之○ (注77.1)
當保○以免放 (注62.5)
大夷之○ (注41.5)
○可○非常○ (經1.1)
○乃久 (經16.12)
○無窮也 (注59.4)
○無所不先 (注62.4)
○法自然 (經25.12)
○不亡乃得全其壽 (注33.6)
○不違自然 (注25.12)
○常無名 (經32.1, 注32.1)
○常無爲 (經37.1)
○生一 (經42.1)
○生之 (經51.1)
○順自然 (注25.12)
○視之不可見 (注47.2)
○亦樂得之 (經23.6)
○有大常 (注47.1)
○隱無名 (經41.15)
○以無形無爲 (注23.3)
○者萬物之奧 (經62.1)
○者同於○ (經23.3)
○之極也 (注60.4)
○之動也 (注40.1)
○之常也 (注52.9)
○之深大 (注35.3)
○之爲物 (經21.2)
○之尊 (經51.3)
○之出口 (經35.3)
○進物也 (注18.1)
○天地王 (注25.10)
○沖而用之 (經4.1)
○則有所由 (注25.10)
○冾 (注60.4)
同於○ (注23.3)
同於○者 (經23.6)
萬物莫不尊○而貴德 (經51.2)
明○若昧 (經41.3)

取其生○ (注50.2)
取死之○ (注50.2)
治而不以二儀之○ (注4.1)
下士聞○ (經41.2)
行○於天下者 (注32.4)
行○則與○同體 (注23.3)
顯○以去民迷 (注52.7)
況身存而○不卒乎 (注33.6)
況人主躬於○者乎 (注30.1)

【動】

故萬物雖幷○作 (注16.3)
道之○也 (注40.1)
○皆之其所無 (注40.1)
○起於靜 (注16.3)
○常生成之也 (注81.7)
○常因也 (注48.4, 注49.1)
○善時 (經8.3)
○而不可竭盡也 (注5.3)
○而愈出 (經5.3)
○作生長也 (注16.2)
反者道之○ (經40.1, 注28.5)
不○者制○ (注26.1)
邪心旣○ (注65.3)
孰能安以久○之徐生 (經15.4)
安以○ (注15.4)
然後乃能○作從道 (注21.1)
謂擧○從事於道者也 (注23.3)
而○皆之死地 (經50.2)
而以智術○民 (注65.3)
躁○貪欲 (注61.4)
處卑不○ (注6.1)

【亂】

去暴○ (注36.1)
國家昏○ (經18.3)

詭異○群 (注74.1)
但當以除暴○ (注30.6)
使民心不○ (經3.1)
愼微除○ (注64.5)
心不○而物性自得之也 (注29.4)
而○之首 (經38.2)
則民心不○ (注27.5)
則不足以○天下也 (注13.1)
則心無所○也 (注3.1)
志生事以○ (注3.3)
治○之際也 (注10.5)
治之所以○ (注75.1)
治之於未○ (經64.4)

【利】

可得而○ (注56.8)
故有之以爲○ (經11.2)
巧○ (注19.1)
國之○器 (經36.3)
乃能立成器爲天下○ (注67.4)
多○器欲以强國者也 (注57.4)
帶○劍 (注53.5)
得名○而亡其身 (注44.3)
○國之器也 (注36.2)
○國之器而立刑以示人 (注36.2)
○器 (注36.2, 注57.2)
○而無害 (注38.2)
○而不害 (經81.7)
○害不同 (注73.3)
立善以○萬物 (注58.5)
迷於榮○ (注70.1)
民多○器 (經57.2)
民○百倍 (經19.1)
凡所以○己之器也 (注57.2)
凡有之爲○ (注1.4)
不可得而○ (經56.8)
水善○萬物而不爭 (經8.1)
順天之○ (注81.8)

言有之所以爲○ (注11.2)
又銳之令○ (注9.2)
絕巧棄○ (經19.1)
則國之○器也 (注36.2)
必相惜而不趣○避害 (注69.4)
刑以○國 (注36.2)
或○或害 (經73.3, 注73.3)
惑於榮○ (注20.3)

【萬物】

故能包統○○ (注35.1)
故○○得往而不害妨也 (注35.2)
故○○雖幷動作 (注16.3)
乃能包通○○ (注16.6)
立善以利○○ (注58.5)
○○各得其所 (注34.2)
○○皆歸之以生 (注34.3)
○○皆由道而生 (注34.2)
○○歸之而不知主 (經34.3)
○○得一以生 (經39.2)
○○萬形 (注42.1)
○○無不由之 (注37.2)
○○無以生 (經39.4)
○○竝作 (經16.2)
○○負陰而抱陽 (經42.1)
○○舍此而求其主 (注4.1)
○○始於微而後成 (注1.3)
○○恃之而生而不辭 (經34.2)
○○以始以成 (注1.2, 注21.3)
○○以自然爲性 (注29.3)
○○以之生 (注6.1)
○○自相治理 (注5.1)
○○作焉而不爲始 (經2.4, 注17.1)
○○將自賓 (經32.1)
○○將自化 (經37.3)
○○之母 (經1.2)
○○之生 (注42.1)
○○之性定 (注21.5)

○○之始 (經1.2)
○○之奧 (經62.1)
○○之宗也 (注14.5, 注70.2)
○○草木之生也柔脆 (經76.1)
無爲於○○ (注5.1)
輔○○之自然而不爲始 (注27.5)
不亦淵兮似○○之宗乎 (注4.1)
三生○○ (經42.1)
成濟○○ (注23.3)
水善利○○而不爭 (經8.1)
始成○○ (注1.2)
是以○○莫不尊道而貴德 (經51.2)
言吾何以知○○之始於無哉 (注21.8)
然而○○由之 (注21.4)
淵兮似○○之宗 (經4.1)
衣養○○ (經34.2)
以○○爲芻狗 (經5.1)
以無名閱○○始也 (注21.7)
以輔○○之自然而不敢爲也 (經64.9)
而○○各適其所用 (注5.1)
而○○由之以成 (注25.1)
則○○自賓也 (注10.1)
則○○自化 (注10.6)
則爲○○之始 (注1.2)
暢○○之情 (注29.4)
天下○○生於有 (經40.3)

【萬乘】

奈何○○之主 (經26.4)

【亡】

幾○吾寶 (經69.2)
多藏必厚○ (經44.4)
大費厚○也 (注44.4)
道不○乃得全其壽 (注33.6)
得名利而○其身 (注44.3)

得與〇 (經44.3)
死而不〇者 (經33.6)
若存若〇 (經41.2)
欲言〇邪 (注6.1)

【名】

可〇於大 (經34.3)
可〇於小 (經34.2)
可〇之〇 (注1.1)
嘉之〇也 (注3.1)
强爲之〇曰大 (經25.6)
皆言其容象不可得而形〇也 (注15.3)
故可〇於小矣 (注34.2)
故復可〇於大矣 (注34.3)
故不可言同〇曰玄 (注1.5)
故曰强爲之〇曰大 (注25.6)
故曰不知其〇也 (注25.4)
功成不〇有 (經34.2)
其〇不去 (經21.6)
其〇不去也 (注21.6)
同出而異〇 (經1.5)
得〇利而亡其身 (注44.3)
立刑〇 (注58.2)
〇可〇非常 (經1.1)
〇與身 (經44.1)
〇亦旣有 (經32.3, 注32.3)
〇曰微 (經14.1)
〇曰夷 (經14.1)
〇以定形 (注25.4)
無形可〇 (注58.3)
夫〇以定形 (注25.5)
不知爲〇 (注14.1)
不可不立〇分以定尊卑 (注32.3)
不可爲〇 (注20.8)
不見而〇 (經47.3)
不立形〇以檢於物 (注27.5)
伺〇好高 (注44.1)
常不可〇 (注32.1)

伺賢顯〇 (注3.1)
遂任〇以號物 (注32.3)
繩繩不可〇 (經14.2)
甚美之〇 (注18.3)
言我廓然無形之可〇 (注20.4)
吾不知其〇 (經25.4)
以德爲〇焉 (注38.2)
異〇 (注1.5)
而是非之理可得而〇也 (注47.3)
則是其〇也 (注21.6)
則是〇 (注1.5)
處卑而不可得而〇 (注6.1)
聽之不聞〇曰希 (經14.1, 注23.1, 注41.13)
形〇執之 (注64.5)

【明】

各用聰〇 (注49.4)
見大不〇 (注52.6)
見小乃〇 (注52.6)
見小曰〇 (經52.6)
故舉非道以〇 (注53.5)
故曰微〇也 (注36.1)
故曰知常曰〇也 (注16.6)
能不以物介其〇 (注10.3)
〇道若昧 (經41.3)
〇物之性 (注47.4)
〇白四達 (經10.6)
〇賞罰 (注58.2)
〇用於己 (注33.2)
〇謂多智巧詐 (注65.1)
物則得〇 (注15.4)
夫聖人之〇 (注73.4)
復歸其〇 (經52.8)
不自見故〇 (經22.7)
不自見其〇 (注22.1)
不可得而偏舉之〇數也 (注2.1)
不〇理其契 (注79.1)
不以〇察也 (注52.8)

非以〇民 (經65.1)
所謂〇道若昧也 (注58.10)
是謂微〇 (經36.1)
是謂襲〇 (經27.6)
言至〇四達 (注10.6)
又何爲勞一身之聰〇 (注49.5)
以〇自察 (注33.5)
自見者不〇 (經24.2)
自知者〇 (經33.1)
知常曰〇 (經16.6, 經55.6, 注55.6)
行術用〇 (注18.2)
況無聖人之〇 (注73.4)

【母】

可以爲天下〇 (經25.3, 經52.1)
皆有其〇 (注39.4)
居成則失其〇 (注39.1)
故可以爲天下〇也 (注25.3)
故爲功之〇不可舍也 (注39.3)
貴在其〇 (注39.4)
旣得其〇 (經52.2)
萬物之〇 (經1.2)
〇本也 (注52.2)
復守其〇 (經52.2)
常處其〇也 (注28.5)
始〇之所出也 (注1.5)
始與〇也 (注1.5)
食〇 (注20.15)
爲其〇也 (注1.2)
有國之〇 (經59.6)
而貴食〇 (經20.15)
而〇無貴形 (注39.4)
在終則謂之〇 (注1.5)
則可以爲天下〇矣 (注52.1)
則失治之〇也 (注32.3)
天象之〇也 (注35.1)

【牡】

未知牝〇之合 (經55.3)
常以靜勝〇 (經61.4)

【木】

萬物草〇之生也 (經76.1)
〇强則折 (經76.2)
〇埴壁 (注11.2)
〇之本也 (注76.3)
合抱之〇 (經64.5)

【目】

更以我耳〇體 (注14.1)
故聖人不爲〇也 (注12.3)
百姓皆注其耳〇焉 (經49.4)
夫耳〇心口 (注12.1)
聖人爲腹不爲〇 (經12.3)
五色令人〇盲 (經12.1)
以〇役己 (注12.3)
則可冤旒充〇而不懼於欺 (注49.5)
則不足以悅其〇 (注35.3)

【妙】

可以觀其始物之〇 (注1.3)
微〇玄通 (經15.1)
以觀其〇 (經1.3)
衆〇之門 (經1.5, 注1.5)

【無】

皆在乎〇稱之內 (注25.10)
皆之其所〇 (注40.1)

更之○生之地焉 (注50.2)

故○棄人 (經27.5)

故物○焉 (注38.2)

故曰○棄人也 (注27.5)

故終○難矣 (經63.4)

谷○以盈 (經39.4)

轂所以能統三十輻者○也 (注11.1)

谷中央○者也 (注6.1)

骨○志以幹 (注3.3)

窮極虛○ (注16.12)

近於○有 (注32.1)

及吾○身 (經13.4)

其○以易之 (經78.1)

其○正 (經58.3)

其爲○窮亦已極矣 (注4.1)

乃○譽也 (注39.4)

乃入於○生之地 (注50.2)

能○疵乎 (經10.3)

能若嬰兒之○所欲乎 (注10.2)

當其○ (經11.1, 經11.2)

大方○隅 (經41.11)

儽儽兮若○所歸 (經20.5)

令○知○欲 (注65.3)

飂兮若○止 (經20.12)

利而○害 (注38.2)

謀之○功之勢 (注64.1)

沒而不○ (注4.1)

○求○欲 (注55.1)

○求於外 (注46.1)

○窮也 (注59.4)

○德司徹 (經79.4)

○迷○惑 (注10.6)

○不克則莫知其極 (經59.4)

○私者 (注7.2)

○私自有 (注81.4)

○狀○象 (注14.1)

○狀之狀 (經14.2, 注14.2)

○聲○響 (注14.1)

○所乘之 (經80.4)

○所陳之 (經80.4)

○狎其所居 (經72.2, 注72.1)

○逆○違 (注6.1)

○厭其所生 (經72.1, 注72.1)

○譽 (經39.4)

務欲反虛○也 (注48.2)

○遺身殃 (經52.9)

○有與之抗也 (注69.1)

○有入○間 (經43.1)

○而弗持 (注64.2)

○以生 (經39.4)

○在於一 (注47.2)

○正可舉 (注58.1)

○情○爲 (注5.3)

○之爲物 (注16.13)

○之以爲用 (經11.2)

○執 故○失 (經64.6)

○稱之言 (注25.12)

○形○名○事 (注58.1)

○形○名者 (注14.5)

○形○方也 (注29.2)

○形○影 (注6.1)

○形○識 (注35.2)

默然○有也 (注1.5)

夫唯○以生爲者 (經75.1)

復歸於○極 (經28.4)

不得已而卒至於○敵 (注69.2)

不若○稱之大也 (注25.10)

非欲以取強○敵於天下也 (注69.2)

常使民心○欲○惑 (注27.5)

所謂大方○隅 (注58.7)

損有以補○ (注77.2)

雖失○入有 (注64.2)

始於○而後生 (注1.3)

是謂行○行 (經69.1)

是以○德 (經38.2)

言吾何以知萬物之始於○哉 (注21.8)

如唯○身○私乎自然 (注77.1)

欲言○邪 (注14.2)

謂乃更不如○德○功者也 (注9.1)

由○乃一 (注42.1)

由於〇也 (注42.1)

有〇相生 (經2.1)

有生於〇 (經40.3)

有儀不及〇儀 (注25.12)

猶行〇行 (注69.1)

以其〇死地 (經50.2)

以〇事取天下 (經57.1)

一可謂〇 (注42.1)

扔〇敵 (經69.1, 注69.1)

自伐者〇功 (經24.2)

絕學〇憂 (經20.1)

從〇之有 (注42.1)

則乃至於窮極虛〇也 (注16.11)

地〇以寧 (經39.4)

天道〇親 (經79.5)

天下〇道 (經46.2)

必反於〇也 (注40.3)

虛〇柔弱 (注43.2)

【無極】

復歸於〇〇 (經28.4)

【無名】

故未形〇〇之時 (注1.2)

故隱而〇〇也 (注41.15)

道常〇〇 (經32.1, 注32.1)

道隱〇〇 (經41.15)

〇〇 (經1.2, 注21.6)

〇〇之樸 (經37.4)

無形〇〇無事 (注58.1)

無形〇〇者 (注14.5)

亦〇〇 (注32.1)

吾將鎮之〇〇之樸 (注37.3)

吾將鎮之以〇〇之樸 (經37.3)

以〇〇閱萬物始也 (注21.7)

以〇〇爲常 (注32.1)

以無形〇〇 (注1.2)

【無物】

故能〇〇而不成 (注51.1)

故能〇〇而不形 (注51.1)

故〇〇以損其全也 (注55.1)

〇〇可以加之也 (注56.10)

〇〇可以損其德淪其眞 (注55.3)

〇〇可以損其身 (注13.6)

〇〇可以易其身 (注13.5)

〇〇可以易其言 (注17.6)

〇〇可以易之也 (注78.1)

〇〇不成 (注6.1)

〇〇而不濟其形 (注41.15)

〇〇以損其力 (注33.2)

〇〇以損其身 (注55.3)

〇〇之象 (經14.2, 注14.2)

〇〇之匹 (注25.2)

復歸於〇〇 (經14.2)

言道取於〇〇而不由也 (注25.5)

則〇〇不經 (注38.2)

【無味】

淡然〇〇 (注35.3)

淡兮其〇〇也 (注23.1)

淡乎其〇〇 (經35.3)

味〇〇 (經63.1)

然則〇〇不足聽之言 (注23.1)

【無不爲】

無爲而〇〇〇 (經38.2, 經48.3)

【無事】

○○永逸 (注52.4)
無形無名○○ (注58.1)
事○○ (經63.1)
常以○○ (經48.4, 注57.1)
我○○而民自富 (經57.5)
以○○則能取天下也 (注57.1)
以○○取天下 (經57.1)

【無欲】

皆使和而○○ (注49.5)
故常○○ (經1.3, 經34.2, 注1.3)
故天下常○○之時 (注34.2)
令無知○○ (注65.3)
無求○○ (注55.1)
○○競也 (注37.4)
○○以靜 (經37.5)
夫亦將○○ (經37.4)
常使民無知○○ (經3.4)
常使民心○○無惑 (注27.5)
我獨廓然無爲○○ (注20.6)
我欲○○而民自樸 (經57.5)
若將○○而足 (注20.1)
唯○○ (注57.5)
而民亦○○而自樸也 (注57.5)

【無爲】

居○○之事 (注17.1, 注17.6)
故○○乃無所不爲也 (注48.3)
故知○○之有益也 (注43.2)
道常○○ (經37.1)
務欲還反○○ (注30.2)
○○故無敗 (經64.6)
○○無造 (注5.1)
○○於萬物 (注5.1)

○○於身也 (注7.2)
○○而無不爲 (經48.3)
○○而無不爲 (經38.2, 經48.3)
○○而成 (注70.1)
○○之益 (經43.3)
無情○○ (注5.3)
不能以○○居事 (注17.2)
上德○○ (經38.2)
所謂道常○○ (注10.6)
是以聖人○○ (經64.6)
失○○之事 (注18.1)
我獨廓然○○無欲 (注20.6)
我○○而民自化 (經57.5)
我守其眞性○○ (注32.2)
吾是以知○○之有益 (經43.2)
爲○○ (經3.6, 經63.1)
有以○○用 (注40.1)
以○○本 (注40.3)
以○○心 (注32.1, 注38.2)
以○○用 (注38.2)
以○○爲居 (注23.3, 注63.1)
以無形○○ (注23.3)
以至於○○ (經48.3)
而皆以○○用也 (注11.2)
靜○○ (注45.6)
處○○之事 (經2.2)
清靜○○謂之居 (注72.1)
抱樸○○ (注32.1)
必以○○用 (注1.4)

【無知】

令○○無欲 (注65.3)
夫唯○○ (經70.3)
常使民○○無欲 (經3.3)
用智不及○○ (注25.12)
謂○○守眞 (注65.1)
虛有智而實○○也 (注3.2)

○之所惡也 (注76.1)

○之所由也 (注51.2)

○之始也 (注21.7)

○之眞正也 (注16.1)

○知避之 (注18.2)

○避其慧 (注5.4)

○形之 (經51.1)

○或惡之 (經24.3)

○或惡之 (經31.1)

樸之爲○ (注32.1)

方能於○ (注14.4)

凡○之所以生 (注51.1)

輔○失眞 (注17.5)

夫○芸芸 (經16.4)

不執平以割○ (注41.5)

不自生則○歸也 (注7.1)

不假刑以理○ (注36.2)

不敢爲○先 (注69.1)

不繫成○ (注21.3)

不求○ (注28.1)

不能復以恩仁令○ (注17.3)

不立形名以檢於○ (注27.5)

不犯於○ (注55.1)

不犯衆○ (注55.1)

不如○散 (注44.4)

不與○通 (注44.4)

不以○累其眞 (注32.1)

不以方割○ (注58.7)

不以清廉劌傷於○也 (注58.8)

不以形立○ (注17.6)

不以形制○也 (注27.4)

不因○ (注27.8)

事有宗而○有主 (注47.1)

常善救○ (經27.6)

隨○而成 (注45.1)

隨○而與 (注45.2)

隨○而直 (注45.3)

遂任名以號○ (注32.3)

數之始而○之極也 (注39.1)

順○之性 (注27.2)

是○之極篤也 (注16.3)

識○之宗 (注47.3)

心不亂而○性自得之也 (注29.4)

言道取於無○而不由也 (注25.5)

言○事逆順反覆 (注29.4)

言師凶害之○也 (注30.3)

與○反矣 (經65.5)

爲○所歸 (注67.4)

爲○所病 (注44.4)

爲○之長也 (注67.4)

有○混成 (經25.1)

唯因○之性 (注36.2)

以無形始○ (注21.3)

以○養己 (注12.3)

以方導○ (注58.7)

以使○者 (注60.4)

以除强○也 (注36.1)

以直導○ (注58.9)

而道無施於○ (注34.2)

而○各得其所 (注36.2)

而○得其眞 (注23.3)

而○由以成 (注14.2)

而○自歸之 (注28.1)

而不以直激拂於○也 (注58.9)

因○而言 (注45.5)

因○而用 (注2.4)

因○自然 (注27.4, 注41.9)

因○之性 (注27.4, 注36.1, 注41.5)

因○之數 (注27.3)

任○而已 (注81.4)

自生則與○爭 (注7.1)

靜則全○之眞 (注45.6)

躁則犯○之性 (注45.6)

則無○不經 (注38.2)

則○離其分 (注16.6)

則○無巧焉 (注33.2)

則○無所偏爭也 (注56.5)

則○無所偏恥也 (注56.6)

則○無避焉 (注33.2)

則○不具存 (注5.1)

則〇失其眞 (注5.1)
則〇狎厭居生 (注72.5)
則〇擾而民僻 (注72.1)
則〇自賓而道自得也 (注32.1)
則〇自賓而處自安矣 (注10.5)
則〇自生 (注10.9)
則〇自濟 (注10.9)
則〇全而性得矣 (注10.2)
則〇通矣 (注40.1)
則〇化矣 (注10.6)
此至〇也 (注6.1)
處下則〇自歸 (注73.7)
天下之〇 (注40.3)

【美】

〇其服 (經80.4)
〇惡 (注2.1)
〇言 (經62.4, 經81.2)
〇之與惡 (經20.1)
所謂〇惡同門 (注18.3)
勝而不〇 (經31.1)
信言不〇 (經81.1)
甚〇之名 (注18.3)
言暴疾〇興不長也 (注23.2)
唯訶〇惡 (注20.1)
而〇之者 (經31.1)
衆人迷於〇進 (注20.3)
天下皆知〇之爲〇 (經2.1)

【微】

故曰〇明也 (注36.1)
當以愼終除〇 (注64.5)
〇妙玄通 (經15.1)
〇而不散 (注64.2)
〇之極也 (注1.3)
搏之不得 名曰〇 (經14.1)

不可以〇之故而弗散也 (注64.2)
始於〇而後成 (注1.3)
是謂〇明 (經36.1)
愼〇除亂 (注64.5)
謂〇脆也 (注64.4)
以其〇脆之故 (注64.2)

【民】

其〇缺缺 (經58.2, 注58.2)
其〇淳淳 (經58.1, 注58.1)
〇强則國家弱 (注57.2)
〇多利器 國家滋昏 (經57.2)
〇多智慧 (注57.3)
〇利百倍 (經19.1)
〇莫之令而自均 (經32.2)
〇無所及 (注57.1)
〇復孝慈 (經19.1)
〇不能堪其威 (注72.1)
〇不畏死 (經74.1)
〇不畏威 (經72.1, 注72.1)
〇又寡 (注80.1)
〇從上也 (注75.1)
〇從之速也 (注57.5)
〇之饑 (經75.1)
〇知其術 (注65.3)
〇之難治 (經65.2, 經75.1, 注65.3)
〇之所以僻 (注75.1)
〇之從事 (經64.6)
〇至老死不相往來 (經80.4)
〇懷爭競 (注58.2)
復以巧術防〇之僞 (注65.3)
不能法以正齊〇 (注17.4)
非以明〇 (經65.1)
使〇復結繩而用之 (經80.4)
使〇不用 (注80.3)
使〇不爲盜 (經3.1)
使〇不爭 (經3.1)
使〇雖有什伯之器 (注80.2)

使○心不亂 (經3.1)
使○有什佰之器而不用 (經80.2)
使○重死而不遠徙 (經80.3)
常使○無知無欲 (經3.4)
常使○心無欲無惑 (注27.5)
聖人處上而○弗重 (經66.1)
小國寡○ (經80.1)
我無事而○自富 (經57.5)
我無爲而○自化 (經57.5)
我欲無欲而○自樸 (經57.5)
我好靜而○自正 (經57.5)
愛○治國 (經10.4)
若使○常畏死 (經74.1)
欲上○ (經66.1)
欲先○ (經66.1)
威不能復制○ (注72.1)
以清廉清○ (注58.8)
而○彌貧 (經57.2, 注57.4)
而○生生之厚 (注50.2)
而○亦無欲而自樸也 (注57.5)
而○猶尚舍之而不由 (注53.2)
而○之生生 (經50.2)
而○好徑 (經53.2, 注53.2)
而以智術動○ (注65.3)
人者皆棄生○之本 (注20.15)
賊害人○ (注30.3)
則物擾而○僻 (注72.1)
則○不令而自均也 (注32.2)
則○不爲盜 (注27.5)
則○不辟而國治之也 (注10.4)
則○不爭 (注27.5)
則○心不亂 (注27.5)
處前而○不害 (經66.1)
寒鄉之○必知旃裘 (注20.1)
顯道以去○迷 (注52.7)
況國大○衆乎 (注80.1)

【樸】

見素抱○ (經19.1)
敦兮其若○ (經15.3)
莫若守○ (注32.1)
○眞也 (注28.6)
○散則爲器 (經28.6)
○雖小 (經32.1)
○之爲物 (注32.1)
本在○也 (注81.2)
復歸於○ (經28.5)
屬之於素○寡欲 (注19.1)
我欲無欲而民自○ (經57.5)
吾將鎭之無名之○ (注37.3)
吾將鎭之以無名之○ (經37.3)
謂○散始爲官長之時也 (注32.3)
而民亦無欲而自○也 (注57.5)
蔽其○也 (注65.1)
抱○無爲 (注32.1)

【反】

各○其所始也 (注16.4)
務欲○虛無也 (注48.2)
務欲還○無爲 (注30.2)
物○窈冥 (注21.5)
○其眞也 (注65.5)
○者道之動 (經40.1)
尙可使○古 (注80.1)
與物○矣 (經65.5)
遠曰○ (經25.8)
正言若○ (經78.2)
必○於無也 (注40.3)

【百姓】

○○各皆注其耳目焉 (注49.5-3)
○○皆謂我自然 (經17.6)

雖有珍○璧馬 (注62.4)
我有三○ (經67.2)
惟身是○ (注80.3)

【復命】

○○曰常 (經16.5)
靜曰○○ (經16.5)

【富】

○貴而驕 (經9.4)
我無事而民自○ (經57.5)
知足者○ (經33.3)

【不爭】

夫唯○○ (經8.3, 經22.7)
○○而善勝 (經73.5)
使民○○ (經3.1)
水善利萬物而○○ (經8.1)
是謂○○之德 (經68.4)
爲而○○ (經81.8)
以其○○ (經66.1)

【牝】

未知○牝之合而全作 (經55.3)
○常以靜勝牡 (經61.4)
○雌也 (注61.4)
是謂玄○ (經6.1)
謂之玄○ (注6.1)
天下之○ (經61.3)
玄○之門 (經6.1)
玄○之所由也 (注6.1)

【死】

可謂處於無○地矣 (注50.2)
强梁者不得其○ (經42.3)
强梁則必不得其○ (注42.3)
舉其强梁不得其○以教耶 (注42.3)
故無○地也 (注50.2)
谷神不○ (經6.1)
其○也 (經76.1)
奈何其以○懼之 (經74.1)
民不畏○ (經74.1)
民之輕○ (經75.1)
民至老○不相往來 (經80.4)
使民重○而不遠徙 (經80.3)
○而不亡者壽 (經33.6)
○之徒 (經50.2, 經76.1)
舍後且先○矣 (經67.6)
雖○而以爲生之 (注33.6)
是以輕○ (經75.1)
若使民常畏○ (經74.1)
以其無○地 (經50.2)
而動皆之○地 (經50.2)
入○地 (注50.1)
全○之極 (注50.2)
重○而不遠徙也 (注80.3)
出生入○ (經50.1)
取○之道 (注50.2)
必不得其○也 (注73.1)
必入○之地 (注13.2)
何○地之有乎 (注50.2)

【事】

可以○役也 (注32.1)
居無爲之○ (注17.1, 注17.6)
故功成○遂 (注17.6)
故云其○好還也 (注30.2)
故終無難大之○ (注63.4)
故從○於道者 (經23.3)

【上仁】

○○爲之而無以爲 (經38.2)

【狀】

皦昧之○ (注16.6)
無○無象 (注14.1)
無○之○ (經14.2, 注14.2)
吾何以知衆甫之○哉 (經21.8)

【常】

故○無欲 (經1.3, 經34.2)
故○無欲空虛其懷 (注1.3)
故○有欲 (注1.4)
故曰知○曰明也 (注16.6)
故知和則得○也 (注55.5)
其道○存 (注14.4)
乃能使早復其○ (注59.3)
道可道非○道 (經1.1)
道○無名 (經32.1, 注32.1)
道○無爲 (經37.1)
道有大○ (注47.1)
道之○也 (注52.9)
得物之○ (注16.12)
名可名非○名 (經1.1)
物有○性 (注29.3)
物以和爲○ (注55.5)
復命曰○ (經16.5)
復命則得性命之○ (注16.5)
不知○ (經16.6)
不知○則妄作凶也 (注16.6)
不失其○ (注25.2)
非其○也 (注1.1)
○不可名 (注32.1)
○之爲物 (注16.6)
聖人無○心 (經49.1)

所謂道○無爲 (注10.6)
是爲習○ (經52.9)
以無名爲○ (注32.1)
知○ (經16.7)
知○曰明 (經16.6, 經55.6, 注55.6)
知和曰○ (經55.5)

【常德】

○○乃足 (經28.5)
○○不離 (經28.1)
○○不忒 (經28.3)

【祥】

不○之器 (經31.1)
受國不○ (經78.2)
益生曰○ (經55.7)

【象】

皆言其容○不可得而形名也 (注15.3)
故○而形者 (注41.14)
其中有○ (經21.3, 注21.3)
大○ (經41.14, 注35.1)
無物之○ (經14.2, 注14.2)
不爲一○ (注45.1)
非大○ (注41.14)
○帝之先 (經4.1)
垂○而見吉凶 (注73.8)
而大○無形 (注41.15)
而形魄不及精○ (注25.12)
人故○焉 (注25.12)
在○則爲大○ (注41.15)
精○不及無形 (注25.12)
執大○ (經35.1)
天慊其○ (注4.1)

天〇之母也 (注35.1)
天雖精〇 (注4.1)

【生】

皆歸之以〇 (注34.3)
皆由道而〇 (注34.2)
皆以有爲〇 (注40.3)
更之無〇之地焉 (注50.2)
謙後不盈謂之〇 (注72.1)
故能長〇 (經7.2)
故道〇之 (經51.3)
豈非〇〇之厚乎 (注50.2)
既〇而不知其所由 (注34.2)
乃入於無〇之地 (注50.2)
能〇全大形也 (注25.3)
道〇一 (經42.1)
道〇之 (經51.1)
動常〇成之也 (注81.7)
動作〇長也 (注16.2)
萬物得一以〇 (經39.2)
萬物無以〇 (經39.4)
萬物恃之而〇而不辭 (經34.2)
萬物以之〇 (注6.1)
萬物之〇 (注42.1)
萬物草木之〇也 (經76.1)
務欲立功〇事 (注30.2)
無厭其所〇 (經72.1, 注72.1)
無以〇爲 (注50.2)
物則得〇 (注15.4)
反〇事原 (注64.5)
防怨之所由也 (注79.2)
凡物之所以〇 (注51.1)
夫唯無以〇爲者 (經75.1)
不自〇則物歸也 (注7.1)
不令怨〇而後責於人也 (注79.3)
不爲獸〇芻 (注5.1)
不爲人〇狗 (注5.1)
事欲之所由〇 (注52.3)

三〇萬物 (經42.1)
〇不可益 (注55.7)
〇於大惡 (注18.3)
〇於有 (經40.3)
〇於毫末 (經64.5)
〇而不有 (經2.4, 經10.9, 經51.4)
〇之 (經10.7)
〇之徒 (經76.1)
〇之徒十有三 (經50.2)
〇之本也 (注20.15)
〇之厚 (注13.2)
善攝〇者 (經50.2, 注50.2)
先天地〇 (經25.1)
設一而衆害〇也 (注53.4)
殊類〇 (注28.6)
雖死而以爲〇之 (注33.6)
遂〇乎三 (注42.1)
孰能安以久動之徐〇 (經15.4)
始於無而後〇 (注1.3)
是賢於貴〇 (經75.1)
失則相濡之德〇也 (注18.3)
有無相〇 (經2.1)
有〇於無 (經40.3)
戎馬〇於郊 (經46.2)
以其求〇之厚 (經75.1)
以其不自〇 (經7.1)
以其〇〇之厚 (經50.2)
而民〇〇之厚 (注50.2)
而民之〇〇 (經50.2)
二〇三 (經42.1)
益〇曰祥 (經55.7)
人者皆棄〇民之本 (注20.15)
人之〇也 (經76.1)
一〇二 (經42.1)
自〇則與物爭 (注7.1)
長〇久視之道 (經59.7)
全〇之極 (注50.2)
則物狎厭居〇 (注72.5)
則物自〇 (注10.9)
則不足以全其〇 (注38.2)

則〇大焉 (注64.2)
則〇有焉 (注64.2)
志〇事以亂 (注3.3)
出〇入死 (經50.1)
出〇地 (注50.1)
取其〇道 (注50.2)
荊棘〇焉 (經30.3, 注30.3)

【先】

故〇天地生 (注25.1)
道無所不〇 (注62.4)
不敢爲物〇 (注69.1)
不敢爲天下〇 (經67.4)
不亦似帝之〇乎 (注4.1)
舍後且〇 (經67.6)
三曰不敢爲天下〇 (經67.2)
尙〇陵人也 (注68.1)
象帝之〇 (經4.1)
〇事而說誠 (注73.8)
〇之屬 (注28.1)
〇天地生 (經25.1)
聖人後其身而身〇 (經7.2)
身〇身存 (注7.2)
欲〇民 (經66.1)
以〇駟馬 (經62.7)
以〇駟馬而進之 (注62.7)
而身〇也 (注28.1)
知爲天下之〇者必後也 (注28.1)
則〇王之至 (注38.2)
後其身而身〇 (注41.4)
後而不〇 (注68.2)

【善】

皆知〇之爲〇 (經2.1)
擧〇以師不〇 (注27.6)
更以施慧立〇 (注18.1)

故〇人者不〇人之師 (經27.6)
立〇施化 (注17.2)
立〇以利萬物 (注58.5)
辯者不〇 (經81.3)
不〇爲資 (注28.6)
不〇人者〇人之資 (經27.7)
不〇人之所保 (經62.3)
不〇者吾亦〇之 (經49.2)
不以〇棄不〇也 (注27.7)
斯不〇已 (經2.1)
上〇若水 (經8.1)
常與〇人 (經79.5)
〇不〇 (注2.1)
〇復爲妖 (經58.5)
〇人以〇齊不〇 (注27.7)
〇人之所寶 (經62.2)
〇人之所取也 (注27.7)
〇者不辯 (經81.3)
〇者吾〇之 (經49.2)
安可以爲〇 (經79.2)
言〇信 (經8.3)
與〇仁 (經8.3)
唯〇是與 (注81.4)
以〇爲師 (注28.6)
人之不〇 (經62.5)
才之〇也 (注19.1)
則〇不失也 (注49.2)
則〇養畜之矣 (注52.1)
行之〇也 (注19.1)

【成】

皆是道之所〇也 (注41.15)
居〇則失其母 (注39.1)
故功〇事遂 (注17.6)
故能無物而不〇 (注51.1)
故能〇其大 (經34.4, 經63.3)
故能〇其私 (經7.2)
故能〇器長 (經67.4)

故莫不由乎此以○其治者也 (注14.5)

故曰混○也 (注25.1)

故必晚○也 (注41.12)

功○不名有 (經34.2)

功○事遂 (經17.6)

功○而不處 (經77.2)

功○而不居 (經2.4)

功○則移 (注9.5)

功自彼○ (注2.4)

功之所以○ (注51.1)

旣○而舍一以居○ (注39.1)

難易相○ (經2.1)

乃能立○器爲天下利 (注67.4)

能○其私也 (注7.2)

大器晚○ (經41.12)

大○若缺 (經45.1)

毒謂○其質 (注51.3)

動常生○之也 (注81.7)

萬物以始以○ (注21.3)

無物不○ (注6.1)

無不由此而○ (注21.6)

無爲而○ (注70.1)

物各得此一以○ (注39.1)

物以之○ (注6.1, 注41.15)

不繫○物 (注21.3)

不能○國 (注4.1)

不吾宰○ (注10.9)

不爲而○ (經47.4)

不新○ (經15.6)

常於幾○而敗之 (經64.6)

善貸且善○ (經41.15)

聖人○能 (注49.5)

○濟萬物 (注23.3)

○天下 (注41.12)

勢○之 (經51.1)

所以○三者 (注11.2)

隨物而○ (注45.1)

始○萬物 (注1.2)

始於微而後○ (注1.3)

是混○之中 (注25.5)

有物混○ (經25.1)

以始以○ (注1.2, 注37.2)

而萬物由之以○ (注25.1)

而物由以○ (注14.2)

而使之○矣 (注47.4)

因自然以○器 (注45.4)

任術以求○ (注10.4)

作欲○也 (注37.3)

何使而○ (注51.1)

合○也 (注29.2)

形而後○ (注51.1)

混○無形 (注25.4)

【聖】

使不知神○之爲神○ (注60.4)

○王雖大 (注38.2)

○智 (注19.1)

神○合道 (注60.5)

亦不知○人之爲○也 (注60.4)

猶絕○也 (注10.4)

絕○棄智 (經19.1)

則亦不知○人之爲○也 (注60.4)

【聖人】

故○○不爲目也 (注12.3)

故○○云我無爲而民自化 (經57.5)

其唯○○ (注73.4)

夫○○之明 (注73.4)

○○皆孩之 (經49.5)

○○去甚去奢去泰 (經29.4)

○○達自然之性 (注29.4)

○○無常心 (經49.1)

○○不積 (經81.4)

○○不立形名以檢於物 (注27.5)

○○不傷人 (注60.4, 注60.5)

○○不欲示其賢 (注77.2)

○○不仁 (經5.2)
○○不行而知 (經47.3)
○○常善救人 (經27.5)
○○成能 (注49.5)
○○與天地合其德 (注5.2)
○○亦不傷人 (經60.4, 注60.5)
○○用之則爲官長 (經28.6)
○○云受國之垢 (經78.2)
○○爲腹不爲目 (經12.3)
○○因其分散 (注28.6)
○○在天下 (經49.4)
○○終日行 (經26.2)
○○之道 (經81.8)
○○之不病 (經71.2)
○○之所以難知 (注70.5)
○○之治 (經3.2)
○○處無爲之事 (經2.2)
○○抱一 (經22.6)
○○後其身 (注28.1)
○○後其身而身先 (經7.2)
是以○○無爲 (經64.6)
是以○○方而不割 (經58.7)
是以○○欲不欲 (經64.7)
是以○○欲上民 (經66.1)
是以○○爲而不恃 (經77.2)
是以○○猶難之 (經63.3, 經73.4)
是以○○自知而不自見 (經72.4)
是以○○終不爲大 (經63.3)
是以○○執左契 (經79.2)
是以○○處上而民弗重 (經66.1)
是以○○被褐懷玉 (經70.5)
亦不知○○之爲聖也 (注60.4)
以○○之才 (注63.3)
則○○亦不傷人 (注60.4)
則亦不知○○之爲聖也 (注60.4)
況無○○之明 (注73.4)
況非○○之才 (注63.3)

【聲】

鷄狗之○相聞 (經80.4)
故有○者非大音也 (注41.13)
故終日出○ (注55.4)
大音希○ (經41.13)
無○無響 (注14.1)
若豪籥有意於爲○也 (注5.4)
有○則有分 (注41.13)
音○相和 (經2.1)
而大音希○ (注41.15)

【小】

可名於○ (經34.2)
見○乃明 (注52.6)
見○曰明 (經52.6)
故可名於○矣 (注34.2)
國旣○ (注80.1)
樸雖○ (經32.1)
○不能鎮大 (注26.1)
○怨 (注63.2)
若烹○鮮 (經60.1)
則若烹○鮮 (注60.2)
此不爲○ (注34.3)

【小國】

故舉○○而言也 (注80.1)
大國以下○○ (經61.5)
○○寡民 (經80.1)
○○不過欲入事人 (經61.9, 注61.9)
○○以下大國 (經61.7)
以大國下○○ (注61.5)
則取○○ (經61.6)

【少】

其身必〇 (注44.2)
其知彌〇 (經47.2)
大小多〇 (經63.2)
〇私寡欲 (經19.1)
〇之極也 (注22.6)
〇則得 (經22.5, 注23.4)
〇則得其本 (注22.5)
轉〇轉得其本 (注22.5)

【素】

見〇抱樸 (經19.1)
屬之於〇樸寡欲 (注19.1)
守大〇樸 (注38.2-3)

【俗】

樂其〇 (經80.4)
〇人昭昭 (經20.9)
〇人察察 (經20.10)
時移〇易 (注14.5)
移風易〇 (注28.6)
歎與〇相反之遠也 (注20.2)

【損】

故無物以〇其全也 (注55.1)
無物可以〇其德渝其眞 (注55.3)
無物可以〇其身 (注13.6)
無物以〇其力 (注33.2)
無物以〇其身 (注55.3)
不以寵辱榮患〇易其身 (注13.6)
〇不足以奉有餘 (經77.2)
〇有餘而補不足 (經77.1)
〇有以補無 (注77.2)

〇之又〇 (經48.3)
〇之而益 (注42.1)
〇之至盡 (注42.1)
〇則近之 (注42.1)
銳挫而無〇 (注4.1)
爲道者日〇 (經48.2, 注20.1)
有餘者〇之 (經77.1)
益之而〇 (注42.1)
或〇之而益 (經42.1)
或益之而〇 (經42.1)

【水】

道無〇有 (注8.2)
上善若〇 (經8.1)
〇無所不經 (注43.1)
〇善利萬物而不爭 (經8.1)
〇火不能害 (注16.13)
言〇皆應於此道也 (注8.3)
用〇之柔弱 (注78.1)
天下莫柔弱於〇 (經78.1)

【守】

莫若〇樸 (注32.1)
莫之能〇 (經9.3)
物〇自然 (注60.3)
復〇其母 (經52.2)
不〇一大體而已 (注25.7)
不如〇中 (經5.4)
〇强不强 (注52.6)
〇其辱 (經28.5)
〇其雌 (經28.1)
〇其眞也 (注3.4)
〇其黑 (經28.2, 注41.7)
〇柔乃强也 (注52.6)
〇柔曰强 (經52.6)
〇一則清不失 (注39.3)

○靜 (經16.1, 注16.1)
○靜不衰 (注6.1)
我○其眞性無爲 (注32.2)
若能○之 (經32.1, 經37.3)
謂無知○眞 (注65.1)
以○則固 (經67.7, 注67.2)
地○其形 (注4.1)
槖籥而○數中 (注5.4)
含○質也 (注56.3)
侯王若能○ (注10.6)

哀者○矣 (經69.4)
弱之○强 (經78.2)
柔弱○剛强 (經36.2)
柔之○剛 (經78.2)
以○熱 (注45.6)
以陳則○ (經67.6, 注67.2)
自○者 (經33.2)
戰○ (經31.1)
靜○熱 (經45.6)
躁○寒 (經45.6)

【修】

各○其內而已 (注46.1)
不○其內 (注46.2)
尙好○敬 (注38.2-2)
○之家則有餘 (注54.4)
○之不廢 (注54.4)
○之身則眞 (注54.4)
○之於家 (經54.4)
○之於國 (經54.5)
○之於身 (經54.4)
○之於天下 (經54.5)
○之於鄕 (經54.5)
則有斿飾○文而禮敬之者 (注38.2-2)

【勝】

故能○雄也 (注61.4)
故必不得○ (注76.1)
莫之能○ (經78.1)
未若自○者 (注33.2)
不爭而善○ (經73.5)
常以靜○牡 (經61.4)
善○敵者 (經68.3)
○而不美 (經31.1)
○人者 (經33.2, 注33.2)
○寒 (注45.6)

【始】

可以觀其○物之妙 (注1.3)
可以知古○ (注14.5, 注47.1)
各反其所○也 (注16.4)
皆○於無 (注1.2)
故○制有名也 (注32.3)
故天下有○ (注52.1)
道之華而愚之○ (經38.3)
萬物以○以成 (注21.3)
萬物作焉而不爲○ (經2.4, 注17.1)
萬物之○ (經1.2)
物之○也 (注21.7)
返化終○ (注25.2)
輔萬物之自然而不爲○ (注27.5)
不造不○ (注27.1)
善○之 (注52.1)
數之○而物之極也 (注39.1)
○母之所出也 (注1.5)
○成萬物 (注1.2)
○於無而後生 (注1.3)
○於微而後成 (注1.3)
○於足下 (經64.5)
○與母也 (注1.5)
○制官長 (注32.3)
○制有名 (經32.3)
愼終如○ (經64.7)
言吾何以知萬物之○於無哉 (注21.8)

如○之禍 (注64.2)
謂樸散○爲官長之時也 (注32.3)
有之所○ (注40.3)
以無名閲萬物○也 (注21.7)
以無形○物 (注21.3)
以○以成 (注1.2, 注37.2)
以知古○ (經14.5)
在首則謂之○ (注1.5)
則爲萬物之○ (注1.2)
天下有○ (經52.1)

【視】

○之不可見 (注47.2)
○之不見 (經14.1)
○之不足見 (經35.3, 注23.1, 注35.3)
長生久○之道 (經59.7)

【識】

夫唯不可○ (經15.1)
○物之宗 (注47.3)
深不可○ (經15.1)
若無所○ (注20.14)
前○者 (經38.2)

【臣】

可以能○也 (注32.1)
莫能○也 (注32.1)
有忠○ (經18.3)
則孝慈忠○ (注18.3)
天下莫能○也 (經32.1)

【身】

故貴以○爲天下者 (經13.5)
故雖終○不救 (注52.5)
故曰貴大患若○也 (注13.2)
故終○不勤也 (注52.4)
功遂○退 (經9.5)
貴大患若○ (經13.1)
及吾無○ (經13.4)
其○必疏 (注44.1)
其○必少 (注44.2)
得名利而亡其○ (注44.3)
名與○ (經44.1)
沒○不殆 (經16.13, 經52.2)
無物可以損其○ (注13.6)
無物可以易其○ (注13.5)
無物以損其○ (注55.3)
無爲於○也 (注7.2)
無遺○殃 (經52.9)
返之於○ (注13.2)
不以寵辱榮患損易其○ (注13.6)
斯誠不以欲累其○者也 (注50.2)
聖人後其○ (注28.1)
修之○則眞 (注54.4)
修之於○ (經54.4)
○沒而道猶存 (注33.6)
○先○存 (注7.2)
○與貨 (經44.2)
愛以○爲天下者 (經13.6)
如唯無○無私乎自然 (注77.1)
外其○而○存 (經7.2, 注41.4)
又何爲勞一○之聰明 (注49.5)
爲喪○也 (注26.4)
爲吾有○ (經13.3)
惟○是寶 (注80.3)
由有其○也 (注13.3)
唯後外其○ (注67.4)
以○觀○ (經54.5)
以○及人也 (注54.4)
而無其○ (注38.2)

而〇先也 (注28.1)
而以〇輕天下 (經26.4)
終〇不救 (經52.5)
終〇不勤 (經52.4)
則各有其〇 (注77.1)
必以〇後之 (經66.1)
何謂貴大患若〇 (經13.2)
況〇存而道不卒乎 (注33.6)
後其〇而〇先 (經7.2, 注41.4)

【信】

其中有〇 (經21.5, 注21.5)
德〇 (經49.4)
美言不〇 (經81.2)
不〇者吾亦〇之 (經49.4)
〇不足焉 (經17.5, 經23.7, 注17.5)
〇言不美 (經81.1)
〇者吾〇之 (經49.4)
〇驗也 (注21.5)
言善〇 (經8.3)
有不〇焉 (經17.5, 經23.7, 注23.7)
則有不〇 (注17.5)
忠〇不足於上焉 (注23.7)
忠〇之薄 (經38.2)
必寡〇 (經63.3)

【神】

其鬼不〇 (經60.2)
其〇不傷人 (經60.3)
不以欲害其〇 (注32.1)
非其鬼不〇 (經60.3)
非其〇不傷人 (經60.4)
非獨不知〇之爲〇 (注60.4)
使不知〇聖之爲〇聖 (注60.4)
〇得一以靈 (經39.2)
〇無所加 (注60.3)

〇無以靈 (經39.4)
〇無形無方也 (注29.2)
〇不傷人 (注60.4, 注60.5)
〇不害自然也 (注60.3)
〇聖合道 (注60.5)
〇亦不傷人 (注60.5)
謂之〇器也 (注29.2)
則其鬼不〇也 (注60.2)
則不知〇之爲 (注60.4, 注60.3)
則〇無所加 (注60.3)
則〇不傷人 (注60.4)
疵之其〇乎 (注10.3)
天下〇器 (經29.2)
抱一清〇能常無離乎 (注10.1)

【失】

居成則〇其母 (注39.1)
輕則〇本 (經26.4)
故無〇 (經64.6)
故〇道而後德 (經38.2)
故曰同於〇也 (注23.5)
故敗〇也 (注64.5)
故必〇矣 (注29.3)
其道必〇 (注27.8)
旣不〇其德 (注9.1)
累多則〇 (注23.5)
同於〇者〇亦樂得之 (經23.6)
物尚進則〇安 (注24.1)
輔物〇眞 (注17.5)
夫御體〇性 (注17.5)
不〇其常 (注25.2)
不〇其所 (注33.5)
不〇其所者久 (經33.5)
疎而不〇 (經73.9)
雖〇無入有 (注64.2)
守一則清不〇 (注39.3)
〇口之用 (注12.1)
〇君 (注26.4)

○德而後仁 (經38.2)
○無爲之事 (注18.1)
○本 (注26.4)
○義而後禮 (經38.2)
○仁而後義 (經38.2)
○者同於○ (經23.5)
○之若驚 (經13.1)
○之則害 (注51.2)
○則相濡之德生也 (注18.3)
○統本也 (注48.6)
若遺○之也 (注20.6)
亦必○也 (注36.2)
謂不○德也 (注9.1)
爲○君位也 (注26.4)
遺其○ (注38.1)
有分則○其極矣 (注25.6)
人之迷惑○道固久矣 (注58.6)
自不○ (注33.3)
躁則○君 (經26.4)
則物○其眞 (注5.1)
則善不○也 (注49.2)
則○之遠矣 (注1.5)
則○治之母也 (注32.3)
則愈○之矣 (注5.4)
則必見○矣 (注36.2)
執者○之 (經29.3, 經64.5)
差○也 (注12.1)
肯則○其所以爲大矣 (注67.1)
下德不○德 (經38.2)
行○則與○同體 (注23.5)

【心】

令人○發狂 (經12.1)
無爭欲之○ (注55.4)
百姓有○ (注42.1)
夫耳目口○口 (注12.1)
不以經○也 (注26.3)
使民○不亂 (經3.1)

邪○旣動 (注65.3)
常使民○無欲無惑 (注27.5)
聖人無常○ (經49.1)
○無所別析 (注20.7)
○不亂而物性自得之也 (注29.4)
○使氣曰强 (經55.8)
○善淵 (經8.3)
○宜無有 (注55.8)
○懷智 (注3.2)
我愚人之○也哉 (經20.7)
然後乃能廣得衆○矣 (注60.1)
盈溢胸○ (注20.6)
欲進○競 (注20.3)
用之於○ (注16.13)
爲天下渾其○焉 (經49.4)
應時感悅人○也 (注35.3)
以無爲○ (注32.1, 注38.2)
以百姓○爲○ (經49.1)
以天下百姓○ (注54.6)
以天下之○爲○ (注28.7)
而有其○ (注38.2)
人○之所惡疾也 (注2.1)
人○之所進樂也 (注2.1)
則民○不亂 (注27.5)
則○無所亂也 (注3.1)
則天地之○ (注38.2)
虛其○ (經3.2)

【惡】

美○ (注2.1)
美之與○ (經20.1)
生於大○ (注18.3)
所謂美○同門 (注18.3)
○者人心之所惡疾也 (注2.1)
唯訶美○ (注20.1)
天之所○ (經73.4)
天下皆知美之爲美斯○已 (經2.1)

【愛】

故曰○也 (注13.6)

無所○矜 (注45.2)

不○其資 (經27.8)

甚○ (經44.4, 注44.4)

○民治國 (經10.4)

○以身爲天下者 (經13.6)

自○不自貴 (經72.5)

節儉○費 (注67.3)

【弱】

骨○筋柔 (經55.2)

民强則國家○ (注57.2)

○其志 (經3.3)

○者道之用 (經40.2)

○之勝强 (經78.2)

用水之柔○ (注78.1)

柔○同通 (注40.2)

柔○不爭而不摧折 (注55.3)

柔○勝剛强 (經36.2)

柔○者生之徒 (經76.1)

柔○處上 (經76.4)

以柔○之故 (注55.2)

而國愈昏 (注57.4)

人之生也柔○ (經76.1)

將欲○之 (經36.1)

天下莫柔○於水 (經78.1)

虛無柔○ (注43.2)

【言】

可○之稱最大也 (注25.5, 注25.6)

豈虛○哉 (經22.7)

建○有之 (經41.2)

豈得無○乎 (注42.1)

其○不理 (注5.4)

乃是自然之至○也 (注23.1)

多○數窮 (經5.4)

道之出○ (注23.1)

無物可以易其○ (注17.6)

無稱之○ (注25.12)

美○可以市 (經62.4)

不○爲教 (注17.2, 注23.3)

不○而善應 (經73.6)

不○而善應也 (注73.6)

不○之教 (經43.3)

事錯其○ (注5.4)

善○無瑕讁 (經27.2)

信○不美 (經81.1)

○善信 (經8.3)

○有宗 (經70.2)

○者不知 (經56.2)

○必有應 (注17.6)

然則無味不足聽之○ (注23.1)

吾○甚易知 (經70.1)

欲○亡邪 (注6.1)

欲○無邪 (注14.2)

欲○有邪 (注14.2)

欲○存邪 (注6.1)

用兵有○ (經69.1)

有○有一 (注42.1)

悠兮其貴○ (經17.6, 注17.6)

以其○有宗 (注70.3)

以不○爲教 (注63.1)

人聞道之○ (注35.3)

正○若反 (經78.2)

知者不○ (經56.1)

必以○下之 (經66.1)

行不○之教 (經2.3, 注17.1, 注17.6)

希○ (經23.1)

【易】

其無以○之 (經78.1)

無物可以○其身 (注13.5)

無物可以○其言 (注17.6)
無物可以○之也 (注78.1)
不以寵辱榮患損○其身 (注13.6)
時移俗○ (注14.5)
移風○俗 (注28.6)

【盈】

謙後不○謂之生 (注72.1)
故沖而用之又復不○ (注4.1)
谷得一以○ (經39.2)
谷無以○ (經39.4)
既不失其德又○之 (注9.1)
大○若沖 (經45.2)
大○充足 (注45.2)
道沖而用之又不○ (經4.1)
保此道者不欲○ (經15.5)
夫唯不○ (經15.6)
誰能處○而全虛 (注77.2)
○不能為○ (注39.4)
○不足多 (注39.4)
○溢胸心 (注20.6)
○必溢也 (注15.5)
窪則○ (經22.3)
持而○之 (經9.1)

【嬰兒】

皆使和而無欲如○○也 (注49.5)
能若○○之無所欲乎 (注10.2)
能若○○乎 (經10.2)
復歸於○○ (經28.1)
如○○之未能孩也 (注20.4)
如○○之未孩 (經20.4)
○○不用智 (注28.1)

【禮】

大○者忠信之薄 (經38.2)
上○為之而莫之應 (經38.2)
失義而後○ (經38.2)
言以喪○處之 (經31.1)
以喪○處之 (經31.1)

【惡】

物或○之 (經24.3, 經31.1)
順者之所○忿也 (注74.2)
人之所○ (經42.1)
處衆人之所○ (經8.1)

【王】

江海所以能為百谷○者 (經66.1)
故能為百谷○ (經66.1)
公乃○ (經16.9)
道天地○ (注25.10)
聖○雖大 (注38.2)
是謂天下○ (經78.2)
○乃天 (經16.10)
○亦大 (經25.9, 注25.9)
而○公以為稱 (經42.1)
而○是人之主也 (注25.9)
而○處其一焉 (經25.11)
而○侯得一者 (注42.1)
則先○之至 (注38.2)

【辱】

大白若○ (經41.7)
得寵○榮患若驚 (注13.1)
不以寵○榮患損易其身 (注13.6)
守其○ (經28.5)

是謂寵○若驚 (經13.1)
知足不○ (經44.5)
寵○等 (注13.1)
寵○若驚 (經13.1)
寵必有○ (注13.1)
何謂寵○若驚 (經13.1)

【用】

可左右上下周旋而○ (注34.1)
各因其○ (注49.2)
皆賴無以爲○也 (注11.2)
皆欲有所施○也 (注20.13)
故沖而○之又復不盈 (注4.1)
貴貨過○ (注3.1)
其○不窮 (經45.2)
其○不弊 (經45.1)
乃○之不可窮極也 (注35.3)
道之○ (經40.2)
無執無○ (注38.2-2)
寶以爲○也 (注62.2)
雖貴以無爲○ (注38.2-2)
失口之○ (注12.1)
○之善也 (注19.1)
有以無爲○ (注40.1)
以無爲○ (注38.2)
而皆以無爲○也 (注11.2)
而萬物各適其所○ (注5.1)
而無所○之當 (注80.2)
則失○之母 (注38.2-2)
沖而○之 (注4.1)
必以無爲○ (注1.4)

【勇】

俱○而所施者異 (注73.3)
舍慈且○ (經67.5)
○於敢 (經73.1)

○於不敢 (經73.2)
○者可以武使也 (注32.1)
猶難於○敢 (注73.4)

【右】

可左○上下周旋而用 (注34.1)
其可左○ (經34.1)
上將軍居○ (經31.1)
用兵則貴○ (經31.1)
凶事尙○ (經31.1)

【愚】

道之華而○之始 (經38.2)
我○人之心也哉 (經20.7)
○謂無知守眞 (注65.1)
將以○之 (經65.1)
絶○之人 (注20.7)

【雄】

故能勝○也 (注61.4)
○先之屬 (注28.1)
○躁動貪欲 (注61.4)
知其○ (經28.1)

【有】

皆以○爲生 (注40.3)
故常○欲 (注1.4)
故始制○名也 (注32.3)
故○之以爲利 (經11.2)
功成不名○ (經34.2)
近於無○ (注32.1)
道無水○ (注8.2)

名亦旣○ (經32.3, 注32.3)

無私自○ (注81.4)

無○不可窮 (注43.2)

無○入無間 (經43.1)

默然無○也 (注1.5)

凡○皆始於無 (注1.2)

凡○起於虛 (注16.3)

凡○之爲利 (注1.4)

常○欲 (經1.4)

生而不○ (經2.4, 經10.9, 經51.4)

雖失無入○ (注64.2)

欲言○邪 (注14.2)

爲之於未○ (經64.3)

○無莫測 (注4.1)

○無相生 (經2.1)

○物混成 (經25.1)

○生於無 (經40.3)

○爲 (注48.3)

○之所始 (注40.3)

○形 (注41.14)

以其上之○爲 (經75.1)

將欲全○ (注40.3)

從無之○ (注42.1)

則生○焉 (注64.2)

天下萬物生於○ (經40.3)

【有名】

故始制○○也 (注32.3)

及其有形○○之時 (注1.2)

始制○○ (經32.3)

○○ (經1.2)

有稱○○ (注25.10)

【柔】

骨弱筋○ (經55.2)

守○乃强也 (注52.6)

守○曰强 (經52.6)

用水之○弱 (注78.1)

○弱同通 (注40.2)

○弱不爭而不摧折 (注55.3)

○弱勝剛强 (經36.2)

○弱者生之徒 (經76.1)

○弱處上 (經76.4)

○之勝剛 (經78.2)

○脆 (經76.1)

以○弱之故 (注55.2)

人之生也○弱 (經76.1)

專氣致○ (經10.2)

至○不可折 (注43.2)

天下莫○弱於水 (經78.1)

天下之至○ (經43.1)

致至○之和 (注10.2)

虛無○弱 (注43.2)

【戎馬】

故○○生於郊也 (注46.2)

○○生於郊 (經46.2)

【音】

故有聲者非大○也 (注41.13)

大○希聲 (經41.13)

不可得聞之○也 (注41.13)

五○令人耳聾 (經12.1)

○聲相和 (經2.1)

而大○希聲 (注41.15)

在○則爲大○ (注41.15)

【義】

上○爲之 (經38.2)

失○而後禮 (經38.2)

與善○ (經8.3)
○者 (注5.1)
絶○棄義 (經19.1)
天地不○ (經5.1)

【仁愛】

故有弘普博施○○之者 (注38.2-2)

【仁義】

夫○○發於內 (注38.2-2)
有○○ (經18.1)
○○可顯 (注38.2-3)
○○母之所生 (注38.2-3)
○○禮節 (注38.2-2)
○○行之善也 (注19.1)

【一】

故混而爲○ (經14.1)
谷得○以盈 (經39.1)
共○轂 (經11.1)
歸於齊○也 (注59.1)
極在○也 (注81.3)
其歸○也 (注42.1)
其○之者主也 (注25.12)
其致之○也 (經39.1)
旣成而舍○以居成 (注39.1)
旣謂之○ (注42.1)
道生○ (經42.1)
慮雖百而其致○也 (注47.1)
萬物得○以生 (經39.1)
無在於○ (注47.2)
物各得此○以成 (注39.1)
復使歸於○也 (注28.6)
不守○大體而已 (注25.7)

不爲○象 (注45.1)
不偏於○逝 (注25.8)
昔之得○者 (經39.1)
設○而衆害生也 (注53.4)
守○則淸不失 (注39.3)
是以聖人抱○ (經22.6)
神得○以靈 (經39.1)
用○以致淸耳 (注39.3)
由無乃○ (注42.1)
有言有○ (注42.1)
以○爲主 (注42.1)
已謂之○ (注42.1)
而王處其○焉 (經25.11)
而王侯得○者 (注42.1)
○可謂無 (注42.1)
○生二 (經42.1)
○少之極也 (注22.6)
○數之始而物之極也 (注39.1)
○人之眞也 (注10.1)
○者其上不曒 (經14.2)
載營魄抱○ (經10.1)
則○體 不能自全 (注38.2)
地得○以寧 (經39.1)
直不在○ (注45.3)
天得○以淸 (經39.1)
沖氣○焉 (注42.1)
抱○淸神能常無離乎 (注10.1)
何由致○ (注42.1)
混而爲○也 (注14.1)
侯王得○以爲天下貞 (經39.1)

【子】

旣知其○ (經52.1)
父○兄弟夫婦也 (注18.3)
不知其誰之○ (注25.1)
吾不知其誰之○ (經4.1)
以知其○ (經52.1)
○末也 (注52.2)

○孫以祭祀不輟 (經54.3)
○孫傳此道 (注54.3)

【慈】

民復孝○ (經19.1)
夫○以陳則勝 (經67.6, 注67.2)
舍○且勇 (經67.5)
吾哀○謙退 (注69.2)
有孝○ (經18.3)
以謙退哀○ (注69.1)
以○衛之 (經67.7)
一曰○ (經67.2)
○故能勇 (經67.2)
則孝○忠臣 (注18.3)

【雌】

能爲○乎 (經10.5)
牝○也 (注61.4)
守其○ (經28.1)
言天門開闔能爲○乎 (注10.5)
○先之屬 (注28.1)
○應而不唱 (注10.5)
○躁動貪欲 (注61.4)

【自然】

皆陳○○ (注2.1)
歸之○○也 (注13.4)
乃是○○之至言也 (注23.1)
道法○○ (經25.12)
道不違○○ (注25.12)
道順○○ (注25.12)
物守○○ (注60.3)
反以傷○○ (注12.1)
百姓皆謂我○○ (經17.6)

法○○也 (注25.12)
法○○者 (注25.12)
輔萬物之○○而不爲始 (注27.5)
夫莫之命而常○○ (經51.3)
不學而能者○○也 (注64.8)
聖人達○○之性 (注29.4)
順○○也 (注37.1, 注65.1)
順○○而行 (注27.1)
神不害○○也 (注60.3)
於○○無所違也 (注25.12)
言任○○之氣 (注10.2)
如唯無身無私乎○○ (注77.1)
以輔萬物之○○而不敢爲也 (經64.9)
以○○爲性 (注29.3)
而用夫○○ (注42.2)
而合○○之智 (注28.1)
因物○○ (注27.4, 注41.9)
因○○也 (注56.1)
因○○以成器 (注45.4)
任○○ (注5.1)
○○已足 (注2.2, 注20.1)
○○者 (注25.12)
○○之道 (注22.5)
○○之道也 (注15.4, 注17.5)
全其○○ (注59.1)
蕩然任○○ (注5.3)
希言○○ (經23.1)

【自化】

萬物將○○ (經37.3)
我無爲而民○○ (經57.5)
則萬物○○ (注10.6)

【長】

可以○久 (經59.6)
故能成器○ (經67.4)

故能○生 (經7.2)
故能全○也 (注55.3)
其德乃○ (經54.5)
動作生○也 (注16.2)
物自○足 (注10.9)
不可○保 (經9.2, 注9.2, 注9.4)
不自矜故○ (經22.7)
聖人用之則爲官○ (經28.6)
始制官○ (注32.3)
言暴疾美興不○也 (注23.2)
爲物之○也 (注67.4)
謂樸散始爲官○之時也 (注32.3)
爲之立官○ (注28.6)
自矜者不○ (經24.2)
○短相較 (經2.1)
○生久視之道 (經59.7)
○而不宰 (經10.9, 經51.6)
則其德○也 (注22.4)
則○之育之 (注1.2)
知止不殆可以○久 (經44.5)
天○地久 (經7.1)
天地所以能○且久者 (經7.1)
必獲久○矣 (注33.5)

【赤子】

比於○○ (經55.1)
○○ (注55.1)
○○之可則而貴 (注50.2)

【賊】

國之○ (經65.3, 注65.3)
盜○多有 (經57.4)
盜○無有 (經19.1)
所以謂之○者 (注65.3)
○害人民 (注30.3)

【絶】

猶○聖也 (注10.4)
而直云○ (注19.1)
○巧棄利 (經19.1)
○聖棄智 (經19.1)
○愚之人 (注20.7)
○仁棄義 (經19.1)
○學 (經20.1)

【正】

故以○治國 (注57.1)
其無○ (經58.3)
大道蕩然○平 (注53.2)
立○欲以息邪 (注57.4)
無○可擧 (注58.1)
物之眞○也 (注16.1)
不可便○善治以責 (注58.6)
不能法以○齊民 (注17.4)
塞人○路 (注12.2)
我好靜而民自○ (經57.5)
唯無○可擧 (注58.3)
以○治國 (經57.1, 注57.1, 注58.4)
○復爲奇 (經58.4, 注58.4)
○善治 (經8.3)
○言若反 (經78.2)
則淸靜爲天下○也 (注45.6)
淸靜爲天下○ (經45.6)

【精】

其○甚眞 (經21.5, 注21.5)
其中有○ (經21.4, 注21.4)
而形魄不及○象 (注25.12)
○象不及無形 (注25.12)
○之至也 (經55.4)
則不能保其○ (注4.1)

則眞○之極得 (注21.5)
天雖○象 (注4.1)

【靜】

故曰○ (注16.5)
故唯清○ (注45.6)
歸根曰○ (經16.5)
歸根則○ (注16.5)
動起於○ (注16.3)
離其清○ (注72.1)
無欲以○ (經37.5)
常以○ (注61.4)
常以○勝牡 (經61.4)
守○ (經16.1，注16.1)
守○不衰 (注6.1)
孰能濁以○之徐清 (經15.4)
我好○而民自正 (經57.5)
以其○ (注61.4)
以其○復能爲下 (注61.4)
以○爲下 (經61.4)
以虛○ (注16.3)
而其主彌○ (注60.1)
○無爲 (注45.6)
○勝熱 (經45.6)
○曰復命 (經16.5)
○爲躁君 (經26.1)
○而不求 (注61.3)
○則復命 (注16.5)
○則全物之眞 (注45.6)
○則全眞 (注60.1)
○必爲躁君也 (注26.1)
卒復歸於虛○ (注16.3)
則淸○爲天下正也 (注45.6)
淸○無爲謂之居 (注72.1)
淸○爲天下正 (經45.6)
濁以○ (注15.4)

【帝】

不亦似○之先乎 (注4.1)
象○之先 (經4.1)
天○也 (注4.1)

【存】

故曰綿綿若○也 (注6.1)
故曰似○ (注4.1)
其道常○ (注14.4)
其道○焉 (注14.5)
其○不忘亡 (注64.1)
湛兮似或○ (經4.1)
綿綿若○ (經6.1，注6.1)
緜緜若○ (注23.3)
物不具○ (注5.1)
似或○乎 (注4.1)
身沒而道猶○ (注33.6)
身先身○ (注7.2)
若○若亡 (經41.2)
外其身而身○ (經7.2，注41.4)
欲言○邪 (注6.1)
以○其形 (注39.4)
○而不有 (注4.1)
則物不具○ (注5.1)
況身○而道不卒乎 (注33.6)

【左】

可○右上下周旋而用 (注34.1)
君子居則貴○ (經31.1)
其可○右 (經34.1)
吉事尙○ (經31.1)
○契 (注79.2)
執○契 (經79.2)
偏將軍居○ (經31.1)

【罪】

有〇以免耶 (經62.8)

【主】

各是一物之所以爲〇也 (注39.1)
皆有德而不知其〇 (注10.9)
其一之者〇也 (注25.12)
奈何萬乘之〇而以身輕天下 (經26.4)
萬物歸之而不知〇 (經34.3)
萬物舍此而求其〇 (注4.1)
萬事之〇也 (注70.2)
不爲〇也 (注37.3)
事有其〇 (注49.5)
事有宗而物有〇 (注47.1)
所以爲〇 (注25.12)
是謂社稷〇 (經78.2)
吾不敢爲〇而爲客 (經69.1)
吾知其〇 (注42.1)
有德無〇 (注10.9)
有德而不知其〇也 (注51.6)
以道佐人〇 (注30.1)
以道佐人〇者 (經30.1)
以一爲〇 (注42.1)
以虛爲〇 (注38.2)
而其〇彌靜 (注60.1)
而不爲〇 (經34.2)
而王是人之〇也 (注25.9)
〇其安在乎 (注4.1)
〇若執之 (注35.1)
處人〇之大也 (注25.11)
合攻中央之〇 (注15.2)
況人〇躬於道者乎 (注30.1)

【中】

故曰域〇有四大者也 (注25.10)

谷〇央無者也 (注6.1)
其〇有信 (經21.5)
不如守〇 (經5.4)
是混成之〇 (注25.5)
若無所〇然 (注35.3)
然則道是稱〇之大也 (注25.10)
而鑿穴其〇 (注50.2)
天地之〇 (注5.3)
橐籥而守數〇 (注5.4)
橐籥之〇 (注5.3)
合攻〇央之主 (注15.2)
況復施爲以塞大道之〇乎 (注53.2)

【重】

可以〇任也 (注32.1)
輕不能載〇 (注26.1)
輕不鎭〇也 (注26.4)
窮力擧〇 (注4.1)
不離輜〇 (經26.2)
使民〇死而不遠徙 (經80.3)
聖人處上而民弗〇 (經66.1)
是以〇必爲輕根 (注26.1)
謂之〇積德 (經59.3)
唯〇積德 (注59.3)
以〇爲本 (注26.2)
早復謂之〇積德者也 (注59.3)
〇其人 (注62.7)
〇死而不遠徙也 (注80.3)
〇爲輕根 (經26.1)
〇積德 (注59.6)
〇積德則無不克 (經59.4)

【衆】

故能以寡統〇也 (注11.1)
攻之者〇 (注44.4)
不犯〇物 (注55.1)

分則不能統○ (注41.13)

殺人之○ (經31.1)

設一而○害生也 (注53.4)

然後乃能廣得○心矣 (注60.1)

吾何以知○甫之狀哉 (經21.8)

而求之於○也 (注47.2)

以閱○甫 (經21.7)

○妙之門 (經1.5, 注1.5)

○甫 (注21.7)

則可以奪○貨之賈 (注62.4)

則○所翕也 (注36.1)

況國大民○乎 (注80.1)

○大 (經25.9)

○得一以寧 (經39.2)

○無以寧 (經39.4)

○法於天 (注25.12)

○法天 (經25.12)

○不違天 (注25.12)

○守其形 (注4.1)

○雖形魄 (注4.1)

天長○久 (經7.1)

出生○ (注50.1)

必入死之○ (注13.2)

何死○之有乎 (注50.2)

【衆人】

復○○之所過 (經64.8)

以復○○之所過 (經64.8)

○○皆有餘 (經20.6)

○○皆有以 (經20.13)

○○無不有懷有志 (注20.6)

○○迷於美進 (注20.3)

○○熙熙 (經20.3)

處○○之所惡 (經8.1)

【志】

强行者有○矣 (注33.4)

骨無○以幹 (注3.3)

其○必獲 (注33.4)

弱其○ (經3.3)

有○也 (注41.1)

衆人無不有懷有○ (注20.6)

則不可以得○於天下矣 (經31.1)

○生事以亂 (注3.3)3

【地】

可謂處於無死○矣 (注50.2)

更之無生之○焉 (注50.2)

居善○ (經8.3)

故無死○也 (注50.2)

乃入於無生之○ (注50.2)

法○也 (注25.12)

以其無死○ (經50.2)

而動皆之死○ (經50.2)

人法○ (經25.12)

人不違○ (注25.12)

入死○ (注50.1)

○故則焉 (注25.12)

【知】

故有○之人 (注70.3)

其○彌少 (經47.2)

令無○無欲 (注65.3)

博者不○ (經81.4)

不行而○ (經47.3)

使夫○者不敢爲也 (經3.5)

常使民無○無欲 (經3.4)

言者不○ (經56.2)

自○者明 (經33.1)

○者不博 (經81.3)

○者不言 (經56.1)

○者謂○爲也 (注3.5)

○足不辱 (經44.5)
○止不殆 (經44.5)
○和曰常 (經55.5)
天下皆○美之爲美 (經2.1)

【智】

故謂之○也 (注65.3)
故以○治國 (經65.3)
故○慧出則大僞生也 (注18.2)
多○巧詐 (注65.2)
未若用其○於己也 (注33.2)
民多○慧 (注57.3)
不以○治國 (經65.4)
非○之所濟也 (注17.5)
聖○ (注19.1)
雖○大迷 (經27.8)
心懷○ (注3.2)
用其○於人 (注33.2)
用○不及無知 (注25.12)
謂多○巧詐 (注65.1)
猶棄○也 (注10.4)
以其多○也 (注65.3)
以其○多 (經65.2)
以○而治國 (注65.3)
以○治國 (注65.3)
而以○術動民 (注65.3)
而以○治國 (注17.4)
而進其○者也 (注20.1)
而合自然之○ (注28.1)
人多○慧 (經57.3)
自任其○ (注27.8)
絕聖棄○ (經19.1)
知人者○ (經33.1)
○慧自備 (注2.3)
超○之上也 (注33.1)
治國無以○ (注10.4)
虛有○而實無知也 (注3.2)

【眞】

各任其○事 (注38.2-3)
其德乃○ (經54.4)
其精甚○ (經21.5, 注21.5)
多則遠其○ (注22.5)
同塵而不渝其○ (注4.1)
無物可以損其德渝其○ (注55.3)
物之○正也 (注16.1)
樸○也 (注28.6)
反其○也 (注65.5)
寶其○也 (注70.5)
輔物失○ (注17.5)
不矜其○ (注41.10)
不以物累其○ (注32.1)
不以欲渝其○ (注50.2)
守其○也 (注3.4)
修之身則○ (注54.4)
我守其○性無爲 (注32.2)
謂無知守○ (注65.1)
以定其○ (注21.4)
而物得其○ (注23.3)
人之○也 (注10.1)
靜則全物之○ (注45.6)
靜則全○ (注60.1)
則物失其○ (注5.1)
則○精之極得 (注21.5)
至○之極 (注21.6)
○散則百行出 (注28.6)
質○ (經41.10)

【川】

冬之涉○ (注15.1)
豫兮若冬涉○ (經15.1)
猶○谷之與江海 (經32.4, 注32.4)
則百○流之 (注61.1)
○谷之不求江與海 (注32.4)

【天】

故道大○大 (經25.9)
乃能包之如○之道 (注77.1)
法○也 (注25.12)
不法於○ (注4.1)
上承○命 (注59.1)
誰能知○意故邪 (注73.4)
順○之利 (注81.8)
是謂配○ (經68.5)
與○合德 (注16.11)
王乃○ (經16.10)
則乃至於同乎○也 (注16.10)
地法於○ (注25.12)
地法○ (經25.12)
地不違○ (注25.12)
○慊其象 (注4.1)
○故資焉 (注25.12)
○乃道 (經16.11)
○得一以清 (經39.2)
○無以清 (經39.3)
○法道 (經25.12)
○法於道 (注25.12)
○不違道 (注25.12)
○象之母也 (注35.1)
○雖精象 (注4.1)
○將救之 (經67.7)
○長地久 (經7.1)
○帝也 (注4.1)
○誅將至 (注72.1)
○之道 (經9.5, 經73.5)
○之所惡 (經73.4)
治人事○ (經59.1)

【天道】

知○○ (經47.1)
○○無親 (經79.5)

【天門】

故曰○○開闔也 (注10.5)
言○○開闔能爲雌乎 (注10.5)
○○謂天下之所由從也 (注10.5)
○○開闔 (經10.5)
○○ (注10.5)

【天子】

故立○○ (經62.6, 注62.7)

【天地】

道○○王 (注25.10)
夫○○設位 (注49.5)
先○○生 (經25.1, 注25.1)
聖人與○○合其德 (注5.2)
孰爲此者○○ (經23.2)
是謂○○之根 (經6.1)
言○○相合 (注32.2)
與○○合德 (注77.1)
則○○之心 (注38.2)
○○莫能及之 (注4.1)
○○不爲獸生芻 (注5.1)
○○不仁 (經5.1)
○○尚不能久 (經23.2)
○○相合 (經32.2)
○○所以能長且久者 (經7.1)
○○任自然 (注5.1)
○○之間 (經5.3)
○○之根 (注6.1)
○○之性人爲貴 (注25.9)
○○之中 (注5.3)

【天下】

可以爲○○母 (經52.1)

强兵以暴於○○者 (注76.1)

經通於○○ (注10.5)

故可以爲○○母也 (注25.3)

故貴以身爲○○者 (經13.5)

故爲○○貴 (經56.10, 經62.8, 注62.8)

故○○莫能與之爭 (經22.7, 經66.1, 注73.5)

故○○常無欲之時 (注34.2)

故○○有始 (注52.1)

觀○○之道也 (注54.6)

其取○○者 (注57.1)

乃可以寄○○也 (注13.6)

乃可以託○○也 (注13.5)

乃能立成器爲○○利 (注67.4)

奈何萬乘之主而以身輕○○ (經26.4)

不敢爲○○先 (經67.4)

不能令○○歸之 (注61.9)

不以兵强於○○ (經30.1)

不以兵力取强於○○矣 (注30.4)

不足以取○○ (經48.6)

不出戶以知○○者也 (注54.7)

不出戶知○○ (經47.1)

譬道之在○○ (經32.4)

非欲以取强無敵於○○也 (注69.2)

三曰不敢爲○○先 (經67.2)

尙不可以兵强於○○ (注30.1)

聖人在○○ (經49.4)

成○○ (注41.12)

修之於○○ (經54.5)

孰能有餘以奉○○ (經77.2)

順○○之所同者 (注63.2)

是謂○○王 (經78.2)

是以○○樂推而不厭 (經66.1)

是以○○莫之厭 (注72.3)

愛以身爲○○者 (經13.6)

言吾何以得知○○乎 (注54.7)

然後乃可以○○付之也 (注13.6)

吾何以知○○之然哉 (經54.7)

又不足以取○○也 (注57.1)

爲○○谿 (經28.1)

爲○○谷 (經28.5)

爲○○式 (經22.6, 經28.2, 經28.3)

爲○○渾其心焉 (經49.4)

謂○○之所由從也 (注10.5)

喩以兵强於○○者也 (注30.7)

以均○○ (注77.2)

以道莅○○ (經60.2, 注60.2)

以道涖○○ (注60.2)

以無事取○○ (經57.1)

以○○觀○○ (經54.6)

以○○百姓心 (注54.6)

以○○之心爲心 (注28.7)

而○○大化 (注58.3)

將欲取○○而爲之 (經29.1)

周行而不殆 可以爲○○母 (經25.3)

則可以奇○○矣 (注13.6)

則可以爲○○母矣 (注52.1)

則可以託○○矣 (經13.5)

則能取○○也 (注57.1)

則不足以亂○○也 (注13.1)

則不足以取○○ (注57.1)

則不可以得志於○○矣 (經31.1)

則○○歸之 (注61.9)

則○○流之 (注61.1)

則○○往也 (注35.1)

則○○之所欲誅 (注63.2)

則淸靜爲○○正也 (注45.6)

知爲○○之先者必後也 (注28.1)

執大象○○往 (經35.1)

○○皆謂我道大 (經67.1)

○○皆知美之爲美 (經2.1)

○○難事 (經63.3)

○○多忌諱 (經57.2)

○○大事 (經63.3)

○○莫能臣也 (經32.1)

○○莫不知 (經78.2)

○○莫柔弱於水 (經78.1)

○○莫之能知 (經70.1)

○○萬物 (經40.3)
○○無道 (經46.2)
○○不匱 (注67.3)
○○神器 (經29.2)
○○有道 (經46.1, 注46.1)
○○有始 (經52.1)
○○將自定 (經37.5)
○○之交 (經61.2)
○○之道 (注54.6)
○○之物 (注40.3)
○○之牝 (經61.3)
○○之所歸會也 (注61.2)
○○之至柔 (經43.1)
○○希及之 (經43.3)
清靜爲○○正 (經45.6)
取○○者 (經48.4)
馳騁於○○之至堅 (經43.1)
行大道於○○ (注53.1)
行道於○○者 (注32.4)
侯王得一以爲○○貞 (經39.2)

【沖】

故○而用之又復不盈 (注4.1)
大盈若○ (經45.2)
道○而用之 (注4.1)
○氣以爲和 (經42.1)
○氣一焉 (注42.1)
○而用之 (注4.1)

【忠臣】

有○○ (經18.3)
則孝慈○○ (注18.3)

【忠信】

○○不足於上焉 (注23.7)
○○之薄 (經38.2)

【太】

故熙熙如享○牢 (注20.3)
安平○ (經35.2)
與○極同體 (注6.1)
如享○牢 (經20.3)

【殆】

故知止所以不○也 (注32.3)
沒身不○ (經16.13, 經52.2)
周行無所不至而免○ (注25.3)
周行而不○ (經25.3)
知止不○ (經44.5)
知止所以不○ (經32.3)
何危○之有乎 (注16.13)

【敗】

無爲故無○ (經64.6)
常於幾成而○之 (經64.6)
爲者○之 (經29.3, 經64.5)
爲則○也 (注2.2)
則無○事 (經64.7, 注64.2)

【抱】

見素○樸 (經19.1)
故雖有拱○寶璧 (注62.7)
負陰而○陽 (經42.1)
善○者不脫 (經54.2)

聖人〇一 (經22.6)
載營魄〇一 (經10.1)
〇樸無爲 (注32.1)
〇一淸神能常無離乎 (注10.1)
合〇之木 (經64.5)

【下】

可左右上〇周旋而用 (注34.1)
强大居〇 (經76.3)
居大而處〇 (注61.1)
高乃以〇爲基 (注39.4)
故能爲〇也 (注61.4)
故大國以〇小國 (經61.5)
故〇知有之而已 (注17.1)
故或〇以取 (經61.8)
高以〇爲基 (經39.4, 注40.1)
高〇相傾 (經2.1)
其〇不昧 (經14.2)
大國以〇 (注61.5)
大國者〇流 (經61.1, 注61.1)
不由其〇也 (注75.1)
使〇得親而譽之也 (注17.2)
善用人者爲之〇 (經68.4)
小國以〇大國 (經61.7)
脩〇 (注61.9)
始於足〇 (經64.5)
唯脩卑〇 (注61.8)
以其善〇之 (經66.1)
以其靜復能爲〇 (注61.4)
以大國〇小國 (注61.5)
以靜爲〇 (經61.4)
而不爲之〇 (注68.4)
則大者宜爲〇 (經61.9, 注61.9)
則上〇大潰矣 (注72.1)
處〇則物自歸 (注73.7)
寵爲〇 (經13.1)
必以言〇之 (經66.1)
〇奔而競 (注3.1)

〇綏百姓 (注59.1)
〇者擧之 (經77.1)
〇知有之 (經17.1)
〇知避之 (注17.4)
或〇而取 (經61.8)

【下德】

皆〇〇也 (注38.2-2)
極〇〇之量 (注38.2-2)
卽〇〇之倫也 (注38.2-3)
輒擧〇〇 (注38.2-2)
〇〇 (經38.2, 注38.2-2)
〇〇爲之而無以爲也 (注38.2-2)

【學】

故〇不〇 (注64.8)
不〇而能者 (注64.8)
然則〇者求益所能 (注20.1)
爲〇者日益 (經48.1, 注20.1)
踰於不〇者 (注64.8)
絶〇無憂 (經20.1)
〇不〇 (經64.8)

【孩】

聖人皆〇之 (經49.5)
如嬰兒之未〇 (經20.4)
如嬰兒之未能〇也 (注20.4)

【害】

器之〇者 (注50.2)
利而無〇 (注38.2-1)
利而不〇 (經81.7)

利○不同 (注73.3)
設一而衆○生也 (注53.4)
獸之○者 (注50.2)
水火不能○ (注16.13)
神不○自然也 (注60.3)
往而不○ (經35.2)
賊○人民 (注30.3)
躁則多○ (注60.1)
處前而民不○ (經66.1)
必相惜而不趣利避○ (注69.4)
或利或○ (經73.3, 注73.3)

【行】

强○者有志 (經33.4, 注33.4)
故物或○或隨 (經29.4)
跨者不○ (經24.2)
勤而○之 (經41.1)
量力而○ (注33.5)
莫能○ (經78.2)
莫之能○ (經70.1)
令人○妨 (經12.2)
陸○不遇兕虎 (經50.2)
不○而知 (經47.3)
善○無徹迹 (經27.1)
順自然而○ (注27.1)
是謂○無○ (經69.1)
甚易○ (經70.1)
若郤至之○ (注24.2)
曰餘食贅○ (經24.2)
尊○可以加於人 (經62.4)
終日○ (經26.2)
周○而不殆 (經25.3)
眞散則百○出 (注28.6)
千里之○ (經64.5)
○不言之教 (經2.3, 注17.1, 注17.6)
○術用明 (注18.2)
○於大道 (經53.1)

【虛】

豈○言哉 (經22.7)
故常無欲空○其懷 (注1.3)
凡有起於○ (注16.3)
以○爲主 (注38.2)
以○靜 (注16.3)
卒復歸於○靜 (注16.3)
倉甚○ (經53.4, 注53.4)
致○ (經16.1)
○其心 (經3.2)
○有智而實無知也 (注3.2)
○而不屈 (經5.3)

【虛無】

窮極○○ (注16.12)
務欲反○○也 (注48.2)
則乃至於窮極○○也 (注16.11)
○○柔弱 (注43.2)

【玄】

皆從同○而出 (注1.5)
故不可言同名曰○ (注1.5)
故謂之○德也 (注51.6)
同謂之○ (經1.5)
同出於○也 (注1.5)
微妙○通 (經15.1)
凡言○德者 (注10.9)
是謂○德 (經10.9, 經51.6, 經65.4, 注65.4)
是謂○同 (經56.7)
是謂○牝 (經6.1)
若定乎一○而已 (注1.5)
謂之○牝 (注6.1)
而言同謂之○者 (注1.5)
滌除○覽 (經10.3)
則不可以定乎一○ (注1.5)

則終與○同也 (注10.3)
○德深矣遠矣 (經65.4)
○德深矣 (注65.4)
○覺無疵 (注10.4)
○牝之門 (經6.1)
○牝之所由也 (注6.1)
○之又○ (經1.5, 注1.2, 注1.5)

【賢】

其不欲見○ (經77.2)
不尚○ (經3.1)
不尚○能 (注27.5)
尚○顯名 (注3.1)
聖人不欲示其○ (注77.2)
是○於貴生 (經75.1)

【形】

皆言其容象不可得而○名也 (注15.3)
故能無物而不○ (注51.1)
故未○無名之時 (注1.2)
故象而○者 (注41.14)
故○以成焉 (注38.2-3)
及其有○有名之時 (注1.2)
能生全大○也 (注25.3)
萬物萬○ (注42.1)
名以定○ (注25.4)
無物而不濟其○ (注41.15)
物○之 (經51.1)
夫名以定○ (注25.5)
不假○也 (注27.3)
不立○名以檢於物 (注27.5)
不以○立物 (注17.6)
不以○制物也 (注27.4)
雖有萬○ (注42.1)
用其成○ (注38.2-3)
用不以○ (注38.2-3)

有○ (注41.14)
以存其○ (注39.4)
而母無貴○ (注39.4)
而不見其○ (注6.1, 注14.2, 注41.15)
而○魄不及精象 (注25.12)
亭謂品其○ (注51.3)
則不見其○ (注6.1)
則○名俱有而邪不生 (注38.2-3)
指事造○ (注1.1)
地守其○ (注4.1)
地雖○魄 (注4.1)
體盡於○ (注39.4)
趣覩○見 (注18.2)
○器 (注38.2-3)
○名執之 (注64.5)
○而後成 (注51.1)
○則有所止 (注38.2-3)

【昏】

國家滋○ (經57.2)
勞而事○ (注38.2-3)
悶悶○○ (注20.14)
我獨○○ (經20.10)
而國愈○弱 (注57.4)
○亂 (經18.3)

【化】

立善施○ (注17.2)
返○終始 (注25.2)
而天下大○ (注58.3)
造立施○ (注5.1)
則物○矣 (注10.6)
必造立施○ (注5.1)
○而欲作 (經37.3, 注37.3)

【和】

皆使○而無欲 (注49.5)
故知○則得常也 (注55.5)
六親不○ (經18.3)
物以○爲常 (注55.5)
若六親自○ (注18.3)
音聲相○ (經2.1)
而德以○之 (注79.1)
知○曰常 (經55.5)
沖氣以爲○ (經42.1)
致至柔之○ (注10.2)
○光同塵 (注77.2)
○光而不汚其體 (注4.1)
○其光 (經4.1, 經56.5)
○大怨 (經79.1)
○之至也 (經55.5)

【貨】

貴○過用 (注3.1)
難得之○ (經12.2, 注12.2, 注64.7)
不貴難得之○ (經3.1, 經64.7, 注27.5)
不貪○賂 (注80.3)
身與○ (經44.2)
財○有餘 (經53.5)
則可以奪衆○之賈 (注62.4)
貪○無厭 (注44.2)

【禍】

福兮○之所伏 (經58.3)
斯乃吾之所以爲大○也 (注69.2)
如始之○ (注64.2)
○莫大於輕敵 (經69.2)
○莫大於不知足 (經46.3)
○兮福之所倚 (經58.3)

【患】

貴大○若身 (經13.1)
大○ (注13.2)
得寵辱榮○若驚 (注13.1)
慮終之○ (注64.2)
不以寵辱榮○損易其身 (注13.6)
榮必有○ (注13.1)
榮○同也 (注13.1)
吾所以有大○者 (注13.3)
吾有何○ (經13.5)
則便復有妖佞之○也 (注58.5)
何謂貴大○若身 (經13.2)

【孝】

民復○慈 (經19.1)
有○慈 (經18.3)
則○慈忠臣 (注18.3)

【厚】

故仁德之○ (注38.2-3)
豈非生生之○乎 (注50.2)
大費○亡也 (注44.4)
生之○ (注13.2)
言含德之○者 (注55.3)
以其求生之○ (經75.1)
以其生生之○ (經50.2)
而民生生之○ (注50.2)
處其○ (經38.2)
則仁德○焉 (注38.2-3)
必○亡 (經44.4)
含德之○者 (經55.1, 注55.1)

【後】

謙○不盈謂之生 (注72.1)
故失道而○德 (經38.2)
棄其謙○ (注72.1)
大軍之○ (經30.3)
舍○且先 (經67.6)
聖人○其身 (注28.1)
聖人○其身而身先 (經7.2)
隨之不見其○ (經14.4)
失德而○仁 (經38.2)
失義而○禮 (經38.2)
失仁而○義 (經38.2)
唯○外其身 (注67.4)
前○相隨 (經2.1)
知爲天下之先者必○也 (注28.1)
必以身○之 (經66.1)
○其身而身先 (注41.4)
○而不先 (注68.2)

【侯王】

是以○○自謂孤寡不穀 (經39.4)
○○得一以爲天下貞 (經39.2)
○○無以貴高 (經39.4)
○○若能守 (注10.6)
○○若能守之 (經32.1, 經37.3)

【凶】

妄作○ (經16.6)
不知常則妄作○也 (注16.6)
垂象而見吉○ (注73.8)
言師○害之物也 (注30.3)
逆順吉○ (注54.6)
逆則○ (注73.6)
違之必自取其○也 (注42.2)
違之必○ (注42.2)

必有○年 (經30.3)
○事尙右 (經31.1)

圖版 目錄

譯註者 略歷

金是天

1968年 京畿道 安養 出生
崇實大學校 哲學科 卒業, 同 大學院 哲學博士
湖西大學校 招聘教授 歷任
仁濟大學校 專任研究員 歷任
慶喜大學校 研究教授 歷任
崇實大學校 哲學科 招聘教授(前)
尙志大學校 教養大學 教授(現)

論文 및 譯書

≪왕필의 풀이로 읽는 노자도덕경≫
≪철학에서 이야기로 – 우리 시대의 노장 읽기≫
≪이기주의를 위한 변명≫
≪기학의 모험 1·2≫(공저)
≪번역된 철학 착종된 근대≫(공저)
≪장자, 무하유지향에서 들려오는 메아리≫
≪노자의 칼 장자의 방패≫
≪논어 학자들의 수다, 사람을 읽다≫
≪죽은 철학자의 살아있는 위로≫(공저) 外 論文 및 共著 多數

東洋古典譯註叢書 93

譯註 老子道德經注   정가 30,000원

2014년 12월 30일 초판 발행
2022년 08월 10일 초판 5쇄

譯 註 金是天
編 輯 東洋古典飜譯編輯委員會
發行人 朴洪植
發行處 社團
法人 傳統文化硏究會

　서울시 종로구 삼일대로 428 낙원빌딩 411호
　전화 : (02)762-8401　전송 : (02)747-0083
　전자우편 : juntong@juntong.or.kr
　홈페이지 : juntong.or.kr
　사이버書堂 : cyberseodang.or.kr
　온라인서점 : book.cyberseodang.or.kr
　등록 : 1989. 7. 3. 제1-936호

인쇄처 : 한국법령정보주식회사(02-462-3860)
총 판 : 한국출판협동조합(070-7119-1750)

ISBN 979-11-5794-137-7 94150
　　　978-89-85395-71-7(세트)

※ 이 책은 2014년도 교육부 고전문헌 국역지원사업 지원비에 의해 초판(비매품) 간행.

전통문화연구회 도서목록

新編 基礎漢文教材
新編 四字小學·推句	고전교육연구실 編譯	11,000원
新編 啓蒙篇·童蒙先習	고전교육연구실 編譯	11,000원
新編 明心寶鑑	李祉坤·元周用 譯註	15,000원
新編 擊蒙要訣	成寶寶 譯註	12,000원
新編 註解千字文	李忠九 譯註	13,000원
新編 原文으로 읽는 故事成語	元周用 編譯	15,000원
新編 唐音註解選	權卿相 譯註	22,000원

漢文讀解捷徑시리즈
漢文독해 기본패턴	고전교육연구실 著	15,000원
四書독해첩경	고전교육연구실 著	20,000원
한문독해첩경 文學篇	朴相水 李和春 李祉坤 元周用 著	15,000원
한문독해첩경 史學篇	朴相水 李和春 李祉坤 元周用 著	15,000원
한문독해첩경 哲學篇	朴相水 李和春 李祉坤 元周用 著	15,000원

東洋古典國譯叢書
大學·中庸集註 -개정증보판	成百曉 譯註	10,000원
論語集註 -개정증보판	成百曉 譯註	27,000원
孟子集註 -개정증보판	成百曉 譯註	30,000원
詩經集傳 上·下	成百曉 譯註	各 35,000원
書經集傳 上·下	成百曉 譯註	各 35,000원
周易傳義 上·下	成百曉 譯註	各 40,000원
小學集註	成百曉 譯註	30,000원
古文眞寶 後集	成百曉 譯註	32,000원

五書五經讀本
論語集註 上·下	鄭太鉉 譯註	各 25,000원
孟子集註 上·下	田炳秀·金東柱 譯註	各 30,000원
大學·中庸集註	李光虎·田炳秀 譯註	15,000원
小學集註 上·下	李忠九 外 譯註	各 30,000원
詩經集傳 上·中·下	朴小東 譯註	各 30,000원
書經集傳 上·中·下	金東柱 譯註	各 30,000원
周易傳義 元·亨·利·貞	崔英辰 外 譯註	各 30,000원
詳說古文眞寶大全後集 上·下	李相夏 外 譯註	各 32,000원
春秋左氏傳 上·中·下	許鎬九 外 譯註	各 36,000원~38,000원
禮記 上·中·下	成百曉 外 譯註	各 30,000원

東洋古典譯註叢書
〈經部〉
十三經注疏
周易正義 1~4	成百曉·申相厚 譯註	各 30,000원~40,000원
尙書正義 1~7	金東柱 譯註	各 25,000원~36,000원
毛詩正義 1~6	朴小東 外 譯註	各 32,000원~37,000원
禮記正義 中庸·大學	李光虎·田炳秀 譯註	20,000원
論語注疏 1~3	鄭太鉉·李聖敏 譯註	各 25,000원~40,000원
孟子注疏 1~2	崔彩基·梁基正 譯註	各 30,000원
孝經注疏	鄭太鉉·姜珉廷 譯註	35,000원
周禮注疏 1~2	金容天·朴禮慶 譯註	30,000원
春秋左氏傳 1~8	鄭太鉉 譯註	各 18,000원~30,000원
禮記集說大全 1~2	辛承云 外 譯註	各 25,000원~30,000원
東萊博議 1~5	鄭太鉉·金炳愛 譯註	各 25,000원~35,000원
韓詩外傳 1~2	許敬震 外 譯註	各 29,000원~33,000원
說文解字注 1	李忠九 外 譯註	35,000원

〈史部〉
思政殿訓義 資治通鑑綱目 1~21	辛承云 外 譯註	各 18,000원~30,000원
通鑑節要 1~9	成百曉 譯註	各 18,000원~40,000원
唐陸宣公奏議 1~2	沈慶昊·金愚政 譯註	各 35,000원~45,000원
貞觀政要集論 1~4	李忠九 外 譯註	各 25,000원~32,000원
列女傳補注 1~2	崔秉準·孔勤植 譯註	各 30,000원~38,000원
歷代君鑑 1~4	洪起殷·全百燦 譯註	各 32,000원~35,000원

〈子部〉
近思錄集解 1~3	成百曉 譯註	各 25,000원/35,000원
孔子家語	許敬震 外 譯註	各 35,000원/36,000원
老子道德經注	金是天 譯註	30,000원
大學衍義 1~5	辛承云 外 譯註	各 26,000원~35,000원
墨子閒詁 1~5	李相夏 外 譯註	各 32,000원~38,000원
說苑 1~2	許鎬九 譯註	各 25,000원
世說新語補 1~4	金鍾玉 外 譯註	各 29,000원~38,000원

(계속)
荀子集解 1~7	宋基采 譯註	各 25,000원~38,000원
心經附註	成百曉 譯註	35,000원
顔氏家訓 1~2	鄭在書·盧暻熙 譯註	各 22,000원/25,000원
揚子法言 1	朴勝珠 譯註	24,000원
二程全書 1~4	崔錫起·姜導顯 譯註	各 36,000원~38,000원
莊子 1~4	安炳周·田好根 共譯	各 25,000원~30,000원
政經·牧民心鑑	洪起殷·全百燦 譯註	27,000원
韓非子集解 1~5	許鎬九 外 譯註	各 32,000원~38,000원
武經七書直解		
孫武子直解·吳子直解	成百曉·李蘭洙 譯註	35,000원
六韜直解·三略直解	成百曉·李鍾德 譯註	26,000원
尉繚子直解·李衛公問對直解	成百曉·李蘭洙 譯註	26,000원
司馬法直解	成百曉·李蘭洙 譯註	26,000원
管子 1~2	李錫明·金帝蘭 譯註	各 30,000원
列子鬳齋口義	崔秉準·孔勤植·權憲俊 共譯	34,000원

〈集部〉
古文眞寶 前集	成百曉 譯註	30,000원
唐詩三百首 1~3	宋載卲 外 譯註	各 25,000원~36,000원
唐宋八大家文抄 韓愈 1~3	鄭太鉉 譯註	各 22,000원/28,000원
〃 歐陽脩 1~7	李相夏 譯註	各 25,000원~35,000원
〃 王安石 1~2	申用浩·許鎬九 共譯	各 20,000원/25,000원
〃 蘇洵	李章佑 外 譯註	25,000원
〃 蘇軾 1~5	成百曉 譯註	各 22,000원
〃 蘇轍 1~3	金東柱 譯註	各 20,000원~22,000원
〃 曾鞏	宋基采 譯註	25,000원
〃 柳宗元 1~2	宋基采 譯註	25,000원
明淸八大家文鈔 1 歸有光·方苞	李相夏 外 譯註	35,000원
2 劉大櫆·姚鼐	李相夏 外 譯註	35,000원

東洋古典新譯
당시선	송재소·최경렬·김영죽 편역	22,000원
손자병법	성백효 역주	14,000원
장자	안병주·전호근·김형석 역주	13,000원
고문진보 후집	신용호 번역	28,000원
노자도덕경	김시천 역주	15,000원
고문진보 전집 上·下	신용호 번역	각 22,000원

동양문화총서
동양사상 해설과 원전	정규훈 外 저	22,000원
화합의 길 《중용》 읽기	금장태 저	20,000원
호설과 시장	신용호 저	20,000원

문화문고
경전으로 본 세계종교 그리스도교	이정배 편저	10,000원
〃 도교	이강수 편저	10,000원
〃 천도교	윤석산·홍성엽 편저	10,000원
〃 힌두교	길희성 편저	10,000원
〃 유교	이기동 편저	10,000원
〃 불교	김용표 편저	10,000원
〃 이슬람	김영경 편저	10,000원
논어·대학·중용 / 맹자	조수익·박승주 공역	각 10,000원
소학	박승주·조수익 공역	10,000원
십구사략 1~2	정광호 저	각 12,000원
무경칠서 손자병법·오자병법	성백효 역	10,000원
〃 육도·삼략	성백효 역	10,000원
〃 사마법·울료자·이위공문대	성백효 역	10,000원
당시선	송재소·최경렬·김영죽 편역	10,000원
한문문법	이상진 저	10,000원
한자한문전통교재	조수익·이성민 공역	10,000원
士小節 선비 집안의 작은 예절	이동희 편역	12,000원
儒學이란 무엇인가	이동희 저	10,000원
동아시아의 유교와 전통문화	이동희 저	13,000원
현대인, 동양고전에서 길을 찾다	이동희 저	10,000원
100자에 담긴 한자문화 이야기	김경수 저	12,000원
우리 설화 1~2	김동주 편역	각 10,000원
대한민국 국무총리	이재원 저	10,000원
백운거사 이규보의 문학인생	신용호 저	14,000원